中國古代史學叢書

[漢]司馬遷 撰 [日]瀧川資言 考證
楊海崢 整理

史記會注考證

修訂本

貳

史記會注考證卷九

吕后本紀第九

史記九

【索隱】吕太后本以女主臨朝，自孝惠崩後立少帝，而始稱制，正合附惠紀而論之，不然，或别爲吕后本紀。豈得全没孝惠，而獨稱吕后本紀？合依班氏分爲二紀焉。【考證】史公自序云：「惠之早霣，諸吕不台；崇彊産、禄，諸侯謀之；殺隱幽友，大臣洞疑，遂及宗禍。作吕太后本紀第九。」愚按：史公舍惠帝而紀吕后，猶舍楚懷而紀項羽，蓋以政令之所出也。

吕太后者，〔一〕高祖微時妃也。〔二〕生孝惠帝、女魯元太后。〔三〕及高祖爲漢王，得定陶戚姬，〔四〕愛幸，生趙隱王如意。孝惠爲人仁弱，高祖以爲「不類我」。常欲廢太子，立戚姬子如意，「如意類我」。戚姬幸，常從上之關東，日夜啼泣，欲立其子代太子。吕后年長，常留守，希見，上益疏。如意立爲趙王，後幾代太子者數矣，〔五〕賴大臣争之，及留侯策，太子得毋廢。〔六〕

〔一〕【集解】徐廣曰：「呂后父呂公，漢元年爲臨泗侯，四年卒，高后元年追謚曰呂宣王。」

〔二〕【集解】漢書音義曰：「諱雉。」【索隱】諱雉，字娥姁也。【考證】方苞曰：戴記曲禮「天子之妃曰后」，衛風氓詩序「喪其妃耦」，並音配。又戴記哀公問「妃以及妃」，則知妃者通上下而言，義宜爲配也。

〔三〕【集解】漢書音義曰：「惠帝諱盈。」

〔四〕【集解】如淳曰：「姬音怡，衆妾之總稱也。漢官儀曰『姬妾數百』。」蘇林曰：「清河國有妃里，而題門作『姬』。」瓚曰：「漢秩祿令及茂陵書，姬，內官也，秩比二千石，位次倢伃下，在七子、八子之上。」【索隱】如淳音怡，非也。茂陵書曰「姬是內官」，是矣。然官號及婦人通稱姬者，姬，周之姓，所以左傳稱伯姬、叔姬，以言天子之宗女貴於他姓，故遂以姬爲婦人美號。故詩曰「雖有姬姜，不弃顦顇」是也。【考證】顏師古曰：若姬是官號，不應云「幸姬戚夫人」，且外戚傳備后妃諸官，無姬職也。如云衆妾總稱，則近之，不當音怡。梁玉繩曰：此言定陶，則姬爲濟陰人，而魏蘇林注謂「清河國有妃里」，水經注廿七卷又謂「夫人生於洋川」，程大昌攷古編云「疑姻家因亂自定陶徙洋川，而高祖以王漢中時得之」。未知孰是。

〔五〕【索隱】幾，音其紀反，又音祈也。

〔六〕【索隱】大臣，張良、叔孫通等。令太子卑詞安車以迎四皓。

呂后爲人剛毅，佐高祖定天下，所誅大臣多呂后力。呂后兄二人，皆爲將。長兄周呂侯死事，〔一〕封其子呂台爲酈侯，〔二〕子產爲交侯；〔三〕次兄呂釋之爲建成侯。〔四〕

〔一〕【集解】徐廣曰：「名澤，高祖八年卒，謚令武侯，追謚曰悼武王。」【考證】梁玉繩曰：呂澤封侯三年而卒，非死事也。中井積德曰：死事，蓋戰歿也。其謚悼，亦見其不終於牖下。洪亮吉曰：攷高紀，八年高祖擊韓王信餘寇於東垣，則澤當以此時死。

〔二〕【集解】徐廣曰：「酈，一作『鄜』。」【索隱】鄭氏、鄒誕並音怡，蘇林音胎。【考證】漢書作「鄜」。

〔三〕【集解】徐廣曰：「台弟也。」【考證】惠景侯年表作「郊」，漢諸侯王表作「洨」。梁玉繩曰：洨侯之封，在高后元年四月，史、漢表可據，當與後扶柳、沛侯同叙，此誤書於高祖時。

〔四〕【集解】徐廣曰：「惠帝二年卒，謚康王。」

高祖十二年四月甲辰，崩長樂宫，太子襲號爲帝。是時高祖八子：長男肥，孝惠兄也，異母，〔一〕肥爲齊王；餘皆孝惠弟，戚姬子如意爲趙王，薄夫人子恒爲代王，〔二〕諸姬子子恢爲梁王，子友爲淮陽王，子長爲淮南王，子建爲燕王。高祖弟交爲楚王，兄子濞爲吴王。非劉氏，功臣番君吴芮子臣爲長沙王。〔三〕

〔一〕【索隱】母曰曹姬也。

〔二〕【考證】梁玉繩曰：「恒」字宜諱。

〔三〕【考證】凌稚隆曰：太史公用「非劉氏」三字，已含吕氏不得爲王意。

吕后最怨戚夫人及其子趙王，〔一〕迺令永巷囚戚夫人，〔二〕而召趙王。使者三反，趙相建平侯周昌謂使者曰：「高帝屬臣趙王，趙王年少。竊聞太后怨戚夫人，欲召趙王并誅之，臣不敢遣王。王且亦病，不能奉詔。」吕后大怒，迺使人召趙相。趙相徵至長安，迺使人復召趙王。王來，未到，孝惠帝慈仁，知太后怒，自迎趙王霸上，與入宫，自挾與趙王起居飲食。太后欲殺之，不得閒。孝惠元年十二月，帝晨出射。趙王少，不能蚤起。太后聞其獨居，使人持酖飲之。〔三〕犂明，孝惠還，〔四〕趙王已死。於是迺徙淮陽王友爲趙王。夏，詔賜酈侯父追謚爲令武侯。〔五〕太后遂斷戚夫人手足，去眼煇耳，〔六〕飲瘖藥，使居廁中，命曰「人彘」。〔七〕居數日，迺召孝惠帝觀人彘。孝惠見問，迺知其戚夫人，迺大哭，因病，歲餘不能起。使人請太后曰「此非人所爲。臣爲太后子，終不能治天下。」〔八〕孝惠以此日飲爲淫樂，不聽政，故有病也。〔九〕

〔一〕【考證】梁玉繩曰：高祖時稱呂后，惠帝以後則稱太后，固史例也，乃自此至末，稱呂后者七，稱高后者八，稱呂太后者一，體例錯雜。皆當作「呂太后」。

〔二〕【集解】如淳曰：「列女傳云，周宣王姜后，脱簪珥待罪永巷，後改爲掖庭。」【索隱】永巷，别宮名，有長巷，故名之也。後改爲掖庭。按：韋昭云以爲在掖門内，故謂之掖庭也。【考證】中井積德曰：永巷本後宮女使所居，群室排列，如巷街而長連，故名永巷。亦有獄，以治後宮有罪者，以其在永巷也，故亦稱永巷耳。漢書外戚傳云呂后使「永巷囚戚夫人，髡鉗衣赭衣，令舂」。

〔三〕【集解】應劭曰：「酖鳥食蝮，以其羽畫酒中，飲之立死。」【正義】酖亦名運日。又食野葛，畫酒中，飲立死。

〔四〕【集解】徐廣曰：「犂，猶比也。諸言犂明者，將明之時。」【考證】漢書外戚傳「犂」作「遲」，下無「明」字。王念孫曰：帝晨出射，則天將明矣，及既射而還，則在日出之後，不得言「黎明孝惠還」也。黎明孝惠還，當作「犂孝惠還」，「明」字衍，言比及孝惠還，而趙王已死也。漢書作「遲帝還」，無「明」字，晉世家「黎二十五年」，與「黎孝惠還」同義。

〔五〕【索隱】令，音齡。

〔六〕【考證】張文虎曰：煇，御覽引作「燻」，漢書外戚傳作「熏」。

〔七〕【考證】漢傳作「居鞠域中」，注謂「窟室也」。荀紀亦云「鞠室」。

〔八〕【考證】張文虎曰：御覽「人」下有「之」。顔師古曰：令太后視事，己自如太子然。胡三省曰：惠帝之意，蓋自謂身爲太后子，而不能容父之寵姬，是終不能治天下也。

〔九〕【考證】張文虎曰：御覽「病」作「疾」。

二年，楚元王、齊悼惠王皆來朝。十月，孝惠與齊王燕飲太后前，孝惠以爲齊王兄，置上坐，如家人之禮。〔一〕太后怒，迺令酌兩卮，〔二〕酖置前，令齊王起爲壽。齊王起，孝惠亦起，取卮欲俱爲壽。太后迺恐，自起泛孝惠卮。〔三〕齊王怪之，因不敢飲，詳醉去。問知其酖，齊王恐自以爲不得脱長安，憂。〔四〕齊内史士〔五〕説王曰：「太后獨有孝惠與魯元公主。〔六〕今王有七十餘城，而公主迺食數城。王誠以一郡上太后，爲公主湯沐邑，太后必喜，王必無憂。」於是齊王迺上城陽之郡，尊公主爲王太后。〔七〕呂后喜許之，迺置酒齊邸，〔八〕樂飲，罷歸齊王。三年，方築長安城。四年，就半。五年、六年，城就。〔九〕諸侯來會。十月朝賀。

〔一〕【考證】顔師古曰：以兄弟齒列，不從君臣之禮，故曰家人也。

〔二〕【考證】漢書齊悼惠王傳「令」下有「人」字。張文虎曰：王、柯、凌本無「令」字。

〔三〕【索隱】泛，音捧，汎也。【考證】洪頤煊曰：漢書武帝紀「大泛駕之馬」，師古云「泛，覆也」。食貨志「大命將泛」，孟康云「泛，覆也」。齊悼惠王傳作「太后恐，自起反卮」，反即覆也，並字異而義同。

〔四〕【考證】「詳」讀爲「佯」，漢書作「陽」。

〔五〕【集解】徐廣曰：「一作『出』。」【考證】此與漢書悼惠傳皆作「内史士」，而史世家作「内史勳」，曰士曰勳，所傳不同，必當其名。内史，官名。

〔六〕【集解】如淳曰：「公羊傳曰『天子嫁女於諸侯，必使諸侯同姓者主之』，故謂之公主。百官表列侯所食曰國，皇后、公主所食曰邑，諸侯王女曰公主。」蘇林曰：「公，五等尊爵也。春秋聽臣子以稱君父，婦人稱主，有『主孟啗我』之比，故云公主。」瓚曰：「天子之女，雖食湯沐之邑，不君其民。」【索隱】啗，音徒濫反。按：主是謂里克妻，即優施之語，事見國語。孟者且也，言且啗我物，我教汝婦事夫之道。此即婦人稱主之意耳。比，音必二反。【考證】梁玉繩曰：孝惠見在，公主未卒，漢書改爲「帝」是矣，而「公主」仍「魯元」之稱，何歟？時張偃未爲魯王，「元」乃是謚，韋昭注甚明。服虔訓「元」爲「長」，非。崔適曰：當曰「太后獨有帝與公主」爾。

〔七〕【集解】如淳曰：「張敖子偃爲魯王，故公主得爲太后。」【正義】公主此時爲宣平侯夫人，正以公主先是趙王敖后，其子偃當爲王。今齊王未敢言偃爲王，故先請其母。既未知偃之封號，但言爲王太后。下云賜謚魯太后，以偃後封魯故也。【考證】顏師古曰：如說非也。蓋齊王請尊公主爲齊太后，以母事之，用悅媚呂太后耳。若魯元以子爲魯王，自合稱太后，何待齊王尊之乎？據張耳傳「高后元年，魯元太后薨。後六年，宣平侯敖薨。呂太后立敖子偃爲王，以母爲太后故也」，是則偃以母爲齊王太后而得王，非母因偃乃爲太后也。中井積德曰：是時張敖爲宣平侯，未死，子偃未爲魯王，則公主不得稱后。特建號爲王太后，若爲王母者然，不得拘定制作解。

〔八〕【正義】漢法，諸侯各起邸第於京師。

〔九〕【索隱】按：漢宮闕疏「四年築東面，五年築北面」。漢舊儀「城方六十三里，經緯各十二里」。三輔舊事云「城形似北斗」也。【考證】梁玉繩曰：築長安城始於元年，成於五年，至六年，起西市、大倉。蓋城既成，而乃爲市及倉也，名臣表及漢書惠紀可證。此言三年方築城，六年城成，誤矣。沈家本曰：惠帝紀五年「九月長安城成」，則「五年六年」乃「五年九月」之訛。

七年秋八月戊寅，孝惠帝崩。〔一〕發喪，太后哭，泣不下。留侯子張辟彊爲侍中，〔二〕年十五，謂丞相曰：「太后獨有孝惠，今崩，哭不悲，君知其解乎？」〔三〕丞相曰：「何解？」辟彊曰：「帝毋壯子，〔四〕太后畏君等。君今請拜呂台、呂產、呂祿爲將，將兵居南北軍，〔五〕及諸呂皆入宮，居中用事。如此則太后心安，君等幸得脱禍矣。」丞相迺如辟彊計。太后說，其哭迺哀。呂氏權由此起。〔六〕迺大赦天下。九月辛丑葬。〔七〕太子即位，爲帝，謁高廟。〔八〕元年，號令一出太后。

〔一〕【集解】皇甫謐曰：「帝以秦始皇三十七年生，崩時年二十三。」【考證】王鳴盛曰：帝年五歲，高祖爲漢王，二年立爲太子，年六歲，十二年高祖即位，時年十六，又七年崩，年二十三。愚按：臣瓚注漢書爲二十四崩，誤也。

〔二〕【集解】應劭曰：「入侍天子，故曰侍中。」【考證】漢書外戚傳「哭」下有「而」字。

〔三〕【正義】解，紀賣反。言哭解惰有所思也。又音户賣反。解，節解也。又紀買反，謂解説也。【考證】漢傳「孝惠」作「帝」，「哭」下有「而」字。梁玉繩曰：孝惠纔崩，未必有謚號，作「帝」是也。愚按：解，謂解説也。

〔四〕【正義】毋，音無。

〔五〕【考證】梁玉繩曰：南北軍，不容三人將之，漢傳無呂祿，甚是，祿乃繼台將北軍者也。

〔六〕【考證】梁玉繩曰：此所云丞相者，右丞相王陵乎？左丞相陳平乎？漢傳明著之曰陳平，是也。陵能持白馬之議，以折太后，其不肯用辟彊計，明甚，然何以不面斥而力持之，亦不可解。辟彊此計起諸呂之權，罪不容誅，不意留侯有此逆子。唐文粹有李德裕辟彊論，深罪之。史記評林明徐禎卿曰「書留侯子，惜留侯也，而丞相竟從之，可怪」。宋胡寅讀史管見論「平、勃阿意之罪甚大，自不可易，於辟彊童子何誅焉」。愚按：「呂氏權由此起」六字理正詞嚴，曲逆甘服其罪。

〔七〕【集解】漢書云：「葬安陵。」皇覽曰：「山高三十二丈，廣袤百二十步，居地六十畝。」皇甫謐曰：「去長陵十里，在長安北三十五里。」【考證】當依漢書「葬」下補「安陵」二字。藝文類聚引楚漢春秋云「惠帝崩，呂太后欲爲高墳，使從未央宮坐而見之，諸將諫不許，東陽侯垂泣曰『陛下日夜見惠帝冢，悲哀流涕無已，是傷生也，臣竊哀之』。太后乃止。」東陽侯，張相如也。此事史、漢不載。

〔八〕【考證】梁玉繩曰：此所謂此所稱爲少帝者，史、漢不言其名，蓋孝惠後宮子。正義引劉伯莊謂「幸呂氏有身而入宮生子者」，妄。愚按：張辟彊既曰「帝毋壯子」，其有子明矣。

太后稱制，〔一〕議欲立諸呂爲王。問右丞相王陵。王陵曰：「高帝刑白馬盟曰『非劉氏而王，天下共擊之』。〔二〕今王呂氏，非約也。」太后不說。問左丞相陳平、絳侯周勃。勃等對曰：「高帝定天下王子弟，今太后稱制，王昆弟諸呂，無所不可。」太后喜，罷朝。王陵讓陳平、絳侯曰：「始與高帝唼血盟，諸君不在邪？〔三〕今高帝崩，太后女主，欲王呂氏，諸君縱欲阿意背約，何面目見高帝地下？」陳平、絳侯曰：「於今面折廷爭，臣不如君；夫全社稷定劉氏之後，君亦不如臣。」王陵無以應之。十一月，太后欲廢王陵，乃拜爲帝太傅，奪之相權。〔四〕王陵遂病免歸。迺以左丞相平爲右丞相，〔五〕以辟陽侯審食其爲左丞相。〔六〕左丞相不治事，令監宮中如郎中令。食其故得幸太后，常用事，公卿皆因而決事。〔七〕迺追尊酈侯父爲悼武王，欲以王諸呂爲漸。

〔一〕【考證】顏師古曰：天子之言，一曰制書，二曰詔書。制書者謂制度之命也，非皇后所得稱，今呂太后臨朝行天子事，斷決萬機，故稱制詔。

〔二〕【考證】漢興年表序云：「高祖末年，非劉氏而王者，若無功上所不置而侯者，天下共誅之。」

〔三〕【索隱】啑，鄒音使接反。又云或作「唔」，音丁牒反。

〔四〕【集解】應劭曰：「傅，古官。傅者覆也。」瓚曰：「大戴禮云『傅之德義』。」

〔五〕【考證】楓山、三條本「病」上有「稱」字。自左丞相遷右丞相，可見漢時尚右。趙翼曰：尚左、尚右，諸家之說紛紛。老子云「君子居則貴左，用兵則貴右」，又云「凶事尚右」。按：凶事、兵事之尚右，固有明證。檀弓「孔子拱而尚右，二三子皆尚右。孔子曰『我則有姊之喪故也』」。此凶事之尚右也。左傳「楚莊王乘左廣以逐晉師，見右廣，將從之乘，屈蕩止之曰『君以此始，亦以此終』」，自是楚之乘廣尚左，則以偶王乘左廣得勝，遂改從尚左，可見平時用兵亦已尚右也。此戎事尚右之證也。戎事、凶事既尚右，則非戎事、凶事自當尚左。詩、書所載，凡言左與右，必曰左右，不曰右左，則左先於右可知。覲禮「諸侯朝於天子，同姓西面北上，異姓東面北上」，若論異姓爲後之義，則朝儀固尚左。檀弓二三子因孔子有姊喪之言，遂改而尚左，則平時本亦尚左，此明證也。惟鄉飲酒禮主人就東階，客就西階。所謂賓西北，取天地尊嚴之氣，主東南，取產悔以養人，此則別有取義。而後人習見夫賓位居右，以爲尊敬，遂凡事皆尚右。左傳，晉士蔿曰「分土而封之，是左之也」。王叔與伯輿爭政，王右伯輿。國策，趙王以藺相如爲上卿，位在廉頗右，頗曰「相如徒以口舌位在我上，我必殺之」。蘇代謂魏王曰「公孫衍將右韓而左魏，田文將右齊而左魏」。說苑君道篇，郭隗曰「君將東面以求臣，則厮役之材至；西面以求臣，則朋友之材至」。此皆戰國尚右之明證也。信陵君從車騎，虛左，自迎侯生，則車中之制，與他處不同。禮記「乘君之乘車，不敢曠左」，註謂「車上御者在右，所以便作事，而君則在左，故乘車尊左也」。史記鴻門之宴，項王東向坐。韓信得廣武君，東向而師事之。則秦時亦尚右。漢承秦制，亦以右爲尊。史記，陳平願以右丞相讓周勃，帝乃以勃爲右丞相，位次第一，平爲左丞相，位次第二；武安侯召客，自坐東向，以爲漢相尊當然。灌夫遇有勢在己之右者必陵之，在己之左者則敬之。漢書，黄霸初以入穀爲吏馮翊，以其入財得官，不署右職，顔師古曰「右職高職也，其有得罪下遷者，則曰左遷」。史記韓王信謂漢王曰：「項王王諸將善地，而王獨遠居，是左遷也。」漢書高祖欲以周昌爲趙相，昌不肯，高祖曰：「吾極知其左遷。」又諸侯王表序云：「武帝有衡山、淮南之謀，乃作左官之令。」服虔曰：「仕於侯國者曰左官，以不得仕王朝也。」是兩漢尊右卑左，久爲定制，至漢以後改從尚左，則不知始於何時。愚按：左右尊卑之説，又見吴仁傑兩漢刊誤補遺、王鳴盛十七史商榷、全祖望經史問答。

〔六〕【索隱】按：韋昭云，辟陽，信都之縣名。

〔七〕【考證】審食其嘗從吕后在項羽軍中，與同患難。

四月，太后欲侯諸吕，迺先封高祖之功臣郎中令無擇爲博城侯。〔一〕魯元公主薨，賜謚爲魯元太后。子偃爲魯王。魯王父宣平侯張敖也。〔二〕封齊悼惠王子章爲朱虚侯，〔三〕以吕禄女妻之。齊丞相壽爲平定侯。〔四〕少府延爲梧侯。〔五〕乃封吕種爲沛侯，〔六〕吕平爲扶柳侯，〔七〕張買爲南宫侯。〔八〕

〔一〕【集解】徐廣曰：「姓馮。」【正義】括地志云：「兗州博城，本漢博城縣城。」

〔二〕【考證】中井積德曰：既號魯元太后，是爲魯王之母也，故封其子爲魯王，使謚號相稱也。是雖一時之事，而母主子客，其先時稱王太后者，是假號，未有國也。

〔三〕【索隱】虚，音墟，琅邪縣也。【正義】括地志云：「朱虚故城，在青州臨朐縣東六十里，漢朱虚也。十三州志云，丹朱遊故虚，故云朱虚也。」虚，猶丘也。朱，猶丹也。

〔四〕【集解】徐廣曰：「姓齊。」【考證】梁玉繩曰：齊「壽」，史、漢表皆作「受」，疑以音同而誤，猶張敖子樂昌侯壽，史、漢表亦作「受」，王子表有榆丘侯劉壽福，漢表又作「受福」也。

〔五〕【集解】徐廣曰：「姓陽成也。延以軍匠起，作宮築城也。」

〔六〕【集解】徐廣曰：「釋之之子也。」【正義】括地志云：「徐州沛縣古城也。」

〔七〕【集解】徐廣曰：「呂后姊子也。母字長姁。」【正義】括地志云：「扶柳故城，在冀州信都縣西三十里，漢扶柳縣也。有澤，澤中多柳，故曰扶柳。」【考證】徐廣注依惠景閒侯年表。中井積德曰：呂平，呂后姊子，則不當姓呂，是恐有謬。

〔八〕【集解】徐廣曰：「其父越人，爲高祖騎將。」【考證】中井積德曰：張買叙於諸呂下，豈呂之姻族乎？年表八年，買坐呂氏事誅。梁玉繩曰：太后續封高祖功臣，以爲侯諸呂之漸，則是先封馮無擇等四人，再封呂種等也。乃此紀博城侯下忽插入公主之薨、張偃之王、劉章之侯，大覺不倫。史公敘事，何若是之倒亂哉！余謂「魯元公主薨」廿六字當在「南宮侯」句下，蓋偃與孝惠子同王也。「封齊惠悼王子」十七字當在後文「二年呂王嘉代立爲王」句下，蓋呂嘉以二年十一月嗣位，劉章以五月封也。

太后欲王呂氏，先立孝惠後宮子彊爲淮陽王，〔一〕子不疑爲常山王，〔二〕子山爲襄城侯，〔三〕子朝爲軹侯，〔四〕子武爲壺關侯。〔五〕太后風大臣，大臣請立酈侯呂台爲呂王，〔六〕太后許之。建成康侯釋之卒，嗣子有罪，廢。立其弟呂禄爲胡陵侯，〔七〕續康侯後。二年，常山王薨，以其弟襄城侯山爲常山王，更名義。〔八〕十一月，呂王台薨，謚爲肅王，太子嘉代立爲王。三年，無事。〔九〕四年，封呂嬃爲臨光侯，〔一〇〕呂他爲俞侯，〔一一〕呂更始爲贅其侯，〔一二〕呂忿爲呂城侯，〔一三〕及侯諸侯丞相五人。〔一四〕

〔一〕【集解】韋昭曰：「今陳留郡。」

〔二〕【正義】括地志云：「常山故城，在恒州真定縣南八里，本漢東垣邑也。」

〔三〕【索隱】按：下文更名義，又改名弘農。漢書襄城侯唯云名弘，蓋史省文耳。按志，襄城屬潁川也。【考證】張文虎曰：襄城，中統、游本作「城」，他本譌「成」，下同。

〔四〕【索隱】按：韋昭云，河内有軹縣，音紙也。【正義】括地志云：「故軹城，在懷州濟源縣東南十三里，七國時魏邑。」

〔五〕【考證】據表，孝惠又有後宮子大，四年二月封曰平昌侯，後爲濟川王。

〔六〕【正義】初呂台爲呂王，後呂産王梁，更名梁曰呂。

〔七〕【集解】徐廣曰：「呂祿，釋之少子。」【正義】胡陵，縣名，屬山陽，章帝改曰胡陸。

〔八〕【考證】梁玉繩曰：「常山王薨」至「名義」十八字當在「呂嘉代立」下，蓋呂在十一月，常山在七月也。張文虎曰：案如梁説，當以朱虛次呂嘉，以常山次朱虛。

〔九〕【集解】漢書云「秋星晝見」。

〔一〇〕【考證】呂后女弟，樊噲妻，婦人封侯自此始。

〔一一〕【索隱】他，音陁。俞，音輸。【正義】括地志云：「故鄃城，在德州平原縣西南三十里，本漢鄃縣，呂他邑也。」

〔一二〕【集解】徐廣曰：「表云，呂后昆弟子淮陽丞相呂勝爲贅其侯。」【索隱】按表作「臨淮」。【考證】中井積德曰：年表有滕侯呂更始，而贅其侯爲呂勝，是必有一誤。杭世駿曰：贅其侯名似應從年表作「勝」，更始自屬滕侯之名，本文偶誤耳。滕侯與贅其皆諸侯相，贅其呂后昆弟子，滕侯不詳支屬，而皆以八年誅，則其爲同宗可知。然贅其不入侯相之例，而滕侯不附諸呂之中，其以親疏別歟？張文虎曰：索隱「表作」當作「志屬」。

〔一三〕【正義】括地志云：「故呂城，在鄧州南陽縣西三十里，呂尚先祖封。」

〔一四〕【集解】徐廣曰：「中邑侯朱通、山都侯王恬開、松兹侯徐厲、滕侯呂更始、醴陵侯越。」【考證】「及」下「侯」字據古鈔、三條本補。梁玉繩曰：侯表是年四月丙申封侯者，朱通、衛無擇、王恬開、徐厲、周信及越六人，非五人也。六人中衛無擇是衛尉，周信是河南守，非皆諸侯相也。此誤。徐廣注不數無擇、周信者，牽入呂更始爲五人，豈未檢侯表乎？

宣平侯女爲孝惠皇后，時無子，〔一〕詳爲有身，取美人子名之，〔二〕殺其母，立所名子爲太子。〔三〕孝惠崩，太子立爲帝。〔四〕帝壯，〔五〕或聞其母死，非真皇后子，迺出言曰：「后安能殺吾母而名我？我未壯，壯即爲變。」〔六〕太后聞而患之，恐其爲亂，迺幽之永巷中，言帝病甚，左右莫得見。太后曰：「凡有天下治，爲萬民命者，〔七〕蓋之如天，容之如地，上有歡心以安百姓，百姓欣然以事其上，驩欣交通，而天下治。今皇帝病久不已，迺失惑惛亂，不能繼嗣奉宗廟祭祀，不可屬天下，其代之。」〔八〕羣臣皆頓首言：「皇太后爲天下齊民計，所以安宗廟社稷甚深，羣臣頓首奉詔。」〔九〕帝廢位，太后幽殺之。〔一〇〕五月丙辰，立常山王義爲帝，更名曰弘。不稱元年者，以太后制天下事也。以軹侯朝爲常山王。置太尉官，絳侯勃爲太尉。〔一一〕五年八月，淮陽王薨，以弟壺關侯武爲淮陽王。六年十月，太后曰呂王嘉居處驕恣，廢之，以肅王台弟呂產爲呂王。〔一二〕夏，赦天下。封齊悼惠王子興居爲東牟侯。〔一三〕

〔一〕【考證】張文虎曰：舊刻無「時」字。

〔二〕【正義】劉伯莊云：「諸美人元幸呂氏，懷身而入宮生子。」【考證】徐孚遠曰：本言張皇后無子，不言惠帝無子。美人子，即後宮所生，非必元幸呂氏懷身而入宮者。周壽昌曰：漢書外戚傳「美人視二千石，比少上造」，五行志云「皇后亡子，後宮美人有男，太后使皇后名之而殺其母。惠帝崩，嗣子立」，志明曰「有男」，曰「嗣子」，可證太子爲孝惠所生也。燕靈王傳云「有美人子，太后殺之絶後」，正言燕王美人子即王子也，此可例推。

〔三〕【考證】張文虎曰：御覽引「爲」上有「以」字。

〔四〕【正義】此述前事也。

〔五〕【考證】張文虎曰：「壯」字疑衍。

〔六〕【考證】楓、三本「后」上有「太」字。

〔七〕【集解】徐廣曰：「一無『命』字。」【考證】張文虎曰：漢書呂紀無「爲」字、「命」字，皆衍。李笠曰：史記以「有天下治」與「爲萬民命」對舉，「治」字實用，謂天下治權也，與漢書「治萬民」不同，史、漢不妨互異。張説未然。

〔八〕【考證】漢書「其」下有「議」字。

〔九〕【考證】楓、三本「臣」下有「皆」字。

〔一〇〕【考證】此漢廢帝之始。

〔一一〕【考證】漢書百官公卿表云「太尉秦官，掌武事」。梁玉繩曰：絳侯世家云「孝惠六年置太尉官，以勃爲太尉，十歲高后崩」。漢書百官公卿表云「孝惠六年，絳侯周勃復爲太尉，十年遷」。夫自惠帝六年至呂后八年崩，正合十年之數，若謂呂后四年始置太尉，則止五年耳，此與功臣及將相表皆誤。漢書惠紀七年書太尉灌嬰亦誤。

〔一二〕【考證】呂產爲呂王，漢興年表、惠景表作「七月」，漢書作「十一月」，恐誤。

〔一三〕【索隱】韋昭云：「東萊縣。」

七年正月，太后召趙王友。友以諸呂女爲后，弗愛，愛他姬，諸呂女妒，怒去，讒之於太后，誣以罪過曰「呂氏安得王！太后百歲後，吾必擊之」。太后怒，以故召趙王。趙王至，置邸不見，令衛圍守之，弗與食。其羣臣或竊饋，輒捕論之。趙王餓，乃歌曰：「諸呂用事兮劉氏危，迫脅王侯兮彊授我妃。〔一〕我妃既妒兮誣我以惡，讒女亂國兮上曾不寤。〔二〕我無忠臣兮何故弃國？自決中野兮蒼天舉直！〔三〕于嗟不可悔兮寧蚤自財。爲王而餓死兮誰者憐之！呂氏絶理兮託天報仇。」〔四〕丁丑，趙王幽死，以民禮葬之長安民冢次。

〔一〕【考證】漢書高五王傳「危」作「微」，微、妃韻。王念孫曰：危，古音魚戈反，不與妃爲韻。

〔二〕【考證】惡、寤韻。

〔三〕【集解】徐廣曰：「舉，一作『與』。」【考證】顏師古曰：舉直，言己之理直，冀天臨鑒之。愚按：國、直韻。

〔四〕【考證】錢大昕曰：「財」與「裁」同，寧蚤自裁，悔不早自引決也。漢書作「賊」，顏師古訓爲害，義亦通。方東樹曰：財與之、仇韻。梁玉繩曰：仇，音奇。又曰：漢書「財」作「賊」，「賊」字與上「國」、「直」韻叶，所傳異詞，不得便謂漢書謬。

己丑，日食，晝晦。〔一〕太后惡之，心不樂，乃謂左右曰：「此爲我也。」

〔一〕【考證】梁玉繩曰：漢書作「己丑晦，日有食之」。通鑑目録云七年正月庚申，則己丑是晦日。

二月，徙梁王恢爲趙王。呂王產徙爲梁王，梁王不之國，爲帝太傅。立皇子平昌侯太爲呂王，更名梁曰呂，呂曰濟川。〔一〕太后女弟呂嬃有女，爲營陵侯劉澤妻，〔二〕澤爲大將軍。太后王諸呂，恐即崩後劉將軍爲害，迺以劉澤爲琅邪王，以慰其心。

〔一〕【考證】梁玉繩曰：漢書異姓、恩澤二表「太」作「大」。張文虎曰：通鑑亦作「太」。錢大昕曰：呂后二年，割齊之濟南郡爲呂王奉邑，及呂產徙王梁地，改呂國曰濟川，以王孝惠之子，則濟川即濟南也。諸呂既誅，先徙濟川王於梁，乃告齊王令罷兵，蓋仍以濟南還齊矣。

〔二〕【索隱】韋昭云：「呂嬃樊噲妻，封林光侯。」

梁王恢之徙王趙，心懷不樂。太后以呂產女爲趙王后。王后從官皆諸呂，擅權，微伺趙王，趙王不得自恣。王有所愛姬，王后使人酖殺之。王乃爲歌詩四章，令樂人歌之。王悲，六月即自殺。太后聞之，以爲王用婦人弃宗廟禮，廢其嗣。

宣平侯張敖卒，以子偃爲魯王，敖賜謚爲魯元王。〔一〕

〔一〕【考證】梁玉繩曰：敖卒於呂后六年，此在七年，誤。公主食邑於魯，其卒也謚元，張敖以趙王降侯宣平，其卒也謚武，今因妻稱魯元，子爲魯王，別賜敖謚爲魯元王，可怪也。大事記云「敖尚無恙，而封偃魯王者，繼公主之後也。敖死，始從公主之謚，追封魯元王。不使子繼父而繼母，不使婦從夫而從婦，悖於三綱甚矣」。

秋，太后使使告代王，欲徙王趙。代王謝，願守代邊。〔一〕

〔一〕【考證】茅坤曰：文帝不敢徙趙，便有畏呂后而自遠之識。

太傅產、丞相平等言，武信侯呂祿〔一〕上侯，位次第一，〔二〕請立爲趙王。太后許之，追尊禄父康侯爲趙昭王。九月，燕靈王建薨，有美人子，太后使人殺之，無後，國除。八年十月，立呂肅王子東平侯呂通爲燕王，封通弟呂莊爲東平侯。〔三〕

〔一〕【集解】徐廣曰：「呂后兄子也。前封胡陵侯，蓋號曰武信。」【考證】中井積德曰：武信蓋嘗改封耳，非虛號。

〔二〕【集解】如淳曰：「功大者位在上，功臣侯表有第一、第二之次也。」【考證】梁玉繩曰：高祖定侯位，蕭何第一，曹參第二。其後呂后録第，雖曲升張敖爲第三，而蕭、曹之位確然不易。彼無功績封之呂禄，安得稱上侯第一乎？大事記謂呂后二年定位時，蕭、曹皆死，必遞遷第三之張敖爲第一，敖既死，遂以禄補其處，或當然耳，蓋陳平阿意順之。

〔三〕【考證】梁玉繩曰：呂通封鍾侯，非東平也，此與諸侯王表並誤。而東平之封，史、漢表在五月，則當書後文「呂榮爲祝茲侯」句下，而衍去「封」字，蓋祝茲等四侯以四月封，此叙在十月，誤矣。又東平侯之名，紀作「莊」，表作「壯」，而漢表作「庀」，師古云「匹履反」，則作「莊」作「壯」者並誤。不然，漢書當作「嚴」字，何以別作「庀」邪？或云，此侯有二名。

三月中，呂后祓還。〔一〕過軹道，見物如蒼犬，據高后掖，〔二〕忽弗復見。卜之，云趙王如意爲祟。高后遂病掖傷。

〔一〕【正義】祓，芳弗反，又音廢。後同。【考證】漢書五行志作「祓霸上還」，顏師古曰：除惡之祭。

〔二〕【集解】徐廣曰：「音戟。」【考證】漢書五行志作「撠」。顏師古曰：謂拘持之也。愚按：據，「依據」之「據」，不必改字。王若虛曰：「呂后」、「高后」似是兩人，但云「據其掖」可矣。愚按：掖讀爲「腋」。

高后爲外孫魯元王偃年少，蚤失父母孤弱，〔一〕迺封張敖前姬兩子，侈爲新都侯，〔二〕壽爲樂昌侯，以輔魯元王偃。〔三〕及封中大謁者張釋爲建陵侯，〔四〕呂榮爲祝茲侯。〔五〕諸中宦者令丞皆爲關內侯，食邑五百户。〔六〕

〔一〕【考證】中井積德曰：「元」者趙敖夫妻之謚，不當更稱其子，蓋衍文。梁玉繩曰：漢書張耳傳無「元」字，是也。此及耳傳並誤增。

〔二〕【考證】梁玉繩曰：史、漢表、傳並作「信都」，此誤。但「新」、「信」二字，史、漢互用處甚多，顏師古云「信、新同音故耳」。

〔三〕【集解】徐廣曰：「樂昌侯食細陽之池陽鄉。」【考證】梁玉繩曰：壽，史、漢表作「受」，說見前。

〔四〕【集解】徐廣曰：「一云張釋卿。」駰案：如淳曰「百官表『謁者掌賓贊受事』，灌嬰爲中謁者。後常以奄人爲之，諸官加『中』者，多奄人也」。【考證】洪頤煊曰：張釋，年表作「張澤」，荊燕世家「大謁者張子卿」，漢書高后紀作「張釋卿」，燕王澤傳作「張卿」，周勃傳作「張釋」，文選宦者傳論李善注「張釋字子卿」，字從文省，並是一人。梁玉繩曰：「澤」、「釋」古通。愚按：宦官爲列侯始於此，以其勸王諸呂賞之也。

〔五〕【集解】徐廣曰：「呂后昆弟子。」

〔六〕【集解】如淳曰：「列侯出關就國，關內侯但爵其身，有加異者，與關內之邑，食其租稅也。風俗通義曰『秦時六國未平，將帥皆家關中，故稱關內侯』。」【考證】漢書呂紀「中」下有「官」字。顏師古曰：諸中官，凡閹人給事於中者皆是也。宦者令丞，宦者署之令丞。

七月中，高后病甚，迺令趙王呂祿爲上將軍，軍北軍；呂王產居南軍。〔一〕呂太后誡產、祿曰：「高帝已定天下，與大臣約曰『非劉氏王者，天下共擊之』。今呂氏王，大臣弗平。我即崩，帝年少，大臣恐爲變。必據兵衛宮，慎毋送喪，毋爲人所制。」〔二〕辛巳，高后崩，〔三〕遺

詔賜諸侯王各千金，〔四〕將相列侯郎吏皆以秩賜金，大赦天下。以呂王產爲相國，〔五〕以呂祿女爲帝后。〔六〕

〔一〕【考證】張文虎曰：「軍北」，「軍」字當作「居」，漢書、通鑑正作「居北軍」。俞正燮曰：漢初南北軍，刑法志云「高祖天下既定，京師有南北軍之屯」，語惟見此，百官表無之，他紀傳亦不說。今案高祖時之南北軍，以衛兩宮。漢五年治長樂宮，八年治未央，皆有衛。長樂在東，爲北軍；未央在西南，爲南軍。高帝初居長樂宮，七年長樂宮成，朝十月，帝輦出房，是也。八年治未央，而十一年呂后殺淮陰侯於長樂鐘室，則帝居未央，后居長樂，所謂「戚姬常從，呂后希見，上益疏」是也。至太子位定，帝始居長樂，十二年崩於長樂宮是也。惠帝居未央，太后居長樂，帝以數朝蹕煩民是也。少帝亦居未央宮，后使呂祿領北軍，呂產爲相領南軍是也。知兩軍初是兩宮衛者，呂后崩時誡祿、產，必據兵衛宮，毋送葬是也。知北軍是長樂者，周勃入北軍，問爲呂右袒，爲劉左袒，北軍衛呂后，故兩問也。知南軍是衛未央者，南軍相國呂產，不知北軍已失，乃入未央宮，周勃分北軍卒千人予朱虛侯，令入宮衛帝，乃殺產，帝勞之。又殺呂更始，乃還，馳入北軍報周勃。又代王至未央宮，謁者拒代王曰「天子在」，是少帝居未央，呂產領南軍相少帝，俱在未央也。至文帝時，乃合南北軍，夜拜宋昌爲衛將軍，鎮撫南北軍，以張武爲郎中令行殿中，是也。其後中壘掌北軍，郎中掌南軍，宮室日益，南軍名没，而北軍名存，戾太子白皇后於未央宮，而發長樂宮衛，則北軍猶衆也。吳仁傑曰：漢之兵制，常以北軍爲重。周勃一入北軍，而呂產、呂更始輩束手就戮。戾太子不得北軍之助，而卒敗於丞相之兵，兩軍之勢，大略可覩矣。呂后初從大臣之請，用呂台居北軍，而南軍則用劉澤如故。澤妻，后女弟呂嬃女，后意以兩軍惟北軍爲重，既得其柄，南軍又嬃子壻居之，宜無足患。至七年，乃復長慮却顧，使澤之國，而以南軍付呂產，史記於八年載后病困，乃以呂祿居北軍，非也。呂台卒於后之二年，祿蓋代台者，則其居北軍，非始於后病困之日。

〔二〕【考證】李笠曰：下「毋」字疑衍，漢書外戚傳無。

〔三〕【考證】張文虎曰：梁玉繩云「通鑑目録，辛巳是八月朔，當日曆法疎，安知不以爲七月晦？」案：顓頊術、殷術，八月皆辛巳朔，與通鑑合。漢書書七月，承史誤。梁因下文書八月而致疑，實則「八」乃「九」之譌。愚按：將相年表亦以辛巳屬七月。

〔四〕【集解】蔡邕曰：「皇子封爲王者，其實古諸侯也。加號稱王，故謂之諸侯王。王子弟封爲侯者，謂之諸侯。」

〔五〕【考證】梁玉繩曰：産爲相國，當在七年七月，蓋審食其免，即以産嗣相位也。漢書高后紀固言七年産爲相國，但誤書於五月以前耳。此及將相表書於八年七月，惠景侯表書於八年九月，並誤。食其免相，在七年七月，見百官公卿表。

〔六〕【考證】禄女爲后，當在四年少帝弘即位之時，漢書外戚傳可證，此誤。

高后已葬，〔一〕以左丞相審食其爲帝太傅。〔二〕

〔一〕【集解】皇甫謐曰：「合葬長陵。」皇覽曰：「高帝、呂后，山各一所也。」

〔二〕【考證】梁玉繩曰：事在七年七月，公卿表甚明，此與將相表同誤。趙翼曰：母后臨朝，肆其妬害，世莫不以呂、武並稱，然非平情之論也。武后改朔易朝，徧王諸武，殺唐子孫幾盡，甚至自殺其子孫數人以縱淫慾，其惡爲古今未有。呂后則當高帝臨危時，問蕭相國後孰可代者，是固以安國家爲急也。孝惠既立，政由母氏，其所用曹參、王陵、陳平、周勃等，無一非高帝注意安劉之人，是惟恐孝惠之不能守業，非如武以嫌忌而殺太子弘、太子賢也。后所生惟孝惠及魯元公主，其他皆諸姬子，使孝惠在，則方與孝惠圖治計長久，觀於高祖欲廢太子時，后迫留侯畫策，至跪謝周昌之廷諍，則其母子間可知也。迨孝惠既崩，而所取後宮子立以爲帝者，又以怨懟而(對)〔廢〕，於是己之子孫無在者，則與其使諸姬子據權勢以凌呂氏，不如先張呂氏以久其權。

故孝惠時未嘗王諸呂，王諸呂乃在孝惠崩後。此則后之私心短見，蓋嫉妒者婦人之常情也。然（所其）〔其所〕最妬亦祗戚夫人母子，以其先寵幸時，幾至於奪嫡，故高帝崩後即殺之。此外諸姬子，如文帝封於代，則聽其母薄太后隨之，淮南王長無母，依呂后以成立，則始終無恙，齊悼惠王以孝惠庶兄失后意，后怒欲酖之，已而悼惠獻城陽郡爲魯元湯沐邑，即復待之如初。其子朱虛侯嘗入侍宴，請以軍法行酒，斬諸呂逃酒者一人，后亦未嘗加罪也。趙王友之幽死、梁王恢之自殺，則皆與妃呂氏不諧之故。然趙王友妃呂產女，梁王妃亦諸呂女，又少帝后及朱虛侯妻皆呂祿女。呂氏有女，不以他適，而必以配諸劉，正見后之欲使劉、呂常相親，以視武后之改周滅唐，相去萬萬也。即其以辟陽侯爲左丞相，令監宮中，亦以辟陽侯先嘗隨后在項羽軍中，與同患難，雖有所私，而至是時其年已老，正如人家老僕，可使令於閫閾間，非必尚與之昵。史記劉澤傳太后尚有所幸張子卿，然如淳註謂奄人也，則亦非私褻之嬖，以視武后之寵薛懷義、張易之兄弟，恬不知恥者，更相去萬萬也。而世乃以呂、武並稱，豈公論哉？愚按：王觀國學林云呂后無盜漢之意，與武氏篡唐心事全異。趙說所本。

朱虛侯劉章有氣力，東牟侯興居其弟也，皆齊哀王弟，居長安。當是時諸呂用事擅權，欲爲亂，畏高帝故大臣絳、灌等未敢發。〔一〕朱虛侯婦，呂祿女，陰知其謀。恐見誅，迺陰令人告其兄齊王，欲令發兵西誅諸呂而立朱虛侯，欲從中與大臣爲應。齊王欲發兵，其相弗聽。八月丙午，齊王欲使人誅相，相召平迺反，舉兵欲圍王。王因殺其相，遂發兵東，詐奪琅邪王兵，并將之而西。語在齊王語中。

〔一〕【考證】絳，絳侯周勃，其不稱姓者，以漢初功臣多周姓也。灌，灌嬰。

齊王迺遺諸侯王書曰：「高帝平定天下，王諸子弟，悼惠王王齊。悼惠王薨，孝惠帝使留侯良立臣爲齊王。孝惠崩，高后用事，春秋高，聽諸呂，擅廢帝更立，又比殺三趙王，〔一〕滅梁、趙、燕以王諸呂，分齊爲四。〔二〕忠臣進諫，上惑亂弗聽。今高后崩，而帝春秋富，未能治天下，固恃大臣諸侯。〔三〕而諸呂又擅自尊官，聚兵嚴威，劫列侯忠臣，矯制以令天下，宗廟所以危。寡人率兵入誅不當爲王者。」〔四〕漢聞之，相國呂產等迺遣潁陰侯灌嬰將兵擊之。灌嬰至滎陽，迺謀曰：「諸呂權兵關中，欲危劉氏而自立。〔五〕今我破齊還報，此益呂氏之資也。」迺留屯滎陽，使使諭齊王及諸侯，與連和，以待呂氏變共誅之。齊王聞之，迺還兵西界待約。

〔一〕【索隱】比，音如字。比猶頻也。趙隱王如意、趙幽王友、趙王恢，是三趙王也。

〔二〕【考證】顏師古曰：本自齊國，分爲濟南、琅邪、城陽，凡爲四也。

〔三〕【考證】顏師古曰：春秋富，言年幼也。比之財方未匱竭，故謂之富。

〔四〕【考證】漢書高五王傳「廟」下無「所」字。真德秀曰：高祖爲義帝發喪告諸侯曰「願從諸侯王，擊楚之殺義帝者」，齊王遺諸侯書，不曰誅諸呂，而曰「入誅不當爲王者」，其意頗同，猶有古辭命氣象。

〔五〕【考證】古鈔本、楓、三本「權」作「擁」，通鑑亦作「擁」，漢書高五王傳作「舉」。「擁」字義長。

呂祿、呂產欲發亂關中，内憚絳侯、朱虛等，〔一〕外畏齊、楚兵，又恐灌嬰畔之，欲待灌嬰兵與齊合而發，猶豫未決。〔二〕當是時，濟川王太、淮陽王武、常山王朝名爲少帝弟，〔三〕及魯元王呂后外孫，皆年少，未之國，居長安。趙王祿、梁王產各將兵居南北軍，皆呂氏之人。〔四〕列侯羣臣，莫自堅其命。

〔一〕【考證】張文虎曰：中統、游本「朱虛」下有「侯」字。

〔二〕【索隱】猶，鄒音以獸反。與，音預，又作「豫」。崔浩云「猶，蝯類也。卬鼻長尾，性多疑」。又說文云「猶，獸名，多疑」，故比之也。按：狐性亦多疑，度冰而聽水聲，故云「狐疑」也。今解者又引老子「與兮若冬涉川，猶兮若畏四鄰」，故以爲「猶與」是常語。且按狐聽冰，而此云「若冬涉川」，則與是狐類不疑。「猶兮若畏四鄰」，則猶定是獸，自不保同類，故云「畏四鄰」也。【正義】與，音預，又作「豫」。爾雅：「猶如麂，善登木。」說文云：「猶多疑。」師古云：「猶，獸名也，性多疑慮，常居山中，忽聞有聲，則恐有人且來害之，每豫上木，久之無人，然後敢下。須臾又上，如此非一。故不果決者稱猶豫。一曰，隴西俗謂犬子爲猶。犬子隨人行，每豫在前，待人不得，還來迎候，故曰猶豫。」又曰，猶、豫二獸，並與狐疑或有疑事，故曰猶豫。顧野王曰：「猿類。」【考證】王念孫曰：猶豫雙聲字，猶楚辭言「夷猶」耳，非謂獸畏人而豫上樹，亦非謂犬子豫在人前。愚按：正義有訛脱。

〔三〕【考證】名，如上文「名美人子」之「名」。

〔四〕【考證】梁玉繩曰：七年更名梁曰呂，故上文已書呂王產矣，而此忽改稱曰梁王，何也？下文「請梁王歸相國印」，亦非。

太尉絳侯勃，不得入軍中主兵。曲周侯酈商老病，其子寄與呂祿善。絳侯迺與丞相陳平謀，使人劫酈商，令其子寄往紿說呂祿曰：「高帝與呂后共定天下，劉氏所立九王，〔一〕呂氏所立三王，〔二〕皆大臣之議。事已布告諸侯，諸侯皆以爲宜。今太后崩，帝少，而足下佩趙王印，不急之國守藩，迺爲上將，將兵留此，爲大臣諸侯所疑。足下何不歸將印，以兵屬太尉？請梁王歸相國印，〔三〕與大臣盟而之國，齊兵必罷，大臣得安。足下高枕而王千里，此萬世之利也。」呂祿信然其計，欲歸將印以兵屬太尉。使人報呂產及諸呂老人，或以爲便，或曰不便，計猶豫未有所決。呂祿信酈寄，時與出游獵。過其姑呂嬃，嬃大怒曰：「若爲將而弃軍，呂氏今無處矣。」〔四〕迺悉出珠玉寶器散堂下，曰：「毋爲他人守也。」

〔二〕【索隱】吳、楚、齊、淮南、琅邪、代、常山王朝、淮陽王武、濟川王太，是九也。

〔三〕【索隱】梁王產、趙王祿、燕王通也。【考證】諸本無「所」字。王念孫曰：索隱本有，漢書、漢紀並同。愚按：南化本亦有。

〔三〕【考證】漢書呂紀「王」下有「亦」字。

〔四〕【索隱】顔師古以爲言見誅滅無處所也。

左丞相食其免。〔一〕

〔一〕【考證】梁玉繩曰：將相表及百官表，食其以九月復相，後九月免，則此六字當書後九月中，誤入於八月也。

八月庚申旦，〔一〕平陽侯窋行御史大夫事，〔二〕見相國產計事。郎中令賈壽使從齊來，因數產曰：「王不蚤之國，今雖欲行，尚可得邪？」具以灌嬰與齊、楚合從，欲誅諸呂告產，迺趣產急入宮。平陽侯頗聞其語，迺馳告丞相、太尉。太尉欲入北軍，不得入。襄平侯通尚符節，〔三〕迺令持節矯內太尉北軍。〔四〕太尉復令酈寄與典客劉揭先說呂祿曰：〔五〕「帝使太尉守北軍，欲足下之國，急歸將印辭去，不然，禍且起。」呂祿以爲酈兄不欺已，〔六〕遂解印屬典客，而以兵授太尉。太尉將之，入軍門，行令軍中曰：「爲呂氏右襢，爲劉氏左襢。」軍中皆左襢爲劉氏。〔七〕太尉行至，將軍呂禄亦已解上將印去，太尉遂將北軍。

〔一〕【考證】通鑑考異云，上有「八月丙午」，此當作「九月」。張文虎曰：庚申九月十日也。將相表九月誅諸呂，是其證。通鑑作「九月」，是。

〔二〕【正義】窋，竹律反。曹參子也。【考證】高后八年，張蒼代曹窋爲御史大夫，而未就任。窋尚在官視事，故曰行事。

〔三〕【集解】徐廣曰：「姓紀。」張晏曰：「紀信子也。尚，主也。今符節令。」【索隱】張晏云：「紀信子。」又晉灼云：「信被楚燒死，不見有後。按功臣表，襄平侯紀通，父成以將軍定三秦死事，子侯。」則通非信子，張說誤矣。【考證】齊召南曰：後儒以紀信死節，没未得封，故疑紀成即信子，不知紀成名字早見於鴻門間道走軍之日，其後戰死好時，則功臣表有明文，非死於滎陽也。俞樾曰：高祖八年，蕭何營未央宮，立東闕、北闕，師古云「未央殿雖南嚮，而上書奏事謁見之徒皆詣北闕，公車司馬皆在焉，是則以北闕爲正門，西南兩面無門闕矣」。以是考之，北軍在北闕外，南軍在未央宮之南，自南軍入未央宮，仍須由北闕，故太尉之謀在先得北軍，北軍既得，而南軍孤懸於外，無能爲矣。

〔四〕【考證】顔師古曰：矯，詐也，詐以天子之命也。錢大昭曰：內讀爲「納」。

〔五〕【集解】漢書百官表曰：「典客，秦官也，掌諸侯歸義蠻夷也。」

〔六〕【集解】徐廣曰：「兄，音況，字也。名寄。」

〔七〕【正義】襢，音但，與「袒」同。【考證】顔師古曰：袒，脱衣袖而肉袒也。左右者偏脱其一耳。王應麟曰：儀禮鄉射疏云，凡事無問吉凶皆袒左，是以大射及士喪禮皆袒左，惟有受刑者袒右，故覲禮乃云「右肉袒」，注云「刑宜施於右」，是也。以此考之，周勃誅呂氏之計已定，爲呂氏者有刑，故以右袒令之，非以覘人心之從違也。朱翌曰：戰國策，王孫賈入市中曰「淖齒殺閔王，欲與我誅者袒右」，從者四百人，與之誅淖齒。周勃左袒之策本此。盧六以曰：是不過以卜衆心之從違，非如受刑之說。何焯曰：本强老漢，倉卒間未必學叔孫太傅也。全祖望曰：陳涉之起亦袒右，則王應麟之說未足信。

然尚有南軍。平陽侯聞之，以呂產謀告丞相平。〔一〕丞相平迺召朱虛侯佐太尉。太尉令朱虛侯監軍門。令平陽侯告衛尉：「毋入相國產殿門。」呂產不知呂祿已去北軍，迺入未央宮欲爲亂。殿門弗得入，裴回往來。平陽侯恐弗勝，馳語太尉。〔二〕太尉尚恐不勝諸呂，未敢訟言誅之，〔三〕迺遣朱虛侯謂曰：「急入宮衛帝。」〔四〕朱虛侯請卒，太尉予卒千餘人。入未央宮門，遂見產廷中。日餔時，遂擊產。〔五〕產走。天風大起，以故其從官亂莫敢鬭。逐產，殺之郎中府吏廁中。〔六〕

〔一〕【考證】梁玉繩曰：「平陽侯」以下十三字與上下文不接，且前已言平陽侯馳告丞相、太尉矣，重出當衍，漢書無。

〔二〕【考證】「恐弗勝」三字疑衍，漢書無。

〔三〕【集解】徐廣曰：「訟，一作『公』。」駰按：韋昭曰「訟，猶公也」。【索隱】按：韋昭以「訟」爲「公」，徐廣又云一作「公」，蓋公爲得。然公言，猶明言也。又解者云，訟，誦說也。【考證】漢書「訟」作「誦」，誦、訟古通。孟子「讀其書，頌其詩」。

〔四〕【考證】漢書呂紀「遣」作「謂」，「侯」下無「謂」。余有丁曰：予卒千餘人，本以誅產，而曰「衛帝」，是未敢訟言誅之也。

〔五〕【考證】餔，漢書作「哺」。

〔六〕【集解】如淳曰：「百官表，郎中令掌宫殿門户，故其府在宫中，後轉爲光禄勳也。」

朱虚侯已殺產，帝命謁者持節勞朱虚侯。朱虚侯欲奪節信，謁者不肯。〔一〕朱虚侯則從與載，因節信馳走，斬長樂衛尉呂更始。還馳入北軍報太尉。太尉起拜賀朱虚侯曰：「所患獨呂產，今已誅，天下定矣。」遂遣人分部悉捕諸呂男女，無少長皆斬之。辛酉，捕斬呂禄，而笞殺呂嬃。使人誅燕王呂通，而廢魯王偃。壬戌，以帝太傅食其復爲左丞相。戊辰，徙濟川王王梁，立趙幽王子遂爲趙王。〔二〕遣朱虚侯章以誅諸呂氏事告齊王，令罷兵。灌嬰兵亦罷滎陽而歸。〔三〕

〔一〕【考證】南化本、三條本「命」作「令」。楓山、三條本無「信」字。

〔二〕【考證】梁玉繩曰：遂之立也，在文帝元年，文紀及年表可據。此與世家謂呂后八年九月爲二臣所立者誤。

〔三〕【考證】王鳴盛曰：諸呂之平，灌嬰有力焉。方高后病甚，令呂禄爲上將軍居北軍，呂產居南軍，其計可謂密矣。卒使酈寄紿説呂禄歸將軍，以兵屬太尉，而誅諸呂者，陳平、周勃之功也。然其初惠帝崩，高后哭泣不下，此時高后奸謀甫兆，使平、勃能逆折其邪心，安見不可撲滅者？乃聽張辟彊狂豎之言，請拜產、禄爲將，將兵居南北軍，高后欲王諸呂，王陵守白馬之約，而平、勃以爲無所不可，然則成呂氏之亂者平、勃也。幸而產、禄本庸才，又得朱虚侯之忠勇，平、勃周旋其間，而亂卒平，功盡歸此兩人，而孰知當留屯滎陽與齊連和之時，嬰之遠慮有過人者？齊王之殺其相而發兵，奪琅邪王兵，并將而西也。此時呂禄獨使嬰擊之，嬰高帝宿將，諸呂方忌故大臣，而危急之際，一旦假以重兵，此必嬰平日僞自結於呂氏，若樂爲之用者，而始得此於禄。既得兵柄，遂留屯滎陽，待其變而共誅之。時呂氏亂謀急矣，顧未敢猝發者，彼見大將握重兵在外，而與敵連和以觀變，恐猝發而嬰倍之，反率諸侯西向，故猶豫未忍決，於是平、勃乃得從容定計，奪其兵權而誅之。然則平、勃之成功，嬰有以助之也。然嬰不以是時亟與齊合，引兵而歸，共誅諸呂，乃案兵無動者，蓋太尉入北軍，呂祿歸將印，此其誅諸呂，如振槁葉耳。若嬰合齊兵而歸，遽以討呂氏爲名，則呂氏亂謀發之必驟，將印必不肯歸，而太尉不得入北軍矣。彼必將脅平、勃而拒嬰與齊之兵，幸而勝之，喋血京師，不戕千萬之命不止，此又嬰計之得也。

諸大臣相與陰謀曰：「少帝及梁、淮陽、常山王皆非真孝惠子也。〔一〕呂后以計詐名他人子，殺其母養後宮，令孝惠子之，立以爲後，及諸王，以彊呂氏。今皆已夷滅諸呂，而置所立，即長用事，吾屬無類矣。〔二〕不如視諸王最賢者立之。」〔三〕或言「齊悼惠王高帝長子，今其適子爲齊王，推本言之，高帝適長孫，可立也」。大臣皆曰：「呂氏以外家惡，而幾危宗廟，亂功臣。今齊王母家駟鈞，〔四〕駟鈞惡人也，即立齊王，則復爲呂氏。」欲立淮南王，以爲少，母家又惡。迺曰：「代王，方今高帝見子，最長，仁孝寬厚。太后家薄氏謹良。且立長故順，〔五〕以仁孝聞於天下，便。」迺相與共陰使人召代王。代王使人辭謝。再反，然後乘六乘傳。〔六〕後九月晦日己酉，〔七〕至長安，舍代邸。大臣皆往謁，奉天子璽上代王，共尊立爲天子。代王數讓，羣臣固請，然後聽。

〔一〕**【考證】**「梁」當作「呂」，上文云「立皇子太爲呂王」，梁王即呂產也。

〔二〕**【正義】**長，丁丈反，言少帝年少，即長用事，誅害吾輩，羣屬無種類。

〔三〕【考證】何焯曰：少帝非劉氏，乃大臣既誅諸呂，從而爲之辭。梁玉繩曰：上文一則曰「孝惠後宮子」，再則曰「孝惠皇后無子，取美人子名之」，則但非張后子，不得言非孝惠子也。乃此言「詐名他人子以爲子」，後又云「足下非劉氏」，何歟？史記考要謂諸大臣陰謀而假之詞，以絶呂氏之黨，不容不誅。其信然已。史公于紀兩書之，而年表亦云「以孝惠子封」，又云「以非子誅」，皆有微意存焉，非歧説也。文紀「大臣曰子弘等皆非孝惠子」，皆同。愚按：紛擾之際，謀詐百出，美人之子，孰定其真假？但以當日事情推之，何、梁二説蓋得其實。又案俞正燮癸巳存稿有漢少帝本孝惠子考，亦以少帝爲孝惠子。

〔四〕【考證】張文虎曰：「鈞」字涉下而衍，南宋本、中統本並無。愚按：漢書高五王傳無「駟鈞」二字。

〔五〕【考證】李笠曰：孝文紀「發近縣見卒」，與此「見」字同。故、固通。

〔六〕【集解】張晏曰：「備漢朝有變，欲馳還也。或曰，傳車六乘。」【考證】董份曰：袁盎言帝乘六乘傳，馳不測之淵，所云「六乘」者，蓋文帝料漢事已定，止用六乘急赴，不多備耳。張晏説非是。文帝紀命張武等六人乘傳，恐即此云。

〔七〕【集解】文穎曰：「即閏九月也。時律曆廢，不知閏，謂之『後九月』也。以十月爲歲首，至九月則歲終，後九月則閏月。」【考證】中井積德曰：周、秦、漢初皆以閏置歲終，非曆廢之謂。

東牟侯興居曰：「誅呂氏吾無功，請得除宮。」〔一〕迺與太僕汝陰侯滕公入宮，前謂少帝曰：「足下非劉氏，不當立。」〔二〕乃顧麾左右執戟者，掊兵罷去。〔三〕有數人不肯去兵，宦者令張澤諭告，亦去兵。滕公迺召乘輿車，載少帝出。〔四〕少帝曰：「欲將我安之乎？」滕公曰：「出就舍。」舍少府。〔五〕迺奉天子法駕，〔六〕迎代王於邸。報曰：「宮謹除。」代王即夕入未央宮。有謁者十人持戟衛端門，曰：「天子在也，足下何爲者而入？」〔七〕代王迺謂太尉。太尉往諭，謁者十人皆掊兵而去。代王遂入而聽政。夜，有司分部誅滅梁、淮陽、常山王及少帝於邸。

〔一〕【考證】興居，齊悼惠王子，後爲濟北王。除宮，清宮也。胡三省曰：此時羣臣雖奉帝即位，少帝猶居宮中，有所屏除也。

〔二〕【考證】閻樂弑秦二世，亦呼以「足下」。滕公，夏侯嬰。

〔三〕【集解】徐廣曰：「掊，音仆。」【正義】又白北反，又李附反。徐廣曰：「音仆。」

〔四〕【集解】蔡邕曰：「律曰『敢盜乘輿服御物』。天子至尊，不敢渫瀆言之，故託於乘輿也。乘，猶載也。輿，猶車也。天子以天下爲家，不以京師宮室爲常處，則當乘車輿以行天下，故羣臣託乘輿以言之也，故或謂之『車駕』。」【考證】文帝既立，少帝安得乘天子法駕出宮乎？蓋下文集解所謂小駕也。

〔五〕【考證】少府掌山海池澤之稅，以給供養，爲天子之私府。

〔六〕【集解】蔡邕曰：「天子有大駕、小駕、法駕。法駕，上所乘，曰金根車，駕六馬；有五時副車，皆駕四馬；侍中參乘，屬車三十六乘。」

〔七〕【考證】徐孚遠曰：是時禁衛之士皆有守，不貳其心，猶有僕御正人之意，非後代所及。

代王立爲天子。二十三年崩，謚爲孝文皇帝。〔一〕

〔一〕【考證】張文虎曰：「二十三年崩謚爲孝文皇帝」十一字，後人妄增。

太史公曰：孝惠皇帝、高后之時，黎民得離戰國之苦，君臣俱欲休息乎無爲。故惠帝垂拱，高后女主稱制，政不出房戶，天下晏然。刑罰罕用，罪人是希。民務稼穡，衣食滋殖。〔一〕

〔二〕【考證】何焯曰：作呂后本紀者，著其實，贊以孝惠皇帝冠之，書法在其中矣。

【索隱述贊】高祖猶微，呂氏作妃。及正軒掖，潛用福威。志懷安忍，性挾猜疑。置鴆齊悼，殘彘戚姬。孝惠崩殞，其哭不悲。諸呂用事，天下示私。大臣葅醢，支孽芟夷。禍盈斯驗，蒼狗爲菑。

史記會注考證卷十

孝文本紀第十　史記十

【考證】史公自序云：「漢既初興，繼嗣不明，迎王踐祚，天下歸心；蠲除肉刑，開通關梁，廣恩博施，厥稱太宗。作孝文本紀第十。」凌稚隆曰：漢書大要襲此，惟詔書稱詳。陳仁錫曰：孝文紀年缺不具，或有殘簡。

孝文皇帝，高祖中子也。〔一〕高祖十一年春，已破陳豨軍，定代地，立爲代王，都中都。〔二〕太后薄氏子。即位十七年，〔三〕高后八年七月，高后崩。九月，諸呂呂産等欲爲亂以危劉氏，大臣共誅之。謀召立代王，事在呂后語中。

〔一〕【集解】漢書音義曰：「諱恒。」

〔二〕【正義】括地志云：「中都故城，在汾州平遥縣西南十二里，秦屬太原郡也。」【考證】山西汾州府平遥縣西北。

〔三〕【考證】張晏曰：代王之十七年。

丞相陳平、太尉周勃等使人迎代王。代王問左右郎中令張武等，〔一〕張武等議曰：〔二〕「漢大臣皆故高帝時大將，習兵多謀詐，此其屬意非止此也，〔三〕特畏高帝、呂太后威耳。今已誅諸呂，新啑血京師，〔四〕此以迎大王爲名，實不可信。願大王稱疾，毋往，以觀其變。」中尉宋昌進曰：〔五〕「羣臣之議皆非也。夫秦失其政，諸侯豪桀並起，人人自以爲得之者以萬數，然卒踐天子之位者劉氏也，天下絶望，一矣。高帝封王子弟，地犬牙相制，〔六〕此所謂盤石之宗也，〔七〕天下服其彊，二矣。漢興，除秦苛政，約法令，施德惠，人人自安，難動摇，三矣。夫以呂太后之嚴，立諸呂爲三王，擅權專制，然而太尉以一節入北軍，〔八〕一呼，士皆左袒爲劉氏，叛諸呂，卒以滅之。此乃天授，非人力也。〔九〕今大臣雖欲爲變，百姓弗爲使，其黨寧能專一邪？方今内有朱虚、東牟之親，外畏吴、楚、淮南、琅邪、齊、代之彊。〔一〇〕方今高帝子獨淮南王與大王，大王又長，賢聖仁孝，聞於天下，故大臣因天下之心而欲迎立大王，大王勿疑也。」代王報太后計之，猶與未定。卜之龜，卦兆得大横。〔一一〕占曰：「大横庚庚，余爲天王，夏啓以光。」〔一二〕代王曰：「寡人固已爲王矣，又何王？」卜人曰：「所謂天王者，乃天子。」〔一三〕於是代王乃遣太后弟薄昭往見絳侯，絳侯等具爲昭言所以迎立王意。薄昭還報曰：「信矣，毋可疑者。」代王乃笑謂宋昌曰：「果如公言。」乃命宋昌參乘，張武等六人乘傳詣長安。至高陵休止，〔一四〕而使宋昌先馳之長安觀變。

〔一〕【考證】王先謙曰：漢初諸王國羣卿大夫如漢朝，此代國之郎中令也。下文云「張武爲郎中令」，則漢朝之郎中令，故漢書百官公卿表於孝文元年書「郎中令張武」。

〔二〕【考證】延久古鈔本無「張」字。

〔三〕【考證】顏師古曰：言常有異志也。屬意，猶言注意也。

〔四〕【集解】公羊傳曰：「京，大；師，衆也。天子之居，必以衆大之辭言也。」【索隱】啑，漢書作「喋」，音跕，丁牒反。漢書陳湯、杜業皆言喋血，無盟歃事。廣雅云「蹀，履也」，謂履涉之。【正義】啑血，上音歃，漢書作「喋」。廣雅云：「喋，履也。」顏師古云：「字當作『喋』。喋，謂履涉之耳。」

〔五〕【索隱】東觀漢記宋楊傳，宋義後有宋昌。又會稽典録，昌，宋義孫也。

〔六〕【索隱】言封子弟境土交接，若犬之牙不正相當而相銜入也。

〔七〕【索隱】言其固如盤石。此語見太公六韜也。

〔八〕【索隱】即紀通所矯帝之節。【考證】張文虎曰：御覽引無「一」字。愚按：延久古鈔本有，漢書文紀亦有。

〔九〕【考證】留侯世家，張良稱漢皇曰「沛公殆天授」，淮陰侯傳，韓信謂漢皇曰「陛下所謂天授，非人力也」，蓋當時有此語。宋昌亦引稱劉氏。

〔一〇〕【考證】「方今」二字與下文複。李笠曰：是亦史文不忌繁重之證。

〔一一〕【集解】應劭曰：「以荆灼龜，文正横。」

〔一二〕【集解】服虔曰：「庚庚，横貌也。」李奇曰：「庚庚，其繇文也。」張晏曰：「横(行)〔謂〕無思不服。庚，更也。言去諸侯而即帝位也。先是五帝官天下，老則禪賢，至啓始傳父爵，乃能光治先君之基業。文帝亦襲父迹，言似夏啓者也。」【索隱】荀悦云：「大横，龜兆横理也。」按：庚庚，猶「更更」，言以諸侯更帝位也。荀悦云「繇，抽也，所以抽出吉凶之情也」。杜預云「繇，兆辭也，音胄也」。按漢書蓋寬饒云「五帝官天下，三王家天下，官以傳賢人，家以傳子孫」。官，猶公也，謂不私也。【考證】中井積德曰：大横是卜兆之名，猶筮之卦名。三句皆繇文，何特「庚庚」二字？愚按：庚、王、光，韻。左傳僖公四年載繇辭云「專之渝，攘公之羭，一薰一蕕，十年尚猶有臭」，是繇辭有韻之證。

〔一三〕【考證】張文虎曰：御覽引「天子」下有「也」字，與漢書合。

〔一四〕【正義】括地志云：「高陵故城，在雍州高陵縣西南一里，本名横橋，架渭水上。三輔舊事云，秦於渭南有興樂宫，渭北有咸陽宫。秦昭王欲通二宫之閒，造横橋，長三百八十步，橋北京石水中，舊有忖留神象。此神曾與魯班語，班令其出，留曰『我貌醜，卿善圖物，容不出』。班於是拱手與語曰『出頭見我』。留乃出首。班以脚畫地，忖留覺之，便没水。故置其像於水上，唯有腰以上。魏太祖馬見而驚，命移下之。」【考證】高陵，陝西西安府高陵縣西南。正義「本名横橋」以下當移下文「渭橋」下。

昌至渭橋，〔一〕丞相以下皆迎。宋昌還報。代王馳至渭橋，羣臣拜謁稱臣。代王下車拜。太尉勃進曰：「願請閒言。」〔二〕宋昌曰：「所言公，公言之。所言私，王者不受私。」太尉乃跪上天子璽符。〔三〕代王謝曰：「至代邸而議之。」〔四〕遂馳入代邸。羣臣從至。丞相陳平、太尉周勃、大將軍陳武、〔五〕御史大夫張蒼、宗正劉郢、〔六〕朱虚侯劉章、東牟侯劉興居、典客劉揭皆再拜言曰：「子弘等皆非孝惠帝子，不當奉宗廟。臣謹請與陰安侯〔七〕列侯頃王后〔八〕與琅邪王、宗室、大臣、列侯、吏二千石議曰：〔九〕『大王高帝長子，宜爲高帝嗣。』〔一〇〕願大王即天子位。」代王曰：「奉高帝宗廟，重事也。寡人不佞，〔一一〕不足以稱宗廟。願請楚王計宜者。〔一二〕寡人不敢當。」羣臣皆伏固請。代王西鄉讓者三，南鄉讓者再。〔一三〕丞相平等皆曰：「臣伏計之，大王奉高帝宗廟最宜稱，雖天下諸侯萬民以爲宜。臣等爲宗廟社稷計，不敢忽。〔一四〕願大王幸聽臣等。臣謹奉天子璽符，再拜上。」代王曰：「宗室將相王列侯以爲莫宜寡人，寡人不敢辭。」遂即天子位。

〔一〕【集解】蘇林曰：「在長安北三里。」【索隱】三輔故事：「咸陽宮在渭北，興樂宮在渭南，秦昭王通兩宮之間作渭橋，長三百八十步。」又關中記云，石柱以北屬扶風，石柱以南屬京兆也。【考證】渭橋在西安府咸寧縣。

〔二〕【索隱】包愷音閑，言欲向空閒處語。顏師古云：「閒，容也，猶言中閒。請容暇之頃，當有所陳，不欲即公論也。」【正義】上記閑反。閒，隙也，隙之閒私語也。

〔三〕【正義】上，時掌反。

〔四〕【索隱】說文：「邸，屬國舍。」

〔五〕【考證】大將軍陳武，漢書不載姓，唯言大將軍武。服虔以爲柴武，柴武爲大將軍，在文帝三年。陳武亦他無所見。錢大昭曰：大將軍當灌嬰，考高五王傳，漢聞齊王舉兵，「相國呂產等遣大將軍潁陰侯灌嬰將兵擊之」。灌嬰傳「呂祿等以嬰爲大將軍」，嬰之爲大將軍，呂祿等所置，故公卿表不載。嬰有靖難之功，與周勃、陳平共立文帝。觀漢書文紀，元年益封户邑者止有太尉勃、丞相平、將軍嬰，而無名武之大將軍，則其爲灌嬰何疑？

〔六〕【集解】漢書百官表曰：「宗正，秦官。」應劭曰：「周成王時，彤伯入爲宗正。」【考證】王鳴盛曰：漢書百官表，高后二年「上邳侯劉郢客爲宗正」，又王子侯、諸侯王表並作「郢客」。梁玉繩曰：此即楚元王子夷王郢客也。缺「客」字。愚按：王念孫說同。

〔七〕【集解】蘇林曰：「高帝兄伯妻，羹頡侯信母，丘嫂也。」【考證】中井積德曰：漢書無「與」字，此疑衍。

〔八〕【集解】徐廣曰：「代頃王劉仲之妻。」駰按：蘇林曰「仲子濞爲吳王，故追謚爲頃王」也。如淳曰「頃王后封陰安侯，時呂嬃爲林光侯，蕭何夫人亦爲酇侯」。又宗室表，此時無陰安，知其爲頃王后也。【索隱】按：蘇林、徐廣、韋昭以爲二人封號，而樂產引如淳，以頃王后別封陰安侯，與漢祠令相會。今以陰安是別人封爵，非也。頃王后，是代王后，文帝之伯母。代王降爲郃陽侯，故云「列侯頃王后」。韋昭曰「陰安屬魏郡也」。【正義】頡，紀八反。頃，奇傾反。【考證】中井積德曰：漢書無「列侯」二字，此疑衍。徐孚遠曰：公議廢立事，而以婦女二人爲冠首，非體也。或尚有呂后時遺風邪？愚按：此時漢皇尊屬存者有是二人，故先承其意也。

〔九〕【考證】文穎曰：琅邪王，劉澤也。顧炎武曰：古時制祿之數，皆用斗斛，左傳言「豆區釜鍾，各自其四以登于釜」，論語「與之釜，與之庾」，孟子「養弟子以萬鍾」，皆量也。漢承秦制，始以石爲名，故有中二千石、二千石、比二千石、千石、比千石、六百石、比六百石、四百石、比四百石、三百石、比三百石、二百石、比二百石、百石。而三公萬石，百二十斤爲石，是以權代量。然考後漢百官志所載月俸之數，則大將軍、三公，奉月三百五十斛，以至斗食奉月十斛，又未嘗不用斛，所謂二千石以至百石者，但以爲品級之差而已。今人以十斗爲石，本於此，不知秦時所謂金人十二，重各千石，撞萬石之鍾，縣石鑄鍾鐻，衡石程書之類，皆權也，非量也。惟白圭傳「穀長石斗」，淳于髡傳「一斗亦醉，一石亦醉」，對斗言之，是移權之名於量爾。趙翼曰：石，本權衡之數也。漢律曆志「二十四銖爲兩，十六兩爲斤，三十斤爲鈞，四鈞爲石」，是石乃權之極數。至十龠爲合，十合爲升，十升爲斗，十斗爲斛，則斛乃量之極數。然漢時米穀之量，已以石計，如二千石、六百石之類，未嘗以斛計。又管子禁藏篇「民率三十畝，畝取一石，則人有三十石」，國策「燕王噲讓國子之，自吏三百石以上悉予之」，又漢書食貨志李悝之論曰，一夫田百畝，畝歲收一石半，百畝爲粟百五十石，除十一之稅十五石，餘百三十五石，則斗斛之以石計，自春秋戰國時已然。又按：古時一石重百二十斤，與一斛之重不甚相遠。漢書成帝紀注，如淳云「中二千石，月得百八十斛，一歲凡得二千一百六十石，真二千石，月得百五十斛，一歲凡得一千八百石；二千石，月得百二十斛，一歲凡得一千四百四十石」，雖官秩之名，與所得俸之實數微有不同，然大略不外乎一斛爲一石也。蓋古時十斗爲斛，一斛即是一石。

〔一〇〕【考證】中井積德曰：是時高帝子存者，唯代王與淮南王而已，淮南爲少，故稱代王爲長子爾。

〔一一〕【考證】顔師古曰：不佞，不材也。

〔一二〕【集解】蘇林曰：「楚王名交，高帝弟。」【索隱】楚王交，高帝弟，最尊。言更請楚王計宜者，故下云「皆爲宜」也。【考證】何焯曰：陰安侯、頃王后皆婦人，琅邪王疏屬。帝言請楚王計宜，斯識體矣。愚按：自高祖而言，尊屬止陰安侯、頃王后，自代王而言，尚有楚王，所以有此言。

〔一三〕【集解】如淳曰：「讓羣臣也。或曰賓主位東西面，君臣位南北面，故西向坐三讓不受，羣臣猶稱宜，乃更迴坐示變，即君位之漸也。」【考證】中井積德曰：此對羣臣辭讓也。注不當言「讓羣臣」，羣臣豈嗣位者哉？胡三省曰：如説以代王南鄉坐，爲即君臣之漸，恐非代王所以再讓之意。蓋代王入代邸，而漢廷群臣繼至，王以賓主禮接之，故西鄉。群臣勸進，王凡三讓，羣臣遂扶王正南面之位，王又讓者再，則南鄉非王之得已也，羣臣扶之使南鄉耳。遽以爲南鄉坐，可乎？鄉讀曰「嚮」。

〔一四〕【考證】劉攽曰：「忽，言輕易也。」

羣臣以禮次侍。〔一〕乃使太僕嬰與東牟侯興居清宮。〔二〕奉天子法駕，〔三〕迎于代邸。皇帝即日夕入未央宮。乃夜拜宋昌爲衛將軍，鎮撫南北軍。以張武爲郎中令，行殿中。還坐前殿。〔四〕於是夜下詔書曰：「閒者諸呂用事擅權，謀爲大逆，欲以危劉氏宗廟，賴將相列侯宗室大臣誅之，皆伏其辜。朕初即位，其赦天下，賜民爵一級，女子百户牛酒，〔五〕酺五日。」〔六〕

〔一〕【考證】漢書文紀無「禮」字，通鑑有。

〔二〕【集解】應劭曰：「舊典，天子行幸，所至必遣靜宮令先案行清靜殿中，以虞非常。」【索隱】按：漢儀云「皇帝起居，索室清宮而後行」。【考證】楓山、三條本「太僕」下有「夏侯」二字。清宮，見呂紀。

〔三〕【索隱】漢官儀云：「天子鹵簿有大駕、法駕。大駕，公卿奉引，大將軍參乘，屬車八十一乘。法駕，公卿不在鹵簿中，惟京兆尹、執金吾、長安令奉引，侍中參乘，屬車三十六乘也。」

〔四〕【考證】入宮，即令撫軍行殿，疾雷不及掩耳，亦是漢皇馳入奪軍之術矣。

〔五〕【集解】蘇林曰：「男賜爵，女子賜牛酒。」【索隱】按：封禪書云「百户牛一頭，酒十石」。樂産云「婦人無夫，或無子，不霑爵，故賜之也」。【考證】顏師古曰：賜爵者，謂一家之長得之也。女子謂賜爵者之妻也，率百户共得牛若干頭，酒若干石，無定數也。李賢曰：女子百户，若是户頭之妻，不得更稱爲户。此謂女户頭，即今之女户也。恩當普洽，所以男户賜爵，女户賜牛酒。愚按：李説近之。

〔六〕【集解】文穎曰：「漢律三人已上無故羣飲，罰金四兩。今詔横賜，得令會聚飲食五日。」【索隱】説文云「酺，王者布德，大飲酒也」。出錢爲醵，出食爲酺。又按：趙武靈王滅中山，酺五日，是其所起也。【正義】横，胡孟反。

孝文皇帝元年，十月庚戌，徙立故琅邪王澤爲燕王。〔一〕

〔一〕【考證】中井積德曰：「立故」二字疑衍，漢書無之。未徙之時，仍是琅邪王矣，何所得「故」字？自此徙彼，王爵不變，何所得「立」乎？

辛亥，皇帝即阼，〔一〕謁高廟。右丞相平徙爲左丞相，〔二〕太尉勃爲右丞相，大將軍灌嬰爲太尉。諸呂所奪齊、楚故地，皆復與之。〔三〕

〔一〕【正義】主人階也。【考證】中井積德曰：即阼，猶言即位也。

〔二〕【正義】此時尚右。

〔三〕【考證】胡三省曰：呂后封呂台爲呂王，得梁地，奪齊、楚之地以附益之。梁玉繩曰：此有錯誤。當云「孝文帝元年十月庚戌，皇帝即阼。辛亥謁高廟」。蓋是年十月朔爲庚戌，文帝以上年後九月晦己酉至長安，故翌日爲歲首，行即阼之禮，越日謁高廟也。平、勃、灌嬰之爲丞相、太尉在十一月辛卯，將相表可據，此與百官表並誤書于十月辛亥。若果以十月辛亥命官，則下文十月壬子封賜諸臣之詔何以稱太尉勃、將軍嬰乎？是宜于「典客揭爲陽信侯賜金千斤」之後而書之，曰「十一月右丞相平徙爲左丞相，太尉勃爲右丞相，大將軍灌嬰爲太尉」。若夫琅邪之徙、趙王之封及復與齊、楚地，俱在十二月，漢書文紀可據，此與諸王表並誤書于十月之庚戌、辛亥兩日，而又失書封趙王遂。是宜于後文十二月之下書曰「立趙幽王子遂爲趙王，立故琅邪王澤爲燕王。諸呂所奪齊、楚故地皆復與之」。

壬子，遣車騎將軍薄昭迎皇太后于代。皇帝曰：「呂產自置爲相國，〔一〕呂祿爲上將軍，擅矯遣灌將軍嬰將兵擊齊，欲代劉氏，嬰留滎陽弗擊，與諸侯合謀以誅呂氏。呂產欲爲不善，丞相陳平與太尉周勃謀，奪呂產等軍。朱虛侯劉章首先捕呂產等。太尉身率襄平侯通持節承詔入北軍。典客劉揭身奪趙王呂祿印。〔二〕益封太尉勃萬户，賜金五千斤。〔三〕丞相陳平、灌將軍嬰邑各三千户，金二千斤。〔四〕朱虛侯劉章、襄平侯通、東牟侯劉興居邑各二千户，金千斤。〔五〕封典客揭爲陽信侯，賜金千斤。」〔六〕

〔一〕【考證】漢文帝紀「呂」上有「前」字。

〔二〕【考證】漢書無「趙王」二字。

〔三〕【考證】漢書「益」上有「其」字。楓、三本「萬」上有「邑」字。「勃」上當補其姓，下文「襄平侯通」、「典客揭」倣之。

〔四〕【考證】灌將軍嬰，當作「將軍灌嬰」。

〔五〕【集解】徐廣曰：「十一月辛丑。」

〔六〕【索隱】韋昭云：「勃海縣。」【正義】括地志云：「陽信故城，在滄州無棣縣東南三十里，漢陽信縣。」【考證】梁玉繩曰：大臣謀誅諸呂，酈寄之功不在平、勃下，蓋非寄説呂禄解印，太尉不得入北軍矣。乃文帝封賜不及，豈以紿禄之功，僅足以償平時黨呂之罪，而又迫于絳侯之劫，非其本心乎？曹窋、陸賈亦皆有功，無賞何故？趙翼曰：古時不以白金爲幣，專用黄金，而黄金甚多。尉繚説秦王，賂諸侯豪臣不過三十萬金，而諸侯可盡。漢高祖以四萬斤與陳平，使爲楚反間，不問其出入；婁敬説帝都關中，田肯説帝當以親子弟封齊，即各賜五百斤；叔孫通定朝儀，亦賜五百斤；呂后崩，遺詔賜諸侯王各千斤；陳平交歡周勃，用五百斤；文帝即位，以大臣誅諸呂功，賜周勃五千斤，陳平、灌嬰各二千斤，劉章、劉揭各千斤；吴王濞反募能斬漢大將者五千斤，列將三千斤，裨將二千斤，二千石一千斤；梁孝王薨，有四十萬斤；武帝賜平陽公主千斤，賜卜式四百斤；衛青擊匈奴，斬首虜萬九千級軍受賜二千萬斤。可見古時黄金之多也。

十二月，〔一〕上曰：「法者治之正也，〔二〕所以禁暴而率善人也。今犯法已論，而使毋罪之父母妻子同産坐之，及爲收帑，朕甚不取。其議之。」〔三〕有司皆曰：「民不能自治，故爲法以禁之。相坐坐收，所以累其心使重犯法，所從來遠矣。如故便。」〔四〕上曰：「朕聞法正則民慤，罪當則民從。且夫牧民而導之善者吏也。其既不能導，又以不正之法罪之，是反害於民爲暴者也。何以禁之？朕未見其便，其孰計之。」有司皆曰：「陛下加大惠，德甚盛，非臣等所及也。請奉詔書，除收帑諸相坐律令。」〔五〕

〔一〕【考證】漢書刑法志爲文帝二年事，誤。

〔二〕【考證】正，「正鵠」之「正」。

〔三〕【考證】同産，兄弟。帑，與「奴」同。李笠曰：及，疑「乃」字之誤。

〔四〕【考證】顏師古曰：重，難也。沈家本曰：收與坐係二事。説文「收，捕也」。漢志「逮繫」注「辭之所及則追捕之」。詩毛傳「收，拘收也」。有罪者收，無罪者坐，漢志言「使有罪不收，無罪不相坐」，曰「收律」，曰「相坐法」，畫然分明。

〔五〕【集解】應劭曰：「帑，子也。秦法一人有罪，并坐其家室。今除此律。」【考證】顏師古曰：「帑」與「奴」同，假借字也。王鳴盛曰：車裂、腰斬、具五刑、夷三族，皆秦之酷法。漢初沿襲行之，韓信、彭越、英布皆受此。文帝元年冬十二月，盡除收帑相坐律令，十三年夏五月，除肉刑法矣。然景帝於鼂錯，武帝於郭解、主父偃、公孫賀、李陵、李廣利、公孫敖、任安、田仁、劉屈氂，猶皆腰斬夷族。文紀云云徒虚語耳。愚按：漢書刑法志云「後新垣平謀逆，復行三族之誅」。王説未備。

正月，有司言曰：「蚤建太子，所以尊宗廟。請立太子。」上曰：「朕既不德，上帝神明弗歆享，天下人民未有嗛志。〔一〕今縱不能博求天下賢聖有德之人而禪天下焉，而曰豫建太子，是重吾不德也。謂天下何？〔二〕其安之。」〔三〕有司曰：「豫建太子，所以重宗廟社稷，不忘天下也。」上曰：「楚王，季父也，春秋高，閲天下之義理多矣，〔四〕明於國家之大體。吴王於朕兄也，惠仁以好德。淮南王弟也，秉德以陪朕。〔五〕豈爲不豫哉！〔六〕諸侯王宗室昆弟有功臣，〔七〕多賢及有德義者，若舉有德以陪朕之不能終，是社稷之靈，天下之福也。今不選舉焉，而曰必子，人其以朕爲忘賢有德者，而專於子，非所以憂天下也。朕甚不取也。」有司皆固請曰：「古者殷、周有國，治安皆千餘歲，〔八〕古之有天下者莫長焉，用此道也。〔九〕立嗣必子，所從來遠矣。高帝親率士大夫始平天下，建諸侯，爲帝者太祖。諸侯王及列侯始受國者，皆亦爲其國祖。子孫繼嗣，世世弗絶，天下之大義也。故高帝設之，以撫海內。今釋宜建而更選於諸侯及宗室，非高帝之志也。更議不宜。〔一〇〕子某最長，〔一一〕純厚慈仁，〔一二〕請建以爲太子。」上乃許之。因賜天下民當代父後者爵各一級。〔一三〕封將軍薄昭爲軹侯。〔一四〕

〔一〕【索隱】按：嗛者，不滿之意也。未有嗛志，言天下皆志不滿也。漢書作「慊志」，安也。【考證】顧炎武曰：嗛，與樂毅傳「先王以爲慊於志」之「慊」同，厭足之義。愚按：漢書文帝紀作「慊」，顏師古曰快也。

〔二〕【索隱】言何以謂於天下也？

〔三〕【索隱】其，發聲也。安者，徐也。言徐徐且待也。【考證】呂祖謙曰：文帝之元年，景帝方十歲耳，平、勃所以亟請建太子者，懲惠帝繼嗣不明之禍。文帝所以固讓者，蓋踐祚之始，懼不克勝。所言者皆發于中心，非好名也。

〔四〕【集解】如淳曰：「閱，猶言多所更歷也。」

〔五〕【集解】文穎曰：「陪，輔也。」

〔六〕【考證】岡白駒曰：豈可謂之「不豫」哉？愚按：「豫」字承上，言常思禪天下也。

〔七〕【考證】中井積德曰：此有功臣，亦以同姓而言，朱虛等是也，非指異姓功臣。

〔八〕【考證】錢大昕曰：殷、周有天下，皆不及千載，而云「千餘歲」者，并稷、契受封之年計之。漢書作「且千歲」。

〔九〕【索隱】言古之有天下者，無長於立子，故云「莫長焉」。用此道者，用殷、周立子之道，故安治千有餘歲也。【考證】顏師古曰：言上古以來國祚長久，無及殷、周者也，所以能爾者，以承嗣相傳故也。張文虎曰：各本「莫」下衍「不」字，索隱本無，與漢書合。館本考證據删，志疑說同。愚按：延久古鈔、楓山、三條本亦無

「不」字。

〔一〇〕【索隱】言不宜更別議也。

〔一一〕【考證】錢大昕曰：高帝紀書文帝名，景帝紀書武帝名，此稱「某」，例亦不一。愚按：漢書「某」作「啓」，景帝名也。

〔一二〕【考證】漢書「純」作「敦」。

〔一三〕【集解】韋昭曰：「文帝以立子爲後，不欲獨饗其福，故賜天下爲父後者爵。」【考證】何焯曰：當爲父後，謂嫡長也。中井積德曰：上有慶，而澤覃下，各以類耳。愚按：漢書無「代」字。

〔一四〕【集解】徐廣曰：「正月乙巳也。」

三月，有司請立皇后。薄太后曰：「諸侯皆同姓，立太子母爲皇后。」〔一〕皇后姓竇氏。上爲立后故，賜天下鰥寡孤獨窮困及年八十已上、孤兒九歲已下布帛米肉，各有數。上從代來初即位，施德惠天下，填撫諸侯，四夷皆洽驩，乃脩從代來功臣。〔二〕上曰：「方大臣之誅諸呂迎朕，朕狐疑，皆止朕。唯中尉宋昌勸朕，朕以得保奉宗廟。已尊昌爲衛將軍，其封昌爲壯武侯。〔三〕諸從朕六人，官皆至九卿。」〔四〕

〔一〕【索隱】謂帝之子爲諸侯王，皆同姓。姓，生也。言皆同母生，故立太子母也。【考證】顧炎武曰：文帝前后死，竇氏妾也。諸侯皆同姓，無甥舅之國可娶，索隱解非。何焯曰：立皇后稱皇太后命，得著代之意。諸侯皆同姓，蓋周之天子逆后於嬀、姜之國，今諸侯皆同姓，則不可拘以舊制必貴姓也。然自此景立王，武立衛，安於立賤矣。此等皆漢事，事與三代始判分處。

〔二〕【考證】脩，各本作「循」，今從延久本、楓、三本。漢書亦作「脩」，「功」下無「臣」字。

〔三〕【集解】徐廣曰：「四月辛亥封，封三十四年，景帝中四年奪侯，國除。」【索隱】韋昭云膠東縣。【正義】括地志云：「壯武故城，在萊州即墨縣西六十里，古萊夷國，有漢壯武縣故城。」

〔四〕【正義】漢置九卿，一曰太常，二曰光禄，三曰衛尉，四曰太僕，五曰廷尉，六曰大鴻臚，七曰宗正，八曰大司農，九曰少府，是爲九卿也。【考證】顏師古曰張武等。王先謙曰：「官皆至九卿」非詔文，詔應云「諸從朕六人，進秩有差」，而修史者終言之耳。

上曰：「列侯從高帝入蜀、漢中者六十八人，皆益封各三百户。故吏二千石以上從高帝潁川守尊等十人，食邑六百户，淮陽守申徒嘉等十人，五百户，〔一〕衛尉定等十人，四百户。〔二〕封淮南王舅父趙兼爲周陽侯，〔三〕齊王舅父駟鈞爲清郭侯。」〔四〕秋，封故常山丞相蔡兼爲樊侯。〔五〕

〔一〕【考證】漢書「申徒嘉」作「申屠嘉」。

〔二〕【考證】梁玉繩曰：漢書文帝紀及百官表並作「衛尉足」，疑「定」字訛。

〔三〕【正義】括地志云：「周陽故城，在絳州聞喜縣東三十九里。」

〔四〕【集解】如淳曰：「邑名，六國時，齊有清郭君。清，音静。」【索隱】按表，駟鈞封鄔侯。不同者，蓋後徙封於鄔。鄔屬鉅鹿郡。【考證】漢書「清郭」作「靖郭」。

〔五〕【索隱】韋昭云：「樊，東平之縣。」【正義】括地志云：「漢樊縣城，在兖州瑕丘西南二十五里。地理志云，樊縣，古樊國，仲山甫所封。」【考證】文帝時，諸侯王有丞相，景帝時改曰「相」。

人或説右丞相曰：「君本誅諸吕迎代王，今又矜其功，受上賞，處尊位，禍且及身。」右丞相勃乃謝病免罷，左丞相平專爲丞相。〔一〕

〔一〕【集解】徐廣曰：八月中。

二年十月，丞相平卒，復以絳侯勃爲丞相。〔一〕上曰：「朕聞古者諸侯建國千餘歲，〔二〕各守其地，以時入貢。民不勞苦，上下驩欣，靡有遺德。〔三〕今列侯多居長安，邑遠，〔四〕吏卒給輸費苦，而列侯亦無由教馴其民。〔五〕其令列侯之國，爲吏及詔所止者，遣太子。」〔六〕

〔一〕【考證】梁玉繩曰：將相表、公卿表勃復相在十一月。

〔二〕【考證】漢書無「歲」字。王念孫曰：「歲」字衍。「千餘」者謂千餘國，非謂千餘歲也。

〔三〕【考證】漢書文帝紀「遺」作「違」。

〔四〕【考證】王啓原曰：三輔不以封列侯，列侯食邑，近者距長安數百里，遠者且千里、數千里，惟關内侯則食邑關中，比於周之圻内諸侯，而降列侯一等。此列侯乃徹侯，故云「邑遠」。

〔五〕【正義】馴，古「訓」字。

〔六〕【集解】張晏曰：「爲吏，謂以卿大夫爲兼官者。詔所止，特以恩愛見留者。」【考證】周壽昌曰：漢制，王及列侯長子皆稱「太子」，王母稱「太后」，不必天子也。

十一月晦，日有食之。〔一〕十二月望，日又食。〔二〕上曰：「朕聞之，天生蒸民，爲之置君，以養治之。人主不德，布政不均，則天示之以菑，以誡不治。乃十一月晦，日有食之，適見于天，〔三〕菑孰大焉！朕獲保宗廟，以微眇之身託于兆民君王之上，天下治亂，在朕一人，唯二三執政猶吾股肱也。朕下不能理育羣生，上以累三光之明，其不德大矣。〔四〕令至，其悉思朕之過失，及知見思之所不及，匄以告朕。〔五〕及舉賢良方正能直言極諫者，以匡朕之不逮。〔六〕

因各飭其任職，〔七〕務省繇費，以便民。朕既不能遠德，故憪然念外人之有非，〔八〕是以設備未息。今縱不能罷邊屯戍，而又飭兵厚衛，〔九〕其罷衛將軍軍。太僕見馬遺財足，〔一〇〕餘皆以給傳置。」〔一一〕

〔一〕【正義】按：説文云，日蝕則朔，月蝕則望。而云晦日食之，恐曆錯誤。【考證】中井積德曰：前志晦食者多，蓋當時曆法爲然，不當云錯誤。

〔二〕【集解】徐廣曰：「此云望日又食。按：漢書及五行志無此日食文也。一本作『月食』，然史書不紀月食。」【考證】中井積德曰：望無日食之理，又無一月兩食之理。月食又史所不紀，而漢書及五行志皆不載，則其爲訛文明矣。下詔文不論望食，亦其一徵。梁玉繩説同。焦竑曰：「日」當作「月」，刊本誤耳。蓋日食必於朔，月食必於望，時以晦既日食，望又月食，不半月而災變兩見，故於望日下詔書修省。而詔止云「乃十一月晦日有食之」，則因感月食之變，而益謹日食之戒故也。景帝後三年十月，日月皆食，云「十月」，而不係以日，則此月朔望分食，非一日事也。張文虎曰：以今癸卯元術上攷，是年十一月癸卯朔，太陰交周六宮〇一度〇四分二十九秒入食限。蓋史文失書日名，而是月望，太陰交周初宮十六度二十四分三十六秒，月亦入食限，月食例不書，豈連類而及之耶？愚按：詔文云「累三光之明」，其所畏，不止日食，焦、張説是。

〔三〕【考證】古鈔本、三條本、南化本「適」作「讁」。顏師古曰：「適」讀曰「讁」，責也，音張革反。

〔四〕【考證】顏師古曰：三光，日、月、星也。何焯曰：自秦以來，不畏于天，至文帝始聞此言。愚按：自是其後宣帝五鳳四年，元帝永光二年、四年，成帝河平元年、永始二年、三年，哀帝元壽元年，亦日食下詔自責，其他天災地變，莫不皆然，蓋以爲天象與人事相關也。説詳于二十二史劄記二卷。

〔五〕【考證】漢書「見」下無「思」字，此涉上文衍。匄，諸本作「白」，延久古鈔本作「匄」，與漢書合。今依改。顏師古曰：匄，乞也。

〔六〕【考證】胡三省曰：賢良方正之舉昉此。

〔七〕【考證】漢書作「敕以職任」。

〔八〕【集解】漢書音義曰：「憪然，猶介然也。非，姦非也。」【索隱】蘇林云「憪，寢視不安之貌」，蓋近其意。餘說皆疏。憪，音下板反。

〔九〕【考證】句下添「乎」字看。

〔一〇〕【索隱】遺，猶留也。財，古字與「纔」同。言太僕見在之馬，今留纔足，充事而已也。【考證】漢書表「太僕掌輿馬」。

〔一一〕【索隱】按：廣雅云「置，驛也」。續漢書云「驛馬三十里一置」。故欒産亦云，傳、置一也。言乘傳者以傳次受名，乘置者以馬取匹。傳，音丁戀反。如淳云「律，四馬高足爲傳置，四馬中足爲馳置，下足爲乘置，一馬二馬爲軺置，如置急者乘一馬曰乘也」。

正月，上曰：「農，天下之本，其開籍田。〔一〕朕親率耕，以給宗廟粢盛。」〔二〕

〔一〕【集解】應劭曰：「古者天子耕籍田千畝，爲天下先。籍者帝王典籍之常。」韋昭曰：「籍，借也。借民力以治之，以奉宗廟，且以勸率天下，使務農也。」瓚曰：「景帝詔曰『朕親耕，后親桑，爲天下先』。本以躬親爲義，不得以假借爲稱也。籍，蹈籍也。」【考證】張文虎曰：中統、游本「籍田」作「藉田」。愚按：延久鈔本亦作「藉」，與漢書合。藉田，韋說爲長。孟子滕文公篇「禮曰，諸侯耕助以供粢盛」，助者藉也，則藉者助也，可以推藉田之義。周語「藉千畝」，帝王何得躬親耕千畝田乎？瓚說拘于「躬親」二字。

〔二〕【集解】應劭曰：「黍稷曰粢，在器中曰盛。」

三月，有司請立皇子爲諸侯王。〔一〕上曰：「趙幽王幽死，朕甚憐之，已立其長子遂爲趙王。遂弟辟彊及齊悼惠王子朱虛侯章、東牟侯興居，有功可王。」乃立趙幽王少子辟彊爲河閒王，以齊劇郡，立朱虛侯爲城陽王，立東牟侯爲濟北王，皇子武爲代王，子參爲太原王，子揖爲梁王。

〔一〕【考證】梁玉繩曰：諸侯王之立，史、漢表俱在二月乙卯，本紀皆誤作「三月」。

上曰：「古之治天下，朝有進善之旌，〔一〕誹謗之木，〔二〕所以通治道而來諫者。今法有誹謗妖言之罪，〔三〕是使衆臣不敢盡情，而上無由聞過失也。將何以來遠方之賢良？其除之。民或祝詛上，以相約結，而後相謾，〔四〕吏以爲大逆，其有他言，吏又以爲誹謗。〔五〕此細民之愚無知抵死，朕甚不取。自今以來，有犯此者勿聽治。」

〔一〕【集解】應劭曰：「旌，幡也。堯設之五達之道，令民進善也。」如淳曰：「欲有進善者，立於旌下言之。」

〔二〕【集解】服虔曰：「堯作之橋梁交午柱頭。」應劭曰：「橋梁邊板，所以書政治之愆失也。至秦去之，今乃復施也。」【索隱】按：尸子云「堯立誹謗之木」。誹，音非，亦音沸。韋昭云「慮政有闕失，使書於木，此堯時然也，後代因以爲飾。今宮外橋梁頭四植木是也」。鄭玄注禮云「一縱一横爲午，謂以木貫表柱四出，即今之華表」。崔浩以爲木貫表柱四出名「桓」，陳楚俗，桓聲近和，又云「和表」，則「華」與「和」又相訛耳。【考證】管子桓公問篇「舜有告善之旌，而主不蔽也」，淮南子主術篇「堯置敢諫之鼓，舜立誹謗之木」。中井積德曰：旌木以語上古政事，蓋廢已久矣，未見廢在秦時也，亦未見今之復施也。

〔三〕【考證】顏師古曰：高后元年，詔除妖言之令，今此又有妖言之罪，是則中間曾重復設此條也。梁玉繩曰：

詔中無一語及妖言，名臣表止言除誹謗律，景帝元年十月詔歷叙孝文功德，但云除誹謗，亦不及妖言，則師古重設之説，未確。疑「妖言」二字衍文。

〔四〕【集解】漢書音義曰：「民相結，共祝詛上也。謾者，而後謾而止之，不畢祝詛也。」【索隱】韋昭云：「謾，相抵讕也。」説文云：「謾，欺也。」謂初相約共行祝，後相欺誑，中道而止之也。【考證】顧炎武曰：謂先共祝詛，已而欺負，乃相告言也，故詔令若此者勿聽治。注非。

〔五〕【考證】中井積德曰：他言，謂非誹謗之言。

九月，初與郡國守相爲銅虎符、竹使符。〔一〕

〔一〕【集解】應劭曰：「銅虎符，第一至第五，國家當發兵，遣使者至郡，合符，符合乃聽受之。竹使符，皆以竹箭五枚長五寸，鐫刻篆書，第一至第五。」張晏曰：「符以代古之珪璋，從簡易也。」【索隱】漢舊儀，銅虎符發兵，長六寸。竹使符出入徵發。説文云「分符而合之」。小顏云「右留京師，左與之」。古今注云「銅虎符，銀錯書之」。張晏云「銅取其同心也」。

三年十月丁酉晦，日有食之。十一月，上曰：「前日計遣列侯之國，〔一〕或辭未行。丞相朕之所重，其爲朕率列侯之國。」〔二〕絳侯勃免丞相就國，以太尉潁陰侯嬰爲丞相。〔三〕罷太尉官，屬丞相。〔四〕四月，城陽王章薨。淮南王長與從者魏敬殺辟陽侯審食其。〔五〕

〔一〕【考證】陳仁錫曰：湖本「詔」作「計」，誤。張文虎曰：計，當依漢書作「詔」。

〔二〕【考證】徐孚遠曰：遣丞相就國，亦以收大臣之權，言詞深隱，不見猜防。

〔三〕【考證】漢書「以太尉」上有「十二月」三字。

〔四〕【考證】胡三省曰：漢承秦制，以丞相、太尉、御史大夫爲三公。今周勃自丞相罷就國，灌嬰自太尉爲丞相，因罷太尉官，蓋三公不必備之意，且兵柄難以輕屬也。

〔五〕【考證】詳淮南王傳。

五月，匈奴入北地，居河南爲寇。〔一〕帝初幸甘泉。〔二〕六月，帝曰：「漢與匈奴約爲昆弟，〔三〕毋使害邊境，〔四〕所以輸遺匈奴甚厚。今右賢王離其國，〔五〕將衆居河南降地，非常故，往來近塞，〔六〕捕殺吏卒，驅保塞蠻夷，〔七〕令不得居其故，陵轢邊吏，入盜甚敖，無道，非約也。〔八〕其發邊吏騎八萬五千詣高奴，〔九〕遣丞相潁陰侯灌嬰擊匈奴。」匈奴去，發中尉材官屬衛將軍軍長安。〔一〇〕

〔一〕【考證】胡三省曰：其地在北河之南，蒙恬所收，衛青所奪，皆是地也。

〔二〕【集解】蔡邕曰：「天子車駕所至，民臣以爲僥倖，故曰幸。至見令長三老官屬，親臨軒作樂，賜食帛越巾刀佩帶，民爵有級數，或賜田租之半，故因是謂之幸。」【索隱】應劭云：「宮名，在雲陽。一名林光。」臣瓚云：「甘泉，山名。林光，秦離宮名。」又顧氏按：邢承宗西征賦注云「甘泉，水名」。今按：蓋因地有甘泉以名山，則山水皆通也。宮名謬爾。【考證】甘泉，宮名，在陝西西安府涇陽縣西北。

〔三〕【考證】匈奴傳云「高帝使劉敬奉宗室女公主爲單于閼氏，歲奉匈奴絮繒酒米食物，各有數，約爲昆弟，以和親」。

〔四〕【考證】漢書匈奴傳「使」作「侵」。

〔五〕【考證】右賢王，匈奴貴王。

〔六〕【考證】漢書無「降」字，「近」作「入」。

〔七〕【考證】漢書「驅」下有「侵上郡」三字。

〔八〕【考證】漢書「敖」作「驁」。

〔九〕【考證】漢書無「五千」二字。高奴，今陝西延安府膚施縣。

〔一〇〕【集解】漢書百官表曰：「中尉，秦官。」

辛卯，帝自甘泉之高奴，因幸太原，見故羣臣，皆賜之。舉功行賞，諸民里賜牛酒。復晉陽、中都民三歲。〔一〕留游太原十餘日。

〔一〕【正義】晉陽故城在汾州平遥縣西南十三里。【考證】晉陽、中都，帝爲代王時舊都。晉陽，今山西太原府陽曲縣。中都，汾州平遥縣。漢書文帝紀「歲」下有「租」字。

濟北王興居聞帝之代欲往擊胡，乃反，發兵欲襲滎陽。〔一〕於是詔罷丞相兵，遣棘蒲侯陳武爲大將軍，〔二〕將十萬往擊之。祁侯賀〔三〕爲將軍，軍滎陽。七月辛亥，帝自太原至長安。迺詔有司曰：「濟北王背德反上，詿誤吏民，爲大逆。濟北吏民，兵未至先自定，及以軍地邑降者，皆赦之，復官爵。與王興居去來，亦赦之。」〔四〕八月，破濟北軍，虜其王。〔五〕赦濟北諸吏民與王反者。

〔一〕【考證】今河南開封府滎陽縣。

〔二〕【考證】陳武，漢書文帝紀作「柴武」。臣瓚曰「漢帝年紀爲陳武，此曰『柴武』，爲有二姓」。洪頤煊曰：史、漢兩表皆作「陳武」。

〔三〕【集解】徐廣曰：「姓繒，以文帝十一年卒，謚曰敬。」【索隱】漢書音義祁音遲。賀姓繒。繒，古國，夏同姓也。

【正義】括地志云：「并州祁縣城，晉大夫祁奚之邑。」

〔四〕【集解】徐廣曰：「乍去乍來也。」駰按：張晏曰「雖始與興居反，今降赦之」。【考證】去來，猶往來也，「來」下補「者」字看。

〔五〕【考證】漢書文紀作「虜濟北王興居自殺」。

六年，〔一〕有司言淮南王長廢先帝法，不聽天子詔，居處毋度，出入擬於天子，擅爲法令，與棘蒲侯太子奇謀反，〔二〕遣人使閩越及匈奴發其兵，欲以危宗廟社稷。羣臣議皆曰「長當弃市」。帝不忍致法於王，赦其罪，廢勿王。羣臣請處王蜀嚴道、邛都，〔三〕帝許之。長未到處所，行病死，上憐之。後十六年，追尊淮南王長，謚爲厲王，立其子三人爲淮南王、〔四〕衡山王、〔五〕廬江王。〔六〕

〔一〕【考證】缺四年、五年不書，漢書有之。

〔二〕【考證】棘蒲侯柴武也。

〔三〕【集解】徐廣曰：「漢書或作『郪』字，或直云『邛僰』。邛都乃本是西南夷，爾時未通，嚴道有邛僰山。」【正義】邛，其恭反。括地志云：「嚴道今爲縣，即邛州所理縣也。縣有蠻夷曰道，故曰嚴道。邛都縣本邛都國，漢爲縣，今嶲州也。西南夷傳云『滇池以北，君長以十數，邛都最大』是也。」按：羣臣請處淮南王長蜀之嚴道，不爾更遠，邛都西有邛僰山也。邛僰山，在雅州滎經縣界。滎經，武德年閒置，本秦嚴道地。華陽國志云：「邛筰山，故邛人、筰人界也。山巖峭峻，曲回九折乃至，上下有凝冰。按即王尊登者也。今從九折西南行至嶲州，山多雨少晴，俗呼名爲漏天。」【考證】梁玉繩曰：「都」乃「郪」字之訛，史、漢淮南王傳作「邛郪」，可證。愚按：邛郵，今四川雅州府滎經縣西南。徐孚遠曰：廢徙諸王，則有司彈事，不欲出自人主，傷親親之恩也。始見于此，後世仍之。

〔四〕【索隱】名安，阜陵侯也。

〔五〕【索隱】名勃，安陽侯也。

〔六〕【索隱】名賜，周陽侯也。

十三年夏，〔一〕上曰：「蓋聞天道禍自怨起，而福繇德興。百官之非，宜由朕躬。今祕祝之官，移過于下，〔二〕以彰吾之不德，朕甚不取。其除之。」〔三〕

〔一〕【考證】自七年至十二年皆缺不書。愚按：漢書有之。

〔二〕【集解】應劭曰：「祕祝之官，移過于下，國家諱之，故曰祕。」【考證】中井積德曰：掌禁內禱禳，故曰「祕祝」耳。洪亮吉曰：此蓋周禮甸師「代王受災眚」遺意。

〔三〕【考證】又見封禪書。

五月，齊太倉令淳于公有罪當刑。詔獄逮，徙繫長安。〔一〕太倉公無男，有女五人。太倉公將行會逮，罵其女曰：「生子不生男，有緩急非有益也！」〔二〕其少女緹縈自傷泣，〔三〕乃隨其父至長安，上書曰：「妾父爲吏，齊中皆稱其廉平，今坐法當刑。妾傷夫死者不可復生，刑者不可復屬。雖復欲改過自新，其道無由也。妾願沒入爲官婢，贖父刑罪，使得自新。」書奏天子，天子憐悲其意，乃下詔曰：「蓋聞有虞氏之時，畫衣冠異章服以爲僇，而民不犯。何則？至治也。〔四〕今法有肉刑三，而姦不止，〔五〕其咎安在？非乃朕德薄，而教不明歟？吾甚自愧。故夫馴道不純，〔六〕而愚民陷焉。詩曰『愷悌君子，民之父母』。〔七〕今人有過，教未施而刑加焉，或欲改行爲善，而道毋由也。朕甚憐之。夫刑至斷支體，刻肌膚，終身不息，〔八〕何其楚痛而不德也，豈稱爲民父母之意哉！其除肉刑。」〔九〕

〔一〕【索隱】名意，爲齊太倉令，故謂之倉公也。【正義】逮徙，上音代，謂追捕徙禁長安詔獄。

〔二〕【考證】李笠曰：列女傳、漢刑法志「緩」上並無「有」字。倉公傳云「緩急無可使者」，亦可證此「有」字誤衍。

〔三〕【索隱】緹，音啼。鄒氏音體，非。

〔四〕【正義】晉書刑法志云：「三皇設言而民不違，五帝畫衣冠而民知禁。犯黥者皁其巾，犯劓者丹其服，犯臏者墨其體，犯宫者雜其屨，大辟之罪，殊刑之極，布其衣裾而無領緣，投之於市，與衆弃之。」【考證】荀子正論篇「世俗之爲說者曰『治古無肉刑而有象刑：墨黥；蚤嬰；共，艾畢；菲，對屨；殺，赭衣而不純，治古如是』。是不然」。尚書大傳「唐虞之象刑，上刑赭衣不純，中刑雜屨，下刑墨幪」，注「幪，巾也」。

〔五〕【集解】李奇曰：「約法三章無肉刑，文帝則有肉刑。」孟康曰：「黥劓二，左右趾合一，凡三。」【索隱】韋昭云：「斷趾、黥、劓之屬。」崔浩漢律序云「文帝除肉刑，而宫不易」。張斐注云：「以淫亂人族序，故不易之也。」【考證】梁玉繩曰：賈公彦周禮司刑疏亦云「文帝惟赦墨、劓、刖三肉刑，其宫刑至隋始除之」。蓋皆本漢書刑法志爲說。然景帝元年制曰「除肉刑，重絶人之世」，漢書鼂錯對策曰「除去陰刑」，則文帝固已除宫刑矣。且漢志亦並無不易宫刑明文，疑此劓、刖、宫爲三肉刑，蓋黥至輕，自不應數之。而宫刑之復，必景帝也，故景中四年作陽陵，赦死罪，欲腐者許之，孝武于史公亦用此刑。愚按：文帝詔文所云「刻肌膚」者，明指墨刑，梁說未可直信。

〔六〕【考證】漢書刑法志「馴」作「訓」。

〔七〕【考證】顏師古曰：大雅泂酌之詩也，言君子有和樂簡易之德，則其下尊之如父，親之如母也。

〔八〕【考證】顏師古曰：息，生也。

〔九〕【考證】漢書刑法志定律曰「當黥者，髡鉗爲城旦舂；當劓者，笞三百；當斬左止者，笞五百；當斬右止，及殺人先自告，及吏坐受賕枉法，守縣官財物而即盗之，已論命，復有笞罪者，皆棄市」。

上曰：「農天下之本，務莫大焉。今勤身從事，而有租税之賦，是爲本末者毋以異，〔一〕其於勸農之道未備。其除田之租税。」

〔一〕【集解】李奇曰：「本，農也。末，賈也。言農與賈俱出租無異也，故除田租。」

十四年冬，匈奴謀入邊爲寇，攻朝那塞，殺北地都尉卬。〔一〕上乃遣三將軍軍隴西、北地、上郡。〔二〕中尉周舍爲衛將軍，郎中令張武爲車騎將軍，軍渭北。〔三〕車千乘，騎卒十萬。帝親自勞軍勒兵，申教令，賜軍吏卒。帝欲自將擊匈奴，羣臣諫，皆不聽。皇太后固要帝，〔四〕帝乃止。於是以東陽侯張相如爲大將軍，成侯赤爲内史，欒布爲將軍，擊匈奴。〔五〕匈奴遁走。

〔一〕【集解】徐廣曰：「姓孫。封其子單爲缾侯。匈奴所殺。」【正義】塞，先代反。括地志云：「朝那故城，在原州百泉縣西七十里，漢朝那縣是也。」塞即蕭關，今名隴山關。漢文帝十四年，匈奴入朝那縣之地。缾，白刑反。地理志云缾屬琅邪郡。【考證】朝那故城在今甘肅平涼府平涼縣西北。漢書功臣表云，缾侯孫單以父北地都尉卬力戰死事，文帝十四年封。

〔二〕【考證】齊召南曰：上郡將軍，昌侯盧卿也。北地將軍，寧侯魏遫也。隴西將軍，隆慮侯周竈也。見匈奴傳。

〔三〕【考證】今陝西西安府咸陽縣。三將軍在邊郡，二將軍在京師。

〔四〕【集解】如淳曰：「必不得自征也。」

〔五〕【集解】徐廣曰：「成侯赤姓董也。」【正義】赤，音赫。【考證】漢書作「建成侯董赫」。齊召南曰：功臣表董赫是董渫之子，封成侯，非建成侯。史記作「成侯」，是也。陳仁錫曰：「爲」字衍文。內史，欒布官也。梁玉繩曰：此解似是，但百官表是年內史乃董赤。而欒布傳言「白燕相爲將軍」，不言爲內史，疑有誤。

春，上曰：「朕獲執犧牲珪幣以事上帝宗廟，十四年于今。歷日縣長，以不敏不明，而久撫臨天下，朕甚自愧。其廣增諸祀墠場珪幣。〔一〕昔先王遠施不求其報，望祀不祈其福，右賢左戚，〔二〕先民後己，至明之極也。今吾聞祠官祝釐，〔三〕皆歸福朕躬，不爲百姓，朕甚愧之。夫以朕不德而躬享獨美其福，百姓不與焉，是重吾不德。〔四〕其令祠官致敬，毋有所祈。」

〔一〕【考證】楓、三本「不明」作「无明」。漢書文紀「墠」作「壇」。顏師古曰：築地爲壇，除地爲場。幣，祭神之帛。

〔二〕【集解】韋昭曰：「右猶高，左猶下也。」【索隱】劉德云：「先賢後親也。」

〔三〕【集解】如淳曰：「釐，福也。賈誼傳『受釐坐宣室』。」【索隱】音禧，福也。

〔四〕【考證】漢書文紀「躬享」作「專鄉」。「鄉」即「饗」，與此意同。

是時北平侯張蒼爲丞相，方明律曆。魯人公孫臣上書陳終始傳五德事，〔一〕言方今土德時，土德應黃龍見，當改正朔服色制度。天子下其事，與丞相議。丞相推以爲今水德，始明正十月上黑事，以爲其言非是，請罷之。〔二〕

〔一〕【索隱】五行之德，帝王相承傳易，終而復始，故云「終始傳五德之事」。傳，音轉也。【考證】五德終始傳，又見始皇二十六年紀、封禪書、曆書、賈生傳、孟荀列傳、張丞相傳。

〔二〕【考證】梁玉繩曰：「此事封禪書及賈生、張丞相傳俱有之。竊謂五行之王，頗不足準，其說始于鄒衍，今視之，特陰陽末術耳。初無預于治亂之數，自秦始皇采用，遂相沿以爲大事，不亦惑乎？鄒衍論五德取相勝，故賈誼、公孫臣曰應黄龍見，漢當土德，土克水也。沈約因稱白帝之子是水，赤帝之子是土，孝武用之。劉向言五德主相生，以秦爲閏位去之，故曰周木德，漢火德。應劭因稱秦水漢土爲失，光武改之。後世咸宗劉説，魏稱土德，晉稱金德，宋稱水德，皆是也。獨張蒼曰「河決金堤，漢爲水德」。夫河決豈吉祥善事，而指以爲水德之符，奚異方士以歲旱爲乾封，以孛見爲德星哉？張蒼之議，必因高帝「北畤待我而起」一語，故曆書亦云「高祖自以爲獲水德之瑞」。不知高祖一時之詞，非自道得水德，初起時旗幟已尚赤矣，特襲秦正朔服色，未遑更定也。」

十五年，黄龍見成紀。〔一〕天子乃復召魯公孫臣以爲博士，申明土德事。於是上乃下詔曰：「有異物之神，見于成紀，無害於民，歲以有年。〔二〕朕親郊祀上帝諸神。禮官議，毋諱以勞朕。」〔三〕有司禮官皆曰：「古者天子夏躬親禮祀上帝於郊，故曰郊。」於是天子始幸雍，郊見五帝，以孟夏四月荅禮焉。〔四〕趙人新垣平以望氣見，因説上設立渭陽五廟。〔五〕欲出周鼎，當有玉英見。〔六〕

〔一〕【集解】韋昭曰：「成紀縣屬天水。」【正義】見，音胡練反。韋昭云：「聽聰知正，則黄龍見。文帝尊孝弟力田，又除祕祝肉刑，故黄龍爲之見。」成紀在秦州縣，本漢縣，至今在州北二里。【考證】今甘肅秦州秦安縣。

〔二〕【正義】言豐年也。

〔三〕【集解】漢書音義曰：「言無所諱，勿以朕爲勞。」【考證】中井積德曰：言勿爲勞我而諱避也。

〔四〕【考證】又見封禪書。漢書文紀云「十五年九月，詔諸侯王公卿郡守舉賢良能直言極諫者，上親策之，傅納以言」。周壽昌曰：此漢廷策士之始。前此即位二年，詔舉賢良方正能直言極諫者，未聞舉何人，至是始以三道策士，而鼂錯以高第由太子家令遷中大夫。愚按：是事鼂錯傳亦不載，故補記。

〔五〕【集解】韋昭曰：「在渭城。」【正義】漢書郊祀志云：「漢五帝廟同宇，帝一殿，陽面，五帝各如其帝色。」括地志云：「在渭城。」

〔六〕【集解】瑞應圖云：「玉英，五常並修則見。」

十六年，上親郊見渭陽五帝廟，亦以夏答禮而尚赤。

十七年，得玉杯，刻曰「人主延壽」。〔一〕於是天子始更爲元年，〔二〕令天下大酺。〔三〕其歲，新垣平事覺，夷三族。〔四〕

〔一〕【集解】應劭曰：「新垣平詐令人獻之。」

〔二〕【索隱】按：秦本紀，惠文王十四年，更爲元年。又汲冢竹書，魏惠王亦有後元，當取法於此。又按：封禪書以新垣平候日再中，故改元也。

〔三〕【正義】古者祭酺，聚錢飲酒，故後世聽民聚飲，皆謂之酺。漢書「每有嘉慶，全民大酺」，是其事也。彼注云：「因祭酺而其民長幼相酬。鄭注所謂祭酺合醵也。」酺，音蒲。

〔四〕【考證】又見封禪書。梁玉繩曰：漢書文紀，十六年九月得玉杯，令天下大酺。此與封禪書以得杯大酺在十七年，誤也。改元以日再中，而此謂因得杯，亦誤。日再中，乃秦王誓燕丹妄語，文帝奈何信之？又按漢書紀、志，高后元年除三族罪。史記脱不書，則族誅之法已前除之，何以新垣平復行三族之誅，豈妖誣不道，不用常典邪？刑法志譏其過刑矣。然文帝于盜高祖玉環之（之）罪，欲致之族，則又何也！

後二年，〔一〕上曰：「朕既不明，不能遠德，是以使方外之國或不寧息。夫四荒之外不安其生，〔二〕封畿之内勤勞不處，〔三〕二者之咎，皆自於朕之德薄，而不能遠達也。閒者累年，匈奴並暴邊境，多殺吏民。邊臣兵吏，又不能諭吾内志，以重吾不德也。〔四〕夫久結難連兵，中外之國將何以自寧？今朕夙興夜寐，勤勞天下，憂苦萬民，爲之怛惕不安，未嘗一日忘於心，故遣使者冠蓋相望，結軼於道，〔五〕以諭朕意於單于。今單于反古之道，計社稷之安，便萬民之利，親與朕俱弃細過，偕之大道，〔六〕結兄弟之義，以全天下元元之民。〔七〕和親已定，始于今年。」

〔一〕**【考證】**顧炎武曰：漢文帝後元年，景帝中元年、後元年，當時只是改爲元年，後人追記之，爲中爲後耳。若光武之中元元年，梁武帝之中大通元年、中大同元年，則自名之爲「中」，不可一例論也。

〔二〕**【索隱】**顧胤按：爾雅孤竹、北户、西王母、日下，謂之四荒也。

〔三〕**【考證】**顔師古曰：不處者，不獲安居。

〔四〕**【考證】**諭，曉也。漢書文紀「德」下無「也」字。

〔五〕**【集解】**韋昭曰：「使車往還，故轍如結也。相如曰『結軌還轍』。」**【索隱】**鄒氏，軼音逸，又音轍。漢書作

「轍」。顧氏按：司馬彪云「結，謂車轍回旋錯結之也」。【考證】依注，集解本「軼」作「轍」。今本漢書作「徹」。田敬仲世家「伏式結軼」，索隱「軼，音姪，車轍也」。

〔六〕【考證】漢書文紀「親」作「新」。之，往也，趨也。

〔七〕【索隱】戰國策云：「制海內，子元元，非兵不可。」高誘注云：「元元，善也。」又按姚察云「古者謂人云善，言善人也。因善爲元，故云黎元。其言元元者，非一人也」。顧野王又云「元元，猶喁喁，可憐愛貌」。未安其說，聊記異也。

後六年，〔一〕冬，匈奴三萬人入上郡，三萬人入雲中。〔二〕以中大夫令勉〔三〕爲車騎將軍，軍飛狐；〔四〕故楚相蘇意爲將軍，軍句注；〔五〕將軍張武屯北地；河內守周亞夫爲將軍，居細柳；〔六〕宗正劉禮爲將軍，居霸上；〔七〕祝茲侯〔八〕軍棘門；〔九〕以備胡。數月胡人去，亦罷。〔一〇〕

〔一〕【考證】此紀三年、四年、五年缺不書。漢書有之。

〔二〕【考證】上郡，今陝西延安府綏德州。雲中，今山西朔平北歸化城。

〔三〕【集解】徐廣曰：「衛尉改名也。」駰案：漢書百官表景帝初改衛尉爲中大夫令，非此年也。【索隱】裴駰按：表，景帝改衛尉爲中大夫令，則中大夫令是官號，勉其名。後此官改爲光祿勳。虞世南以此稱中大夫令，是史家追書耳。顏遊秦以令是姓，勉是名，爲中大夫。據風俗通，令姓，令尹子文之後也。【考證】令姓，勉名，顏說是。

〔四〕【集解】如淳曰：「在代郡。」蘇林曰：「在上黨。」【考證】直隸易州廣昌縣。

〔五〕【集解】應劭曰：「山險名也，在鴈門陰館。」【索隱】句，伏儼音俱，包愷音鉤。【正義】上古侯反，下之具反。括地志曰：「句注山，一名西陘山，在代州鴈門縣西北三十里。」句，漢書音義「章句之句」。【考證】句注，今山西代州。

〔六〕【集解】徐廣曰：「在長安西。」駰按：如淳曰「長安圖，細柳倉在渭北，近石徼」。張揖曰「在昆明池南，今有柳市是也」。【索隱】按：三輔故事，細柳在直城門外阿房宮西北維。又匈奴傳云「長安西細柳」，則如淳云在渭北，非也。【考證】北地故城，今甘肅慶陽府環縣東南。細柳，陝西西安府咸陽縣西南有細柳倉，亞父屯兵處。

〔七〕【考證】劉禮是時未爲宗正。霸上，陝西西安府咸寧縣。

〔八〕【集解】徐廣曰：「表作松茲侯，姓徐，名悍。」【考證】中井積德曰：上並書姓名，祝茲侯無姓名，脱文耳。漢書「侯」下有「徐厲爲將軍」五字。俞樾曰：惠景間侯表「松茲侯徐厲」，非悍也。文帝遺詔「屬國悍爲將屯將軍」，悍不書姓，而徐廣注以爲姓徐，未知所據。愚按：史將相名臣年表、絳侯世家及漢書周勃傳並云，是年徐厲屯棘門，與漢書文紀合。惠景間侯表云，松茲侯徐厲以吕后四年封，十一年薨，孝文七年康侯悼嗣。漢書功臣表同。「十一年」當云「二十七年」，「文帝七年」當云「文帝後七年」，「康侯悼」當作「康侯悍」，悍、悼形似而誤。又按：祝茲，當依表作「松茲」。

〔九〕【集解】徐廣曰：「在渭北。」駰案：孟康曰「在長安北，秦時宫門也」。如淳曰：「三輔黄圖，棘門在横門外。」【正義】横，音光。秦興樂宫北門，對横橋，今渭橋。【考證】棘門，陝西西安府長安縣北。徐孚遠曰：三將軍屯邊郡，三將軍屯京師。

〔一〇〕【考證】又見絳侯世家、匈奴傳。

天下旱蝗。帝加惠：令諸侯毋入貢，弛山澤，〔一一〕減諸服御狗馬，損郎吏員，發倉庾以振

貧民，〔二〕民得賣爵。〔三〕

〔一〕【集解】韋昭曰：「弛，廢也。廢其常禁以利民。」

〔二〕【集解】應劭曰：「水漕倉曰庾。」胡公曰：「在邑曰倉，在野曰庾。」【索隱】郭璞注三蒼云：「庾倉，無屋也。」胡公名廣，後漢太尉，作漢官解詁也。【正義】胡公名廣，後漢太尉。百官箴者，廣所著書名。應劭著官儀次比。

〔三〕【索隱】崔浩云：「富人欲爵，貧人欲錢，故聽買賣也。」【考證】武帝許賣武功爵，蓋由有此先例。其父殺人報仇，其子必且行劫，政不可不慎也。

孝文帝從代來，即位二十三年，〔一〕宮室苑囿、狗馬服御無所增益，有不便，輒弛以利民。嘗欲作露臺，〔二〕召匠計之，直百金。〔三〕上曰：「百金，中民十家之産。吾奉先帝宮室，常恐羞之，何以臺爲！」上常衣綈衣，〔四〕所幸慎夫人，令衣不得曳地，幃帳不得文繡，以示敦朴，爲天下先。治霸陵，〔五〕皆以瓦器，不得以金銀銅錫爲飾，不治墳，欲爲省毋煩民。〔六〕南越王尉佗自立爲武帝，〔七〕然上召貴尉佗兄弟，以德報之，佗遂去帝稱臣。〔八〕與匈奴和親，匈奴背約入盜，然令邊備守不發兵深入，惡煩苦百姓。吴王詐病不朝，就賜几杖。〔九〕羣臣如袁盎等稱説雖切，常假借用之。〔一〇〕羣臣如張武等受賂遺金錢，覺，上乃發御府金錢賜之，以愧其心，弗下吏。〔一一〕專務以德化民，是以海内殷富，興於禮義。

〔一〕【考證】延久鈔本「二十」作「廿」。梁玉繩曰：此段總叙文帝諸善政，當在後七年之末「襄號曰皇帝」句下，錯簡于後六年也。後世作史，皆倣總叙法。愚按：趙翼亦有此説。漢書取此爲文紀贊。

〔三〕【集解】徐廣曰：「露，一作『靈』。」【索隱】顧氏按：新豐南驪山上猶有臺之舊址也。【考證】中井積德曰：無木曰臺，然後代通觀榭皆謂之臺，此欲謂無木之臺，故稱露臺耳。露是「暴露」之「露」。又曰：露臺遂不作，焉得有舊址？

〔三〕【正義】漢法一斤爲一金，一金直萬錢也，百金直千貫。【考證】正義依平準書。

〔四〕【集解】如淳曰：「賈誼云『身衣皁綈』。」【正義】綈，厚繒也。【考證】漢書文紀作「弋綈」。

〔五〕【考證】在陝西西安府咸寧縣東。劉向諫昌陵疏謂文帝寤張釋之言，去墳薄葬，以儉安神，賈山至言亦言之，則霸陵在漢帝諸陵中最儉者矣。而晉書稱赤眉取陵中物不能減半，於今猶有朽帛委積，珠玉未盡，豈文帝崩後，臣子違其素志邪？古書所言，未可悉信也。

〔六〕【考證】漢書「飾」下有「由其山」三字。

〔七〕【考證】漢書削「武」字。

〔八〕【考證】漢書無「尉」字，「報」作「懷」。愚按：事見南越傳。

〔九〕【考證】事見吳王濞傳。

〔一〇〕【集解】蘇林曰：「假，音休假。借，音以物借人。」【考證】沈欽韓曰：風俗通正失篇，孝成帝問劉向曰「後世皆言文帝治天下幾至太平，其德比周文王，此語從何生？」對曰「生於言事。文帝禮言事者，不傷其意，羣臣無大小至即便從容言，上止輦聽之，其言可者稱善，不可者喜笑而已。言事多褒之，後人見遺文，則以爲然」。

〔一一〕【考證】延久鈔本「乃」作「常」，與類聚所引合。

後七年六月己亥，帝崩於未央宮。〔一〕遺詔曰：「朕聞蓋天下萬物之萌生，〔二〕靡不有死。死者天地之理，物之自然者，奚可甚哀。〔三〕當今之時，世咸嘉生而惡死，厚葬以破業，重服以傷生，吾甚不取。且朕既不德，無以佐百姓；今崩，又使重服久臨，以離寒暑之數，〔四〕哀人之父子，傷長幼之志，〔五〕損其飲食，絶鬼神之祭祀，以重吾不德也，謂天下何！朕獲保宗廟，以眇眇之身，託于天下君王之上，二十有餘年矣。〔六〕賴天地之靈，社稷之福，方内安寧，〔七〕靡有兵革。〔八〕朕既不敏，常畏過行以羞先帝之遺德；維年之久長，懼于不終。今乃幸以天年得復供養于高廟，朕之不明與。嘉之，其奚哀悲之有！〔九〕其令天下吏民，令到出臨三日，皆釋服。毋禁取婦嫁女、祠祀飲酒食肉者。自當給喪事服臨者，皆無踐。〔一〇〕經帶無過三寸，毋布車及兵器，〔一一〕毋發民男女哭臨宮殿。宮殿中當臨者，皆以旦夕，各十五舉聲，〔一二〕禮畢罷。非旦夕臨時，禁毋得擅哭。〔一三〕已下，〔一四〕服大紅十五日，小紅十四日，纖七日，釋服。〔一五〕佗不在令中者，皆以此令比率從事。〔一六〕布告天下，使明知朕意。霸陵山川，因其故，毋有所改。〔一七〕歸夫人以下至少使。」〔一八〕令中尉亞夫爲車騎將軍，屬國悍〔一九〕爲將屯將軍，〔二〇〕郎中令武爲復土將軍，〔二一〕發近縣見卒萬六千人，發内史卒萬五千人，〔二二〕藏郭、穿、復土屬將軍武。

〔一〕**【集解】**徐廣曰：「年四十七。」**【考證】**臣瓚曰：帝年二十三即位，即位二十三年，壽四十六。愚按：集解四十，延久鈔本作「卌」。

〔二〕【考證】梁玉繩曰：「蓋」字當衍，或云宜依漢書作「朕聞之」。顔師古曰：始生者曰萌。

〔三〕【考證】古鈔、楓、三本「理」下有「萬」字。

〔四〕【考證】漢書「離」作「罹」。顔師古曰：臨，臨哭也。

〔五〕【考證】漢書「人」下無「之」字，「幼」作「老」。

〔六〕【考證】延久鈔本「二十」作「廿」。

〔七〕【集解】瓚曰：「方，四方也。內，中也。猶云中外也。」【考證】顔師古曰：瓚說非也，直謂四方之內耳。

〔八〕【集解】徐廣曰：「一云『方內安，兵革息』。」

〔九〕【集解】如淳曰：「與，發聲也。得卒天年已善矣。」【考證】與讀曰「歟」。言朕幸以天年終，得復供養高廟於地下，以朕之不明而蒙此歟，群下宜嘉也，其何可哀悲乎？嘉與哀屬群下，非帝自謂。漢書「悲」作「念」。

〔一〇〕【集解】伏儼曰：「踐，翦也。謂無斬衰也。」孟康曰：「踐，跣也。」晉灼曰：「漢語作『跣』。跣，徒跣也。」【索隱】漢語是書名，荀爽所作也。【考證】沈欽韓曰：書序「成王踐奄」，鄭讀「踐」爲「翦」，釋名「三年之縗曰斬，不緝其末，直翦斬而已」。此漢人古義，伏說是。王先慎曰：此及下「絰帶無過三寸」，皆指給喪事者言之。後漢禮儀志「佐史以下，布衣冠幘，絰帶無過三寸，臨庭中。武吏布幘大冠」。足爲此文無斬衰之確證，伏說是。王先謙曰：荀紀「皆無踐」作「皆無跣足」，通鑑亦作「跣」，皆主孟說，然不如伏義之長。愚按：集解「伏儼」，各本作「服虔」，今從延久本。漢書注亦作「伏儼」。

〔一一〕【集解】應劭曰：「無以布衣車及兵器也。」服虔曰：「不施輕車介士也。」【考證】顔師古曰：應說是也。李慈銘曰：服說是也。古之衣車皆有布，喪事素車用白布，不得禁之。此自以陳設車器爲言，若如應說，則及兵器難解，豈有以布蒙兵器者乎？

〔一二〕【考證】楓、三本、南化本下「宮」字作「中」。張文虎曰：各本「民」作「人」，舊刊作「民」，御覽引同，與漢書合。愚按：延久本亦作「民」，漢書「聲」作「音」。王先慎曰：後漢悉沿此制，詳見續志。

〔一三〕【考證】漢書「哭」下衍「臨」字。

〔一四〕【索隱】謂柩已下於壙。

〔一五〕【集解】服虔曰：「當言大功、小功布也。纖，細布衣也。」應劭曰：「紅者，中祥大祥以紅爲領緣也。纖者，禫也。凡三十六日而釋服。」【索隱】劉德云：「紅亦功也。男功非一，故以『工力』爲字。而女工唯在於絲，故以『糸工』爲字。三十六日，以日易月故也。」【正義】顏師古云：「此喪制者，文帝自率己意，創而爲之，非有取於周禮也。何爲以日易月乎？三年之喪，其實二十七月，豈有三十六月之文？禫又無七月也。應氏既失之於前，而近代學者因循謬説，未之思也。」按：文帝權制百官而已，輕重之服，不當併言三十六日。【考證】劉攽曰：文帝制此喪服，斷自已葬之後。其未葬之前，則服斬衰。漢諸帝自崩至葬，有百餘日者，未葬則服不除矣。翟方進傳「後母終，既葬三十六日起視事」，此其證也。説者遂以「日」易「月」，又不通計葬之日，皆大謬也。攷之文帝意，既葬除重服，制大功、小功，所以漸即吉耳。愚按：顧炎武日知録、何焯讀書記亦申顏、劉，其説甚備。

〔一六〕【考證】漢書「率」作「類」。

〔一七〕【集解】應劭曰：「因山爲藏，不復起墳，山下川流不遏絶也。就其水名，以爲陵號。」【索隱】霸是水名。水徑於山，亦曰霸山，即芷陽地也。【正義】括地志云：「霸陵，漢文帝陵，在雍州萬年縣東二十里。霸陵故芷陽也。」漢晉春秋云：「愍帝建興三年，秦人發霸、杜二陵，珠玉綵帛以千萬計。帝問索琳曰：『漢陵中物何乃多耶？』對曰：『天子即位一年而爲陵，天下貢賦三分之：一供宗廟，一供客，一充山陵。武帝享年既久，比崩，茂陵不復容物，赤眉賊不能減半，今猶有朽帛委積，珠玉未盡。此二陵是儉者也。』」

〔一八〕【集解】應劭曰：「夫人以下，有美人、良人、八子、七子、長使、少使，凡七輩，皆遣歸家，重絶人類也。」【考證】荀紀作「所幸愼夫人以下至少使得令嫁」。

〔一九〕【集解】徐廣曰：「姓徐。」駰按：漢書百官表「典屬國，秦官，掌蠻夷降者」。【考證】悍，松茲侯徐厲之子。

將相名臣表「悍」作「悼」，形似而誤。

〔二〇〕【集解】李奇曰：「馮奉世爲右將軍，以將屯將軍爲名，此監主諸屯也。」

〔二一〕【集解】如淳曰：「主穿壙填瘞事者。」【索隱】復，音伏。謂穿壙出土，下棺已而填之，即以爲壙，故云復土。

復，反還也。又音福。【正義】張武也。

〔二二〕【索隱】按：百官表云，內史掌理京師之官也。景帝更名京兆尹也。

乙巳，〔一〕羣臣皆頓首，上尊號曰孝文皇帝。

〔一〕【集解】漢書云：「乙巳葬霸陵。」皇甫謐曰：「霸陵去長安七十里。」【考證】「乙巳」下，漢書有「葬霸陵」三字，

此恐脱漏。

太子即位于高廟。丁未，襲號曰皇帝。

孝景皇帝元年十月，制詔御史：〔一〕「蓋聞古者祖有功而宗有德，〔二〕制禮樂各有由。聞歌者所以發德也，舞者所以明功也。〔三〕高廟酎，〔四〕奏武德、文始、五行之舞。〔五〕孝惠廟酎，奏文始、五行之舞。孝文皇帝臨天下，通關梁不異遠方。〔六〕除誹謗，去肉刑，賞賜長老，收恤孤獨，以育羣生。減嗜欲，不受獻，〔七〕不私其利也。罪人不帑，〔八〕不誅無罪。除肉刑，出美人，重絶人之世。〔九〕朕既不敏，不能識。此皆上古之所不及，而孝文皇帝親行之。德厚侔天

地，〔一〇〕利澤施四海，靡不獲福焉。明象乎日月，而廟樂不稱，朕甚懼焉。其爲孝文皇帝廟爲昭德之舞，以明休德。〔一一〕然后祖宗之功德著於竹帛，施于萬世，永永無窮，朕甚嘉之。其與丞相、列侯、中二千石、禮官，具爲禮儀奏。」丞相臣嘉等言：〔一二〕「陛下永思孝道，立昭德之舞，以明孝文皇帝之盛德，皆臣嘉等愚所不及。臣謹議曰：〔一三〕功莫大於高皇帝，德莫盛於孝文皇帝。高皇廟宜爲帝者太祖之廟，孝文皇帝廟宜爲帝者太宗之廟。天子宜世世獻祖宗之廟。郡國諸侯，宜各爲孝文皇帝立太宗之廟。諸侯王列侯使者侍祠，天子歲獻祖宗之廟。〔一四〕請著之竹帛，宣布天下。」制曰：「可。」

〔一〕**【考證】**中井積德曰：據例，宜言「明年十一月，孝景制詔」也。漢書是詔在景紀中，理固當然。蓋史記原文亦然，及景紀焚毀，是語不可没，故存而附乎此耳，或後人取乎漢書而係于此也，必非史記之舊矣。張文虎曰：中統、游本「孝景」以下提行，疑此亦後人所增。

〔二〕**【集解】**應劭曰：「始取天下者爲祖，高帝稱高祖是也。始治天下者爲宗，文帝稱太宗是也。」**【考證】**王啓原曰：「祖有功而宗有德」，家語廟制篇以爲孔子之言，雖不足據，後漢書光武紀注引其文而云禮，蓋佚禮之文。

〔三〕**【考證】**李笠曰：「聞」字疑涉上「蓋聞」而衍，漢紀無。王啓原曰：白虎通云，歌者在上，舞者在下，何？歌者象德，舞者象功，君子上德而下功。

〔四〕**【集解】**張晏曰：「正月旦作酒，八月成，名曰酎。酎之言純也。至武帝時，因八月嘗酎，會諸侯廟中，出金助祭，所謂『酎金』也。」**【考證】**顏師古曰：酎三重，釀醇酒也。味厚，故以薦宗廟。酎，音直救反。

〔五〕【集解】孟康曰：「武德，高祖所作也。文始，舜舞也。五行，周舞也。武德者，其舞人執干戚。文始舞，執羽籥。五行舞，冠冕衣服，法五行色。見禮樂志。」【索隱】應劭云：「禮樂志，文始舞本舜韶舞，高祖更名文始，示不相襲。五行舞本周武舞，秦始皇更名五行舞。按：今言『奏武德、文始、五行之舞』者，其樂總象武王樂，言高祖以武定天下也。既示不相襲，其作樂之始，先奏文始，以羽籥衣文繡，居先；次即奏五行，五行即武舞，執干戚，而衣有五行之色也。」【考證】中井積德曰：周初未有五行五色配屬之説，此注恐傅會。錢大昭曰：鄭司農注春官大胥云「漢大樂律曰『卑者之子不得舞宗廟之酎，除吏二千石到六百石，及關内侯到五大夫子，先取高七尺以上，年二十到三十，顔色和順、身體修治者，以爲舞人』」。

〔六〕【集解】張晏曰：「孝文十二年，除關不用傳令，遠近若一。」

〔七〕【集解】徐廣曰：「減，一作『滅』。」【考證】漢書文帝紀云元年「九月，令郡國無來獻」，賈捐之傳又云孝文「時有獻千里馬者，詔曰『鸞旗在前，屬車在後，吉行五十里，師行三十里，朕乘千里馬，獨先安之？』于是還馬，與道里費」。

〔八〕【集解】蘇林曰：「刑不及妻子。」

〔九〕【考證】漢書景帝紀「肉刑」作「宮刑」。張文虎曰：上文云「去肉刑」，此不當複出，當依漢書「除宮刑」，與下「出美人」爲類，所謂重絶人之世也。梁玉繩以其複出，疑上「去肉刑」爲「田租」。案漢書亦作「去肉刑」，不誤。

〔一〇〕【集解】李奇曰：「侔，齊等。」

〔一一〕【集解】文穎曰：「景帝采高祖武德舞作昭德舞，舞之於文帝廟，見禮樂志。」

〔一二〕【考證】申屠嘉。

〔一三〕【考證】曰，各本作「世」，漢書同，今從凌本。

〔一四〕【集解】張晏曰：「王及列侯歲時遣使詣京師，侍祠助祭也。」如淳曰：「若光武廟在章陵，南陽太守稱使者往祭，是也。不使侯王祭者，諸侯不得祖天子也。凡臨祭祀宗廟，皆爲侍祭。」【考證】顔師古曰：張説是也。既云天子所獻祖宗之廟，非謂郡國之廟也。

太史公曰：孔子言「必世然後仁。〔一〕善人之治國，百年亦可以勝殘去殺」。誠哉是言！〔二〕漢興至孝文四十有餘載，德至盛也。〔三〕廩廩鄉改正服封禪矣，〔四〕謙讓未成於今。〔五〕嗚呼，豈不仁哉！〔六〕

〔一〕【集解】孔安國曰：「三十年曰世。如有受命王者，必三十年仁政乃成。」【考證】論語子路篇。延久本集解「三十」作「卅」。

〔二〕【集解】王肅曰：「勝殘暴之人，使不爲惡。去殺，不用殺也。」【考證】論語子路篇「人」下無「之」，「國」作「邦」，「殺」下有「矣」，「言」下有「也」。改「邦」爲「國」，蓋史公避廟諱。

〔三〕【考證】延久本「四十」作「卌」。

〔四〕【考證】廩廩，漸近之意。漢書循吏傳「廩廩庶幾德讓君子之遺風矣」。楓、三本「鄉」作「嚮」，「正服」作「正朔」。正服，正朔服色也。封禪書「怠於改正朔服色神明之事」也。漢書郊祀志改作「怠改正服鬼神之事」。

〔五〕【考證】禮書序云「孝文即位，有司議欲定儀禮，孝文好道家之學，以爲繁禮飾貌，無益於治，躬化謂何耳」。

〔六〕【考證】細味此數語，似史公不慊於武帝者。

【索隱述贊】孝文在代，兆遇大横。宋昌建册，絳侯奉迎。南面而讓，天下歸誠。務農先籍，布德偃兵。除帑削謗，政簡刑清。綈衣率俗，露臺罷營。法寬張武，獄恤緹縈。霸陵如故，千年頌聲。

史記會注考證卷十一

孝景本紀第十一　史記十一

【考證】史公自序云：「諸侯驕恣，吴首爲亂，京師行誅，七國伏辜，天下翕然，大安殷富。作孝景本紀第十一。」凌稚隆曰：衛宏漢書舊儀注云「太史公作景帝本紀，極言其短，及武帝過，武帝怒而削去。後坐舉李陵，陵降匈奴，故下太史公蠶室。有怨言，下獄死」。此紀乃元、成閒褚先生取班書補之，非太史公本著也。王鳴盛曰：遷下蠶室，在天漢三年，後爲中書令，尊寵任職，何得謂下蠶室有怨言下獄死乎？與情事全不合。中井積德曰：元、成閒何曾有班書？陳仁錫曰：景紀用編年例，惟書本事而已，此必太史公本書，非後人所補也。崔適曰：此紀之文有詳於漢書者，如三年徙齊北王以下五王，五年徙廣川王爲趙王，六年封中尉趙綰爲建陵侯，至梁、楚二王皆薨，班書皆無之，則非取彼以補也。此紀實未亡爾。

孝景皇帝者，〔一〕孝文之中子也。母竇太后。孝文在代時，前后有三男，〔二〕及竇太后得幸，前后死，及三子更死，故孝景得立。

〔一〕【集解】漢書音義曰：「諱啓。」【正義】謚法曰：「繇義而濟曰景。」

〔三〕【考證】楓山、三條本無「時」字。

元年四月乙卯，赦天下。乙巳賜民爵一級。〔一〕五月，除田半租。〔二〕爲孝文立太宗廟。令羣臣無朝賀。〔三〕匈奴入代，與約和親。

〔一〕【考證】梁玉繩曰：「乙巳」二字衍，是月甲午朔，乙巳先乙卯十日，不應賜爵在赦前，亦不應二事相隔多日。張文虎曰：漢書「四月赦天下，賜民爵一級」，不書日。

〔二〕【考證】中井積德曰：漢書云五月令田租半。蓋孝文十三年除田租稅，後十一年不復取租，至此乃令出半租也。史記「除」字失當。王先謙曰：通鑑三十而稅一。

〔三〕【考證】漢書景紀不載。

二年春，封故相國蕭何孫係爲武陵侯。〔一〕男子二十而得傅。〔二〕四月壬午，孝文太后崩。〔三〕廣川、長沙王皆之國。〔四〕丞相申屠嘉卒。八月，以御史大夫開封侯陶青爲丞相。〔五〕彗星出東北。〔六〕秋，衡山雨雹，〔七〕大者五寸，深者二尺。〔八〕熒惑逆行守北辰。月出北辰閒。〔九〕歲星逆行天廷中。置南陵，及內史、祋祤爲縣。〔一〇〕

〔一〕【集解】徐廣曰：「漢書亦作『係』。鄒誕生本作『傒』，音奚。又按：漢書功臣表及蕭何傳皆云孫嘉，疑其人有二名。」【索隱】漢書亦作「係」，鄒誕生本作「傒」。又按漢書功臣表及蕭何傳皆云封何孫嘉，疑其人有二名也。【正義】蕭何傳云：「以武陽縣二千户封何孫嘉爲列侯。」漢書及史記功臣表皆云孝景二年封係爲列侯，恐有二名也。【考證】錢大昕曰：功臣表「武陵」作「武陽」。其名嘉，非「係」也。梁玉繩曰：漢書表、傳皆「武陽侯嘉」。武陵乃郡名，即秦黔中郡，非所封也。又漢景紀書于六月，此在春，未知孰是。張文虎曰：鄒誕生南齊人，裴氏無由引，且其文全同索隱，此俗本兼采二注而誤入者。後類此者，不復出。

〔二〕【索隱】音附。荀悦云：「傅，正卒也。」小顏云，舊法二十三而傅，今改也。【考證】楓、三本「子」下有「年」字。中井積德曰：傅，謂爲丁受徭役也。沈欽韓曰：本年十五以上出算錢，今寬之至二十歲始(傳)〔傅〕著於版籍也。梁玉繩曰：漢景紀在冬十二月。「得」字衍。愚按：古鈔本「子」下有「年」字，漢書作「令天下男子年二十始傅」。

〔三〕【索隱】薄太后也。亦葬芷陽西，曰少陵也。

〔四〕【索隱】廣川王彭祖，長沙王發，皆景帝子，遣就國也。【考證】梁玉繩曰：是時河間王德、臨江王閼、淮陽王餘、汝南王非、廣川王彭祖、長沙王發同封，皆景帝子，而獨舉廣川、長沙二王之就國，豈其餘四王仍居長安乎？抑史之疏脱也？

〔五〕【考證】漢書景紀不載。

〔六〕【考證】梁玉繩曰：漢書景紀及天文志作「西南」，此言「東北」，誤。又紀書于十一月，此在八月，異。

〔七〕【正義】雨，于付反。【考證】漢志不載。

〔八〕【考證】王念孫曰：「深」下「者」字衍。初學記、御覽引並無。

〔九〕【考證】梁玉繩曰：熒惑何由守北辰，月何由出北辰間，史謌。張文虎曰：辰，疑「戍」之誤。錢大昕以爲「戍」，非也。辨具王氏讀書雜志。

〔一〇〕【集解】徐廣曰：「地理志云，文帝七年置。」駰按：地理志、百官表，南陵縣，文帝置也。分内史爲左右，及祋祤爲縣，皆景帝二年，不得皆如徐所云。【索隱】鄒誕生祋音都會反，又音丁活反。祤，音羽，又音詡。【正義】漢書百官表云：「內史周官，秦因之，掌京師。景帝二年，分置左內史、右內史。武帝太初元年，右內史更名京兆，左內史更左馮翊，主爵中尉更名右扶風，是爲三輔。地理志云祋祤故城在雍州同官縣界。」【考證】梁玉繩曰：名臣表及漢志並云「南陵，文帝七年置」。又高帝九年置內史，景帝二年置左、右內史，見百官表。此有缺誤，當云「置左、右內史及祋祤縣」。余有丁云：內史，京兆治，非爲縣，云然者以祋祤屬內史耳。亦非。

三年正月乙巳，赦天下。長星出西方。天火，〔一〕燔雒陽東宮大殿城室。〔二〕吳王濞、〔三〕楚王戊、〔四〕趙王遂、〔五〕膠西王卬、〔六〕濟南王辟光、〔七〕菑川王賢、〔八〕膠東王雄渠反，發兵西鄉。〔九〕天子爲誅晁錯，遣袁盎諭告，不止，遂西圍梁。〔一〇〕上乃遣大將軍竇嬰、太尉周亞夫將兵誅之。六月乙亥，赦亡軍及楚元王子蓺等與謀反者。〔一一〕封大將軍竇嬰爲魏其侯。〔一二〕立楚元王子平陸侯禮爲楚王。〔一三〕立皇子端爲膠西王，子勝爲中山王。徙濟北王志〔一四〕爲菑川王，淮陽王餘〔一五〕爲魯王，〔一六〕汝南王非〔一七〕爲江都王。〔一八〕齊王將廬、〔一九〕燕王嘉〔二〇〕皆薨。〔二一〕

〔一〕【集解】徐廣曰：「漢志無。」

〔二〕【集解】徐廣曰：「雒，一作『淮』。」【索隱】漢書作「淮陽」。王宮災，故徙王於魯也。

〔三〕【正義】音匹備反。高祖兄仲子，故漢高祖十二年封，三十三年反。年表云都吳，其實在江都也。【考證】江都，今江蘇揚州府江蘇縣西南。

〔四〕【正義】高祖弟楚王交孫嗣，二十一年反，都彭城。【考證】彭城，今江蘇徐州府。

〔五〕【正義】高祖孫幽王友子嗣，二十六年反，都邯鄲。【考證】邯鄲，今直隸廣平府邯鄲縣。

〔六〕【正義】卬，五郎反。高祖孫齊悼惠王子，故平昌侯，十年反，都密州高密縣。【考證】高密，今山東萊州府高密縣。

〔七〕【正義】辟，音壁。高祖孫，齊悼惠王子，故(初)〔扐〕侯，立十一年反。括地志云：「濟南故城，在淄川長山縣西北三十里。」【考證】濟南，今山東濟南府歷城縣東。

〔八〕【正義】高祖孫，齊悼惠王子，故武城侯，立十一年反，都劇。括地志云：「菑州縣也。故劇城，在青州壽光縣南三十一里，故紀國。」【考證】劇，今山東青州府昌樂縣。

〔九〕【正義】高祖孫，齊悼惠王子，故白石侯，立十一年反，都即墨。括地志云：「即墨故城，在密州膠水縣東南六十里，即膠東國也。」【考證】即墨，今山東萊州府即墨縣。楓、三本「鄉」作「向」。

〔一〇〕【正義】梁孝王都睢陽，今宋州。【考證】睢陽，今河南歸德府商邱縣。

〔一一〕【正義】蓺，魚曳反。字亦作「藝」，音同。【考證】漢書景紀「夏六月詔曰『迺者吳王濞等爲逆，起兵相脅，詿誤吏民，吏民不得已。今濞等已滅，吏民當坐濞等，及逋逃亡軍者，皆赦之。楚元王子蓺等，爲濞等爲逆，朕不忍加法，除其籍，毋令汙宗室』」。

〔一二〕【正義】地理志云魏其屬琅邪。【考證】徐孚遠曰：封魏其侯，不言其捕反者，然文法自連屬。

〔一三〕【索隱】韋昭云：「平陸，西河縣。禮即向之從曾祖王父也。」【正義】應劭云：「平陸，西河縣。」【考證】張文虎曰：「禮」上各本衍「禮」字，索隱本無。愚按：漢書亦衍「禮」字。

〔一四〕【正義】濟，子禮反。濟北國，今濟州盧縣，即濟北王所都。

〔一五〕【正義】淮陽國，今陳州。

〔一六〕【正義】魯，今兗州曲阜縣。

〔一七〕【正義】汝南國，今豫州。

〔一八〕【正義】江都國，今揚州也。吴王濞所都，反誅，景帝改爲江都國，封皇子非也。

〔一九〕【索隱】悼惠王之孫，齊王襄之子。盧，漢書作「閭」。【正義】齊國，青州臨淄也。將盧，齊悼惠王之孫，襄王之子，年表云。【考證】古鈔本、楓山本「盧」作「閭」。梁玉繩曰：齊王之名，諸處並作「將閭」，蓋古通用，猶吴王闔閭之爲「闔廬」也。中井積德曰：按齊悼惠世家，哀王名襄，無襄王，將閭是悼惠之子。薨年亦異。愚按：正義「云」下有脱文，不然「年表云」三字衍。

〔二〇〕【索隱】劉澤之子。

〔二一〕【集解】徐廣曰：「表云五年薨。」

四年夏，立太子。立皇子徹爲膠東王。〔一〕六月甲戌，赦天下。後九月，更以弋陽爲陽陵。〔二〕復置津關，用傳出入。〔三〕冬，以趙國爲邯鄲郡。〔四〕

〔一〕【考證】「徹」字當諱。

〔二〕【正義】括地志云：「漢景帝陵也，在雍州咸陽縣東三十里。」按：豫作壽陵也。【考證】梁玉繩曰：「弋陽」是「易陽」之誤，漢地理志可證。

〔三〕【集解】應劭曰：「文帝十二年，除關，無用傳，至此復置傳，以七國新反備非常也。」張晏曰：「傳，信也，若今過所也。」如淳曰：「傳，音『檄傳』之『傳』，兩行書繒帛，分持其一，出入關，合之乃得過，謂之傳。」【索隱】傳，音丁戀反。如今之過所。【考證】漢書景紀「津」作「諸」。

〔四〕【集解】地理志，趙國景帝以爲邯鄲郡。【考證】梁玉繩曰：此年獨書冬于年終，誤。考漢書景紀四年及中四年，亦並誤書十月于年終，不可曉也。又地理志，趙國景帝三年爲邯鄲郡，五年復故，此紀既誤書爲郡于四年之冬，而于五年不書復爲趙國，疏矣。

五年三月，作陽陵、渭橋。〔一〕五月，募徙陽陵，予錢二十萬。江都大暴風從西方來，壞城十二丈。〔二〕丁卯，封長公主子蟜爲隆慮侯。〔三〕徙廣川王爲趙王。〔四〕

〔一〕【索隱】景帝豫作壽陵也。按：趙系家，趙肅侯十五年，起壽陵，後代遂因之也。【考證】漢書景紀云五年春正月作陽陵邑，無「渭橋」二字，與此異。

〔二〕【考證】漢書不載。

〔三〕【索隱】音林閭。避殤帝諱改之。【考證】錢大昕曰：年表中元五年五月丁丑，隆慮侯蟜元年，徐廣據本紀以證表之非。予考功臣表，隆慮侯周通以中元元年有罪國除，則蟜之封隆慮必在中元元年以後，紀書于前五年者非矣。愚按：是事漢書景紀不載。

〔四〕【考證】漢書不載。

六年春，封中尉趙綰爲建陵侯，〔一〕江都丞相嘉爲建平侯，〔二〕隴西太守渾邪爲平曲侯，〔三〕趙丞相嘉爲江陵侯，〔四〕故將軍布爲鄃侯。梁、楚二王皆薨。〔五〕後九月，伐馳道樹，殖蘭池。〔六〕

〔一〕【正義】括地志云：「建陵故縣，在沂州承縣界。」【考證】余有丁曰：「衛綰」誤作「趙綰」。盧文弨曰：此「趙」字後人妄增，下「江都丞相嘉」、「隴西太守渾邪」、「趙丞相嘉」、「故將軍布」，皆不書姓，知本無此一字，蓋此即衛綰，非趙綰也。

〔二〕【集解】徐廣曰：「姓程。」

〔三〕【正義】括地志云：「平曲縣故城，在瀛州文安縣北七十里。」

〔四〕【集解】徐廣曰：「姓蘇。」【考證】錢大昕曰：表「江陵」作「江陽」。

〔五〕【考證】梁玉繩曰：表言梁孝王以景帝中六年薨，漢表亦然。此紀以孝王薨于前六年者誤也。楓、三本「二」作「之」。

〔六〕【集解】徐廣曰：「殖，一作『填』。」【正義】按：馳道，天子道，秦始皇作之，三丈而樹。括地志：「蘭池陵，即秦之蘭池也，在雍州咸陽縣界。三秦記云：『始皇都長安，引渭水爲長池，築爲蓬萊山，刻石爲鯨，長二百丈。』」劉伯莊云：「此時蘭池毀溢，故堰填。」【考證】「殖」作「填」爲長。以上數事，漢書景紀不載。

七年冬，廢栗太子爲臨江王。〔一〕十二月晦，日有食之。〔二〕春，免徒隸作陽陵者。丞相青免。二月乙巳，以太尉條侯周亞夫爲丞相。〔三〕四月乙巳，立膠東王太后爲皇后。〔四〕丁巳，立膠東王爲太子。名徹。〔五〕

〔一〕【正義】臨江，忠州縣。雖王臨江，而都江陵。【考證】史表云十一月乙丑。漢紀云春正月。漢表云十一月己酉。梁玉繩曰：諸書皆誤，當作「三月乙丑」。說詳于史記志疑。

〔二〕【考證】漢書紀、志俱作「十一月庚寅晦」。張文虎曰：案殷術十二月辛卯朔，顓頊術庚寅朔，則此文「二」字當作「二」。

〔三〕【正義】條，田彫反。字亦作「蓧」，音同。【考證】漢書景紀「二月罷太尉官」。梁玉繩曰：將相表以亞夫爲丞相，在六月乙巳，百官表謂青之免、亞夫之相並在六月乙巳，皆誤，當依此紀爲確。愚按：「春免徒隸」以下，漢書不載。

〔四〕【索隱】按系家，太后槐里人，父仲。兄信，封蓋侯。后故金氏妻，女弟姁兒也。【考證】何焯曰：先立皇后而後立太子，與文帝故事異。俞樾曰：「立膠東王太后爲皇后」，漢書作「立皇后王氏」，夫婦人從夫，夫在而從其子之稱，非正也，漢書爲得其正。

〔五〕【考證】張文虎曰：「名徹」二字疑後人旁注誤入。愚按：楓、三、南化本無此二字。

中元年，封故御史大夫周苛孫平爲繩侯，〔一〕故御史大夫周昌子左車爲安陽侯。〔二〕四月乙巳，赦天下，賜爵一級。除禁錮。地動。衡山、原都雨雹，大者尺八寸。〔三〕

〔一〕【集解】徐廣曰：「平，一作『應』。」【索隱】周苛，周昌之兄。【正義】繩侯未詳。【考證】錢大昕曰：據表，是歲封周成孫應，乃苛之曾孫也，平則嗣應爲侯者也。徐廣云「平，一作應」，近之。崔適曰：「孫」當作「曾孫」。

〔二〕【考證】楓、三本「故」上有「封」字。張文虎曰：「子」當作「孫」。錢大昭曰：左車昌孫，非昌子也。愚按：漢書景紀同。史、漢表皆云中二年封。

〔三〕【考證】楓、三本「賜」下有「民」字，下同。「四月乙巳」下，漢書不載。

中二年二月，匈奴入燕，遂不和親。三月，召臨江王來，即死中尉府中。〔一〕夏，立皇子越爲廣川王，子寄爲膠東王。封四侯。〔二〕九月甲戌，日食。

〔一〕【考證】事詳五宗世家。

〔二〕【集解】文穎曰：「楚相張尚，太傅趙夷吾，趙相建德，內史王悍。此四人各諫其王無使反，不聽，皆殺之，故封其子。」【索隱】韋昭云：「張尚子當居，趙夷吾子周，建德子橫，王悍子弃也。」

中三年冬，罷諸侯御史中丞。〔一〕春，匈奴王二人率其徒來降，皆封爲列侯。〔二〕立皇子方乘爲清河王。〔三〕三月，彗星出西北。〔四〕丞相周亞夫死，〔五〕以御史大夫桃侯劉舍爲丞相。四月地動。〔六〕九月戊戌晦，日食。軍東都門外。〔七〕

〔一〕【考證】漢書景紀「中丞」作「大夫」。顏師古曰：所以抑損其權。梁玉繩曰：百官表省諸侯王御史大夫，與改丞相爲相，並在中五年，此與漢紀書于中三年，未知孰是。而中丞之稱則誤也，中丞乃御史大夫之屬。

〔二〕【正義】漢書表云，中三年，安陵侯子軍、桓侯賜、遒侯陸彊、容城侯徐盧、易侯僕黚、范陽侯代、翕侯邯鄲，七人以匈奴王降，皆封爲列侯。按紀言二人者，是匈奴二王爲首降。【考證】梁玉繩曰：史、漢表，中三年，以匈奴王降者七人，安陵侯于軍，垣侯賜，遒侯李隆彊，容城侯徐盧，易侯僕黚，范陽侯范代，翕侯邯鄲，此七人者，爲匈奴王同，來降同，封侯同，不同者，只安陵以十一月封，餘六侯以正月封，史、漢表誤作「十二月」。故紀書封侯在春。而以七人爲二人則誤也。正義謂「二人是首降」亦無據，蓋絳侯世家與漢書勃傳，封徐、盧等五人爲侯，並屬誤端。正義所述侯名多錯。愚按：漢景紀不載。

〔三〕【考證】史、漢表在三月，漢景紀在九月。楓、三本無「方」字，漢景紀亦無。五宗世家亦云「清河哀王乘」，則「方」字當衍。

〔四〕【考證】漢紀在九月。

〔五〕【考證】死，當作「免」。亞夫之死，在中五年。

〔六〕【考證】「丞相」以下，漢紀不載。

〔七〕【集解】按：三輔黃圖，東出北頭第一門曰宣平門，外曰東都門。【索隱】按：三輔黃圖云東出北第一門曰宣平門，外曰東都門。【考證】顧炎武曰：此時未有東都，其曰「東都門」，猶曰「東郭門」也。愚按：楓、三本無「外」字。軍東都門外，漢紀不載。

中四年三月，置德陽宮。〔一〕大蝗。秋，赦徒作陽陵者。

〔一〕【集解】瓚曰：「是景帝廟也，帝自作之，諱不言廟，故言宮。西京故事云景帝廟爲德陽宮。」【考證】漢紀「置」作「起」。沈欽韓曰：謂廟爲宮，此古義也。春秋經傳、毛詩皆然。以周有文、武世室，魯有魯公、武公世室，故爾雅又云「宮謂之室」，皆謂廟也。瓚云諱廟言宮，此不通雅故而妄說。長安志，景帝廟在咸陽縣東北十五里。

中五年夏，立皇子舜爲常山王。封十侯。〔一〕六月丁巳，赦天下，賜爵一級。天下大潦。〔二〕更命諸侯丞相曰相。〔三〕秋，地動。〔四〕

〔一〕【正義】惠景閒年表云，亞谷侯盧他之、隆慮侯陳蟜、乘氏侯劉買、桓邑侯劉明、蓋侯王信。按：其五人是中元五年封，餘檢不獲。中元三年，匈奴王二人降，封爲列侯。惠景閒表云，匈奴王降爲侯者有七人，疑其五人是十侯之數。【考證】梁玉繩曰：「十」乃「五」之譌，張氏正義最謬。中五年止封五侯，並無十侯，何得强以中三年封者充其數？而安陵等七人之封，皆在中三年，史、漢表明確可攷，又何得割中三年所封之五人移入中五年耶？愚按：封十侯，漢紀不載。

〔二〕【考證】天下大潦，漢紀不載。

〔三〕【考證】顏師古曰：亦所以抑黜之令異於漢朝。愚按：漢紀在八月。

〔四〕【考證】漢紀不載。

中六年二月己卯，行幸雍，郊見五帝。〔一〕三月，雨雹。〔二〕四月，梁孝王、〔三〕城陽共王、〔四〕汝南王皆薨。〔五〕立梁孝王子明爲濟川王，〔六〕子彭離爲濟東王，〔七〕子定爲山陽王，〔八〕子不識爲濟陰王。〔九〕梁分爲五。封四侯。〔一〇〕更命廷尉爲大理，將作少府爲將作大匠，主爵中尉爲都尉，〔一一〕長信詹事〔一二〕爲長信少府，〔一三〕將行爲大長秋，〔一四〕大行爲行人，〔一五〕奉常爲太常，〔一六〕典客爲大行，〔一七〕治粟内史爲大農。〔一八〕以大内爲二千石，〔一九〕置左右内官，屬大内。〔二〇〕七月辛亥，日食。八月，匈奴入上郡。〔二一〕

〔一〕【考證】梁玉繩曰：漢書在十月，是也。

〔二〕【考證】漢書紀、志皆作「雨雪」。

〔三〕【正義】都睢陽，今宋州。

〔四〕【正義】城陽，今濮州雷澤縣，古城陽也。共音恭。謚法「嚴敬故事曰恭」。【考證】錢大昕曰：城陽國治莒，漢志謂文帝二年別成國者也。正義非。

〔五〕【考證】漢紀不載城陽、汝南二王薨。梁玉繩曰：前四年徙汝南王非爲江都王，則汝南國久已除爲郡矣，安得中六年有汝南王乎？即非亦以武帝元朔元年薨，不與梁孝、城陽並薨于是年也。

〔六〕【正義】表云分梁置也。

〔七〕【正義】表云分梁置也。

〔八〕【正義】地理志云，景帝中六年，別爲山陽國，屬兗州。

〔九〕【正義】地理志云，景帝中六年，別爲濟陰國，屬兗州。按：今曹州是也。

〔一〇〕【正義】四侯未詳。【考證】漢紀止云分梁爲五，立孝王子五人皆爲王。梁玉繩曰：梁孝王子五人，此不數乘氏侯買者，買嗣梁王故也。而四人中惟明封桓邑侯，餘三人未嘗爲侯。此言「封四侯」，誤，當作「封五王」。

〔一一〕【集解】漢書百官表曰：「主爵中尉，秦官，掌列侯。」

〔一二〕【集解】漢書百官表曰：「詹事，秦官，掌皇后太子家。」應劭曰：「詹，省也，給也。」瓚曰：「茂陵書，詹事秩二千石。」

〔一三〕【集解】張晏曰：「以太后所居宮爲名。長信宮則曰長信少府，長樂宮則曰長樂少府。」

〔一四〕【集解】漢書百官表曰：「將行，秦官。」應劭曰：「長秋，皇后卿。」

〔一五〕【集解】服虔曰：「天子死未有謚，稱大行。」晉灼曰：「禮有大行、小行，主謚官，故以此名之。」如淳曰：「不反之辭也。」瓚曰：「大行是官名，掌九儀之制，以賓諸侯。」【索隱】按：鄭玄曰「命者五，謂公、侯、伯、子、男；爵者四，孤、卿、大夫、士：是九也」。【考證】梁玉繩曰：百官表，行人爲典客屬官，景帝改典客爲大行令，未嘗改大行爲行人也。

〔一六〕【集解】漢書百官表曰：「奉常，秦官，掌宗廟禮儀。」

〔一七〕【索隱】韋昭云：「大行，官名，秦時云典客，景帝初改云大行，後更名大鴻臚，武帝因而不改，故漢書景紀有大鴻臚。百官表又云武帝改名大鴻臚。鴻，聲也。臚，附皮。以言其掌四夷賓客，若皮臚之在外附於身也。復有大行令，故諸侯薨，大鴻臚奏謚，列侯薨，則大行奏誄。」按：此大行令，即鴻臚之屬官也。

〔一八〕【集解】漢書百官表曰：「治粟内史，秦官，掌穀貨也。」

〔一九〕【集解】韋昭曰：「大内，京師府藏。」

〔二〇〕【索隱】主天子之私財曰小内。小内即屬大内也。【考證】梁玉繩曰：百官表無考。又曰：漢紀改諸官名在中六年十二月，此書于四月以後，而所改官名又不盡載，何歟？且所載多譌。

〔二一〕【考證】漢紀在六月。

後元年冬，更命中大夫令爲衛尉。〔一〕三月丁酉，赦天下，賜爵一級，〔二〕中二千石、諸侯相爵右庶長。〔三〕四月，大酺。五月丙戌，地動，〔四〕其蚤食時復動。上庸地動，二十二日，壞城垣。〔五〕七月乙巳，日食。丞相劉舍免。八月壬辰，以御史大夫綰爲丞相，封爲建陵侯。〔六〕

〔一〕【正義】漢書百官表云：「衛尉，秦官，掌宮闈門衛屯兵。景帝初更命中大夫令，後元年，復爲衛尉。」【考證】「令」字各本缺，館本據漢書百官表補。梁玉繩曰：「令」字不可省，蓋中大夫是別一官名，不比大行令、大農令之可稱大行、大農也。愚按：漢紀不載。

〔二〕【考證】楓、三、南化本「賜」下有「民」字。中井積德曰：「民」字脱，漢書可徵。

〔三〕【考證】如淳曰：雖有尊官，未必有高爵，故數有賜爵。顔師古曰：右庶長第十一爵也。

〔四〕【集解】徐廣曰：「丙，一作『甲』。」

〔五〕【考證】漢紀止云五月地震。

〔六〕【索隱】姓衛也。【考證】盧文弨曰：「封爲建陵侯」五字衍。梁玉繩曰：依史例當云「以御史大夫建陵侯綰爲丞相」。愚按：衛綰封建陵侯，見前六年紀。

後二年正月，地一日三動。郅將軍擊匈奴。〔一〕酺五日。〔二〕令內史郡不得食馬粟，沒入縣官。〔三〕令徒隸衣七緵布，〔四〕止馬舂。〔五〕爲歲不登，禁天下食不造歲。〔六〕省列侯遣之國。〔七〕三月，匈奴入鴈門。十月，租長陵田。〔八〕大旱。衡山國、河東、雲中郡，〔九〕民疫。〔一〇〕

〔一〕【正義】郅，真栗反。郅都傳云，匈奴刻木爲郅都而射，不中。【考證】通鑑攷異云酷吏傳郅都死後，宗室多犯法，上乃召寧成爲中尉，在中六年，則後二年郅將軍者非都也，疑別一人。

〔二〕【考證】「地一日三動」以下，漢紀不載。

〔三〕【考證】漢紀作「以歲不登，禁內郡食馬粟，沒入之」。顏師古曰：食讀曰「飤」。沒入者，沒入其馬。與此紀小異。

〔四〕【索隱】七緵，蓋今七升布，言其粗故令衣之也。【正義】衣，於既反。緵，祖工反。緵，八十縷也，與布相似。七升布用五百六十縷。【考證】緵、總通。布八十縷，帛八十絲，通有此稱也。

〔五〕【索隱】止人爲馬舂粟，爲歲不登故也。【正義】舂，成龍切，馬碾磑之類也。先時用馬，今止之。【考證】中井積德曰：馬舂，以馬舂粟也。設機輪爲之，制如水碓。止馬，必用人爲之，則貧人得食。

〔六〕【正義】造，至也。禁天下費米穀，恐食不造歲。【考證】岡白駒曰：造，作也，爲也。不耕不織，徒居而食，謂之食于不造。中井積德曰：天下食，蓋餅餌之類。張文虎曰：造乃「竈」之假借字。禁不造食者，行竈苟且不成竈。竈列五祀，尊竈，所以重飲食也。梁玉繩曰：句必有誤字，當缺所疑。愚按：「令徒隸」以下，漢紀不載。

〔七〕【集解】晉灼曰：「文紀遣列侯之國，今又省之。」【考證】漢紀云「二年冬十月，省徹侯之國」。此在正月，小異。中井積德曰：列侯不之國者尚多，故量省而遣之也。孝文嘗遣列侯之國，然當時以職事留京者有之，詔旨止之者有之。又雖之國者，其子孫繼襲，則或留京者亦有之，新封者亦有焉，是以其數年多耳。

〔八〕【考證】陳仁錫曰：十月，「七月」誤。梁玉繩曰：十月不當書三月後。愚按：漢書不載。

〔九〕【正義】衡山國，今衡州。河東今蒲州。雲中郡，今勝州。

〔一〇〕【考證】古鈔本、楓、三本「民」下有「疾」字。

後三年十月，日月皆食，赤五日。〔一〕十二月晦，靁。〔二〕日如紫。五星逆行，守太微。月貫天廷中。〔三〕正月甲寅，皇太子冠。甲子，孝景皇帝崩。〔四〕遺詔賜諸侯王以下，至民爲父後爵一級，天下户百錢。出宮人歸其家，復無所與。〔五〕太子即位，是爲孝武皇帝。〔六〕三月，封皇太后弟蚡〔七〕爲武安侯，弟勝爲周陽侯。置陽陵。〔八〕

〔一〕【考證】陳仁錫曰：日食在朔，月食在望，蓋十月之朔日食，而望月食，非食在一日。梁玉繩曰：或疑「食」字衍，當合下作「皆赤五日」。漢書紀、志皆不言日食。

〔二〕【集解】徐廣曰：「一作『雷』字，又作『圖』字，實所未詳。」【考證】焦竑曰：「靁」即「雷」字。此以發聲非時，故特紀異耳。雷，集韻原作「靁」，通志云「回，古『雷』字，後人加『雨』作『靁』」。回象雷形，古尊罍多作云回」。今人不通字學，而欲讀古書，難矣哉。

〔三〕【索隱】天廷，即龍星右角也。按：石氏星傳曰「龍在左角曰天田，右角曰天廷」。【考證】「衡山國」以下，漢紀不載。

〔四〕【集解】皇甫謐曰：「帝以孝惠七年生，年四十八。」【考證】臣瓚曰：帝年三十二即位，十六年，壽四十八。程一枝曰：「孝景」二字當省。

〔五〕【考證】漢紀云「皇太子冠，賜民爲父後者爵一級。甲子，帝崩于未央宮。遺詔賜諸侯王列侯馬二駟，吏二千石黃金二斤，吏民户百錢。出宮人歸其家，復終身」。中井積德曰：據漢書「賜民爲父後者爵」，是太子冠之覃恩，理當然，非遺詔所宜賜。又賜諸侯王爵一級，豈有是理哉？皆當以漢書爲正。王鳴盛曰：文帝崩，歸夫人以下至少使。景帝崩，亦出宮人。至武、昭，乃有奉陵之制。平帝崩，王莽復出媵妾皆歸家。

〔六〕【集解】漢書云：「二月癸酉，帝葬陽陵。」皇甫謐曰：「陽陵，山方百二十步，高十四丈，去長安四十五里。」【考證】梁玉繩曰：太史公書稱武帝曰「今上」，曰「今帝」，曰「今天子」，曰「今皇帝」，故凡言「孝武」者，悉後人所妄改也。

〔七〕【集解】蘇林曰：「蚡，音鼢。」【索隱】蚡，音扶粉反。按：外戚世家皇太后母臧氏，初嬪王氏，生子信而寡，更嫁長陵田氏，生蚡及勝也。

〔八〕【考證】凌稚隆曰：一本「置」作「葬」。陳仁錫曰：湖本「葬」作「置」，誤。程一枝曰：「葬陽陵」三字，當在上文「太子即位」句前。蓋封太后弟在三月，而孝景之葬在二月癸酉，去甲子崩，纔十日爾。

太史公曰：漢興，孝文施大德，天下懷安。至孝景，不復憂異姓，而晁錯刻削諸侯，遂使七國俱起，合從而西鄉，〔一〕以諸侯太盛，而錯爲之不以漸也。及主父偃言之，而諸侯以弱，

卒以安。〔一〕安危之機，豈不以謀哉？〔二〕

〔一〕【考證】楓山本「鄉」作「向」。

〔二〕【索隱】主父偃上言，今天子下推恩之令，令諸侯各得分邑其子弟，於是遂弱，卒以安也。【考證】事在武帝元朔二年。中井積德曰：偃之言即賈生之策矣。惜乎孝文不得行之於前，而歸功於匪人也。

〔三〕【考證】真德秀曰：太史公論七國事，以一言斷之曰「以諸侯太盛，而錯爲之不以漸也」。則其初封建之過制，後之當抑損而爲之不善，皆見于一言，非後世史筆可及。

【索隱述贊】景帝即位，因脩靜默。勉人於農，率下以德。制度斯創，禮法可則。一朝吴楚，乍起凶慝。提局成釁，拒輪致惑。晁錯雖誅，梁城未克。條侯出將，追奔逐北。坐見梟剋，立翦牟賊。如何太尉，後卒下獄。惜哉明君，斯功不録！

史記會注考證卷十二

孝武本紀第十二

史記十二

【集解】太史公自序曰「作今上本紀」，又其述事皆云「今上」、「今天子」，或有言「孝武帝」者，悉後人所定也。張晏曰：「武紀，褚先生補作也。褚先生名少孫，漢博士也。」【索隱】按：褚先生補史記，合集武帝事以編年，今止取封禪書補之，信其才之薄也。又張晏云「褚先生潁川人，仕元成閒」。韋稜云「褚顗家傳，褚少孫梁相褚大弟之孫，宣帝代爲博士，寓居于沛，事大儒王式，號爲『先生』，續太史公書」。阮孝緒亦以爲然也。【考證】史公自序云：「漢興五世，隆在建元，外攘夷狄，内修法度，封禪，改正朔，易服色。作今上本紀第十二。」錢大昕曰：張晏云此紀褚先生補作。予謂少孫補史，皆取史公所缺，意雖淺近，詞無雷同，未有移甲以當乙者也。或晉以後少孫補篇亦亡，鄉里妄人取此以足其數爾。洪亮吉曰：褚少孫爲博士不得在宣帝時，張晏云「仕于元成閒」，説近之。

孝武皇帝者，〔一〕孝景中子也。〔二〕母曰王太后。孝景四年，以皇子爲膠東王。孝景七年，栗太子廢爲臨江王，以膠東王爲太子。孝景十六年崩，太子即位爲孝武皇帝。〔三〕孝武皇帝初即位，尤敬鬼神之祀。

〔一〕【集解】漢書音義曰：「諱徹。」【索隱】裴駰云：「太史公自序云『作今上本紀』，又其序事皆云『今上』、『今天子』，今或言『孝武皇帝』者，悉後人所定也。」【正義】謚法云：「克定禍亂曰武。」

〔二〕【索隱】按：景十三王傳，廣川王已上皆是武帝兄，自河間王德以至廣川，凡有八人，則武帝第九也。

〔三〕【集解】張晏曰：「武帝以景帝元年生，七歲爲太子，爲太子十歲，而景帝崩，時年十六矣。」【考證】梁玉繩曰：史公今上本紀全缺，首六十字後人妄加。此下取封禪書補之，而又臆爲增改。如李少君是深澤侯舍人，而爲深澤侯。亳人謬忌亦稱薄忌，而以爲亳人薄誘忌。神君之最貴者太一，而以爲大夫。欒大四印，合五利爲四，而并天道玉印爲四金印。祭恒山，徧岳、瀆，均天漢後事，而謬割郊祀志以竄入之，殊覺乖亂。

元年，漢興已六十餘歲矣，〔一〕天下乂安，薦紳之屬，皆望天子封禪改正度也。〔二〕而上鄉儒術，招賢良，趙綰、王臧等以文學爲公卿，欲議古立明堂城南，以朝諸侯。草巡狩封禪改曆服色事，未就。〔三〕會竇太后治黄老言，不好儒術，使人微得趙綰等姦利事，〔四〕召案綰、臧，綰、臧自殺，〔五〕諸所興爲者皆廢。

〔一〕【集解】徐廣曰：「六十七年，歲在辛丑。」【考證】凌本移置此卷集解、索隱、正義於封禪書，云「此以下全録封禪書文，注釋並入原書，此不載」，蓋以意改易，今悉仍其舊。

〔二〕【索隱】薦紳，上音搢。搢，挺也。言挺笏於紳帶之閒，事出禮内則。今作「薦」者，古字假借耳。漢書作「縉紳」，臣瓚云「縉，赤白色」，非也。【正義】乂，音魚廢反。

〔三〕【索隱】城南，長安城南門外。案：關中記云，明堂在長安城門外杜門之西。【正義】括地志云：「漢明堂，在雍州長安縣西北七里，長安故城南門外也。關中記云：『明堂在長安城南門外杜門之西。』」【考證】中井積德曰：是時欲立明堂，未就而廢，註何討處所？楓、三本「草」下有「創」字。

〔四〕【集解】徐廣曰：「纖微伺察之。」【考證】楓、三本、館本「微」下有「伺」字，與封禪書合，當依補。

〔五〕【正義】漢書孝武帝二年，御史大夫趙綰，坐請無奏事太皇太后，及郎中令王臧，皆下獄自殺。應劭云：「王臧儒者，欲立明堂、辟雍，太后素好黃老術，非薄五經，因故絶奏事太后，太后怒，故令殺。」

後六年，竇太后崩。其明年，上徵文學之士公孫弘等。〔一〕

〔一〕【考證】元光元年。

明年，上初至雍，郊見五畤。〔一〕後常三歲一郊。是時上求神君，〔二〕舍之上林中蹏氏觀。〔三〕神君者長陵女子，以子死悲哀，故見神於先後宛若。〔四〕宛若祠之其室，民多往祠。平原君往祠，其後子孫以尊顯。〔五〕及武帝即位，則厚禮置祠之内中，聞其言，不見其人云。〔六〕

〔一〕【正義】畤，音止。括地志云：「漢五帝畤，在岐州雍縣南。孟康云，畤者神靈之所止。」或曰以雍州雍縣南。孟康云：「畤者神靈上帝也。」案：五畤者，鄜畤、密畤、吳陽畤、北畤。先是秦文公作鄜畤，祭白帝；秦宣公作密畤，祭青帝；秦靈公作吳陽上畤、下畤，祭赤帝、黃帝；漢高祖作北畤，祭黑帝：是五畤也。

〔二〕【正義】漢武帝故事云：「起柏梁臺，以處神君，長陵女子也。先是嫁爲人妻，生一男，數歲死，女子悼痛之，歲中亦死，而靈宛若，祠之，遂聞言宛若爲生，民人多往請福，説家人小事有驗。平原君亦事之，至後子孫尊貴。及上即位，大后延於宮中祭之，聞其言，不見其人。至是神君求出局，營柏梁臺舍之。初霍去病微時，自禱神君，及見其形，自脩飾，欲與去病交接，去病不肯，謂神君曰：『吾以神君精絜，故齋戒祈福，今欲婬，此非也。』自絶不復往。神君甎之，乃去也。」

〔三〕【集解】徐廣曰：「蹏，音蹄。」【索隱】徐廣音蹄，鄒誕音斯，又音蹄，觀名也。【考證】楓、三本無「之」字，封禪書有。漢志「觀」作「館」。

〔四〕【集解】孟康曰：「産乳而死。兄弟妻相謂『先後』。宛若，字。」【索隱】先後，鄒誕音二字並去聲，即今妯娌也。孟康以兄弟妻相謂也。韋昭云，先謂姒，後謂娣也。宛，音冤。【考證】中井積德曰：漢志「子死」作「乳死」，故孟説云云，此本蓋謬。愚按：「子」當作「字」，「字」亦乳也。

〔五〕【集解】徐廣曰：「武帝外祖母也。」駰案：蔡邕曰「異姓婦人，以恩澤封者曰君，儀比長公主」。【索隱】案：徐云武帝外祖母，則是臧兒也。

〔六〕【考證】中井積德曰：置者，宛若也。祠者，神君也。愚按：内中，蹏氏觀内中也。

是時而李少君亦以祠竈、穀道、卻老方見上，上尊之。〔一〕少君者，故深澤侯入以主方。〔二〕匿其年及所生長，〔三〕常自謂七十，能使物卻老。〔四〕其游以方偏諸侯。無妻子。人聞其能使物及不死，更饋遺之，常餘金錢帛衣食。人皆以爲不治産業而饒給，又不知其何所人，愈信，争事之。少君資好方，善爲巧發奇中。〔五〕嘗從武安侯飲，〔六〕坐中有年九十餘老人，少君乃言與其大父游射處，老人爲兒時，從其大父行，識其處，一坐盡驚。少君見上，上有故銅器，問少君。少君曰：「此器齊桓公十年陳於柏寢。」〔七〕已而案其刻，果齊桓公器。一宮盡駭，以少君爲神，數百歲人也。

〔一〕【集解】李奇曰：「穀道，食穀道引。或曰辟穀不食之道。」【索隱】如淳云：「祠竈可以致福。」案：禮竈者，老婦之祭，盛於盆，尊於瓶。說文，周禮以竈祠祝融。淮南子，炎帝作火官，死爲竈神。司馬彪注莊子云，髻，竈神也，如美女，衣赤。李弘範音詰也。【正義】周禮注曰：「顓頊氏有子曰黎，爲祝融，以爲竈神。」【考證】「而」字，中統、游、柯、凌本作「有」，封禪書、郊祀志無。

〔二〕【集解】徐廣曰：「深澤侯，姓趙，景帝時絕封。」又曰：「入以主方，進納於天子而主方。一云，侯人主方。」駰案：如淳曰「侯家人，主方藥者也」。【正義】功臣表曰：「深澤侯頭子脩，景帝七年，有罪絕。至中九年，頭子夷胡復封。至元朔五年，國除。」【考證】封禪書「入以」作「舍人」。漢書郊祀志「入」作「人」，無「以」字。岡白駒曰：「入」當作「人」，人，家人也。如淳注「侯家人，主方藥者」。「以」字當刪。

〔三〕【考證】顏師古曰：生長，謂其郡縣所屬，及居止處。

〔四〕【集解】如淳曰：「物，鬼物也。」瓚曰：「物，藥物也。」【考證】物，如說是。下文云「祠竈則致物」，亦謂致鬼物，非藥物。

〔五〕【集解】如淳曰：「時時發言有所中也。」【考證】周壽昌曰：資，藉也。好方，好爲方也。

〔六〕【索隱】服虔云：「田蚡也。」韋昭云：「武安屬魏郡也。」

〔七〕【集解】服虔曰：「地名，有臺也。」瓚曰：「晏子書，柏寢臺名也。」【正義】括地志云：「柏寢臺，在青州千乘縣東北二十一里。韓子云，景公與晏子遊於少海，登柏寢之臺，而望其國。公曰：『美哉堂乎，後代孰將有此？』晏子云：『其田氏乎？』公曰：『寡人有國，而田氏家，奈何？』對曰：『奪之，則近賢遠不肖，治其煩亂，輕其刑罰，振窮乏，恤孤寡，行恩惠，崇節儉，雖十田氏，其如(何堂)〔堂何〕！』即此也。」【考證】沈欽韓曰：晏子雜篇景侯新成柏寢之臺，使師開鼓琴。齊桓公時無柏寢。

少君言於上曰：「祠竈則致物，致物而丹沙可化爲黃金，黃金成，以爲飲食器，則益壽，益壽而海中蓬萊僊者可見，見之以封禪則不死，黃帝是也。臣嘗游海上見安期生，食臣棗大如瓜。〔一〕安期生僊者，通蓬萊中，合則見人，不合則隱。」於是天子始親祠竈，而遣方士入海求蓬萊安期生之屬，而事化丹沙諸藥齊爲黃金矣。〔二〕

〔一〕【索隱】服虔曰：「古之真人。」案：列仙傳云，安期生，琅邪人，賣藥東海邊，時人皆言千歲也。【正義】列仙傳云：「安期生，琅邪阜鄉亭人也。賣藥海邊。秦始皇請語三夜，賜金數千萬，出，於阜鄉亭，皆置去，留書，以赤玉舄一(重)〔量〕爲報，曰『後千歲，求我於蓬萊山下』。」【考證】楓、三本「食」上有「安期生」三字。張文虎曰：「『臣棗』之『臣』，舊刻、毛本並作『臣』，是也，他本作『巨』，誤。」愚按：楓、三、南本亦作「臣」。

〔二〕【索隱】齊，音劑。【正義】劑，在西切。劑，皆也。言同諸藥化丹沙皆爲黃金。【考證】索隱是。顏師古亦云「齊，藥之分齊也」。

居久之，李少君病死。天子以爲化去不死也，〔一〕而使黃錘史寬舒受其方。求蓬萊安期生，莫能得。〔二〕而海上燕、齊怪迂之方士多相效，更言神事矣。〔三〕

〔一〕【正義】漢書起居云：「李少君將去，武帝夢與共登嵩高山，半道有使乘龍，時從雲中云『太一請少君』，帝謂左右『將舍我去矣』。數月而少君病死。又發棺看，唯衣冠在也。」

〔二〕【集解】韋昭曰：「黃錘，人姓名。」駰案：漢書音義曰：「二人皆方士姓名。」【正義】錘，音直僞反。姓史，名寬舒。【考證】封禪書集解云，徐廣曰「錘縣、黃縣皆在東萊」。王鳴盛曰：徐說得之。黃錘之史，其名寬舒，觀下文，寬舒凡五見，而不見爲「黃錘」者。音義以爲二人名，謬甚。齊召南曰：始皇紀云「過黃腄」，注云「東萊有黃縣、腄縣」，恐史寬舒蓋黃腄間人。「錘」與「腄」字體少異，或傳寫各別。

〔三〕【正義】迂，猶遠也。言怪異遠處燕齊之方士，多於相效，更言神事，謂謬忌、少翁、欒大之屬。【考證】迂，讀爲「訏」，謞詭也。迂怪，就方而言。

亳人薄誘忌奏祠泰一方，〔一〕曰：「天神貴者泰一，〔二〕泰一佐曰五帝。〔三〕古者天子以春秋祭泰一東南郊，用太牢具，七日，〔四〕爲壇，開八通之鬼道。」於是天子令太祝立其祠長安東南郊，常奉祠如忌方。其後人有上書言「古者天子三年一用太牢具，祠神三一：天一、地一、泰一」。〔五〕天子許之，令太祝領祠之忌泰一壇上，如其方。後人復有上書言「古者天子常以春秋解祠，〔六〕祠黄帝用一梟破鏡；〔七〕冥羊用羊；〔八〕祠馬行用一青牡馬；〔九〕泰一、皋山山君、地長用牛；〔一〇〕武夷君用乾魚；〔一一〕陰陽使者以一牛」。〔一二〕令祠官領之，如其方，而祠於忌泰一壇旁。

〔一〕【集解】徐廣曰：「一云，亳人謬忌也。」【索隱】亳，山陽縣名。姓謬，名忌，居亳，故下稱薄忌。此文則作「薄」字，而「謬」又誤作「誘」矣。【考證】書、志並作「亳人謬忌」，此衍「薄」字。胡三省曰：謬，姓也，音靡幼翻，與「繆」同。

〔二〕【索隱】天神貴者太一。案：樂汁微圖云「紫微宮北極天一太一」。宋均以爲天一、太一，北極之別名。春秋緯「紫宮，天皇曜魄寶之所理也」。

〔三〕【索隱】其佐曰五帝。河圖云，蒼帝，神名，靈威仰之屬也。【正義】五帝，五天帝也。國語云「蒼帝靈威仰，赤帝赤熛怒，白帝白招矩，黑帝叶光紀，黄帝含樞紐」。尚書帝命驗云「蒼帝名靈威仰，赤帝名文祖，黄帝名神斗，白帝名顯紀，黑帝名玄矩」。佐者謂配祭也。【考證】館本考證云：索隱所引國語，此春秋文耀〈光〉〔鉤〕文，見周禮春官疏，國語無。

〔四〕【集解】徐廣曰：「一云，日一太牢具，十日。」【考證】郊祀志「具」作「一日」，封禪書無「具」字。

〔五〕【考證】郊祀志無「神」字。

〔六〕【正義】解，紀買反，又紀賣反。祭神曰解。言黄帝欲絶其類梟破鏡，故使祭百物之祠。後世每春秋祠黄帝，用一梟及一破鏡，以解黄帝絶惡之類，故言解祠黄帝。【考證】封禪書、郊祀志無「秋」字。

〔七〕【集解】孟康曰：「梟，鳥名，食母。破鏡，獸名，食父。黄帝欲絶其類，使百物祠皆用之。破鏡，如貙而虎眼。或云直用破鏡。」如淳曰：「漢使東郡送梟，五月五日爲梟羹以賜百官。以惡鳥故食之。」

〔八〕【集解】服虔曰：「冥羊，神名也。」

〔九〕【正義】馬行，神名也。

〔一〇〕【正義】長，丁丈反。三並神名。【考證】封禪書不重「山」字。

〔一一〕【正義】神名。

〔一二〕【集解】漢書音義曰：「陰陽之神也。」

其後天子苑有白鹿，以其皮爲幣，〔一〕以發瑞應，造白金焉。〔二〕

〔一〕【索隱】案：食貨志，皮幣以白鹿皮方尺，緣以繢，以薦璧，得以黄金一斤代之。又漢律，皮幣，率鹿皮方尺，直黄金一斤。

〔二〕【索隱】案：食貨志，白金三品，各有差也。【正義】白金三品，武帝所鑄也。如淳曰：「雜鑄銀錫爲白金也。」平準書云：「造銀錫爲白金。以爲天用莫如龍，地用莫如馬，人用莫如龜，故曰白金三品。其一曰重八兩，圓之，其文龍，名曰白選，直三千；二曰重差小，方之，其文馬，直五百；三曰復小，隋之，其文龜，直三百。」錢譜云：「白金第一，其形圓如錢，肉好圓，文爲一龍。白銀第二，其形方小長，肉好亦小長，好上下文爲二馬。白銀第三，其形似龜，肉好小，是文爲龜甲也。」

其明年，郊雍，獲一角獸，若麃然。〔一〕有司曰：「陛下肅祇郊祀，上帝報享，錫一角獸，蓋麟云。」〔二〕於是以薦五時，時加一牛以燎。〔三〕賜諸侯白金，以風符應合于天地。〔四〕

〔一〕【集解】韋昭曰：「楚人謂麋爲麃。」【索隱】麃，音步交反。韋昭曰：「體若麕而一角，春秋所謂『有麕而角』是也。楚人謂麋爲麃。」又周書王會云，麃者若鹿。爾雅云，麋，大鹿也，牛尾一角。郭璞云漢武獲一角獸若麃，謂之麟是也。【考證】封禪書同，郊祀志作「後二年」，即元狩元年也。

〔二〕【正義】漢書終軍傳云「從上雍，獲白麟」。一角戴肉，設武備而不爲害，所以爲仁。

〔三〕【正義】力召反，焚也。

〔四〕【集解】晉灼曰：「符，瑞也。」瓚曰：「風示諸侯，以此符瑞之應。」【考證】封禪書、郊祀志「地」作「也」，此疑誤。

於是濟北王以爲天子且封禪，乃上書獻泰山及其旁邑。天子受之，更以他縣償之。〔一〕常山王有辠，遷，天子封其弟於真定，以續先王祀，而以常山爲郡。然后五嶽皆在天子之郡。

〔一〕【考證】書、志無「受之更」三字。

其明年，齊人少翁以鬼神方見上。〔一〕上有所幸王夫人，〔二〕夫人卒，少翁以方術蓋夜致王夫人及竈鬼之貌云，天子自帷中望見焉。於是乃拜少翁爲文成將軍，賞賜甚多，以客禮禮之。文成言曰：「上即欲與神通，宮室被服不象神，神物不至。」乃作畫雲氣車，及各以勝日駕車，辟惡鬼。〔三〕又作甘泉宮，中爲臺室，畫天、地、泰一諸神，而置祭具，以致天神。居歲餘，其方益衰，神不至。乃爲帛書以飯牛，詳弗知也，言此牛腹中有奇。〔四〕殺而視之，得書，書言甚怪，天子疑之。有識其手書，問之人果爲書。〔五〕於是誅文成將軍，而隱之。〔六〕

〔一〕【正義】漢武故事云，少翁年二百歲，色如童子。

〔二〕【集解】徐廣曰：「齊懷王閎之母也。」駰案：桓譚新論云，武帝有所愛幸姬王夫人，窈窕好容，質性嬛佞。【正義】漢書作「李夫人」。

〔三〕【集解】漢書音義曰：「如火勝金，用丙與丁日，不用庚辛。」【考證】服虔曰，甲乙五行相克之日也。中井積德曰：例如庚辛日駕赤車，丙丁日駕黑車也。

〔四〕【正義】飯，房晚反。書絹帛上，爲怪言語，以飼牛。【考證】詳，楓、三本作「佯」，郊祀志作「陽」。

〔五〕【考證】楓、三本無「有」字。李笠曰：「有」讀爲「又」。封禪書作「天子識其手書，問其人，果是僞書」，「爲」即「僞」字。手書，手迹，言人之所書也。

〔六〕【正義】漢武故事云：「文成誅月餘，有使者藉貨關東還，逢之於漕亭，還見言之，上乃疑，發其棺，無所見，唯有竹筒一枚，捕驗閒無蹤跡也。」

其後，則又作栢梁、銅柱、承露僊人掌之屬矣。〔一〕

〔一〕【集解】蘇林曰：「仙人以手掌擎盤承甘露也。」【索隱】服虔云：「柏梁，用梁百頭。」按：今字皆作「栢」。三輔故事云「臺高二十丈，用香栢爲殿，香聞十里」。又曰「建章宮承露盤，高三十丈，大七圍，以銅爲之。上有仙人掌承露，和玉屑飲之」。故張衡賦曰「立脩莖之仙掌，承雲表之清露」是也。

文成死明年，天子病鼎湖甚，巫醫無所不致，至，不愈。〔二〕游水發根乃言曰：「上郡有巫，病而鬼下之。」上召置祠之甘泉。〔二〕及病，使人問神君。〔三〕神君言曰：「天子毋憂病。病少愈，强與我會甘泉。」於是病愈，遂幸甘泉，病良已。〔四〕大赦天下，置壽宮神君。〔五〕神君最貴者大夫，其佐曰大禁，司命之屬皆從之。非可得見，聞其音，與人言等。〔六〕時去時來，來則風肅然也。〔七〕居室帷中。時晝言，然常以夜。天子祓然后入。〔八〕因巫爲主人，關飲食。所欲者，言行下。〔九〕又置壽宮、北宮，〔一〇〕張羽旗，設供具，以禮神君。神君所言，上使人受書其言，命之曰「畫法」。〔一一〕其所語，世俗之所知也，毋絕殊者，而天子獨喜。其事祕，世莫知也。

〔一〕【集解】晉灼曰：「在湖縣。」韋昭曰：「地名，近宜春。」【索隱】案：鼎湖，縣名，屬京兆，後屬弘農。昔黃帝採首陽山銅，鑄鼎於湖，曰鼎湖，即今之湖城縣也。韋昭云以爲近宜春，亦甚疏也。【考證】顧炎武曰：「『湖』當作『胡』，鼎胡，宮名，漢書楊雄傳『南至宜春、鼎胡、御宿、昆吾』是也。故卒起幸甘泉，而行右內史界。」索隱以爲湖縣，在今之閿鄉，絕遠且無行宮。書、志無「至」字，此疑衍。

〔二〕【集解】服虔曰：「游水，縣名。發根，人名姓。」晉灼曰：「地理志游水，水名，在臨淮淮浦也。」【索隱】顏師古以游水姓，發根名。蓋或因水爲姓。服虔亦曰發根人姓字。或曰，發樹根者也。

〔三〕【集解】韋昭曰：「即病巫之神。」

〔四〕【集解】孟康曰：「良已，善已，謂愈也。」【考證】李笠曰：書、志「遂」下並有「起」字，觀上云「病少愈，强與我會甘泉」，此「病愈」，病少愈也。有「起」字者，方與「强」字語氣合。

〔五〕【集解】服虔曰：「立此便宮也。」瓚曰：「宮，奉神之宮也。楚辭曰『蹇將澹兮壽宮』。」【考證】張文虎曰：疑當作「置神君壽宮」。

〔六〕【考證】楓、三本「者」下有「曰」字。「大夫」作「太一」，書、志亦作「太一」。李笠曰：書、志作「言與人音等」，此「音」、「言」二字妄易。

〔七〕【考證】楓、三本無「去」字。

〔八〕【集解】漢書音義曰：「祟絜自祓除，然後入。」

〔九〕【集解】李奇曰：「神所欲言，上輒爲下之。」

〔一〇〕【正義】括地志云：「壽宮、北宮，皆在雍州長安縣西北三十里長安故城中。漢書云武帝壽宮以處神君。」

〔一一〕【集解】漢書音義曰：「或云，策畫之法也。」【正義】畫，音獲。案：畫一之法。

其後三年，有司言，元宜以天瑞命，不宜以一二數。〔一〕一元曰建元，二元以長星曰元光，三元以郊得一角獸曰元狩云。〔二〕

〔一〕【集解】蘇林曰：「得黃龍鳳皇諸瑞以名年。」【正義】孝景以前，即位以一二數年，至其終。武帝即位，初有年號，改元以建元爲始。

〔二〕【集解】徐廣曰：「案諸紀，元光後有元朔，元朔後得元狩。」【考證】顧炎武曰：是建元、元光之號，皆自後追爲之。而武帝即位之初，亦但如文景之元，尚未有年號也。

其明年冬，天子郊雍，議曰：「今上帝朕親郊，而后土毋祀，則禮不荅也。」有司與太史公、祠官寬舒等議：〔一〕「天地牲角繭栗。〔二〕今陛下親祀后土，〔三〕后土宜於澤中圜丘爲五壇，壇一黃犢太牢具，已祠盡瘞，而從祠衣上黃。」〔四〕於是天子遂東，始立后土祠汾陰脽上，如寬舒等議。上親望拜如上帝禮。〔五〕禮畢，天子遂至滎陽而還。過雒陽，下詔曰：「三代邈絕遠矣，難存。其以三十里地封周後爲周子南君，以奉先王祀焉。」是歲，天子始巡郡縣，侵尋於泰山矣。〔六〕

〔一〕【集解】韋昭曰：「說者以談爲太史公，失之矣。史記稱遷爲太史公者，是外孫楊惲所稱。」【索隱】韋昭云，談，司馬遷之父也，說者以談爲太史公，失之矣。史記多稱太史公，遷外孫楊惲稱之也。姚察按：遷傳亦以談爲太史公，非惲所加。又按：虞喜志林云「古者主天官皆上公，自周至漢，其職轉卑，然朝會坐位，猶居公上，尊天之道，其官屬仍以舊名，尊而稱公，公名當起於此」。故如淳云「太史公位在丞相上，天下郡國計書，先上太史公，副上丞相」，其義是也。而桓譚新論以爲太史公造書，書成示東方朔，朔爲平定，因署其下。太史公者皆朔所加之者也。【正義】按：二家之說皆非也。如淳曰：「漢儀注，太史公，武帝置，位在丞相上。天下計書，先上太史公，副上丞相，序事如古春秋。」瓚曰：「百官表無書太史公，茂陵中書，司馬談以太史丞爲太史公。」自敘傳云：「生談，爲太史公，仕於建元、元封之間。」又云：「太史公既治天官，不治民。有子曰遷。」又云：「太史公遭李陵之禍。」又云：「余述黃帝以來至太初而訖，凡百三十篇。」攷此四科，明司馬遷父子爲太史公。「太史公」乃司馬遷自題。【考證】錢大昕曰：按封禪書兩稱「太史公」，與祠官寬舒連文，而不著名，爲父諱也。是年郊雍，爲元鼎四年，其明年冬，至郊拜太一，皆談爲太史公時。談以元封元年卒，卒後遷始繼之。漢志書談，得其實矣。楓、三本無「等」字，與書、志合。

〔二〕【考證】顏師古曰：牛角之形，或如繭，或如栗，言其小。

〔三〕【考證】楓、三本「祀」作「祠」。

〔四〕【考證】顏師古曰：侍祠之人皆著黄衣也。

〔五〕【集解】徐廣曰：「元鼎四年時也。」駰案：蘇林曰「脽，音誰」。如淳曰「河之東岸特堆堀，長四五里，廣二里餘，高十餘丈。汾陰縣在脽之上，后土祠在縣西。汾在脽之北，西流與河合也。」【索隱】脽丘，音誰。漢舊儀作「葵丘」者，蓋河東人呼「誰」與「葵」同故耳。【考證】楓、三本「上」作「丘」，與索隱本合。汾陰，山西蒲州府滎河縣。

〔六〕【集解】晉灼曰：「遂往之意也。」【索隱】侵尋，即浸淫也。故晉灼云「遂往之意也」。小顏云「浸淫漸染之義」。蓋尋淫聲相近，假借用耳。師古叔父游秦，亦解漢書，故稱師古爲「小顏」也。

其春，樂成侯上書言欒大。〔一〕欒大，膠東宮人，〔二〕故嘗與文成將軍同師，已而爲膠東王尚方。而樂成侯姊爲康王后，〔三〕毋子。康王死，他姬子立爲王。而康后有淫行，與王不相中，得相危以法。〔四〕康后聞文成已死，而欲自媚於上，乃遣欒大因樂成侯求見言方。天子既誅文成，後悔恨其早死，惜其方不盡，及見欒大，大悦。大爲人長美，言多方略，而敢爲大言，處之不疑。大言曰：「臣嘗往來海中，見安期、羨門之屬。〔五〕顧以爲臣賤，不信臣。〔六〕又以爲康王諸侯耳，不足予方。臣數言康王，康王又不用臣。臣之師曰：『黄金可成，而河決可塞，不死之藥可得，僊人可致也。』〔七〕臣恐效文成，則方士皆掩口，惡敢言方哉！」上曰：「文成食馬肝死耳。子誠能脩其方，我何愛乎！」大曰：「臣師非有求人，人者求之。陛下必欲致之，則貴其使者，令有親屬，以客禮待之，勿卑，使各佩其信印，乃可使通言於神人。神人

尚肯邪，不邪。致尊其使，然后可致也。」〔八〕於是上使先驗小方鬬旗，旗自相觸擊。〔九〕

〔一〕【集解】徐廣曰：「欒成侯，姓丁，名義。後與欒大俱誅也。」【索隱】韋昭云：「河閒縣。」按：郊祀志，欒成侯登，而徐廣據表，姓丁名義，未詳。

〔二〕【集解】服虔曰：「王家人。」

〔三〕【集解】孟康曰：「膠東王后也。」

〔四〕【考證】書、志無「得」字，此衍。顏師古曰：不相中，不相可也。相危以法，謂以罪法相欲傾危也。

〔五〕【索隱】韋昭云：「仙人。」應劭云：「名子喬。」

〔六〕【考證】封禪書「以爲臣」作「以臣爲」。

〔七〕【考證】楓、三本「師」上無「之」字。

〔八〕【考證】楓、三本「不」下有「肯」字。漢志「邪」下無「致」字。

〔九〕【正義】音其。文本或作「棊」。說文云：「棊，博棊也。」高誘注淮南子云：「取雞血，與針磨擣之，以和磁石，用塗棊頭，曝乾之置局上，即相拒不止也。」【考證】書、志「旗」作「棊」，下同。沈濤曰：正義引高誘淮南子注，今淮南子注中無此文。封禪書索隱引顧氏案萬畢術云「其語略同」，則萬畢術亦高誘注矣。

是時上方憂河決，而黃金不就，〔一〕乃拜大爲五利將軍。居月餘得四金印，佩天士將軍、地士將軍、大通將軍、天道將軍印。〔二〕制詔御史：「昔禹疏九江，決四瀆。閒者河溢皋陸，隄繇不息。〔三〕朕臨天下二十有八年，天若遺朕士而大通焉。〔四〕乾稱『蜚龍』，『鴻漸于般』，〔五〕意庶幾與焉。其以二千户封地士將軍大爲樂通侯。」〔六〕賜列侯甲第，〔七〕僮千人。乘輿斥車馬，〔八〕帷帳器物，以充其家。又以衛長公主妻之，〔九〕齎金萬斤，更名其邑曰當利公主。〔一〇〕

天子親如五利之第。使者存問所給連屬於道。〔一一〕自大主將相以下，皆置酒其家獻遺之。〔一二〕於是天子又刻玉印曰「天道將軍」，使使衣羽衣夜立白茅上，〔一三〕五利將軍亦衣羽衣立白茅上，受印，以示弗臣也。而佩「天道」者，且爲天子道天神也。於是五利常夜祠其家，欲以下神。神未至而百鬼集矣，然頗能使之。其後治裝行，東入海求其師云。大見數月，佩六印，貴振天下，而海上燕、齊之閒，莫不搤捥而自言有禁方能神僊矣。〔一四〕

〔一〕【正義】鍊丹砂鉛錫爲黄金，不就。

〔二〕【考證】楓、三本無「金」字，又無「天道將軍」四字。中井積德曰：「天道將軍」四字衍，封禪書、郊祀志皆無。蓋天士、地士、大通併上五利爲四也。天道，則下別有玉印。張照、朱一新説同。

〔三〕【正義】顔師古云：「皋，水旁地也。廣平曰陸。言水大汎溢，自皋及陸，而築作堤，傜役甚多，不暇休息。」【考證】梁玉繩曰：「『江』乃『河』之訛，漢志作『九河』。」中井積德曰：不息，猶不止也。

〔四〕【集解】韋昭曰：「言樂大能通天意，故封樂通。」【索隱】韋昭云：「言大能通天意，故封之樂通。」樂通在臨淮高平縣也。【考證】中井積德曰：大通，因將軍號而稱焉，非指封禪。

〔五〕【集解】漢書音義曰：「般，水涯堆也。漸，進也。」武帝云，得樂大如鴻進于般，一舉千里，得道若飛龍在天。【考證】顔師古曰：飛龍在天，乾卦九五爻辭也。鴻漸于般，漸卦六二爻辭也。般，山石之安者。方苞曰：飛龍在天，利見大人，言君之得臣也。鴻漸于磐，飲食衎衎，言臣之得君也。武帝以樂大爲天所遺士，故引此。注誤。

〔六〕【集解】韋昭曰：「樂通，臨淮高平也。」

〔七〕【集解】漢書音義曰：「有甲乙第次，故曰第。」

〔八〕【集解】漢書音義曰：「或云，斥，不用也。」韋昭曰：「嘗在服御。」【索隱】孟康云「斥，不用之車馬」是也。

〔九〕【集解】孟康曰：「衛太子妹。」如淳曰：「衛太子姊也。」蔡邕曰：「帝女曰公主，儀比諸侯。姊妹曰長公主，儀比諸侯王。」駰案：此帝女也，而云長公主，未詳。

〔一〇〕【集解】地理志云東萊有當利縣。

〔一一〕【考證】所，封禪書作「供」，郊祀志作「共」。連，書、志作「相」。張文虎曰：中統、游本、吳校元板「連」上有「相」字。愚按：楓、三本同。

〔一二〕【集解】徐廣曰：「大主，武帝姑也。」駰案：韋昭曰「竇太后女也」。

〔一三〕【考證】楓、三本「子」下有「許」字。

〔一四〕【集解】服虔曰：「滿手曰搤。」瓚曰：「搤，執持也。」

其夏六月中，汾陰巫錦〔一〕爲民祠魏脽后土，營旁見地如鉤狀，〔二〕掊視得鼎。〔三〕鼎大異於衆鼎，文鏤，毋款識，〔四〕怪之，言吏。吏告河東太守勝，〔五〕勝以聞。天子使使驗問，巫錦得鼎無姦詐，乃以禮祠，迎鼎至甘泉，從行上薦之。〔六〕至中山，〔七〕晏溫，〔八〕有黃雲蓋焉。有麃過，上自射之，因以祭云。〔九〕至長安，公卿大夫皆議，請尊寶鼎。天子曰：「閒者河溢，歲數不登，故巡祭后土，祈爲百姓育穀。今年豐廡，未有報，〔一〇〕鼎曷爲出哉？」有司皆曰：「聞昔大帝興神鼎一，〔一一〕一者一統天地，萬物所繫終也。〔一二〕黃帝作寶鼎三，象天地人也。禹收九牧之金，鑄九鼎，皆嘗鬺亨上帝鬼神。〔一三〕遭聖則興，〔一四〕遷于夏商。周德衰，宋之社亡，〔一五〕鼎乃淪伏而不見。頌云『自堂徂基，〔一六〕自羊徂牛；〔一七〕鼐鼎及鼒，〔一八〕不虞不驁，〔一九〕胡考之休』。今鼎至甘泉，光潤龍變，承休無疆。合茲中山，有黄白雲降〔二〇〕蓋，若獸爲符，〔二一〕路弓乘矢，〔二二〕集獲壇下，〔二三〕報祠大饗。〔二四〕惟受命而帝者心知其意而合德焉。〔二五〕鼎宜見於祖禰，藏於帝廷，以合明應。」〔二六〕制曰：「可。」

〔一〕【集解】應劭曰：「錦，巫名。」

〔二〕【集解】應劭曰：「魏，故魏國也。脽，若丘之類。」【考證】汾陰，故魏地，故曰魏脽。顏師古曰：營，謂祠之兆域也。

〔三〕【索隱】説文：「掊，抱也。」音步溝切。【考證】顏師古曰：掊，手把土也。

〔四〕【集解】韋昭曰：「款，刻也。」【索隱】韋昭云：「款，刻也。」按：識，猶表識也。【考證】陰文曰款，陽文曰識。

〔五〕【考證】楓、三本「告」上有「以」字。

〔六〕【集解】如淳曰：「以鼎從行，上至甘泉，將薦之於天也。」

〔七〕【集解】徐廣曰：「河渠書，鑿涇水，自中山西。」【索隱】此山在馮翊谷口縣西，近九嵕山，土人呼爲中山。河渠書，韓使水工鄭國説秦鑿涇水，自中山西，即此山。

〔八〕【集解】如淳曰：「三輔謂日出清濟爲晏。晏而温也。」【索隱】如淳云：「三輔俗謂日出清濟爲晏。晏而温，故曰晏温。」許慎注淮南子云：「晏，無雲也。」【考證】楓、三本索隱「清濟」作「清寧」。

〔九〕【集解】徐廣曰：「上言從行薦之，或曰祭鼎乎。」

〔一〇〕【考證】漢志「廡」作「楙」。顏師古曰：楙，美也，言稼穡美也。未報者，獲年豐而未報賽也。愚按：「廡」讀爲「膴」，詩大雅緜篇「周原膴膴，堇荼如飴」，傳「膴，美也」。

〔一一〕【索隱】顏師古以大帝即太昊伏犧氏，以在黃帝之前故也。

〔一二〕【考證】漢志「終」作「象」。

〔一三〕【集解】徐廣曰：「烹，煑也。鬺，音觴。皆嘗以烹牲牢而祭祀也。」服虔曰：「以祭祀上帝。或曰，嘗，烹酌也。」【索隱】言鼎以烹牲而饗嘗也。「鬺」字又作「觴」字，音殤。漢書郊祀志云，鼎空足曰鬲，以象三德。鬲，音歷。謂足中不實者名之也。【考證】封禪書作「亨鬺」，集解、索隱皆先釋鬺，似當如封禪書然。郊祀志作「鬺亨」，注引服虔曰「以享祀上帝也」，蓋此文當以「皆嘗鬺享上帝鬼神」爲句。古「享」、「烹」皆作「亨」，致相混耳，疑史文當作「鬺亨」。

〔一四〕【正義】遭，逢也。鼎雖淪泗水，逢聖興起，故出汾陰西，至甘泉也。【考證】方苞曰：承上文言，鼎神物，遭聖則興，以隱喻鼎出爲瑞，非直指汾陰鼎出事，正義誤。

〔一五〕【正義】社主民也。社以石爲之。宋社即亳社也。周武王伐紂，乃立亳社以爲監戒，覆上棧下，不使通天地陰陽之氣。周禮衰，國將危亡，故宋之社爲亡殷復也。

〔一六〕【正義】此以下至「胡考之休」，是周頌絲衣之詩。自堂，從内往外。基，門内塾也。鄭玄云：「門側之堂謂之塾。繹禮輕，使士升堂視壺濯及籩豆之屬，降往於塾。牲自羊徂牛，告充已，乃舉鼎告絜，禮之次也。」

〔一七〕【正義】自堂往塾，先視羊，後及牛也。毛萇云：「先小後大也。」

〔一八〕【集解】韋昭曰：「爾雅曰，鼎絕大謂之鼐，圜奄上謂之鼒。」

〔一九〕【索隱】毛傳云：「虞，譁也。」姚氏案：何承天云「虞」當爲「吳」，音洪霸反。又說文以「吳一曰大言也」。此作「虞」者，與吳聲相近，故假借也。或者本文借此「虞」爲歡娛字故也。【考證】詩周頌、漢郊祀志「虞」作「吳」，「鷔」作「敖」。錢大昕曰：古文「虞」與「吳」通，漢碑亦有「不虞不揚」之文，今封禪書作「吳」，乃後人據毛詩私改。

〔二〇〕【集解】韋昭曰：「與中山所見黃雲之氣合也。」【考證】中井積德曰：合茲中山，適在中山有此事也。

〔二一〕【集解】服虔曰：「雲若獸，在車蓋也。」晉灼曰：「蓋，辭也。或云，符謂瑞應也。」【考證】陳仁錫曰：有黃白雲降蓋，「蓋」即上文「黃雲蓋焉」是也。中井積德曰：「蓋」字屬上句，注謬。凌稚隆曰：應「麃過」。

〔二二〕【集解】韋昭曰：「路，大也。四矢爲乘。」

〔二三〕【考證】劉奉世曰：指射鹿也。言以大弓四矢，而後獲之於壇下也。

〔二四〕【集解】徐廣曰：「一云，大報享祠也。」

〔二五〕【集解】服虔曰：「高祖受命知之也，宜見鼎於其廟。」【考證】顧炎武曰：此即謂武帝，服虔以爲高祖，非。

〔二六〕【考證】漢志「見」作「視」，注云「視，示也」。

入海求蓬萊者，〔一〕言蓬萊不遠，而不能至者，殆不見其氣。上乃遣望氣佐候其氣云。

〔一〕【正義】蓬萊、方丈、瀛洲，勃海中三神山也。【考證】凌稚隆曰：接上「東入海求其神」。

其秋，上幸雍，〔一〕且郊。或曰「五帝，泰一之佐也，宜立泰一而上親郊之」。上疑未定。齊人公孫卿曰：「今年得寶鼎，其冬辛巳朔旦冬至，與黃帝時等。」卿有札書曰：「黃帝得寶鼎宛侯，問於鬼臾區。〔二〕區對曰：『黃帝得寶鼎神策，是歲己酉朔旦冬至，得天之紀，終而復始。』於是黃帝迎日推策，後率二十歲〔三〕得朔旦冬至，凡二十推，三百八十年，黃帝僊登于天。」卿因所忠欲奏之。所忠視其書不經，疑其妄書，謝曰：「寶鼎事已決矣，尚何以爲！」〔四〕卿因嬖人奏之。上大説，召問卿，對曰：「受此書申功，〔五〕申功已死。」上曰：「申功何人也？」卿曰：「申功齊人也。與安期生通，受黃帝言，無書，獨有此鼎書。曰『漢興復當黃帝之時。漢之聖者，在高祖之孫且曾孫也。寶鼎出，而與神通，封禪。封禪七十二王，〔六〕唯黃帝得上泰山封』。申功曰：『漢主亦當上封，上封，則能僊登天矣。黃帝時萬諸侯，而神靈之封居七千。〔七〕天下名山八，而三在蠻夷，五在中國。中國，華山、首山、太室、泰山、東萊，此五山，黃帝之所常遊與神會。黃帝且戰且學僊。患百姓非其道，乃斷斬非鬼神者。〔八〕百餘歲，然後得與神通。〔九〕黃帝郊雍上帝，宿三月。鬼臾區號大鴻，死葬雍，故鴻冢是也。〔一〇〕其後黃帝接萬靈明廷。明廷者甘泉也。所謂寒門者谷口也。〔一一〕黃帝采首山銅，鑄鼎於荊山下。〔一二〕鼎既成，有龍垂胡頾，下迎黃帝。〔一三〕黃帝上騎，羣臣後宮從上龍七十餘人，龍乃上去。餘小臣不得上，乃悉持龍頾，龍頾拔，墮黃帝之弓。〔一四〕百姓仰望，黃帝既上天，乃抱其弓與龍胡頾號，〔一五〕故後世因名其處曰鼎湖，〔一六〕其弓曰烏號。』」於是天子曰：「嗟乎！吾誠得如黃帝，吾視去妻子如脱躧耳。」乃拜卿爲郎，東使候神於太室。

〔一〕【索隱】上雍，以雍地形高故云上。【考證】中井積德曰：上，天子也。

〔二〕【集解】漢書音義曰：「區，黃帝時人。」【索隱】鄭氏云：「黃帝佐也。」李奇曰：「黃帝時諸侯。本作『申區』者非」，藝文志作『鬼容區』者也。」【考證】顏師古曰：等，同也。札，木簡之薄小者也。錢大昕曰：封禪書「宛侯」作「宛朐」，蓋地名，濟陰郡寃句縣是也。漢志作「冕侯」，「冕」即「寃」之譌，侯、句音相近。

〔三〕【正義】率，音律，又音類，又所律反，三音並通。後皆放此也。【考證】臣瓚曰：日月朔望，未來而推之，故曰迎日。

〔四〕【考證】所忠，武帝幸臣姓名。又見五宗世家、平準書、萬石君傳、司馬相如傳。

〔五〕【集解】封禪書「功」字作「公」。【正義】漢書郊祀志及封禪書作「申公」，疑「功」錯誤。【考證】錢大昕曰：下云「申公齊人」，則非魯之申培公，別是一人。

〔六〕【正義】河圖云：「王者封太山禪梁父，易姓登崇，有七十二君也。」【考證】楓、三本「通」下有「得」字。

〔七〕【集解】應劭曰：「黄帝時諸侯會封禪者七千人。」李奇曰：「説仙道得封者七千國。」張晏曰：「神靈之封，謂山川之守。」【考證】漢書郊祀志「居」作「君」，訛。王念孫曰：言黄帝之時有萬諸侯，而神靈之封居其七千也。

〔八〕【考證】周壽昌曰：以事鬼神爲非而議之者。中井積德曰：斷亦斬也，謂斷手足之等，非斷理之謂。

〔九〕【考證】何焯曰：恐其言不驗被誅，故遠其期於百餘歲，即後言「非少寬假，神不來」之意。

〔一〇〕【集解】蘇林曰：「今雍有鴻冢。」

〔一一〕【集解】徐廣曰：「寒，一作『塞』。」漢書音義曰：「黄帝仙於塞門也。」【索隱】服虔云：「黄帝所仙之處也。」小顔云：「谷，中山之谷口，漢時爲縣，今呼爲治谷，去甘泉八十里。盛夏凜然，故曰寒門谷口也。」

〔一二〕【集解】晉灼曰：「地理志，首山屬河東蒲阪，荆山在馮翊懷德縣。」

〔一三〕【索隱】顔師古云：「胡，謂項下垂肉也；顊，其毛也。故童謡曰『何當爲君鼓龍胡』是也。」

〔一四〕【正義】墮，徒果反。

〔一五〕【正義】户高反，下同。

〔一六〕【正義】括地志云：「湖水原出虢州湖城縣南三十五里夸父山北，流入河，即鼎湖也。」

上遂郊雍，至隴西，西登空桐，〔一〕幸甘泉。令祠官寬舒等具泰一祠壇，壇放薄忌泰一壇，壇三垓。〔二〕五帝壇環居其下，各如其方。黄帝西南，除八通鬼道。〔三〕泰一所用，如雍一時物，而加醴棗脯之屬，殺一犛牛以爲俎豆牢具。〔四〕而五帝獨有俎豆醴進。〔五〕其下四方地，爲餟食羣神從者及北斗云。〔六〕已祠，胙餘皆燎之。其牛色白，鹿居其中，彘在鹿中，水而洎之。〔七〕祭日以牛，祭月以羊彘特。〔八〕泰一祝宰則衣紫及繡。五帝各如其色，日赤，月白。〔九〕

〔一〕【正義】空桐山在原州平高縣西一百里。【考證】漢書武紀在元鼎五年。

〔二〕【集解】徐廣曰：「垓，次也。」駰案：李奇曰「垓，重也。三重壇也」。【索隱】垓，重也。言爲三重壇也。鄒氏云一作「階」，言壇階三重。【考證】楓、三本「放」作「效」。薄忌泰一壇見上文。垓，漢郊祀志作「陔」。

〔三〕【集解】服虔曰：「坤位在未，黄帝從土位。」

〔四〕【考證】楓、三本「醴」作「禮」，「犛」作「狸」。

〔五〕【集解】韋昭曰：「無犛牛醴之屬。」【索隱】音進。漢書作「進」。顏師古云：「具俎豆酒醴而進之。一曰，進謂雜物之具，所以加禮也。」

〔六〕【索隱】餟，音竹芮反。謂聯續而祭之。漢志作「腏」，古字通。説文云「餟，祭酹」。【正義】劉伯莊云：「謂繞壇設諸神祭座相連綴也。」【考證】餟，封禪書作「醊」，漢郊祀志作「腏」，三字通用。陳仁錫曰：「爲醊食」三字屬下。王肇制曰：説文「餟，祭酹也」。字林「餟以酒沃地祭也」。「餟」字本爲祭酹義，餟食者，蓋以羣神從者其位尚卑，不必設壇，且莫可主名，故但于四方之地，酹酒祭之，以申其敬誠耳。愚按：爲餟，句。餟，王説是。食，猶饗也。

〔七〕【集解】徐廣曰：「洎，音居器反，肉汁也。」駰案：晉灼曰「此説合牲物燎之也」。【正義】劉伯莊云：「以大羹和祭食燎之。」案：以鹿内牛中，以彘内鹿中。水，玄酒也。【考證】顏師古曰：胙，謂祭餘酒肉。

〔八〕【索隱】特，一牲也。言若牛，若羊，若彘，止一特也。

〔九〕【考證】楓、三本「祝」作「祀」。

十一月辛巳朔旦冬至，昧爽，天子始郊拜泰一。朝朝日，夕夕月，則揖；〔一〕而見泰一如雍禮。〔二〕其贊饗曰：「天始以寶鼎神筴授皇帝，朔而又朔，終而復始，皇帝敬拜見焉。」〔三〕而衣上黄。其祠列火滿壇，壇旁亨炊具。有司云「祠上有光焉」。公卿言「皇帝始郊見泰一雲陽，〔四〕有司奉瑄玉，〔五〕嘉牲薦饗。〔六〕是夜有美光，及晝黄氣上屬天」。太史公、祠官寬舒等曰：〔七〕「神靈之休，祐福兆祥，宜因此地光域〔八〕立泰畤壇以明應。〔九〕令太祝領，祀及臘閒祠。三歲天子一郊見。」〔一〇〕

〔一〕【集解】應劭曰：「天子春朝日，秋夕月，拜日東門之外，朝日以朝，夕月以夕。」瓚曰：「漢儀，郊泰一時，皇帝平旦出竹宮，東向揖日，其夕西向揖月。便用郊日，不用春秋也。」【考證】陳仁錫曰：言朝日夕月，揖而不拜也。則「揖」屬上句。

〔二〕【考證】楓、三本無「則揖」二字，「雍」下有「郊」字。

〔三〕【考證】顔師古曰：贊饗，謂祝辭。沈欽韓曰：春秋繁露郊祀篇，郊祝曰「皇皇上帝，照臨下土。集地之靈，降甘風雨。庶物羣生，各得其所。靡今靡古，惟予一人某，敬拜皇天之祜」。亦見大戴公冠。案此古祝辭，漢所用也，今以得寶鼎故別爲辭。

〔四〕【正義】括地志云：「漢雲陽宮，在雍州雲陽縣北八十一里。有通天臺，即黄帝以來祭天圜丘之處。武帝以五月避暑，八月乃還也。」【考證】宋本、舊刻本「滿壇」下無「旁」字，與封禪書合。

〔五〕【集解】孟康曰：「璧大六寸，謂之瑄。」【索隱】言宣，璧大六寸也。

〔六〕【正義】漢舊儀云：「祭天，養牛五歲，至二千斤。」

〔七〕【考證】漢郊祀志「太史公」作「太史令談」，即司馬遷父。

〔八〕【集解】徐廣曰：「地，一作『夜』。」

〔九〕【正義】下於證反。師古云：「明著神光，及黄雲之祥應也。」

〔一〇〕【考證】封禪書、郊祀志「祀」作「秋」，而屬下句，此誤。方苞曰：三歲天子一郊見，其二歲則祠以秋，或以臘，故曰閒。

其秋爲伐南越，告禱泰一，以牡荆畫幡，〔一〕日月北斗登龍，以象天一三星，爲泰一鋒，〔二〕名曰「靈旗」。〔三〕爲兵禱，〔四〕則太史奉以指所伐國。〔五〕而五利將軍使不敢入海，之泰山祠。上使人微隨驗，實無所見。五利妄言見其師，其方盡多不讎。上乃誅五利。〔六〕

〔一〕【集解】徐廣曰：「牡，一作『牝』。」如淳曰：「荆之無子者，皆以絜齊之道也。」晉灼曰：「牡荆，節間不相當者。」韋昭曰：「以牡荆爲柄者也。」【正義】晉灼曰：「牡荆，節間不相當者，月暈刻之爲券，以畏病者。」萬畢術云：「以南山牡荆指，病自癒也。」顔師古曰：「言以畏病，牡荆爲幡竿，而畫幡爲日、月、龍及星也。」

〔二〕【集解】徐廣曰：「天官書曰，天極星明者，泰一常居也。斗口三星曰天一。」駰案：晉灼曰「畫一星在後，三星在前爲太一鋒也」。【考證】漢郊祀志「天一」作「太一」，「鋒」下有「旗」字，非是。余有丁曰：交龍爲旂，有一升一降，今止畫升龍，故曰「登龍」。愚按：「日月」上添「幡上所畫」四字看。

〔三〕【正義】李奇云：「畫旗樹泰一壇上，名靈旗，畫日月北斗登龍等。」

〔四〕【正義】爲，于僞反。

〔五〕【正義】韋昭云：「牡，剛也。荆，强。」按：用牡荆指伐國，取其剛爲稱，故畫此旗指之。

〔六〕【正義】漢武故事云：「東方朔言欒大無狀，上發怒乃斬之。」【考證】遥承上文「五利治裝入海」。顏師古曰：讎，應當也。不讎，無驗也。

其冬，公孫卿候神河南，見僊人跡緱氏城上，〔一〕有物若雉，往來城上。天子親幸緱氏城視跡。問卿：「得毋效文成、五利乎？」卿曰：「僊者非有求人主，人主求之。〔二〕其道非少寬假，神不來。言神事，事如迂誕，〔三〕積以歲，乃可致。」〔四〕於是郡國各除道，繕治宮觀名山神祠所，以望幸矣。〔五〕

〔一〕【考證】楓、三本「見」上有「言」字。王先謙曰：據漢書武紀，則元鼎六年冬也，當云「明年冬」。緱氏，今河南府偃師縣南。

〔二〕【考證】楓、三本下「人主」下有「者」字，與封禪書合。

〔三〕【正義】迂，音于。誕，音但。迂，遠也。誕，大也。

〔四〕【考證】許應元曰：「非有求人主」等語，即五利所以語帝者。

〔五〕【考證】封禪書「矣」作「也」。

其年，既滅南越，〔一〕上有嬖臣李延年以好音見。上善之，下公卿議曰：「民閒祠，尚有鼓舞之樂，今郊祠而無樂，豈稱乎？」〔二〕公卿曰：「古者祀天地皆有樂，而神祇可得而禮。」或曰：「泰帝使素女鼓五十弦瑟，悲，帝禁不止，〔三〕故破其瑟爲二十五弦。」於是塞南越，禱祠泰一、后土，始用樂舞，〔四〕益召歌兒作二十五弦〔五〕及箜篌，〔六〕瑟自此起。

〔一〕【考證】楓、三本「年」作「春」，與封禪書、郊祀志合。

〔二〕【考證】楓、三本「祠」作「祀」。
〔三〕【索隱】泰帝亦謂太昊也。【正義】泰帝謂太昊伏羲氏。【考證】顏師古曰：不止，不能自止也。
〔四〕【考證】楓、三本「塞」作「賽」，與封禪書合。胡三省曰：爲伐南越告禱泰一，故今賽祠。
〔五〕【集解】徐廣曰：「瑟也。」
〔六〕【集解】徐廣曰：「應劭云，武帝令樂人侯調始造箜篌。」【索隱】應劭云：「武帝始令樂人侯調作聲，均均然，命曰箜篌。侯，其姓也。」【考證】書、志作「空侯」。

其來年冬，上議曰：「古者先振兵澤旅，〔一〕然後封禪。」乃遂北巡朔方，勒兵十餘萬，還祭黃帝冢橋山，澤兵須如。〔二〕上曰：「吾聞黃帝不死，今有冢，何也？」或對曰：「黃帝已僊上天，羣臣葬其衣冠。」〔三〕既至甘泉，爲且用事泰山，先類祠泰一。〔四〕

〔一〕【集解】徐廣曰：「古『釋』字作『澤』。」【考證】楓、三本「瑟」上有「琴」字，「澤」作「釋」。王先謙曰：據漢武紀，元封元年。
〔二〕【集解】李奇曰：「地名也。」【考證】漢志「澤」作「釋」，「須」作「涼」。
〔三〕【考證】通鑑或作「公孫卿」，蓋據漢武故事。
〔四〕【正義】爲，于僞反。將爲封禪也。道書福地記云：「泰山，高四千九百丈二尺，周迴二千里。」【考證】周壽昌曰：類，祭名。書「肆類於上帝」是也。

自得寶鼎，上與公卿諸生議封禪。〔一〕封禪用希曠絶，莫知其儀禮，而羣儒采封禪尚書、周官、王制之望祀射牛事。〔二〕齊人丁公年九十餘，曰：「封者合不死之名也。秦皇帝不得上封。〔三〕陛下必欲上，稍上即無風雨，遂上封矣。」上於是乃令諸儒習射牛，草封禪儀。數年，〔四〕至且行。天子既聞公孫卿及方士之言，黃帝以上封禪，皆致怪物，與神通，欲放黃帝以嘗接神僊人蓬萊士，高世比惪於九皇，〔五〕而頗采儒術以文之。羣儒既以不能辯明封禪事，又牽拘於詩書古文而不敢騁。〔六〕上爲封祠器示羣儒，羣儒或曰「不與古同」，徐偃又曰「太常諸生行禮不如魯善」，周霸屬圖封事，〔七〕於是上絀偃、霸，盡罷諸儒弗用。〔八〕

〔一〕【正義】白虎通云：「王者易姓而起，天下太平，功成封禪，以告太平。禪梁父之趾廣厚也。刻石紀號，著己之功績。天以高爲尊，地以厚爲德，故增泰山之高以報天，禪梁父之趾以報地。封者附廣之，禪者將以功相傳授之。」

〔二〕【集解】蘇林曰：「當祭廟，射其牲以除不祥。」瓚曰：「射牛，示親殺也。」【索隱】天子射牛，示親祭也。事見國語。【考證】周官夏官射人「祭祀則贊射牲」，注云「烝嘗之禮，有射豕者」。國語楚語「天子禘郊之事，必自射其牲」，注云「牲，牛也」。

〔三〕【考證】楓、三本重「上」字。

〔四〕【索隱】儀見應劭漢官儀也。【考證】楓、三本「矣」下無「上」字，「是」下無「乃」字。

〔五〕【集解】張晏曰：「三皇之前，有人皇九首。」韋昭曰：「上古人皇者九人也。」【正義】按：説同耳。張言人皇九首，如今人呼牛九頭，以上古質，故言九首也。

〔六〕【考證】三條本、南化本「以」作「已」。

〔七〕【集解】服虔曰：「屬，會也。會諸儒圖封事。」【考證】顏師古曰：徐偃，博士姓名。周霸，亦人姓名也。

〔八〕【考證】楓、三本「盡」上有「而」字。漢書兒寬傳云，上「議欲放古巡狩封禪之事，諸儒對者五十餘人，未能有所定。先是司馬相如病死，有遺書，頌功德言符瑞，足以封泰山。上奇其書以問兒寬，寬對曰『封泰山禪梁父，昭姓考瑞，帝王之盛節也。然享薦之義，不著於經』，『唯聖主所由制定其當，非群臣之所能列』。上然之，乃自制儀，采儒術以文焉」。蓋此時事。

三月，遂東幸緱氏，〔一〕禮登中嶽太室。〔二〕從官在山下，聞若有言「萬歲」云。〔三〕問上，上不言；問下，下不言。〔四〕於是以三百户封太室奉祠，命曰崇高邑。〔五〕東上泰山，山之草木葉未生，〔六〕乃令人上石立之泰山顛。〔七〕

〔一〕【考證】漢書武紀作「正月」。

〔二〕【集解】文穎曰：「崧高山也，在潁川陽城縣。」韋昭曰：「崧高山有太室、少室之山，山有石室，故以名之。」

〔三〕【正義】漢儀注云：「有稱萬歲，可十萬人聲。」

〔四〕【考證】王先謙曰：山上、下人皆未言，是以神之。

〔五〕【正義】顏師古云：「以崇奉嵩高山，故謂之崇高也。」

〔六〕【考證】楓、三本「泰山」下有「泰」字。

〔七〕【考證】楓、三本「顛」作「巔」。顏師古曰：從山下轉石而上也。齊召南曰：案後漢書祭祀志引此文，注「風俗通曰石高二丈一尺，刻之曰『事天以禮，立身以義。事父以孝，成民以仁。四海之内，莫不郡縣；四夷八蠻，咸來貢職。與天無極，人民蕃息，天禄永得』」。共四十五字。此石立山巔，即馬第伯封禪儀記所云「封所，始皇立石及闕在南方，漢武在其北二十餘步」者，又山下有一石，時用五車不能上，因置山下，爲屋，號五車石，詳後志注。

上遂東巡海上，行禮祠八神。〔一〕齊人之上疏言神怪奇方者以萬數，然無驗者。乃益發船，令言海中神山者數千人求蓬萊神人。公孫卿持節，常先行候名山，〔二〕至東萊，言夜見一人長數丈，就之則不見，見其跡甚大，類禽獸云。羣臣有言，見一老父牽狗，言「吾欲見巨公」，〔三〕已忽不見。上既見大跡，未信，及羣臣有言老父，則大以爲僊人也。宿留海上，〔四〕與方士傳車，及閒使求僊人以千數。

〔一〕【集解】文穎曰：「武帝登泰山祭太一，并祭名山於泰壇，西南開除八通鬼道，故言八神也。一曰八方之神。」【索隱】用事八神。案韋昭云「八神謂天、地、陰、陽、日、月、星辰主、四時主之屬」。今案郊祀志，一曰天主，祠天齊；二曰地主，祠太山、梁父；三曰兵主，祠蚩尤；四曰陰主，祠三山；五曰陽主，祠之罘；六曰月主，祠東萊山；七曰日主，祠盛山；八曰四時主，祠琅邪也。【考證】八神，索隱「今按」是。劉盼曰：八神祠皆在齊地，故始皇東遊海上，行禮祠之。武帝亦然。

〔二〕【考證】楓、三本無「常」字。

〔三〕【集解】漢書音義曰：「巨公謂武帝。」

〔四〕【索隱】宿留，音秀溜，遲待之意。若依字讀，則言宿而留，亦是有所待，並通也。

四月，還至奉高。〔一〕上念諸儒及方士言封禪人人殊，不經，難施行。天子至梁父，禮祠地主。乙卯，令侍中儒者皮弁薦紳，射牛行事。封泰山下東方，如郊祠泰一之禮。封廣丈二尺，高九尺，其下則有玉牒書，書祕。禮畢，天子獨與侍中奉車子侯上泰山，亦有封。其事皆禁。明日，下陰道。〔二〕丙辰，禪泰山下阯東北肅然山，〔三〕如祭后土禮。天子皆親拜見，衣上黃，而盡用樂焉。江淮閒，一茅三脊爲神藉。〔四〕五色土益雜封。縱遠方奇獸蜚禽及白雉諸

物，頗以加祠。〔五〕兕旄牛犀象之屬弗用。皆至泰山，然后去。〔六〕封禪祠，其夜若有光，晝有白雲起封中。〔七〕

〔一〕【考證】奉高，今山東泰安府泰安縣。

〔二〕【集解】漢書百官表曰：「奉車都尉，掌乘輿車，武帝初置。」韋昭曰：「子侯，霍去病之子也。」

〔三〕【集解】服虔曰：「肅然，山名，在梁父。」【考證】顏師古曰：阯者山之基足。

〔四〕【集解】孟康曰：「所謂靈茅也。」【考證】藉，薦也，以藉地也。

〔五〕【考證】封禪書「祠」作「禮」。

〔六〕【考證】然后去，郊祀志同，封禪書作「祭后土」。

〔七〕【考證】顏師古曰：雲出於所封之中。

天子從封禪還，坐明堂，〔一〕羣臣更上壽。於是制詔御史：「朕以眇眇之身承至尊，兢兢焉懼弗任。維德菲薄，不明于禮樂。脩祀泰一，若有象，〔二〕景光屑如有望，〔三〕依依震於怪物，欲止不敢，〔四〕遂登封泰山，至於梁父，而后禪肅然。自新，〔五〕嘉與士大夫更始，〔六〕賜民百户牛一酒十石，加年八十、孤寡布帛二匹。〔七〕復博、奉高、蛇丘、歷城，毋出今年租稅。〔八〕其赦天下，如乙卯赦令。〔九〕行所過，毋有復作。事在二年前，皆勿聽治。」〔一〇〕又下詔曰：「古者天子五載一巡狩，用事泰山，諸侯有朝宿地。〔一一〕其令諸侯各治邸泰山下。」〔一二〕

〔一〕【集解】漢書音義曰：「天子初封泰山山東北阯，古時有明堂處，則此所坐者。明年秋，乃作明堂。」【考證】楓、三本無「從」字。書、志無「封」字。

〔二〕【考證】漢書武帝元封元年紀「脩祀泰(山)〔一〕」作「故用事八神」。

〔三〕【集解】瓚曰：「聞呼萬歲者三。」【考證】漢書武紀作「遭天地況施，著見景象，屑然如有聞」。愚按：即上文所謂「其夜若有光，晝有白雲起封中」者，瓚說非。

〔四〕【考證】漢書武紀無「依依」二字。王先謙曰：怪物，猶言神怪。震，畏敬也。

〔五〕【考證】漢書武紀「后」下有「升」字。「禪」作「襢」。

〔六〕【考證】漢書武紀「更始」下有「其以十月爲元封元年」九字，郊祀志亦載此事云「語在武紀」。

〔七〕【考證】楓、三本「一」下有「頭」字，「加」下有「賜」字。

〔八〕【集解】鄭玄曰：「蛇，音移。」【考證】博在今山東泰安府泰安縣東南。奉高在縣東北。蛇丘在泰安府肥城縣南。歷城，今濟南府歷城縣治。

〔九〕【考證】乙卯赦令，見漢書元朔三年武帝紀。

〔一〇〕【考證】「復作」解，見平準書。

〔一一〕【考證】沈欽韓曰：據公羊義，天子有事於泰山，諸侯皆有湯沐之邑；諸侯時朝乎天子，天子之郊，諸侯皆有朝宿之邑。左傳正義「王制，方伯爲朝天子，皆有湯沐之邑於天子之縣內。然則朝宿之邑，亦名『湯沐』，但向京師，主爲朝王；從王巡狩，主爲助祭。祭必沐浴，隨事立名。朝宿、沐浴，亦互言之耳」。

〔一二〕【正義】諸侯各於太山朝宿地起第，准擬天子用事太山而居止。

天子既以封禪泰山，無風雨菑，〔一〕而方士更言蓬萊諸神山若將可得，〔二〕於是上欣然庶幾遇之，乃復東至海上望，冀遇蓬萊焉。奉車子侯暴病，一日死。上乃遂去，並海上，北至碣石，巡自遼西，歷北邊，至九原。五月，返至甘泉。〔三〕有司言寶鼎出爲元鼎，以今年爲元封元年。

〔一〕【考證】「山」下諸本有「既」字。張文虎曰：舊刻及吴校元刻無「既」字，與封禪書、郊祀志合。愚按：有者是。

〔二〕【考證】書、志無「山」字。顔師古曰：更，音工衡反。

〔三〕【集解】漢書音義曰：「周萬八千里也。」【考證】集解「漢書音義」當作「漢書郊祀志」。

其秋，有星茀于東井。〔一〕後十餘日，有星茀于三能。〔二〕望氣王朔言：「候獨見其星出如瓠，〔三〕食頃復入焉。」有司言曰：「陛下建漢家封禪，天其報德星云。」

〔一〕【集解】韋昭曰：「秦分野也。後衛太子兵亂。茀，音佩。」

〔二〕【集解】韋昭曰：「三能，三公。後連坐誅之。」【考證】顔師古曰：「能」讀曰「台」。錢大昭曰：樂記注「古以『能』爲三『台』字」。

〔三〕【索隱】見星出如瓠。案：郊祀志云「填星出如瓠」，故顔師古以德星即鎮星也。今按：此紀唯言德星，則德星，歲星也。歲星所在有福，故曰德星也。【考證】張文虎曰：各本皆作「其星」，索隱本無「其」字。據注似所見本本無。北宋本作「填星」，疑依郊祀志改。愚按：其星，封禪書一本作「旗星」，一本作「填星」。

其來年冬，郊雍五帝，還，拜祝祠泰一。贊饗曰：「德星昭衍，厥維休祥。壽星仍出，〔一〕淵耀光明。信星昭見，〔二〕皇帝敬拜泰祝之饗。」〔三〕

〔一〕【索隱】壽星，南極老人星也，見則天下理安，故言之也。

〔二〕【索隱】信星，鎮星也。信屬土，土曰鎮星，則漢志爲德星也。

〔三〕【集解】徐廣曰：「一無『泰』字。」

其春，公孫卿言見神人東萊山，若云「見天子」。〔一〕天子於是幸緱氏城，拜卿爲中大夫。遂至東萊，宿留之數日，毋所見，〔二〕見大人跡。復遣方士求神怪采芝藥，以千數。是歲，旱。於是天子既出毋名，乃禱萬里沙，〔三〕過祠泰山。〔四〕還至瓠子，〔五〕自臨塞決河，〔六〕留二日，沈祠而去。〔七〕使二卿將卒塞決河，河徙二渠，復禹之故跡焉。〔八〕

〔一〕【考證】楓、三本「云」下有「欲」字，與封禪書、郊祀志合。

〔二〕【考證】中井積德曰：「數日」二字屬上句。

〔三〕【集解】應劭曰：「萬里沙，神祠也，在東萊曲城。」孟康曰：「沙徑三百餘里。」【考證】王先謙曰：據地理志，注「曲城」當作「曲成」。愚按：在今山東萊州府掖縣。

〔四〕【集解】鄧展曰：「泰山自東復有小泰山。」瓚曰：「即今之泰山。」

〔五〕【集解】服虔曰：「瓠子，隄名。」蘇林曰：「在甄城以南濮陽以北，廣百步，深五丈所。」瓚曰：「所決河名。」【索隱】瓠子，決河名。蘇林曰：「在甄城南、濮陽北，廣百步，深五丈。」【考證】今直隸大名府開州。

〔六〕【索隱】按：河渠書，武帝自臨塞決河，將軍已下皆負薪也。

〔七〕【索隱】按：沈白馬祭河決，於是作瓠子歌，見河渠書。

〔八〕【考證】河決在元光二年，今始臨塞之。事詳河渠書。楓、三本「徙」作「從」。二渠在今河南衛輝府滑縣，一曰「宿胥口」，即漯也；一曰「大河」，河北漯南，分而東北流入海。

是時既滅南越，越人勇之〔一〕乃言「越人俗信鬼，而其祠皆見鬼，數有效。昔東甌王敬鬼，壽至百六十歲。後世謾怠，故衰耗」。乃令越巫立越祝祠，安臺無壇，亦祠天神上帝百

鬼，而以雞卜。〔二〕上信之，越祠雞卜始用焉。〔三〕

〔二〕【集解】韋昭曰：「越地人名也。」【考證】書、志「南越」作「兩越」。

〔三〕【集解】漢書音義曰：「持雞骨卜，如鼠卜。」【正義】雞卜法，用雞一、狗一生祝，願訖，即殺雞狗煑熟，又祭，獨取雞兩眼骨，上自有孔裂，似人物形則吉，不足則凶。今嶺南猶此法也。【考證】楓、三本「祝」作「祠」。沈欽韓曰：論衡卜筮篇「子路問孔子曰『豬肩羊膊，可以得兆；雚葦藁芼，可以得數，何必以蓍龜？』」初學記二十九楊方五經鉤沈云「東夷之人，以牛骨占事」。御覽七百二十六引春秋後語，蘇秦蠡卜。隋書西域傳女國有鳥卜。然則夷卜用鳥獸多術矣。

〔三〕【考證】楓、三本無「焉」字。

公孫卿曰：「僊人可見，而上往常遽，以故不見。今陛下可爲觀如緱氏城，〔一〕置脯棗，神人宜可致。〔二〕且僊人好樓居。」於是上令長安則作蜚廉、桂觀，〔三〕甘泉則作益延壽觀，〔四〕使卿持節設具，而候神人。乃作通天臺，〔五〕置祠具其下，將招來神僊之屬。於是甘泉更置前殿，始廣諸宮室。〔六〕夏有芝生殿防內中。〔七〕天子爲塞河興通天臺，若有光云，〔八〕乃下詔曰：「甘泉防生芝九莖，〔九〕赦天下，毋有復作。」〔一〇〕

〔一〕【集解】韋昭曰：「如，猶比也。」

〔二〕【考證】宜，猶殆也。

〔三〕【集解】應劭曰：「飛廉，神禽，能致風氣。」晉灼曰：「身如鹿，頭如雀，有角而蛇尾，文如豹文也。」【考證】郊祀志「觀」作「館」。顏師古曰：蜚廉館及桂館二名也。愚按：二觀址在今陝西西安府長安縣。

〔四〕【考證】郊祀志作「益壽延壽館」。顏師古曰：二館名。梁玉繩曰：考注引漢武故事及括地志，皆云「延壽觀」，無「益壽」之名，三輔黃圖亦但云「延壽」。蓋此多一「益」字。漢志更多一「壽」字，師古注非。宋黃伯思東觀餘論據雍、耀間耕夫得古瓦，其首作「益延壽」三字，以爲觀名益延壽。夫瓦之真贋不可知，既未足憑，而「益」與「延」同義，不應複出。又其時並作者飛廉、桂觀之屬，或一字名，或兩字名，何以此觀獨三字名乎？其爲衍文無疑。藝文類聚六十三引史是「延壽觀」。愚按：在今陝西邠州淳化縣。

〔五〕【集解】徐廣曰：「在甘泉。」【索隱】漢書作通天臺於甘泉宮。案：漢書舊儀，臺高三十丈，去長安二百里，望見長安城也。【考證】封禪書「天」下有「莖」字，漢書武紀、郊祀志並無，索隱本亦無。臺址在今陝西邠州淳化縣。

〔六〕【索隱】姚氏案：「楊雄云，甘泉本因秦離宮，既奢泰，武帝增通天臺、迎風宮，近則有洪崖、儲胥，遠則石關、封巒、鳷鵲、露寒、棠棃等觀，又有高華、温德觀，曾成宮、白虎、走狗、天梯、瑶臺、仙人、弩法、相思觀。」

〔七〕【集解】徐廣曰：「元封二年也。」【索隱】芝生殿房中。案：生芝九莖，於是作芝房歌。【考證】封禪書、郊祀志「防」作「房」，索隱本亦作「房」，下同。「房」字古隸从户从方，與「防」相似，故譌耳。張照曰：「内中」二字必有一衍。愚按：封禪書、漢書武紀、郊祀志亦作「内中」。王先謙曰：據禮樂志，則齋房也。

〔八〕【集解】李奇曰：「爲此作事，而有光應。」瓚曰：「作通天臺也。」【考證】中井積德曰：興通天臺，是塞河之報賽矣，故曰「爲」也。

〔九〕【集解】應劭曰：「芝，芝草也。其葉相連。」如淳曰：「瑞應圖云，王者敬事耆老，不失舊故，則芝草生。」

〔一〇〕【考證】封禪書「甘泉防」作「甘泉房中」。漢武紀載此詔云「甘泉宮内中，產芝九莖連葉。上帝博臨，不異下房，賜朕弘休。其赦天下。」

其明年，伐朝鮮。夏，旱。公孫卿曰：「黃帝時，封則天旱乾封。」〔一一〕三年，上乃下詔

曰：「天旱，意乾封乎？其令天下尊祠靈星焉。」〔三〕

〔一〕【集解】蘇林曰：「天旱，欲使封土乾燥。」如淳曰：「但祭不立尸爲乾封。」【正義】乾，音干。蘇林云：「天旱，欲使封土乾燥也。」顔師古云：「三歲不雨，暴所封之土令乾。」鄭氏云：「但祭不立尸爲乾封。」【考證】王先謙曰：據漢書武紀，元封二年伐朝鮮，三年平之，此繫於平朝鮮之年。

〔二〕【正義】靈星即龍星也。張晏云：「龍星左角曰天田，則農祥也，見而祭之。」【考證】中井積德曰：祠靈星，蓋祈雨也。

其明年，上郊雍，通回中道，巡之。〔一〕春至鳴澤，〔二〕從西河歸。

〔一〕【集解】徐廣曰：「在扶風汧縣。」【考證】回中，今陝西鳳翔府隴州。

〔二〕【集解】服虔曰：「鳴澤，澤名也，在涿郡遒縣北界。」【考證】今直隸順天府涿州。

其明年冬，上巡南郡，〔一〕至江陵而東。登禮潛之天柱山，號曰南嶽。〔二〕浮江，自尋陽出樅陽，〔三〕過彭蠡，祀其名山川。北至琅邪，並海上。四月中，至奉高，脩封焉。

〔一〕【集解】徐廣曰：「元封五年。」

〔二〕【集解】應劭曰：「潛縣屬廬江。南嶽，霍山也。」文穎曰：「天柱山在潛縣南，有祠。」【考證】潛，封禪書、漢武紀作「灊」，在今湖北六安州霍山縣。天柱即霍山，在安陸府潛江縣西北。

〔三〕【集解】地理志廬江有樅陽縣。【考證】尋陽，郊祀志作「潯陽」，在今黄州府黄梅縣北。胡三省曰：尋陽在江北，自晉立尋陽郡於江南之地，而江北尋陽之名遂晦。樅陽在安慶府桐城縣東南。

初天子封泰山，泰山東北阯古時有明堂處，〔一〕處險不敞。〔二〕上欲治明堂奉高旁，未曉其制度。濟南人公玉帶，〔三〕上黄帝時明堂圖。明堂圖中有一殿，四面無壁，以茅蓋，通水圜宫垣，爲複道。上有樓，從西南入，命曰昆侖，〔四〕天子從之入，以拜祠上帝焉。於是上令奉高作明堂汶上，〔五〕如帶圖。及五年脩封，則祠泰一、五帝於明堂上坐，令高皇帝祠坐對之。〔六〕祠后土於下房，以二十太牢。〔七〕天子從昆侖道入，始拜明堂如郊禮。禮畢，燎堂下。而上又上泰山，〔八〕有祕祠其顛。而泰山下祠五帝，各如其方，黄帝并赤帝，而有司侍祠焉。〔九〕泰山上舉火，下悉應之。

〔一〕【考證】孟子「齊宣王問曰『人皆謂我毁明堂』」，趙岐注「泰山下明堂，周天子東巡狩，朝諸侯之處，齊侵地而得有之」是也。

〔二〕【考證】顔師古曰：言其阻陒不顯敞。

〔三〕【索隱】玉或作「肅」。公玉姓，帶名。姚氏按：風俗通，齊湣王臣有公玉冄，其後也，音語録反。三輔決録云杜陵有玉氏，音肅。説文以爲從玉，音「畜牧」之「畜」。今讀公玉，與決録音同。然二姓單複有異，單姓者肅，後漢司徒玉況是其後也。【考證】錢大昭曰：漢韓勑碑陰有「公玉虎」，楊震碑陰有「勃海公玉子舉」。

〔四〕【索隱】玉帶明堂圖，中爲複道，有樓，從西南入，名其道曰崑崙。言其似崑崙山之五城十二樓，故名之也。【考證】黄帝明堂有無未可知，漢時何能傳其圖式？徐孚遠曰：昆崙在西南，故附會其説，蓋公玉帶亦方士之流也。

〔五〕【集解】徐廣曰：「在元封二年秋。」【考證】胡三省曰：據班志，明堂在泰山奉高縣西南四里。又禹貢「浮于汶，達于濟」，此明堂當在濟之汶上。琅邪之汶，入于濰，而濰入于海，其地僻遠，非立明堂處。

〔六〕【考證】服虔曰：漢是時未以高祖配天，故曰「對」，光武以來乃配之。沈欽韓曰：御覽一百九十四「漢武故事曰，上自封禪後，夢高祖坐明堂，羣臣亦夢想，於是祀高祖於明堂以配天，還作高陵館」。劉敞曰：案王莽奏事，文帝祠泰一，已用高祖配矣，何謂未乎？愚按：漢書元封五年武紀云，三月甲子「祠高祖于明堂，以配上帝」，亦與是紀異。

〔七〕【考證】沈欽韓曰：據其祠泰一及五帝、高帝、后土，合用八太牢，蓋其外尚有配食者，而史不詳也。

〔八〕【考證】劉敞曰：「而上」字屬下句。

〔九〕【考證】郊祀志「并」作「並」，「赤帝」下有「所」字。注，顏師古曰「與赤帝同處」。

其後二歲十一月甲子朔旦冬至，〔一〕推曆者以本統。天子親至泰山，以十一月甲子朔旦冬至日，祠上帝明堂，〔二〕每脩封禪。〔三〕其贊饗曰：「天增授皇帝泰元神筴，周而復始。〔四〕皇帝敬拜泰一。」〔五〕東至海上，考入海及方士求神者，莫驗，然益遣，冀遇之。

〔一〕【考證】太初元年。

〔二〕【集解】徐廣曰：「常五年一脩耳。今適二年，故但祀明堂。」【考證】楓、三本「本統」作「本紀」。漢書武紀、郊祀志「帝」下有「於」字。

〔三〕【考證】封禪書「每」作「毋」，爲是。漢郊祀志亦譌作「每」。

〔四〕【索隱】案：薦饗之辭，言天授皇帝泰元神筴，周而復始。又案：上黄帝得寶鼎神筴，則太古上皇創曆之號，故此云太元神筴周而復始也。【考證】王先謙曰：册府元龜三十六，開元十三年，封禪禮畢，中書令張説進稱「賜皇帝太一神策，周而復始」，宋史志，真宗封禪，攝中書令王旦跪稱曰「天賜皇帝太一神策，周而復始」，皆依倣漢世爲之，是泰元即泰一也。

〔五〕【考證】顏師古曰：自此以上贊祝者詞。

十一月乙酉，柏梁裁。〔一〕十二月甲午朔，上親禪高里，〔二〕祠后土。臨渤海，將以望祠蓬萊之屬，冀至殊庭焉。〔三〕

〔一〕【集解】徐廣曰：「乙酉，二十二日也。」

〔二〕【集解】伏儼曰：「山名，在泰山下。」【考證】在今山東泰安府泰安縣。

〔三〕【集解】漢書音義曰：「蓬萊庭。」【索隱】冀，漢書作「幾」。幾，近也；冀，望也，亦通。服虔曰：「蓬萊中仙人殊庭者異也。言入仙人異域也。」

上還，以柏梁裁故，朝受計甘泉。〔一〕公孫卿曰：「黃帝就青靈臺，十二日燒，〔二〕黃帝乃治明庭。明庭，甘泉也。」〔三〕方士多言古帝王有都甘泉者。其後天子又朝諸侯甘泉，甘泉作諸侯邸。勇之乃曰：「越俗，有火裁，復起屋，必以大，用勝服之。」〔四〕於是作建章宮，〔五〕度爲千門萬户。前殿度高未央。〔六〕其東則鳳闕，高二十餘丈。〔七〕其西則唐中，〔八〕數十里虎圈。〔九〕其北治大池，漸臺〔一〇〕高二十餘丈，名曰泰液。〔一一〕池中有蓬萊、方丈、瀛洲、壺梁，象海中神山龜魚之屬。〔一二〕其南有玉堂、璧門、大鳥之屬。〔一三〕乃立神明臺、〔一四〕井幹樓，〔一五〕度五十餘丈，輦道相屬焉。

〔一〕【正義】顧胤云：「柏梁被燒，故受計獻之物於甘泉也。」顏師古曰：「受郡國計簿也。」【考證】漢書郊祀志「故」下無「朝」字，此疑衍。

〔二〕【集解】徐廣曰：「日，一作『月』。」【考證】顏師古曰：就，成也。造臺適成，經十二日即遇火燒。

〔三〕【考證】董份曰：旱則黃帝乾封，災則黃帝明庭火。巧言如簧，信矣。

〔四〕【考證】楓、三本「以」作「已」。

〔五〕【正義】括地志曰：「建章宮，在雍州長安縣西二十里長安故城西。」

〔六〕【考證】顏師古曰：度並音大各反。中井積德曰：「殿度」之「度」，謂其制度也，音去聲。

〔七〕【索隱】三輔黃圖云「武帝營建章，起鳳闕，高二十五丈」。關中記「一名別風，言別四方之風」。西京賦曰「閶闔之內，別風嶕嶢」是也。三輔故事云「北有圜闕，高二十丈，上有銅鳳皇，故曰鳳闕也」。【考證】繁欽建章序云秦漢規模廓然泯毁，惟建章鳳闕聳然獨存，雖非象魏之制，亦一代之巨觀。

〔八〕【索隱】如淳云：「詩云『中唐有甓』。鄭玄曰『唐，堂庭也』。爾雅以廟中路謂之唐。西京賦曰『前開唐中，彌望廣象』是也。」【考證】郊祀志「唐」作「商」，非。

〔九〕【正義】圈，其遠反。括地志云：「虎圈，今在長安城中西偏也。」【考證】顏師古曰：圈，養獸之所。

〔一〇〕【正義】顏師古云：「漸，浸也。臺在池中，爲水所浸，故曰漸臺。」按：王莽死此臺也。

〔一一〕【正義】臣瓚云：「泰液，言象陰陽津液以作池也。」

〔一二〕【索隱】三輔故事云：「殿北海，池北岸有石魚，長二丈，廣五尺，西岸有石龜二枚，各長六尺。」【考證】漢書顏注引三輔故事，「石龜二枚」作「石鼈三枚」。

〔一三〕【索隱】其南則玉堂。漢武故事「玉堂基與未央前殿等，去地十二丈」。【考證】沈欽韓曰：三輔黃圖「玉堂內殿十二門階，階皆玉爲之，鑄銅鳳高五尺，飾黃金棲屋上，下有轉樞，向風若翔，椽首薄以璧玉，因曰璧門」。

〔一四〕【索隱】漢宮闕疏云：「臺高五十丈，上有九宮，常置九天道士百人也。」

〔一五〕【索隱】關中記「宮北有井幹臺，高五十丈，積木爲樓」。言築累萬木，轉相交架如井幹。司馬彪注莊子云

「井幹，井闌也」。又崔譔云「井以四邊爲幹，猶築牆之有楨幹」。又諸本多作「幹」，一本作「榦」，音〔韓〕。説文云「幹，井橋」。【考證】索隱「音」下當有脱字。

夏，漢改曆，以正月爲歲首。〔一〕而色上黄，官名〔二〕更印章以五字，〔三〕因爲太初元年。是歲西伐大宛。蝗大起。〔四〕丁夫人、雒陽虞初等以方祠詛匈奴、大宛焉。〔五〕

〔一〕【考證】漢書武帝太初元年紀「夏五月，正曆以正月爲歲首」，顔師古曰「謂以建寅之月爲正也。未正曆之前，謂建亥之月爲正，今此謂以正月爲歲首者，史追正其月名」。何焯曰：既曰正曆以正月爲歲首，明前此不改月，固以建寅之月爲正月矣。若前此果謂建亥之月爲正，則當云以建寅之月爲正也。

〔二〕【集解】徐廣曰：「一無『名』字。」【考證】封禪書同。漢書武紀「官」上有「定」字。郊祀志「官」下無「名」字。

〔三〕【集解】張晏曰：「漢據土德，土數五，故用五爲印文也。若丞相曰『丞相之印章』，諸卿及守相印文不足五字者，以『之』足也。」

〔四〕【考證】漢書五行志，太初元年夏，蝗從東方飛至敦煌。

〔五〕【集解】韋昭曰：「丁姓，夫人名。」【考證】應劭曰：丁夫人其先丁復，越人，封陽都侯。夫人其後，以詛軍爲功。沈欽韓曰：西京賦「小説九百，本自虞初」，薛綜注「小説，醫巫厭祝之術，凡有九百四十三篇」。朱一新曰：虞初又見藝文志。

其明年，有司言，雍五畤無牢熟具，芬芳不備。乃命祠官進畤犢牢具，五色食所勝，〔一〕而以木禺馬代駒焉。〔二〕獨五帝用駒，〔三〕行親郊用駒。及諸名山川用駒者，悉以木禺馬代。行過乃用駒。他禮如故。

〔一〕【集解】孟康曰：「若火勝金，則祠赤帝以白牡。」【考證】書、志無「五」字，此疑衍。

〔二〕【索隱】木耦馬。一音偶。孟云「寓寄龍形于木」。又姚氏云「寓，叚也。以言叚木龍，馬一駟，非寄生龍馬形於木也」。【考證】沈欽韓曰：伐宛，馬少也。徐鴻鈞曰：古人事神及送死者，用木偶人、木偶馬，猶今人用紙人、紙馬之類。

〔三〕【考證】楓、三本封禪書作「五月嘗馬」。梁玉繩曰：漢志無此語，是既以木禺馬代駒，何五月嘗駒之有？下文「行過乃用駒」，是總上五時諸山川在內，又何必兩言用駒乎？其爲後人誤增無疑。

其明年，〔一〕東巡海上，考神僊之屬，未有驗者。方士有言「黃帝時爲五城十二樓，〔二〕以候神人於執期，〔三〕命曰迎年」。〔四〕上許作之如方，命曰明年。〔五〕上親禮祠上帝，衣上黃焉。〔六〕

〔一〕【考證】漢書武紀「太初三年」。

〔二〕【集解】應劭曰：「崑崙玄圃五城十二樓，此仙人之所常居也。」

〔三〕【集解】漢書音義曰：「執期，地名也。」

〔四〕【正義】顏師古云：「迎年，若言祈年。」

〔五〕【考證】「命曰」二字各本脱，三條、南化本有，與書合，依補。北宋本「命」作「名」。明年是名，非謂來年。

〔六〕【考證】封禪書無「衣上黃」三字。郊祀志「上帝衣上黃焉」，作「上犢黃焉」。

公玉帶曰：「黃帝時雖封泰山，然風后、封鉅、岐伯〔一〕令黃帝封東泰山，〔二〕禪凡山。〔三〕合符，然後不死焉。」天子既令設祠具，至東泰山，東泰山卑小，不稱其聲，乃令祠官禮之，而不封禪焉。其後令帶奉祠候神物。夏，遂還泰山，脩五年之禮如前，〔四〕而加禪祠石閭。石閭者在泰山下阯南方，方士多言此僊人之閭也，故上親禪焉。

〔一〕【集解】應劭曰：「封鉅，黃帝師。」【正義】張揖云：「岐伯，黃帝太醫。」

〔二〕【集解】徐廣曰：「在琅邪朱虛縣，汶水所出。」

〔三〕【集解】徐廣曰：「凡山亦在朱虛也。」【考證】錢大昭曰：漢書武帝本紀「東至於海登丸山」，徐廣曰「丸，一作『凡』」，裴駰「案地理志丸山在琅邪朱虛縣」，索隱作「『凡』音扶嚴反」，正義「音桓。括地志『丸山即丹山。在青州臨朐縣界朱虛故縣西北二十里』」。據此則丸、凡即是一山，其字當爲「丸」矣。

〔四〕【考證】楓、三本「還」下有「登」字。

其後五年，復至泰山脩封，〔一〕還過祭常山。〔二〕

〔一〕【集解】徐廣曰：「天漢三年。李陵以天漢二年敗也。」

〔二〕【正義】即恒山也。括地志云：「在定州恒陽西北百四十里。爾雅云：『恒山爲北岳。』道書福地記曰：『恒山高三千二百丈，上方二十里，有太玄之泉，神華種可口俗。』」【考證】封禪書、郊祀志「常」作「恒」。

今天子所興祠，泰一、后土，三年親郊祠，建漢家封禪，五年一脩封。薄忌泰一及三一、冥羊、馬行、赤星五，寬舒之祠，〔一〕官以歲時致禮。凡六祠，〔二〕皆太祝領之。至如八神諸神，明年、凡山他名祠，行過則祀，去則已。〔三〕方士所興祠，各自主，其人終則已，祠官弗主。他祠皆如其故。〔四〕今上封禪，其後十二歲而還，徧於五嶽、四瀆矣。〔五〕而方士之候祠神人，入海求蓬萊，終無有驗。而公孫卿之候神者，猶以大人跡爲解，無其效。天子益怠厭方士之

怪迂語矣，然終羈縻弗絶，冀遇其真。自此之後，方士言祠神者彌衆，然其效可睹矣。〔六〕

〔一〕【集解】李奇曰：「祀名也。」【索隱】赤星，即上靈星祠也。靈星，龍左角，其色赤，故曰赤星。五者，太一也，三一也，冥羊也，馬行也，赤星也。凡五，並祠官寬舒領之。【考證】郊祀志「五」下有「牀」字。姚範曰：五牀，宣帝所立，班以六祠求之不合，增五牀則六矣。王先謙曰：「牀」字疑後人緣下文「五牀山」誤加，以合下六祠之數。愚按：寬舒之祠，上文所云祠官寬舒等議，於澤中圜丘爲五壇祠后土者，與上五祠併六。又按：郊祀志「官」作「宫」，誤。中井積德曰：「祠」字句絶，「官」字屬下句。官以歲時致祀，與下「行過則祠，去則已」者異。

〔二〕【索隱】五者之外，有正太一后土祠，故六也。【正義】謂后土兼上五凡六祠也。后土在汾陽，非寬舒領祠，故别言凡六祠。

〔三〕【考證】楓、三本「祀」作「祠」。

〔四〕【考證】楓、三本「主」下有「也」字。

〔五〕【考證】漢書郊祀志「後十」至「瀆矣」在上文「還過祭常山」下，「二」作「三」。

〔六〕【集解】徐廣曰：「猶今人云『其事已可知矣』，皆不信之耳。又數本皆無『可』字。」

太史公曰：余從巡，祭天地諸神名山川而封禪焉。入壽宫侍祠神語，究觀方士祠官之言，〔一〕於是退而論次自古以來用事於鬼神者，具見其表裏。後有君子，得以覽焉。至若俎豆珪幣之詳，獻酬之禮，則有司存焉。

〔一〕【考證】楓、三本「侍」下無「祠」字。

【索隱述贊】孝武纂極，四海承平。志尚奢麗，尤敬神明。壇開八道，接通五城。朝親五利，夕拜文成。祭非祀典，巡乖卜征。登嵩勒岱，望景傳聲。迎年祀日，改曆定正。疲秏中土，事彼邊兵。日不暇給，人無聊生。俯觀嬴政，幾欲齊衡。

史記會注考證卷十三

史記十三

三代世表第一

【索隱】應劭云：「表者録其事而見之。」案：禮有表記，而鄭玄云「表，明也」。謂事微而不著，須表明也，故言表也。【正義】言代者，以五帝久古，傳記少見，夏殷以來，乃有尚書略有年月，比於五帝事迹易明，故舉三代爲首表。表者明也，明言事儀。【考證】史公自序云：「維三代尚矣，年紀不可考，蓋取之譜牒，舊聞本于茲，於是作三代世表第一。」趙翼曰：史記作十表，昉周之譜牒，與紀傳相爲出入，凡列侯將相、三公九卿、功名表著者，既立爲傳，此外大臣無功無過者，傳之不勝傳，而又不容盡没，則於表載之，作史體裁，莫大於是。沈濤曰：表猶言譜，表、譜，一聲之轉耳。漢書藝文志曆家譜有帝王諸侯世譜二十卷、古來帝王年譜。劉杳謂三代世表旁行邪上，可見表與譜同。太史公三代世表序云「稽其歷譜諜」，十二諸侯年表序云「讀春秋曆譜諜」，又云「於是譜十二諸侯，自共和訖孔子」，豈非變譜書表，名異而實同乎？德齡曰：本紀首述五帝，而三代世表又皆出於黄帝，故仍自黄帝叙起。而名其篇，則曰三代世表，索隱但以三代世系計論，似未竟其義。梁玉繩曰：五帝、三王之世多有紕漏，與本紀同，故其屬長短不相當，乃所書殷屬終帝槐之世，周屬終帝芒之世，自夏帝泄至殷帝辛，有世無屬。又成王已後，周之世與列侯之屬亦不相當，此非盡史公之誤也。攷梁書劉杳傳、史通表曆篇俱引桓譚新論云「太史公三代世表，旁行斜上，並效周譜」。今表有旁行而無斜上，久失其舊，則知帝泄以下之無屬，固因世系脱誤，不能緜歷無差，亦緣連叙殷、周之世于前，遂致乖絶。而列侯之屬不相當，均是傳寫誤爾。史通雜説篇謂「太史公之創表，列行縈紆以相屬，編字戢孴而相排。雖燕越萬里，而徑寸之内，犬牙可接；雖昭穆九代，而方寸之中，雁行有序。使讀者閲文便睹，舉目可詳，此其所以爲快也」。大事記謂「史記十表，意義宏深」。通志謂「史記一書，功在十表」。誠哉斯語。錢泰吉曰：年表十卷，正義不及數十條，且自惠〔景〕間侯者表以下竟無一字，疏略若是。正義單行本失傳已久，無從考補矣，惜哉。愚按：史記幻雲、桃源二鈔，慶長本標記，亦不補十表正義。又按：諸表舊多舛誤，明程氏史詮、陳氏史記考指摘已多。至清汪越撰讀史記十表，爲訂表專書。梁氏志疑、張氏札記亦屬意諸表，鉤深拂滯，尤稱鉅觀。但各表行閒狹窄，不能具載，學者就其書求之可也。

太史公曰：「五帝、三代之記尚矣。〔一〕自殷以前，諸侯不可得而譜。〔二〕周以來，乃頗可著。孔子因史文次春秋，紀元年，正時日月，蓋其詳哉。至於序尚書，則略無年月；或頗有，然多闕不可録。故疑則傳疑，蓋其慎也。」〔三〕

〔一〕**【索隱】**案：此表依帝繫及系本。其實叙五帝、三代，而篇唯名三代系表者，以三代代系長遠，宜以名篇；且三代皆出自五帝，故叙三代要從五帝而起也。劉氏云：「尚，猶久古也。『尚矣』之文，元出大戴禮，彼文云『黄帝尚矣』。」

〔二〕**【正義】**譜，布也，列其事也。

〔三〕【考證】楊慎曰：「殷以前不可譜，周以來頗可著」二句，爲一篇之綱。「詳」、「慎」二字關鍵。孔子次春秋，記元年，正時日月，以頗可著而詳也。其序尚書，略年月，以不可詳而慎也。此言遠者不可詳，而近者不可略也。黄帝以來遠矣，歷譜雖有年數，然乖異不同，此夫子所以不次其年月，慎而闕其疑也。

余讀諜記，〔一〕黄帝以來皆有年數。稽其曆譜諜終始五德之傳，〔二〕古文咸不同乖異。夫子之弗論次其年月，豈虚哉！於是以五帝繫諜，〔三〕尚書集世紀黄帝以來訖共和爲世表。〔四〕

〔一〕【索隱】音牒。牒者紀系謚之書也。下云「稽諸曆譜諜」，謂歷代之譜諜。

〔二〕【索隱】音轉。謂帝王更王以金木水火土之五德，傳次相承，終而復始，故云「終始五德之傳」也。【考證】方苞曰：十二諸侯年表序「曆人取其年月」，「譜諜獨紀世謚」，則此稽曆與譜諜也。愚按：十二諸侯年表序云「太史公讀春秋曆譜諜」。又按：漢書藝文志曆譜家有黄帝五家曆三十三卷、顓頊曆二十一卷、顓頊五星曆十四卷、夏殷周魯曆十四卷、漢元殷周牒曆十七卷、帝王諸侯世譜二十卷、古來帝王年譜五卷。史公蓋稽此等書也。「終始五德之傳」，亦就成書而言。藝文志陰陽家鄒子終始五十六篇、公檮生終始十四篇，注云「傳鄒奭始終書」。

〔三〕【索隱】案：大戴禮有五帝德及帝繫篇，蓋太史公取此二篇之諜及尚書，集而紀黄帝以來爲系表也。【考證】崔適曰：「五帝」下脱「德帝姓」三字。索隱云「大戴禮有五帝德、帝繫姓篇，太史公取此二篇之諜」，則唐時未脱也。惟此二篇之牒，即歷代譜諜，太史公取於此，戴德亦取於此。戴德即后倉弟子，后倉在孝宣世，見於藝文志，世次在太史公後，太史公非取於大戴禮也。愚按：五帝繫譜，古書名，與戴記五帝德、帝繫篇自别。

〔四〕【考證】方苞曰：疑「世紀」亦古書名。中井積德曰：「尚書集世」蓋書名。愚按：後説爲是，「紀」字宜屬下。

帝王世國號	顓頊屬	俈屬	堯屬	舜屬	夏屬	殷屬	周屬
黃帝，號有熊。	黃帝生昌意。	黃帝生玄囂。〔一〕	黃帝生玄囂。	黃帝生昌意。	黃帝生昌意。	黃帝生玄囂。	黃帝生玄囂。
帝顓頊，黃帝孫。起黃帝至顓頊三世，號高陽。	昌意生顓瑞。爲高陽氏。	玄囂生蟜極。	玄囂生蟜極。	昌意生顓頊。顓頊生窮蟬。〔二〕	昌意生顓頊。	玄囂生蟜極。蟜極生高辛。	玄囂生蟜極。蟜極生高辛。
帝俈，黃帝曾孫。起黃帝至帝俈四世，號高辛。		蟜極生高辛，爲帝俈。〔三〕	蟜極生高辛。高辛生放勛。	窮蟬生敬康。敬康生句望。		高辛生卨。	高辛生后稷，爲周祖。〔四〕
帝堯，起黃帝，至俈子五世。號唐。〔五〕			放勛爲堯。	句望生蟜牛。蟜牛生瞽叟。		卨爲殷祖。	后稷生不窋。〔六〕

帝王世國號	顓頊屬	佶屬	堯屬	舜屬	夏屬	殷屬	周屬
帝舜，黃帝玄孫之玄孫，號虞。				瞽叟生重華，是爲帝舜。〔七〕	顓頊生鯀。鯀生文命。〔八〕	卨生昭明。	不窋生鞠。
帝禹，黃帝耳孫，號夏。〔九〕					文命，是爲禹。	昭明生相土。〔一〇〕	鞠生公劉。
帝啓，伐有扈，作甘誓。						相土生昌若。	公劉生慶節。
帝太康						昌若生曹圉。曹圉生冥。	慶節生皇僕。皇僕生差弗。
帝仲康，太康弟。						冥生振。	差弗生毀渝。毀渝生公非。〔一一〕

帝王世國號	顓頊屬	俈屬	堯屬	舜屬	夏屬	殷屬	周屬
帝相						振生微。微生報丁。	公非生高圉。高圉生亞圉。
帝少康						報丁生報乙。報乙生報丙。	亞圉生公祖類。
帝予〔一二〕						報丙生主壬。主壬生主癸。	公祖類生太王亶父。
帝槐〔一三〕						主癸生天乙，是爲殷湯。〔一四〕	亶父生季歷。季歷生文王昌。益易卦。
帝芒〔一五〕							文王昌生武王發。〔一六〕

帝王世國號	顓頊屬	俈屬	堯屬	舜屬	夏屬	殷屬	周屬
帝泄〔一七〕							
帝不降							
帝扃〔一八〕不降弟。							
帝廑〔一九〕							
帝孔甲，不降子。好鬼神淫亂，不好德二龍去。							
帝皋〔二〇〕							
帝發〔二一〕							

帝王世國號	顓頊屬	俈屬	堯屬	舜屬	夏屬	殷屬	周屬
帝履癸，是爲桀。從禹至桀十七世。從黃帝至桀二十世。〔二〕							
殷湯，代夏氏。從黃帝至湯十七世。〔三〕							
帝外丙，湯太子太丁蚤卒，故立次弟外丙。							
帝仲壬，外丙弟。							

帝王世國號	顓頊屬	俈屬	堯屬	舜屬	夏屬	殷屬	周屬
帝太甲，故太子太丁子。淫，伊尹放之桐宮。三年悔過自責，伊尹乃迎之復位。							
帝沃丁。伊尹卒。							
帝太庚，沃丁弟。							
帝小甲，太庚弟。[二四]殷道衰，諸侯或不至。[二五]							

帝王世國號	顓頊屬	俈屬	堯屬	舜屬	夏屬	殷屬	周屬
帝雍己，小甲弟。							
帝太戊，雍己弟。以桑穀生，稱中宗。							
帝中丁							
帝外壬，中丁弟。							
帝河亶甲，外壬弟。							
帝祖乙							
帝祖辛							
帝沃甲，祖辛弟。〔二六〕							

帝王世國號	顓頊屬	俈屬	堯屬	舜屬	夏屬	殷屬	周屬
帝祖丁，祖辛子。							
帝南庚，沃甲子。							
帝陽甲，祖丁子。							
帝盤庚，陽甲弟。徙河南。							
帝小辛，盤庚弟。							
帝小乙，小辛弟。							
帝武丁。雉升鼎耳雊。得傅說。稱高宗。							

帝王世國號	顓頊屬	俈屬	堯屬	舜屬	夏屬	殷屬	周屬
帝祖庚							
帝甲，祖庚弟。淫。〔二七〕							
帝廩辛〔二八〕							
帝庚丁，廩辛弟。殷徙河北。〔二九〕							
帝武乙。慢神，震死。							
帝太丁〔三〇〕							
帝乙。殷益衰。〔三一〕							

帝王世國號	帝辛，是爲紂。弒。[三二]從湯至紂二十九世。從黃帝至紂四十六世。[三三]	周武王代殷。從黃帝至武王十九世。[三四]	成王誦[三五]
顓頊屬			魯周公旦，武王弟。[三六]初封。 齊太公尚，文王、武王師。初封。
俈屬			晉唐叔虞，武王子。初封。
堯屬			秦惡來，助紂。父飛廉有力。 楚熊繹。繹父鬻熊事文王。初封。
舜屬			宋微子啓，紂庶兄。[三七]初封。
夏屬			衛康叔，武王弟。[三八]初封。 陳胡公滿，舜之後。[三九]初封。
殷屬			蔡叔度，武王弟。[四〇]初封。
周屬			曹叔振鐸，武王弟。[四一]初封。 燕召公奭，周同姓。[四二]初封。

帝王世國號	顓頊屬		俈屬	堯屬		舜屬	夏屬		殷屬	周屬	
康王釗〔四三〕刑錯四十餘年。	魯公伯禽	丁公呂伋	晉侯燮	女防〔四四〕	熊乂	微仲，啓弟。	康伯〔四五〕	申公	蔡仲		九世至惠侯。
昭王瑕〔四六〕南巡不返。不赴，諱之。	考公	乙公	武侯	旁皋	熊黮〔四七〕	宋公	孝伯〔四八〕	相公〔四九〕	蔡伯	太伯	
穆王滿。作甫刑。荒服不至。	煬公，考公弟。	癸公	成侯	大几	熊勝	丁公	嗣伯	孝公〔五〇〕	宮侯	仲君	
恭王伊扈	幽公	哀公	厲侯	大駱	熊煬〔五一〕	湣公，丁公弟。	疌伯〔五二〕	慎公〔五三〕	厲侯	宮伯	
懿王堅。周道衰，詩人作刺。	魏公〔五四〕	胡公〔五五〕	靖侯	非子	熊渠	煬公，湣公弟。	靖伯	幽公〔五六〕	武侯〔五七〕	孝伯	

帝王世國號　顓頊屬　俈屬　堯屬　舜屬　夏屬　殷屬　周屬

孝王方，懿王弟。[五八]	厲公	獻公弒胡公。		秦侯	熊無康[五九]	厲公[六〇]	貞伯	釐公[六一]		夷伯	
夷王燮，懿王子。	獻公，厲公弟。	武公		公伯	熊鷙紅	釐公[六二]	頃侯				
厲王胡。以惡聞遇，亂出奔，遂死于彘。[六三]	真公			秦仲	熊延，紅弟。		釐侯				
共和，[六四]二伯行政。[六七]	武公，真公弟。[六五]				熊勇[六六]						

〔一〕【索隱】案：宋衷曰：「太史公書，玄囂青陽是爲少昊，繼黄帝立者。蓋少昊金德王，非五運之次，故叙五帝不數之耳。」

〔二〕【索隱】系本作「窮係」。宋衷云「一云：窮係，謚也」。

〔三〕【索隱】黄帝曾孫。【考證】索隱本作「蟜極生帝嚳」，是也。

〔四〕【考證】「爲」上脱「后稷」字。

〔五〕【考證】「起」上缺「黄帝玄孫」四字。

〔六〕【考證】不窋非棄子，辨見周紀。

〔七〕【考證】「是」上缺「重華」二字。

〔八〕【索隱】案：漢書律曆志，顓頊五代而生鯀，此及帝系皆云顓頊生鯀，是古史闕其代系也。【考證】史缺鯀以前世系，漢志云「顓頊五世生鯀」。

〔九〕【考證】三代皆不稱「帝」，史公妄加之。禹出顓頊，不以爲黄帝耳孫，依史所説，「耳孫」當作「玄孫」。

〔一〇〕【考證】昭明至主癸，十二君，莫確知在夏是何代。

〔一一〕【考證】周紀「渝」作「隃」。

〔一二〕【索隱】音直吕反，亦作「宁」。【正義】相爲過澆所滅，后緡歸有仍，生少康。其子予復禹績。

〔一三〕【索隱】音回，一音懷。系本作「芬」也。

〔一四〕【考證】「是爲」上缺「天乙」二字。

〔一五〕【索隱】音亡，一作「荒」。

〔一六〕【考證】此下缺「武王至黄帝二十世」九字。

〔一七〕【索隱】音薛也。【考證】各本「帝泄」以下不作横格，蓋刊者省之。

〔一八〕【索隱】古熒切。
〔一九〕【索隱】其靳反，又音勤。
〔二〇〕【索隱】宋衷云：「墓在崤南陵。」
〔二一〕【索隱】帝臯子也。系本云：「帝臯生發及履癸。履癸一名桀。」
〔二二〕【考證】「從禹至桀」十五字，各本別作直行，低二格，今依前表例横書，後放此。黄帝至桀，何止二十世，即依史所書世次數之，亦是二十一世，非二十世也。
〔二三〕【考證】湯至黄帝之世次，不可考。即依史數之，亦是十八世，非十七世。
〔二四〕【索隱】案：殷本紀及系本皆云，小甲，太庚子。
〔二五〕【考證】紀謂殷衰諸侯不至，在雍己時，當是也。此誤前書于小甲之世。
〔二六〕【索隱】系本云開甲。
〔二七〕【集解】徐廣曰：「一云『淫德殷衰』。」【考證】據下有「殷益衰」之文，則徐説爲是。紀亦云「帝甲淫亂，殷復衰」也。
〔二八〕【索隱】或作「馮辛」。系本作「祖辛」，誤也。案：上祖乙已生祖辛，故知非也。
〔二九〕【考證】從河北者武乙也，此誤爲庚丁。
〔三〇〕【考證】太丁，「文丁」之誤。
〔三一〕【考證】帝乙，賢君也，而云殷由之益衰，謬矣。
〔三二〕【考證】疑有脱誤。凌本「弑」作「死」。
〔三三〕【考證】湯至紂乃三十世，非二十九也。而黄帝至紂之世次不可攷，依史所書，亦當作「四十七」，非「四十六」也。

〔三四〕【考證】周自后稷至武王，尚不止十九世，況自黄帝算之乎！
〔三五〕【索隱】或作「庸」，非。
〔三六〕【考證】各本「初封」一行，隔在「魯公旦」、「武王弟」中間，文氣不屬。今移後，餘放此。
〔三七〕【考證】武王封殷後，當書武王世下。
〔三八〕【考證】「叔」下缺「封」字。
〔三九〕【考證】胡公當書武王世下。
〔四〇〕【考證】叔度是武王時初封，蔡仲是成王時復封，此誤分書成、康之世。
〔四一〕【考證】曹叔當書武王之世。
〔四二〕【考證】召公當書武王之世。
〔四三〕【索隱】古堯反，又音招。【考證】索隱「古」各本譌「克」。
〔四四〕【考證】張文虎曰：秦至非子始封，各本「女防」上衍「初封」二字，今依毛本。
〔四五〕【索隱】康叔子，王孫牟父也。
〔四六〕【索隱】音遐。宋衷云：「昭王南伐楚，辛由靡爲右，涉漢，中流而隕，由靡承王，遂卒不復周，乃侯其後于西翟也。」
〔四七〕【索隱】吐感反，又徒感反，又杜減反。鄒氏又作「點」音。
〔四八〕【考證】毛本作「考伯」。
〔四九〕【考證】世家亦作「相」，陳風譜疏引同，人表作「柏公」，「相公」下當有「申公弟」三字。
〔五〇〕【考證】當有「申公子」三字。
〔五一〕【考證】世家熊煬，熊勝弟。

〔五二〕【索隱】音捷。
〔五三〕【考證】依世家，慎侯當厲王時。
〔五四〕【索隱】系本作「微公」，名弗其。【考證】幽公弟。
〔五五〕【考證】哀公弟。
〔五六〕【考證】據世家，幽公立于幽王之世。
〔五七〕【考證】武侯二十三年，當共和元年，則武侯立于厲王十六年。
〔五八〕【考證】孝王名辟方，共王弟，非懿王弟。
〔五九〕【考證】無康早死不立，此衍。
〔六〇〕【考證】滑公子。
〔六一〕【考證】世家云「釐侯六年，周宣王即位」，則「釐公」二字當衍。
〔六二〕【考證】釐公以厲王之二十一年立，則當書厲王之世。
〔六三〕【考證】遇，當作「過」。惡聞過，謂監謗者。
〔六四〕【索隱】周召二公共相王室，故曰共和。皇甫謐云「共伯和干王位」，以共國，伯爵，和其名也。干王位，言篡也。與史遷之說不同，蓋異說耳。
〔六五〕【考證】「真公弟」三字衍。
〔六六〕【考證】熊勇立于厲王三十二年，當書厲王世。
〔六七〕【考證】依文例，此下當有「武王至厲王十世。黄帝至厲王若干世」。

張夫子問褚先生曰：〔一〕「詩言契、后稷皆無父而生。〔二〕今案諸傳記，咸言有父，父皆黄帝子也，〔三〕得無與詩謬乎？」

〔一〕【索隱】褚先生，名少孫，元成閒爲博士。張夫子，未詳也。【考證】張夫子即張長安，褚先生即褚少孫，見于漢書儒林傳、經典釋文卷一。儒林傳云，王式字翁思，東平新桃人也，爲昌邑王師。昌邑王廢，羣臣皆下獄誅，式得減死論，歸家不教授。山陽張長安幼君先事式，後東平唐長賓、沛褚少孫亦來事式。開經數篇，式謝曰「聞之於師具是矣，自潤色之」，不肯復授。唐生、褚生應博士弟子選，詣博士，摳衣登堂，頌禮甚嚴，試誦說有法，疑者不言，諸博士驚問何師，對曰事式。皆素聞其賢，共薦式，詔爲博士。張生、唐生、褚生皆爲博士。張生論石渠，至淮陽中尉，唐生楚太傅，由是魯詩有張、唐、褚氏之學。經典釋文云「王式受詩於免中徐公及許生，以授張生長安及唐長賓、褚少孫」。俞樾曰：褚先生補史記，張晏已譏其鄙俚，然其人亦未易輕。考漢書儒林傳，褚少孫與張幼君、唐長賓並受詩於王式，由是魯詩有張、唐、褚氏之學，是固有功於經學者矣。

〔二〕【考證】詩商頌玄鳥，大雅生民。說具殷、周二紀。

〔三〕【索隱】案：上契及后稷，皆帝嚳子，此云「黄帝子」者，謂是黄帝之子孫耳。案：嚳是黄帝曾孫，而契、弃是玄孫，故云也。【考證】中井積德曰：「子」下脱「孫」字，下文可徵。

褚先生曰：「不然。詩言契生於卵，后稷人迹者，欲見其有天命精誠之意耳。鬼神不能自成，須人而生，奈何無父而生乎！一言有父，一言無父，信以傳信，疑以傳疑，故兩言之。〔一〕堯知契、稷皆賢人，天之所生，故封之契七十里，後十餘世至湯王天下。堯知后稷子孫之後王也，故益封之百里，其後世且千歲，至文王而有天下。詩傳曰：『湯之先爲契，無父而生契。母與姊妹浴於玄丘水，有燕銜卵墮之，契母得，故含之，誤吞之，即生契。〔二〕契生而賢，堯立爲司徒，姓之曰子氏。子者兹；兹，益大也。〔三〕詩人美而頌之曰「殷社芒芒，〔四〕天命玄鳥，降而生商」。商者質，殷號也。〔五〕文王之先爲后稷，后稷亦無父而生。后稷母爲姜嫄，〔六〕出見大人蹟而履踐之，知於身，則生后稷。姜嫄以爲無父，賤而弃之道中，牛羊避不踐也。抱之山中，〔七〕山者養之。又捐之大澤，鳥覆席食之。〔八〕姜嫄怪之，於是知其天子，〔九〕乃取長之。堯知其賢才，立以爲大農，姓之曰姬氏。姬者本也。詩人美而頌之曰「厥初生民」，深修益成，而道后稷之始也。』孔子曰：『昔者堯命契爲子氏，爲有湯也。命后稷爲姬氏，爲有文王也。大王命季歷，明天瑞也。太伯之吳，遂生源也。』〔一〇〕天命難言，非聖人莫能見。舜、禹、契、后稷，皆黄帝子孫也。黄帝策天命而治天下，德澤深後世。故其子孫皆復立爲天子，是天之報有德也。人不知，以爲氾從布衣匹夫起耳。〔一一〕夫布衣匹夫，安能無故而起王天下乎？其有天命然。」

〔一〕【考證】桓五年穀梁傳「春秋之義，信以傳信，疑以傳疑」，漢書儒林傳敘少孫事云「誦說有法，疑者丘蓋不言」，亦自行此言也。

〔二〕【索隱】有娀氏女曰簡狄，浴於玄丘水，出詩緯。殷本紀云，玄鳥翔水遺卵，娀簡狄取而吞之也。【考證】此與下文姜嫄踐蹟，蓋魯詩之說，史公既采之，少孫亦依之。

〔三〕【考證】岡白駒曰：兹兹，多益貌。

〔四〕【集解】詩云「殷土」。

〔五〕【考證】質，本也。殷初稱商。

〔六〕【索隱】有邰氏之女也。韋昭云「姜姓，嫄字也」。

〔七〕【集解】抱，普茅反。【索隱】抱，普交反，又如字。【考證】中井積德曰：「抱」必是訛文，必是「棄」、「捐」等字矣。錢大昕曰：「抱」讀爲「抛」。張文虎曰：舊刻與生民詩合，各本作「羊牛」。

〔八〕【考證】席，藉也。周本紀作「覆薦」。

〔九〕【考證】岡白駒曰：知其天之所生。

〔一〇〕【索隱】言太伯之讓季歷，居吳不反者，欲使傳文王、武王，撥亂反正成周道，遂天下生生之源本也。【考證】岡白駒曰：此蓋緯書之說。

〔一一〕【考證】岡白駒曰：氾與汎同。

「黃帝後世何王天下之久遠邪？」

曰：「傳云，天下之君王，爲萬夫之黔首。〔一〕請贖民之命者帝，有福萬世。黃帝是也。五政明，則修禮義，因天時，舉兵征伐而利者王，有福千世。蜀王，黃帝後世也，〔二〕至今在漢西南五千里，常來朝降，輸獻於漢，〔三〕非以其先之有德，澤流後世邪？行道德，豈可以忽乎哉！人君王者，舉而觀之。漢大將軍霍子孟名光者，亦黃帝後世也。〔四〕此可爲博聞遠見者言，固難爲淺聞者說也。何以言之？古諸侯以國爲姓。霍者，國名也。武王封弟叔處於霍，後世晉獻公滅霍公，後世爲庶民，往來居平陽。平陽在河東。河東，晉地，分爲魏國。以詩言之，亦可爲周世。〔五〕周起后稷，后稷無父而生。以三代世傳言之，后稷有父，名高辛。高辛，黄帝曾孫。黄帝終始傳曰：〔六〕『漢興百有餘年，有人不短不長，出白燕之鄉，〔七〕持天下之政，時有嬰兒主，〔八〕卻行車。』〔九〕霍將軍者，本居平陽白燕。臣爲郎時，與方士考功〔一〇〕會旗亭下，〔一一〕爲臣言。豈不偉哉！」〔一二〕

〔一〕【考證】中井積德曰：「黔首」句不通。愚按：黔首蓋元首之義。

〔二〕【索隱】案：系本，蜀無姓，相承云黄帝後。且黄帝二十五子，分封賜姓，或於蠻夷，蓋當然也。蜀王本紀云，朱提有男子杜宇從天而下，自稱望帝，亦蜀王也。則杜姓出唐杜氏，蓋陸終氏之胤，亦黄帝之後也。【正義】譜記普云蜀之先肇於人皇之際。黄帝與子昌意，娶蜀山氏女生帝佶，立封其支庶於蜀，歷虞、夏、商。周衰，先稱王者蠶叢，國破，子孫居姚、巂等處。【考證】徐孚遠曰：褚先生爲此論以稱霍將軍。引蜀王者，公孫泄之義也耳。中井積德曰：正義「普」字疑衍。

〔三〕【考證】中井積德曰：「降」字疑衍。

〔四〕【索隱】案：系本云「霍國真姓後。周武王封其弟叔處於霍。是姬姓，亦黄帝後」。【考證】今山西平陽府霍州西有霍城，古霍國也。

〔五〕【考證】毛詩魏風釋文云：「魏世家及左氏傳云，魏，姬姓國也。詩譜云，周以封同姓。」愚按：「世」猶言子孫。

〔六〕【索隱】蓋謂五行讖緯之説，若今之童謡言。【考證】沈濤曰：終始傳，即終始五德之傳，漢書藝文志陰陽家有公檮生終始十四篇，傳鄒衍終始書，又有鄒子終始五十六篇。此黄帝終始傳亦其類也。封禪書云，公孫臣上書曰「推終始傳，則漢當土德」，疑即黄帝終始傳。

〔七〕【正義】一作「白彘」。案：霍光，平陽人。平陽今晉州霍邑，本秦時霍伯國，漢爲彘縣，後漢改彘曰永安，隋又改爲霍邑。遍檢記傳，無「白燕」之名，疑「白彘」，是鄉之名。【考證】正義「秦」字，疑「周」字訛。張文虎曰：凌本有「索隱曰本作燕」六字，單本無之，今刪。

〔八〕【索隱】謂昭帝也。

〔九〕【索隱】言霍光持政擅權，逼帝令如卻行車使不前也。

〔一〇〕【正義】謂年老爲方士最功也。【考證】中井積德曰：考功，蓋方士之官銜。

〔一一〕【集解】西京賦曰：「旗亭五里。」薛綜曰：「旗亭，市樓也。立旗於上，故取名焉。」

〔一二〕【索隱】褚先生蓋腐儒也。設主客引詩傳云，契、弃無父，及據帝系皆帝嚳之子，是也。而末引蜀王、霍光，竟欲證何事？而言之不經，蕪穢正史，輒云「豈不偉哉」，一何誣也！【考證】徐孚遠曰：太史公此表始于黃帝，訖于共和。共和無天子，大臣攝政，褚先生以其事與霍將軍相類，因推論之。霍光父亦微耳。霍氏以外戚貴，故言殷、周之興無父也。王鳴盛曰：霍光父中孺，以縣吏給事平陽侯家，與侍者衛少兒私通生去病。中孺吏畢，歸家娶婦生光。少兒女弟子夫得幸武帝爲后，去病以后姊子貴，任光爲郎。可謂瑣瑣膴仕，不足道也。少孫因光擅權，爲此言以貢諛，遥遥華胄，至推爲黃帝苗裔，抑何妄且陋哉！張文虎曰：霍光事何與三代世表？此褚少孫續貂之尤鄙謬者。漢書儒林傳，王式爲昌邑王師，以詩諫，聞少孫乃其弟子，是生當宣帝之世。光薨於地節元年，霍禹謀反於四年。少孫此紀，當在霍氏盛時。造爲妖言，將以取媚，玷其師甚矣。

【索隱述贊】高辛之胤，大啓禎祥。脩己吞薏，石紐興王。天命玄鳥，簡狄生商。姜嫄履跡，祚流岐昌。俱膺歷運，互有興亡。風餘周召，刑措成康。出彘之後，諸侯日彊。

史記會注考證卷十四

十二諸侯年表第二

史記十四

【索隱】案：篇言十二，實叙十三者，賤夷狄不數吴，又霸在後故也。不數而叙之者，闔閭霸盟上國故也。

【考證】史公自序云：「幽厲之後，周室衰微，諸侯專政，春秋有所不紀，而譜諜經略，五霸更盛衰，欲睹周世相先後之意，作十二諸侯年表第二。」汪越曰：冠周于上，尊王室也。書甲子于周之上，紀天道也。表元年，諸侯各以次相及，詳曆數也。書孔子生，尊聖人也。書孔子去留，悼道之不行也。書篡逆，罪無君也。災異必書，敬天也。書會盟，重息民，且見夷夏之勢所由分也。書殺逆，明法也。諸侯之事，必舉其要，謂春秋、國語學者所譏盛衰大指也。觀世家所載之詳，乃知此表斷其義不騁其詞，非獨具年月世譜而已，蓋自厲而宣，自宣而平，周轍既東，以及春秋二百四十年之大勢也。德齡曰：是表主春秋，吴于春秋之季始通六國，而壽夢以前自不得列于是表，然則十二之號固不得不仍其舊。司馬貞之論鑿矣。齋藤謙曰：十二、七十二之數皆非實數。史記十二諸侯年表首魯訖吴，實十三國，蘇明允謂吴用夷禮，故不數也。是不知十二非實數，故作此牽强之説耳。史記又有「泗上十二諸侯」，「金人十二」，「珠照十二乘」，漢書有「十二樓」，皆非必實數也。孔子世家云，弟子「身通六藝者七十有二人」，檢弟子傳，則其實七十七人。其餘史記封禪七十二君，莊子龜卜七十二鑽，皆非必實數也。傅占衡曰：太史公表共和以後諸侯，寔十三國也，而稱「十二」者，索隱及蘇氏洵之説皆以爲不數吴也，吴不數而序之者，吴嘗伯焉耳，余竊謂不然。吴，夷也，楚與越亦夷也，淫名而病中國，楚于吴愈矣，何爲暱楚而黜吴哉？其不數者蓋魯也。吾嘗并六國表而觀之，按表首周次魯，而後齊、晉、秦、楚次之，宋、衛、陳、蔡、曹、鄭、燕、吴又次之，其曰十二者，以魯爲主也，猶六國表首周次秦，而後曰魏曰韓，曰趙曰楚，曰燕曰齊繼之，其不曰七國者以秦爲主也。夫十二諸侯表據春秋而次者也，六國表據秦紀而次者也。春秋詳于魯，故序皆言春秋，其始「太史公讀春秋」，終曰「表見春秋、國語」，而日月之蝕皆書于魯，十二國不與焉。秦紀詳于秦，故序皆曰秦，其始曰「太史公讀秦紀」，終曰「予於是因秦紀踵春秋之後」，而日月之蝕皆書于秦，六國者不與焉。然則太史公非有所不數也，其據而作表者則殊焉，十二國與六國表皆然也。何以謂不數吴？吴處十二諸侯之末而不數，則齊之於六國亦然，而謂實七國不數齊乎？敢問越何以不載？曰越微甚，事五見于春秋，不若吴自壽夢，魯成公七年入州來，十五年會鍾離，通上國也。且宋杞，二王之後也，杞稍先見于經，然與許、莒、滕、薛之屬並不得比於成國，則表皆没焉，況於越乎！越不得列于表，而吴得列，則越非獨以夷黜矣，吴不得以夷黜，而與楚俱列於表，列於表而復不數之，則無義矣。愚按：傅説最確。

太史公讀春秋曆譜諜，〔一〕至周厲王，未嘗不廢書而歎也。曰：嗚呼，師摯見之矣！〔二〕紂爲象箸，〔三〕而箕子唏。〔四〕周道缺，詩人本之衽席，關雎作。仁義陵遲，鹿鳴刺焉。〔五〕及至厲王，以惡聞其過，〔六〕公卿懼誅而禍作，厲王遂奔于彘，〔七〕亂自京師始，而共和行政焉。是後或力政，彊乘弱，興師不請天子。然挾王室之義，〔八〕以討伐爲會盟主，政由五伯，〔九〕諸侯恣行，淫侈不軌，賊臣篡子滋起矣。〔一〇〕齊、晉、秦、楚，其在成周，微甚。封或百里，或五十里。〔一一〕晉阻三河，齊負東海，楚介江、淮，〔一二〕秦因雍州之固，四國迭興，更爲伯主，文、武所褒大封，皆威而服焉。是以孔子明王道，干七十餘君，莫能用，〔一三〕故西觀周室，論史記舊聞，興於魯而次春秋，上記隱，下至哀之獲麟，約其辭文，去其煩重，〔一四〕以制義法，〔一五〕王道備，人事浹。〔一六〕七十子之徒，口受其傳指，爲有所刺譏褒諱挹損之文辭，不可以書見也。〔一七〕魯君子左丘明，懼弟子人人異端，各安其意，失其真，故因孔子史記，具論其語，成左氏春秋。〔一八〕鐸椒爲楚威王傅，爲王不能盡觀春秋，采取成敗，卒四十章爲鐸氏微。〔一九〕趙孝成王時，其相虞卿，上采春秋，下觀近世，亦著八篇，爲虞氏春秋。〔二〇〕吕不韋者，秦莊襄王相，亦上觀尚古，删拾春秋，集六國時事，以爲八覽、六論、十二紀，爲吕氏春秋。及如荀卿、孟子、公孫固、韓非之徒，〔二一〕各往往捃摭春秋之文以著書，不可勝紀。漢相張蒼曆譜五德，〔二二〕上大夫董仲舒推春秋義，頗著文焉。〔二三〕

〔一〕【索隱】案：劉杳云「三代系表旁行邪上，並放周譜。譜起周代。藝文志有古帝王譜。又自古爲春秋學者，有年曆、譜諜之説，故杜元凱作春秋長曆及公子譜。蓋因於舊説，故太史公得讀焉也」。【考證】漢書藝文志曆譜家，夏殷周魯曆十四卷，漢元殷周諜曆十七卷，帝王諸侯世譜二十卷，古來帝王年譜五卷。

〔三〕【集解】鄭玄曰：「師摯，太師之名。周道衰微，鄭衛之音作，正樂廢而失節，魯太師摯識關雎之聲，首理其亂也。」【考證】論語泰伯篇「子曰『師摯之始，關雎之亂，洋洋乎盈耳哉！』」微子篇「大師摯適齊」，皆未見蚤見周之衰之意，史公豈别有所本乎？梁玉繩曰：師摯，孔安國以爲魯哀公時人，自不可易。史公作禮書序云「仲尼没後，受業之徒沈湮而不舉，或適齊、楚，或入河海」，即指師摯諸人論之。雖以摯等爲孔子之徒，不免于誤，而已明言與孔子並世矣。乃此序又若以師摯爲厲王時人。董仲舒對策曰「至于殷紂，守職之人皆奔走逃亡，入于河海」。班固因之，故禮樂志曰「殷紂斷棄先祖之樂，樂官師瞽抱其器而犇散，或適諸侯，或入河海」。人表列師摯八人于三仁八士之間。師古注又引鄭康成以爲平王時人。斯皆學者異師，各守所見，文義競馳往往别。馬、班、董、鄭之説，同爲紕謬矣。

〔三〕【索隱】鄒氏及劉氏皆音直慮反，即筯也。今案箕子云「爲象箸者必爲玉桮」，則箸者是樽也，音治略反。

〔四〕【索隱】唏，嗚歎聲，音許既反。又音希，希亦聲餘，故記曰「夫子曰，嘻其甚也」，亦歔音也。【考證】箸，鄒、劉音是。柯維騏曰：韓非子喻老、説林「紂爲象箸而箕子怖」，史遷作「唏」，蓋本淮南子説山，若後漢書西羌傳謂「微子垂泣于象箸」，則誤也。

〔五〕【考證】岡白駒曰：古者詩有四家，不知太史公所傳何詩也，與毛詩異。梁玉繩曰：漢書儒林傳稱孔安國爲申公弟子，則安國所受者魯詩。史公從安國問古文尚書，或亦從學魯詩。表謂周道缺而關雎作，儒林傳序言周室衰而關雎作，其用魯詩歟？漢書杜欽傳曰「佩玉晏鳴，關雎歎之」。法言孝至篇曰「周康之時，關雎作乎上，傷始亂也」。後漢書皇后紀序曰「康王晚朝，關雎作諷」。楊賜傳曰「康王一朝晏起，關雎見幾而作」。注者皆以爲魯詩。而關雎之解，韓同于魯。後書顯宗永平八年詔曰「應門失守，關雎刺世」。馮衍傳賦曰「美關雎之識微，愍王道之將崩」，注引薛君章句「大人内傾于色，故詠關雎，説淑女正容儀以刺時」。史公于詩兼齊、魯、韓，如韓詩以商頌爲美襄公，宋世家論用之，則所言關雎蓋兼魯、韓二家。惟以鹿鳴爲刺詩，不知何出。困學紀聞三疑是三家之説，今亡佚莫攷矣。然而關雎正風之始也，非變風也。鹿鳴，正雅之始也，非變雅也。孔子删詩，豈取衰世諷刺之作以冠風、雅哉！且孔子世家以關雎爲風始，鹿鳴爲小雅始，奈何自柢牾乎？而關雎之所以有此異説者，必漢儒誤解論語「關雎之亂」一句耳。晉書司馬彪傳云「春秋不脩，則仲尼理之。關雎既亂，則師摯脩之」。以亂爲錯亂，其説又異。又曰：文選十八蔡邕琴操云「鹿鳴者周大臣之所作也。王道衰，大臣知賢者幽隱，故彈弦風諫」。以此類證，知刺詩之説必有所本。

〔六〕【索隱】惡，烏故反。過，古卧反。故國語云「厲王止謗，道路以目」是也。

〔七〕【索隱】彘，地名，在河東，後爲永安縣也。

〔八〕【索隱】挾，音協也。

〔九〕【索隱】伯，音霸。五霸者，齊桓公、晉文公、秦穆公、宋襄公、楚莊王也。【考證】孟子告子篇「五霸桓公爲盛」，而不列其名，趙岐注「五霸齊桓、晉文、秦繆、宋襄、楚莊也」。風俗通説同，皆與索隱合。荀子王霸篇「齊桓、晉文、楚莊、吴闔閭、越句踐，是皆僻陋之國也，威動天下，彊殆中國，是所謂信立而霸也」。白虎通一云昆吾氏、大彭氏、豕韋氏、齊桓、晉文，一云齊桓、晉文、秦穆、楚莊、吴闔閭，一云齊桓、晉文、秦穆、宋襄、楚莊，諸説不同。愚按：史公云，齊、晉、秦、楚，在成周微甚，四國迭興，更爲伯主，則索隱之説即史公之意也。

〔一〇〕【索隱】行，下孟反。【考證】岡白駒曰：篡子，弑父兄篡立者。

〔一一〕【考證】成周，蓋言周盛時。漢興諸侯王年表云周封「太公於齊，兼五侯地，尊勤勞也」。武王成康所封數百，地上不過百里，下三十里，與此異。

〔一二〕【索隱】介，音界，言楚以江淮爲界。一云介者夾也。【考證】岡白駒曰：索隱後説爲是，介猶據也。王念孫曰：介，恃也。介江淮，言恃江淮之險也。襄二十四年左傳「以陳國之介恃大國而陵虐於敝邑」，介亦恃也。程一枝曰：淮，當作「漢」。

〔一三〕【考證】梁玉繩曰：史言孔子干君，猶子禽之言求爾。「七十餘君」尤妄，儒林傳序亦稱「仲尼干七十餘君無所遇」。索隱謂後之記者失詞，孔子歷聘無七十餘君。索隱本于論衡，論衡儒增篇云「孔子所至不能十國也」。此蓋戰國時誣説，史漫述之。其始出于莊子天運篇，以「干七十二君」爲孔子謂老聃語，淮南、説苑以及揚雄解嘲皆仍其謬。呂氏春秋遇合篇曰「孔子周流海内，所見八十餘君」，其數且過七十二矣，然乎哉！

〔一四〕【索隱】文去重。去，羌呂反。重，逐龍反。言約史記脩春秋，去其重文也。

〔一五〕【考證】「義法」二字始見乎此。自方苞揭出此二字，近時作古文者奉爲圭臬。

〔一六〕【考證】錢大昕曰：浹與「匝」同。愚按：春秋繁露玉杯篇「春秋論十二世之事，人道浹而王道備，法布二百四十二年之中，相爲左右，以成文采」。

〔一七〕【索隱】傳，音逐宣反。【考證】吴汝綸曰：此史公以春秋自況，其所爲史記，刺譏襃諱挹損之文辭略同之也。此下歷道爲春秋者，皆不足以繼春秋，所以隱寄自任之旨。

〔一八〕【考證】梁玉繩曰：漢書藝文志、劉歆傳、後書陳元傳、論語疏、左穀二序疏皆稱作傳者爲左丘明，與聖同恥，親受經于仲尼。劉知幾所云「語世則並生，論才則同體」也。乃自趙宋以來諸儒，或謂左丘明在孔子前，左傳非左丘明作；或言作春秋傳者別有左氏，失其名，六國時人，楚左史倚相之後；作國語者左丘氏，魯左丘明之後；或又稱左氏世爲史官，末年傳文，是其子孫所續。諸家之説頗異，未定所從。

〔一九〕【索隱】鐸椒所撰。名鐸氏微者，春秋有微婉之詞故也。【考證】漢書藝文志春秋家「鐸氏微三篇，楚太傅鐸椒撰」，顔師古曰「微，謂釋其微指」。

〔二〇〕【正義】案：其文八篇，藝文志云十五篇，虞卿撰。【考證】漢書藝文志儒家「虞氏春秋十五篇」，春秋家「虞氏微傳二篇」。梁玉繩曰：此與虞卿傳並言八篇，而藝文志是十五篇，又有虞氏微傳二篇，溢數甚多，疑史誤。抑豈漢人別其篇爲十五，復摘其中合于春秋經義者爲微傳邪？愚按：世，諸本作「勢」，今從凌本、館本。

〔二一〕【索隱】荀況、孟軻、韓非皆著書自稱「子」。宋有公孫固，無所述。此固，齊人韓固，傳詩者。【考證】索隱

「韓固」當作「轅固」。梁玉繩曰：傳詩者韓嬰、轅固，不得嫁名於公孫固。考漢藝文志儒家有公孫固一篇十八章，齊閔王失國問之，因爲陳古今成敗也。愚按：荀子云「禮之敬文也，樂之中和也，詩書之博也，春秋之微也，在天地之間者畢矣」。韓非受學荀卿，故其書言春秋頗多，備內云「桃左春秋曰『人主之疾死者，不能處半』」，又云「上古之傳言，春秋所記，犯法爲逆，以成大姦者，未嘗不從尊貴之臣也」，內儲說云「魯哀公問於仲尼曰：『春秋之記曰，冬十二月霣霜不殺菽，何爲記此？』仲尼對曰：『此言可以殺而不殺也。夫宜殺而不殺，梅李冬實。天失道，草木猶犯干之，而況於君人乎！』」外儲說云：「子夏曰：『春秋之臣弑君，子弑父者，以十數矣，皆非一日之積也，有漸而然矣。』」此或受之荀卿。說疑云：「故曰：內寵並后，外寵貳政，枝子配適，大臣擬主，亂之道也。」采閔二年左氏傳語。又云：「周記曰：『無尊妾而卑妻，無孽適子而尊小枝，無尊嬖臣而匹上卿，無尊大臣以擬其主也。』四擬破，則上無意，下無怪也；四擬不破，則損身滅國矣。」史公論春秋，列韓非於孟、荀二子後，有故也。

〔二二〕【索隱】案：張蒼著終始五德傳也。

〔二三〕【索隱】作春秋繁露是。【考證】徐孚遠曰：惟董生所作，推春秋之旨，其餘雖沿其名，自別記事，不屬春秋也。

太史公曰：儒者斷其義，馳說者騁其辭，不務綜其終始；曆人取其年月，數家隆於神運，〔一〕譜諜獨記世謚，其辭略，欲一觀諸要難。〔二〕於是譜十二諸侯，自共和訖孔子，表見春秋、國語學者所譏盛衰大指，著于篇，爲成學治古文者要删焉。〔三〕

〔一〕【集解】徐廣曰：「運，一作『通』也。」【索隱】數，音疏具反，謂陰陽術數之家也。【考證】岡白駒曰：隆，猶尚也。

〔二〕【索隱】觀，音官。難，奴丹反。【考證】索隱本「一」作「壹」。

〔三〕【集解】徐廣曰：「一云『治國聞者』也。」【索隱】爲成學治文者要刪焉，言表見春秋國語，本爲成學之人欲覽其要，故刪爲此篇焉。【考證】譏，猶察也。俞正燮曰：此序云「古文」者，謂春秋、國語，序云「務綜其終始」，「表見春秋國語」，是也。漢書楚元王傳言古文春秋左氏傳，又言左氏傳多古言古字，故可稱古文。史記五帝本紀贊云「不離古文者近是」，下云「余觀春秋國語，其發明五帝德帝繫姓矣」，其古文亦指春秋、國語，又吳世家贊云「余讀春秋古文」語，俱相應。史記自序云「誦古文」，謂學古文尚書，就孔安國問故，及通左傳國語，史記言「古文」者，猶言古字本。尚書、春秋，其特舉古文者，以所采輯與博士不同，故申別之曰「古文」。五帝本紀贊言「好學深思」，又譏「淺見寡聞」，十二諸侯年表序又特言「成學」，皆與當時博士之黨同伐異者言之。史記立言之意，惜徐廣、裴駰等不知也。愚按：古文之義，俞說得之。但五帝本紀贊古文斥尚書而言，說既具本條。中井積德曰：要刪，謂刪煩取要也。

【考證】汪越曰：按十二諸侯年表並與三代世表之末相接續，魯始真公，齊始武公，晉始靖侯，秦始秦仲，楚始熊勇，宋始釐公，衛始釐公，陳始幽公，蔡始武侯，曹始夷伯，燕始惠侯，皆所謂自共和也。三代世表下十二國無鄭者，鄭至周宣王始封其母弟友也，吳壽夢始見于周簡王元年。錢大昕云：史記諸年表皆不記干支，注干支出于徐廣。六國表「周元王元年」，徐廣曰「乙丑」，秦楚之際月表「秦二世元年」，徐廣曰「壬辰」是也。十二諸侯年表「共和元年」，亦當有「徐廣曰庚申」字。今刊本乃於最上添一格書干支，而刪去徐廣注，讀者遂疑爲史公本文，曾不檢照後二篇，亦太疏矣。考徐注之例，唯於每王之元年記干支，此表每十年輒書「甲戌」、「甲申」、「甲午」、「甲辰」、「甲寅」、「甲子」字，不特非史公正文并非徐氏之例，其爲後人孱入鑿鑿可據。且史公以太陰紀年，故命太初之元爲閼逢攝提格，依此上推共和，必不值庚申，則「庚申」爲徐注，又何疑焉？

	庚申				甲子
周	共和元年〔一〕厲王子居召公宮，是爲宣王。王少，大臣共和行政。〔二〕	二	三	四	五
魯	真公濞十五年，〔三〕一云十四年〔四〕	十六	十七	十八	十九
齊	武公壽十年〔五〕	十一	十二	十三	十四
晉	靖侯宜臼十八年〔六〕	晉釐侯司徒元年	二	三	四
秦	秦仲四年〔七〕	五	六	七	八
楚	熊勇七年〔八〕	八	九	十	楚熊嚴元年
宋	釐公十八年〔九〕	十九	二十	二十一	二十二
衞	釐侯十四年〔一〇〕	十五	十六	十七	十八
陳	幽公寧十四年〔一一〕	十五	十六	十七	十八
蔡	武侯二十三年〔一二〕	二十四	二十五	二十六	蔡夷侯元年
曹	夷伯二十四年〔一三〕	二十五	二十六	二十七	二十八
鄭					
燕	惠侯二十四年〔一四〕	二十五	二十六	二十七	二十八
吳					

周	魯	齊	晉	秦	楚	宋	衛	陳	蔡	曹	鄭	燕	吴
六	二十	十五	五	九	二	二十三	十九	十九	二	二十九		二十九	
七	二十一	十六	六	十	三	二十四	二十	二十	三	三十		三十	
八	二十二	十七	七	十一	四	二十五	二十一	二十一	四	曹幽伯彊元年		三十一	
九	二十三	十八	八	十二	五	二十六	二十二	二十二	五	二		三十二	
十	二十四	十九	九	十三	六	二十七	二十三	二十三	六	三		三十三	
十一	二十五	二十	十	十四	七	二十八	二十四	陳釐公孝元年	七	四		三十四	
十二	二十六	二十一	十一	十五	八	宋惠公覸元年〔一五〕	二十五	二	八	五		三十五	
十三	二十七	二十二	十二	十六	九	二	二十六	三	九	六		三十六	
十四 宣王即位，共和罷。〔一六〕	二十八	二十三	十三	十七	十	三	二十七	四	十	七		三十七	

	甲戌						
周	宣王元年[一七]	二	三	四	五	六	七
魯	二十九	三十	魯武公敖元年	二	三	四	五
齊	二十四	二十五	二十六	齊厲公無忌元年	二	三	四
晉	十四	十五	十六	十七	十八	晉獻侯籍元年	二
秦	十八	十九	二十	二十一	二十二	二十三	秦莊公其元年[二〇]
楚	楚熊霜元年	二	三	四	五	六	楚熊徇元年
宋	四	五	六	七	八	九	十
衛	二十八	二十九	三十	三十一	三十二	三十三	三十四
陳	五	六	七	八	九	十	十一
蔡	十一	十二	十三	十四	十五	十六	十七
曹	八	九	曹戴伯鮮元年[一九]	二	三	四	五
鄭							
燕	三十八	燕釐侯莊元年[一八]	二	三	四	五	六
吳							

				甲申						
周	八	九	十	十一	十二	十三	十四	十五	十六	十七
魯	六	七	八	九	十	魯懿公戲元年	二	三	四	五
齊	五	六	七	八	九	齊文公赤元年	二	三	四	五
晉	三	四	五	六	七	八	九	十	十一	穆侯弗生元年〔一〕
秦	二	三	四	五	六	七	八	九	十	十一
楚	二	三	四	五	六	七	八	九	十	十一
宋	十一	十二	十三	十四	十五	十六	十七	十八	十九	二十
衛	三十五	三十六	三十七	三十八	三十九	四十	四十一	四十二	衛武公和元年	二
陳	十二	十三	十四	十五	十六	十七	十八	十九	二十	二十一
蔡	十八	十九	二十	二十一	二十二	二十三	二十四	二十五	二十六	二十七
曹	六	七	八	九	十	十一	十二	十三	十四	十五
鄭										
燕	七	八	九	十	十一	十二	十三	十四	十五	十六
吳										

				甲午	
周	十八	十九	二十	二十一	二十二
魯	六	七	八	九	魯孝公稱元年。伯御立爲君，稱爲諸公子云。伯御，武公孫。[二三]
齊	六	七	八	九	十
晉	二	三	四取齊女爲夫人	五	六
秦	十二	十三	十四	十五	十六
楚	十二	十三	十四	十五	十六
宋	二十一	二十二	二十三	二十四	二十五
衞	三	四	五	六	七
陳	二十二	二十三	二十四	二十五	二十六
蔡	二十八	蔡釐侯所事元年[二二]	二	三	四
曹	十六	十七	十八	十九	二十
鄭					鄭桓公友元年[二四]始封周宣王母弟。
燕	十七	十八	十九	二十	二十一
吳					

周	二十三	二十四	二十五	二十六
魯	二	三	四	五
齊	十一	十二	齊成公說元年[二五]	二
晉	七 以伐條生太子仇	八	九	十 以千畝戰，生仇弟成師。二子名反，君子譏之。後亂。
秦	十七	十八	十九	二十
楚	十七	十八	十九	二十
宋	二十六	二十七	二十八	二十九
衛	八	九	十	十一
陳	二十七	二十八	二十九	三十
蔡	五	六	七	八
曹	二十一	二十二	二十三	二十四
鄭	二	三	四	五
燕	二十二	二十三	二十四	二十五
吳				

					甲辰	
周	二十七	二十八	二十九	三十	三十一	三十二
魯	六	七	八	九	十	十一 周宣王誅伯御，立其弟稱，是爲孝公。[二九]
齊	三	四	五	六	七	八
晉	十一	十二	十三	十四	十五	十六
秦	二十一	二十二	二十三	二十四	二十五	二十六
楚	二十一	二十二	楚熊鄂元年	二	三	四
宋	三十[二六]	三十一 宋惠公薨[二七]	宋戴公立元年[二八]	二	三	四
衛	十二	十三	十四	十五	十六	十七
陳	三十一	三十二	三十三	三十四	三十五	三十六
蔡	九	十	十一	十二	十三	十四
曹	二十五	二十六	二十七	二十八	二十九	三十
鄭	六	七	八	九	十	十一
燕	二十六	二十七	二十八	二十九	三十	三十一
吴						

									甲寅
周	三十三	三十四	三十五	三十六	三十七	三十八	三十九	四十	四十一
魯	十二	十三	十四	十五	十六	十七	十八	十九	二十
齊	九	齊莊公贖元年〔三一〕	二	三	四	五	六	七	八
晉	十七	十八	十九	二十	二十一	二十二	二十三	二十四	二十五
秦	二十七	二十八	二十九	三十	三十一	三十二	三十三	三十四	三十五
楚	五	六	七	八	九	楚若敖元年〔三二〕	二	三	四
宋	五	六	七	八	九	十	十一	十二	十三
衛	十八	十九	二十	二十一	二十二	二十三	二十四	二十五	二十六
陳	陳武公靈元年	二	三	四	五	六	七	八	九
蔡	十五	十六	十七	十八	十九	二十	二十一	二十二	二十三
曹	曹惠公伯雉元年〔三〇〕	二	三	四	五	六	七	八	九
鄭	十二	十三	十四	十五	十六	十七	十八	十九	二十
燕	三十二	三十三	三十四	三十五	三十六	燕頃侯元年	二	三	四
吳									

周	四十二	四十三	四十四	四十五	四十六	幽王元年
魯	二十一	二十二	二十三	二十四	二十五	二十六
齊	九	十	十一	十二	十三	十四
晉	二十六	二十七穆侯卒，弟殤叔自立，太子仇出奔。	晉殤叔元年	二	三	四仇攻殺殤叔，立爲文侯。
秦	三十六	三十七	三十八	三十九	四十	四十一
楚	五	六	七	八	九	十
宋	十四	十五	十六	十七	十八	十九
衛	二十七	二十八	二十九	三十	三十一	三十二
陳	十	十一	十二	十三	十四	十五
蔡	二十四	二十五	二十六	二十七	二十八	二十九
曹	十	十一	十二	十三	十四	十五
鄭	二十一	二十二	二十三	二十四	二十五	二十六
燕	五	六	七	八	九	十
吳						

				甲子					
周	二 三川震	三 王取褒姒。	四	五	六	七	八	九	十
魯	二十七	二十八	二十九	三十	三十一	三十二	三十三	三十四	三十五
齊	十五	十六	十七	十八	十九	二十	二十一	二十二	二十三
晉	晉文侯仇元年	二	三	四	五	六	七	八	九
秦	四十二	四十三	四十四	秦襄公元年	二	三	四	五	六
楚	十一	十二	十三	十四	十五	十六	十七	十八	十九
宋	二十	二十一	二十二	二十三	二十四	二十五	二十六	二十七	二十八
衛	三十三	三十四	三十五	三十六	三十七	三十八	三十九	四十	四十一
陳	陳夷公說元年	二	三	陳平公燮元年	二	三	四	五	六
蔡	三十	三十一	三十二	三十三	三十四	三十五	三十六	三十七	三十八
曹	十六	十七	十八	十九	二十	二十一	二十二	二十三	二十四
鄭	二十七	二十八	二十九	三十	三十一	三十二	三十三	三十四	三十五
燕	十一	十二	十三	十四	十五	十六	十七	十八	十九
吳									

	周	魯	齊	晉	秦	楚	宋	衛	陳	蔡	曹	鄭	燕	吳
	十一 幽王爲犬戎所殺。	三十六	二十四	十	七 始列爲諸侯。	二十	二十九	四十二	七	三十九	二十五	三十六 以幽王故爲犬戎所殺。	二十	
	平王元年 東徙雒邑。	三十七	二十五	十一	八 初立西畤祠白帝。	二十一	三十	四十三	八	四十	二十六	鄭武公滑突元年〔三三〕	二十一	
	二	三十八	二十六	十二	九	二十二	三十一	四十四	九	四十一	二十七	二	二十二	
	三	魯惠公弗湟元年〔三四〕	二十七	十三	十	二十三	三十二	四十五	十	四十二	二十八	三	二十三	
甲戌	四	二	二十八	十四	十一	二十四	三十三	四十六	十一	四十三	二十九	四	二十四	

周	五	六	七	八	九	十
魯	三	四	五	六	七	八
齊	二十九	三十	三十一	三十二	三十三	三十四
晉	十五	十六	十七	十八	十九	二十
秦	十二 伐戎至岐而死。	秦文公元年	二	三	四	五
楚	二十五	二十六	二十七	楚霄敖元年〔三五〕	二	三
宋	三十四	宋武公司空元年	二	三	四	五
衛	四十七	四十八	四十九	五十	五十一	五十二
陳	十二	十三	十四	十五	十六	十七
蔡	四十四	四十五	四十六	四十七	四十八	蔡共侯興元年
曹	三十	三十一	三十二	三十三	三十四	三十五
鄭	五	六	七	八	九	十 娶申侯女武姜。
燕	燕哀侯元年	二	燕鄭侯元年	二	三	四
吳						

				甲申		
周	十一	十二	十三	十四	十五	十六
魯	九	十	十一	十二	十三	十四
齊	三十五	三十六	三十七	三十八	三十九	四十
晉	二十一	二十二	二十三	二十四	二十五	二十六
秦	六	七	八	九	十 作鄜畤	十一
楚	四	五	六	楚蚡冒元年〔三六〕	二	三
宋	六	七	八	九	十	十一
衛	五十三	五十四	五十五	衛莊公楊元年	二	三
陳	十八	十九	二十	二十一	二十二	二十三
蔡	二	蔡戴侯元年	二	三	四	五
曹	三十六	曹穆公元年	二	三	曹桓公終生元年	二
鄭	十一	十二	十三	十四 生莊公寤生	十五	十六
燕	五	六	七	八	九	十
吳						

周	十七	十八	十九	二十	二十一	二十二
魯	十五	十六	十七	十八	十九	二十
齊	四十一	四十二	四十三	四十四	四十五	四十六
晉	二十七	二十八	二十九	三十	三十一	三十二
秦	十二	十三	十四	十五	十六	十七
楚	四	五	六	七	八	九
宋	十二	十三	十四	十五	十六	十七
衛	四	五	六	七	八	九
陳	陳文公圉元年。生桓公鮑、厲公他，他母蔡女。〔三七〕	二	三	四	五	六
蔡	六	七	八	九	十	蔡宣侯楷論元年〔三八〕
曹	三	四	五	六	七	八
鄭	十七 生大叔段，母欲立段，公不聽。	十八	十九	二十	二十一	二十二
燕	十一	十二	十三	十四	十五	十六
吳						

		甲午		
周	二十三	二十四	二十五	二十六
魯	二十一	二十二	二十三	二十四
齊	四十七	四十八	四十九	五十
晉	三十三	三十四	三十五	晉昭侯元年。封季弟成師于曲沃，曲沃大於國，君子譏曰：晉人亂自曲沃始矣。[四〇]
秦	十八	十九 作祠陳寶	二十	二十一
楚	十	十一	十二	十三
宋	十八 生魯桓公母。[三九]	宋宣公力元年	二	三
衛	十	十一	十二	十三
陳	七	八	九	十 文公卒
蔡	二	三	四	五
曹	九	十	十一	十二
鄭	二十三	二十四	二十五	二十六
燕	十七	十八	十九	二十
吴				

周	二十七	二十八	二十九	三十	三十一
魯	二十五	二十六	二十七	二十八	二十九
齊	五十一	五十二	五十三	五十四	五十五
晉	二	三	四	五	六
秦	二十二	二十三	二十四	二十五	二十六
楚	十四	十五	十六	十七	武王立。〔四一〕
宋	四	五	六	七	八
衛	十四	十五	十六	十七 愛妾子州吁，州吁好兵。	十八
陳	陳桓公元年	二	三	四	五
蔡	六	七	八	九	十
曹	十三	十四	十五	十六	十七
鄭	二十七	鄭莊公寤生元年 祭仲相。	二	三	四
燕	二十一	二十二	二十三	二十四	二十五
吳					

			甲辰		
周	三十二	三十三	三十四	三十五	三十六
魯	三十	三十一	三十二	三十三	三十四
齊	五十六	五十七	五十八	五十九	六十
晉	潘父殺昭侯納成師，不克。昭侯子立，是爲孝侯。〔四二〕	二〔四三〕	三	四	五
秦	二十七	二十八	二十九	三十	三十一
楚	二	三	四	五	六
宋	九	十	十一	十二	十三
衛	十九	二十	二十一	二十二	二十三 夫人無子，桓公立。
陳	六	七	八	九	十
蔡	十一	十二	十三	十四	十五
曹	十八	十九	二十	二十一	二十二
鄭	五	六	七	八	九
燕	二十六	二十七	二十八	二十九	三十
吳					

周	三十七	三十八	三十九	四十	四十一
魯	三十五	三十六	三十七	三十八	三十九
齊	六十一	六十二	六十三	六十四	齊釐公祿父元年
晉	六	七	八	九 曲沃桓叔成師卒，子代立，爲莊伯。〔四四〕	十
秦	三十二	三十三	三十四	三十五	三十六
楚	七	八	九	十	十一
宋	十四	十五	十六	十七	十八
衛	衛桓公完元年	二 弟州吁驕，桓黜之，出奔。	三	四	五
陳	十一	十二	十三	十四	十五
蔡	十六	十七	十八	十九	二十
曹	二十三	二十四	二十五	二十六	二十七
鄭	十	十一	十二	十三	十四
燕	三十一	三十二	三十三	三十四	三十五
吳					

			甲寅		
周	四十二	四十三	四十四	四十五	四十六
魯	四十	四十一	四十二	四十三	四十四
齊	二 同母弟夷伯年生公孫毋知也。	三	四	五	六
晉	十一	十二	十三	十四	十五
秦	三十七	三十八	三十九	四十	四十一
楚	十二	十三	十四	十五	十六
宋	十九 公卒，命立弟和，爲穆公。	宋穆公和元年	二	三	四
衛	六	七	八	九	十
陳	十六	十七	十八	十九	二十
蔡	二十一	二十二	二十三	二十四	二十五
曹	二十八	二十九	三十	三十一	三十二
鄭	十五	十六	十七	十八	十九
燕	三十六	燕穆侯元年	二	三	四
吳					

周	四十七	四十八	四十九
魯	四十五	四十六	魯隱公息姑元年〔四六〕母聲子。
齊	七	八	九
晉	十六 曲沃莊伯殺孝侯，晉人立孝侯子郤，爲鄂侯。	晉鄂侯郤元年 曲沃强於晉。〔四五〕	二
秦	四十二	四十三	四十四
楚	十七	十八	十九
宋	五	六	七
衛	十一	十二	十三
陳	二十一	二十二	二十三
蔡	二十六	二十七	二十八
曹	三十三	三十四	三十五
鄭	二十	二十一	二十二 段作亂，奔。
燕	五	六	七
吴			

周	五十	五十一	桓王元年
魯	二	三　二月日蝕〔四七〕	四
齊	十	十一	十二
晉	三	四	五
秦	四十五	四十六	四十七
楚	二十	二十一	二十二
宋	八	九　公屬孔父立殤公。馮奔鄭。	宋殤公與夷元年
衛	十四	十五	十六　州吁弑公自立。
陳	二十四	二十五	二十六　衛石碏來告，故執州吁。
蔡	二十九	三十	三十一
曹	三十六	三十七	三十八
鄭	二十三　公悔思母，不見，穿地相見。	二十四　侵周取禾。	二十五
燕	八	九	十
吳			

		甲子	
周	二 使虢公伐晉之曲沃。	三	四
魯	五 公觀魚于棠，君子譏之。	六 鄭人來渝平	七
齊	十三	十四	十五
晉	六 鄂侯卒。曲沃莊伯復攻晉。立鄂侯子光，爲哀侯。〔四八〕	晉哀侯光元年	二 莊伯卒，子稱立，爲武公。
秦	四十八	四十九	五十
楚	二十三	二十四	二十五
宋	二 鄭伐我。我伐鄭。	三	四
衞	衞宣公晉元年。共立之。討州吁。	二	三
陳	二十七	二十八	二十九
蔡	三十二	三十三	三十四
曹	三十九	四十	四十一
鄭	二十六	二十七	二十八
燕	十一	十二 始朝王，王不禮。	十三
吳			

周	五	六	七
魯	八易許田，君子譏之。〔四九〕	九三月，大雨雹，雷。	十
齊	十六	十七	十八
晉	三	四	五
秦	秦寧公元年〔五〇〕	二	三
楚	二十六	二十七	二十八
宋	五	六	七諸侯敗我。我師與衛人伐鄭。
衛	四	五	六
陳	三十	三十一	三十二
蔡	三十五	蔡桓侯封人元年	二
曹	四十二	四十三	四十四
鄭	二十九與魯祊，易許田。	三十	三十一
燕	十四	十五	十六
吳			

周	八	九
魯	十一 大夫翬請殺桓公,求爲相,公不聽,即殺公。	魯桓公允元年〔五一〕母宋武公女,生,手文爲魯夫人。
齊	十九	二十
晉	六	七
秦	四	五
楚	二十九	三十
宋	八	九
衛	七	八
陳	三十三	三十四
蔡	三	四
曹	四十五	四十六
鄭	三十二	三十三 以璧加魯,易許田。〔五二〕
燕	十七	十八
吳		

周	十	十一
魯	二 宋賂以鼎，入於太廟，君子譏之。	三 翬迎女，齊侯送女，君子譏之。
齊	二十一	二十二
晉	八	晉小子元年。〔五四〕
秦	六	七
楚	三十一	三十二
宋	華督見孔父妻好，悅之。華督殺孔父，及殺殤公。宋公馮元年。〔五三〕華督爲相。	二
衛	九	十
陳	三十五	三十六
蔡	五	六
曹	四十七	四十八
鄭	三十四	三十五
燕	燕宣侯元年	二
吳		

		甲戌	
周	十二	十三 伐鄭。〔五五〕	十四
魯	四	五	六
齊	二十三	二十四	二十五 山戎伐我。
晉	二	三	曲沃武公殺小子。周伐曲沃，立晉哀侯弟湣。〔五八〕爲晉侯。晉侯湣元年
秦	八	九	十
楚	三十三	三十四	三十五 侵隨，隨爲善政，得止。
宋	三	四	五
衛	十一	十二	十三
陳	三十七	三十八 弟他殺太子免，代立。〔五六〕國亂再赴。	陳厲公他元年〔五九〕
蔡	七	八	九
曹	四十九	五十	五十一
鄭	三十六	三十七 伐周傷王。〔五七〕	三十八 太子忽救齊，齊將妻之。〔六〇〕
燕	三	四	五
吳			

周	十五	十六	十七
魯	七	八	九
齊	二十六	二十七	二十八
晉	二	三	四
秦	十一	十二	秦出公元年〔六二〕
楚	三十六	三十七伐隨弗拔，但盟罷兵。	三十八
宋	六	七	八
衛	十四	十五	十六
陳	二生敬仲完。周史卜完後世王齊。	三	四
蔡	十	十一	十二
曹	五十二	五十三	五十四
鄭	三十九	四十	四十一
燕	六	七	八
吳			

周	十八	十九	二十	二十一
魯	十	十一	十二	十三
齊	二十九	三十	三十一	三十二 釐公令毋知秩服如太子。
晉	五	六	七	八
秦	二	三	四	五
楚	三十九	四十	四十一	四十二
宋	九	十 執祭仲	十一	十二
衛	十七	十八 太子伋弟壽，争死。	十九	衛惠公朔元年
陳	五	六	七 公淫蔡，蔡殺公。〔六二〕	陳莊公林元年 桓公子。
蔡	十三	十四	十五	十六
曹	五十五	曹莊公射姑元年	二	三
鄭	四十二	四十三	鄭厲公突元年	二
燕	九	十	十一	十二
吳				

		甲申	
周	二十二	二十三	莊王元年生子積。〔六六〕
魯	十四	十五 天王求車，非禮。	十六 公會曹，謀伐鄭。
齊	三十三	齊襄公諸兒元年 貶毋知秩服，毋知怨。	二
晉	九	十	十一
秦	六 三父殺出公，立其兄武公。	秦武公元年 伐彭至華山。〔六三〕	二
楚	四十三	四十四	四十五
宋	十三	十四	十五
衛	二	三 朔奔齊，立黔牟。〔六四〕	衛黔牟元年
陳	二	三	四
蔡	十七	十八	十九
曹	四	五	六
鄭	三 諸侯伐我，報宋故。	四 蔡仲立忽，公出居櫟。	鄭昭公忽元年 忽母鄧女，祭仲取之。〔六七〕
燕	十三	燕桓公元年〔六五〕	二
吳			

周	二 有兄弟。〔六八〕	三
魯	十七 日食不書日，官失之。	十八 公與夫人如齊，齊侯通焉，使彭生殺公於車上。
齊	三	四 殺魯桓公，誅彭生。
晉	十二	十三
秦	三	四
楚	四十六	四十七
宋	十六	十七
衛	二	三
陳	五	六
蔡	二十	蔡哀侯獻舞元年
曹	七	八
鄭	二 渠彌殺昭公。	鄭子亹元年 齊殺子亹，昭公弟。
燕	三	四
吴		

周	四 周公欲殺王而立子克，王誅周公，克奔燕。[六九]	五	六
魯	魯莊公同元年	二	三
齊	五	六	七
晉	十四	十五	十六
秦	五	六	七
楚	四十八	四十九	五十
宋	十八	十九[七一]	宋湣公捷元年
衛	四	五	六
陳	七	陳宣公杵臼元年。杵臼，莊公弟。	二
蔡	二	三	四
曹	九	十	十一
鄭	鄭子嬰元年。子亹之弟。[七〇]	二	三
燕	五	六	七
吳			

周	七	八	九
魯	四	五 與齊伐衛，納惠公。	六
齊	八 伐紀，去其都邑。〔七二〕	九	十
晉	十七	十八	十九
秦	八	九	十
楚	五十一 王伐隨，告夫人心動，王卒軍中。	楚文王貲元年始都郢。	二 伐申過鄧，鄧甥曰，楚可取。鄧侯不許。
宋	二	三	四
衛	七	八	九
陳	三	四	五
蔡	五	六	七
曹	十二	十三	十四
鄭	四	五	六
燕	燕莊公元年	二	三
吴			

	甲午		
周	十	十一	十二
魯	七　星隕如雨，與雨偕。	八　子糾來奔，與管仲俱避毋知亂。	九　魯欲與糾入，後小白，齊距魯，使生致管仲。
齊	十一	十二　毋知殺君自立。〔七四〕	齊桓公小白元年，春，齊殺毋知。
晉	二十	二十一	二十二
秦	十一	十二	十三
楚	三	四	五
宋	五	六	七
衛	十　齊立惠公，黔牟奔周。〔七三〕	衛惠公朔復入。十四年。〔七五〕	十五
陳	六	七	八
蔡	八	九	十
曹	十五	十六	十七
鄭	七	八	九
燕	四	五	六
吳			

周	十三	十四
魯	十 齊伐我，爲糾故。	十一 臧文仲弔宋水。〔七六〕
齊	二	三
晉	二十三	二十四
秦	十四	十五
楚	六 息夫人，陳女，過蔡，蔡不禮，惡之。楚伐蔡，獲哀侯以歸。	七
宋	八	九 宋大水，公自罪。魯使臧文仲來弔。
衛	十六	十七
陳	九	十
蔡	十一 楚虜我侯。	十二
曹	十八	十九
鄭	十	十一
燕	七	八
吳		

周	十五	釐王元年	二
魯	十二	十三 曹沫劫桓公。反所亡地。	十四
齊	四	五 與魯人會柯。	六
晉	二十五	二十六	二十七
秦	十六	十七	十八
楚	八	九	十
宋	十 萬殺君，仇牧有義。	宋桓公御說元年 莊公子。	二
衛	十八	十九	二十
陳	十一	十二	十三
蔡	十三	十四	十五
曹	二十	二十一	二十二
鄭	十二	十三	十四
燕	九	十	十一
吳			

周	三	四
魯	十五	十六
齊	七 始霸，會諸侯于鄄。	八
晉	二十八 曲沃武公滅晉侯湣，以寶獻周，周命武公爲晉君，并其地。	晉武公稱并晉，已立三十九年，不更元，因其元年。
秦	十九	二十 葬雍，初以人從死。
楚	十一	十二 伐鄧滅之。
宋	三	四
衛	二十一	二十二
陳	十四	十五
蔡	十六	十七
曹	二十三	二十四 諸侯伐我。
鄭	鄭厲公元年 厲公亡後十七歲，復入。[七七]	二
燕	十二	十三
吳		

	甲辰		
周	五	惠王元年。取陳后。	二。燕、衛伐王，王奔溫，立子穨。[八〇]
魯	十七	十八	十九
齊	九	十	十一
晉	四十。武公卒，子詭諸立，爲獻公。	晉獻公詭諸元年	二
秦	秦德公元年。武公弟。	二。初作伏祠社，磔狗邑四門。	秦宣公元年
楚	十三[七八]	楚堵敖囏元年[七九]	二
宋	五	六	七。取衛女。文公弟。
衛	二十三	二十四	二十五
陳	十六	十七	十八
蔡	十八	十九	二十
曹	二十五	二十六	二十七
鄭	三	四	五
燕	十四	十五	十六。伐王，王奔溫，立子穨。[八一]
吳			

周	三	四 誅穨入惠王。	五 太子母早死。惠后生叔帶。〔八二〕	六
魯	二十	二十一	二十二	二十三 公如齊觀社。
齊	十二	十三	十四 陳完自陳來奔，田常始此也。〔八三〕	十五
晉	三	四	五 伐驪戎得姬。	六
秦	二	三	四 作密畤。	五
楚	三	四	五 弟惲殺堵敖自立。〔八四〕	楚成王惲元年
宋	八	九	十	十一
衛	二十六	二十七	二十八	二十九
陳	十九	二十	二十一 厲公子完奔齊。	二十二
蔡	蔡穆侯肸元年	二	三	四
曹	二十八	二十九	三十	三十一
鄭	六	七 救周亂入王。	鄭文公捷元年	二
燕	十七 鄭執我仲父。	十八	十九	二十
吳				

				甲寅	
周	七	八	九	十 賜齊侯命。	十一
魯	二十四	二十五	二十六	二十七	二十八
齊	十六	十七	十八	十九	二十
晉	七	八 盡殺故晉侯羣公子。	九 始城絳都。	十	十一
秦	六	七	八	九	十
楚	二	三	四	五	六
宋	十二	十三	十四	十五	十六
衞	三十	三十一	衞懿公赤元年	二	三
陳	二十三	二十四	二十五	二十六	二十七
蔡	五	六	七	八	九
曹	曹釐公夷元年	二	三	四	五
鄭	三	四	五	六	七
燕	二十一	二十二	二十三	二十四	二十五
吳					

周	十二	十三	十四
魯	二十九	三十	三十一
齊	二十一	二十二	二十三 伐山戎，爲燕也。
晉	十二 太子申生居曲沃，重耳居蒲城，夷吾居屈。驪姬故。	十三	十四
秦	十一	十二	秦成公元年
楚	七	八	九
宋	十七	十八	十九
衛	四	五	六
陳	二十八	二十九	三十
蔡	十	十一	十二
曹	六	七	八
鄭	八	九	十
燕	二十六	二十七	二十八
吴			

周	十五	十六
魯	三十二　莊公弟叔牙鴆死。子般，季友奔陳，立湣公。〔八五〕	魯湣公開元年〔八六〕
齊	二十四	二十五
晉	十五	十六　伐魏取霍，始封趙夙耿，畢萬魏，始此。〔八七〕
秦	二	三
楚	十	十一
宋	二十	二十一
衞	七	八
陳	三十一	三十二
蔡	十三	十四
曹	九	曹昭公元年
鄭	十一	十二
燕	二十九	三十
吴		

周	十七	十八
魯	二 慶父殺湣公。季友自陳立申爲釐公。殺慶父。〔八八〕	魯釐公申元年哀姜喪自齊至。
齊	二十六	二十七 殺女弟，魯莊公夫人，淫故。
晉	十七 申生將軍，君子知其廢。	十八
秦	四	秦穆公任好元年
楚	十二	十三
宋	二十二	二十三
衛	翟伐我。公好鶴，士不戰，滅我國。國怨惠公亂，滅其後，更立黔牟弟。衛戴公元年〔八九〕	衛文公燬元年戴公弟也。
陳	三十三	三十四
蔡	十五	十六
曹	二	三
鄭	十三	十四
燕	三十一	三十二
吳		

		甲子	
周	十九	二十	二十一
魯	二	三	四
齊	二十八爲衛築楚丘。救戎狄伐。〔九〇〕	二十九與蔡姬共舟，蕩公，公怒。歸蔡姬。	三十率諸侯伐蔡，蔡潰，遂伐楚，責苞茅貢。
晉	十九荀息以幣假道于虞，以伐虢，滅下陽。	二十	二十一申生以驪姬讒自殺。重耳奔蒲，夷吾奔屈。
秦	二	三	四迎婦于晉。
楚	十四	十五	十六齊伐我，至陘，使屈完盟。
宋	二十四	二十五	二十六
衛	二齊桓公率諸侯，爲我城楚丘。	三	四
陳	三十五	三十六	三十七
蔡	十七	十八以女故齊伐我。	十九
曹	四	五	六
鄭	十五	十六	十七
燕	三十三	燕襄公元年	二
吴			

周	二十二	二十三	二十四	二十五 襄王立，畏太叔。〔九二〕
魯	五	六	七	八
齊	三十一	三十二 率諸侯伐鄭。	三十三	三十四
晉	二十二 滅虞、虢。重耳奔狄。	二十三 夷吾奔梁。	二十四	二十五 伐翟，以重耳故。
秦	五	六	七	八
楚	十七	十八 伐許，許君肉袒謝，楚從之。	十九	二十
宋	二十七	二十八	二十九	三十 公疾，太子茲父讓兄目夷賢，公不聽。
衛	五	六	七	八
陳	三十八	三十九	四十	四十一
蔡	二十	二十一	二十二	二十三
曹	七	八	九	曹共公元年
鄭	十八	十九	二十	二十一
燕	三	四	五	六
吳				

周	襄王元年諸侯立王。[九一]	二
魯	九齊率我伐晉亂，至高梁還。	十
齊	三十五夏會諸侯于葵丘，天子使宰孔賜胙，命無拜。	三十六使隰朋立晉惠公。
晉	二十六公卒，立奚齊，里克殺之，及卓子。立夷吾。[九二]	晉惠公夷吾元年誅里克，倍秦約。
秦	九夷吾使郤芮賂求入。	十丕鄭子豹亡來。
楚	二十一	二十二
宋	三十一公薨未葬，齊桓會葵丘。	宋襄公茲父元年目夷相。
衛	九	十
陳	四十二	四十三
蔡	二十四	二十五
曹	二	三
鄭	二十二	二十三
燕	七	八
吳		

周	三 戎伐我，太叔帶召之。欲誅叔帶，叔帶奔齊。[九四]	四
魯	十一	十二
齊	三十七	三十八 使管仲平戎于周，欲以上卿禮，讓受下卿。
晉	二	三
秦	十一 救王伐戎，戎去。	十二
楚	二十三 伐黃。	二十四
宋	二	三
衛	十一	十二
陳	四十四	四十五
蔡	二十六	二十七
曹	四	五
鄭	二十四 有妾夢天與之蘭，生穆公蘭。	二十五
燕	九	十
吳		

	甲戌		
周	五	六	七
魯	十三	十四	十五 五月日有食之。不書，史官失之。〔九九〕
齊	三十九 使仲孫請王言叔帶，王怒。〔九五〕	四十	四十一
晉	四 饑請粟，秦與我。	五 秦饑請粟，晉倍之。〔九七〕	六 秦虜惠公，復立之。
秦	十三 丕豹欲無與，公不聽，輸晉粟，起雍至絳。〔九六〕	十四	十五 以盜食善馬士，得破晉。
楚	二十五	二十六 滅六、英。〔九八〕	二十七
宋	四	五	六
衛	十三	十四	十五
陳	陳穆公款元年	二	三
蔡	二十八	二十九	蔡莊侯甲午元年
曹	六	七	八
鄭	二十六	二十七	二十八
燕	十一	十二	十三
吳			

周	八	九	十	十一
魯	十六	十七	十八	十九
齊	四十二 王以戎寇告齊，齊徵諸侯戍周。	四十三	齊孝公昭元年	二
晉	七 重耳聞管仲死，去翟之齊。	八	九	十
秦	十六 爲河東置官司。〔一〇〕	十七	十八	十九 滅梁。梁好城，不居，民罷，相驚，故亡。〔一一〕
楚	二十八	二十九	三十	三十一
宋	七 隕五石。六鷁退飛過我都。	八	九	十
衛	十六	十七	十八	十九
陳	四	五	六	七
蔡	二	三	四	五
曹	九	十	十一	十二
鄭	二十九	三十	三十一	三十二
燕	十四	十五	十六	十七
吳				

周	十二	十三	十四 叔帶復歸於周。
魯	二十	二十一	二十二
齊	三	四	五 歸王弟帶。
晉	十一	十二	十三 太子圉質秦，亡歸。〔一〇二〕
秦	二十	二十一	二十二
楚	三十二	三十三 執宋襄公，復歸之。	三十四
宋	十一	十二 召楚盟。	十三 泓之戰，楚敗公。〔一〇三〕
衛	二十	二十一	二十二
陳	八	九	十
蔡	六	七	八
曹	十三	十四	十五
鄭	三十三	三十四	三十五 君如楚，宋伐我。
燕	十八	十九	二十
吳			

	甲申	
周	十五	十六　王奔氾。氾，鄭地也。〔一〇六〕
魯	二十三	二十四
齊	六　伐宋，以其不同盟。	七
晉	十四　圉立，爲懷公。	晉文公元年　誅子圉。魏武子爲魏大夫，趙衰爲原大夫，咎犯曰：「求霸莫如內王。」〔一〇七〕
秦	二十三　迎重耳於楚，厚禮之，妻之女。重耳願歸。〔一〇四〕	二十四　以兵送重耳。
楚	三十五　重耳過，厚禮之。	三十六
宋	十四　公疾死，泓戰故。	宋成公王臣元年
衛	二十三　重耳從齊過，無禮。	二十四
陳	十一	十二
蔡	九	十
曹	十六　重耳過，無禮，僖負羈私善。〔一〇五〕	十七
鄭	三十六　重耳過，無禮，叔詹諫。	三十七
燕	二十一	二十二
吳		

周	十七　晉納王。	十八	十九
魯	二十五	二十六	二十七
齊	八	九	十　孝公薨，弟潘因衛公子開方，殺孝公子立潘。
晉	二	三　宋服。	四　救宋，報曹、衛恥。〔一〇八〕
秦	二十五　欲内王，軍河上。	二十六	二十七
楚	三十七	三十八	三十九　使子玉伐宋。
宋	二	三　倍楚親晉。	四　楚伐我，我告急於晉。
衛	二十五	衛成公鄭元年	二
陳	十三	十四	十五
蔡	十一	十二	十三
曹	十八	十九	二十
鄭	三十八	三十九	四十
燕	二十三	二十四	二十五
吳			

周	二十 王狩河陽。	二十一	
魯	二十八 公如踐土，會朝。	二十九	
齊	齊昭公潘元年 會晉敗楚，朝周王。	二	
晉	五 侵曹，伐衛，取五鹿，執曹伯。諸侯敗楚，而朝河陽，周命賜公土地。〔一〇九〕	六	
秦	二十八 會晉伐楚，朝周。	二十九	
楚	四十 晉敗子玉于城濮。	四十一	
宋	五 晉救我，楚兵去。	六	
衛	三 晉伐我，取五鹿。公出奔，立公子瑕。會晉朝，復歸晉。〔一一〇〕	四 晉以衛與宋。〔一一三〕	
陳	十六 會晉伐楚，朝周王。〔一一一〕	陳共公朔元年	
蔡	十四 會晉伐楚，朝周王。〔一一二〕	十五	
曹	二十一 晉伐我，執公，復歸之。	二十二	
鄭	四十一	四十二	
燕	二十六	二十七	
吳			

				甲午
周	二十二	二十三	二十四	二十五
魯	三十	三十一	三十二	三十三 僖公薨。
齊	三	四	五	六 狄侵我。
晉	七 聽周歸衛成公。與秦圍鄭。	八	九 文公薨。	晉襄公驩元年 破秦于殽。
秦	三十 圍鄭，有奇言，即去。	三十一	三十二 將襲鄭，蹇叔曰，不可。	三十三 襲鄭，晉敗我殽。
楚	四十二	四十三	四十四	四十五
宋	七	八	九	十
衛	五 周入成公復衛。	六	七	八
陳	二	三	四	五
蔡	十六	十七	十八	十九
曹	二十三	二十四	二十五	二十六
鄭	四十三 秦、晉圍我，以晉故。	四十四	四十五 文公薨。	鄭穆公蘭元年 秦襲我，弦高詐之。
燕	二十八	二十九	三十	三十一
吳				

周	二十六	二十七
魯	魯文公興元年	二
齊	七	八
晉	二伐衛，衛伐我。	三秦報我殽，敗于汪。〔二四〕
秦	三十四敗殽將亡歸，公復其官。	三十五伐晉報殽，敗我于汪。
楚	四十六王欲殺太子立職，太子恐，與傅潘崇殺王。王欲食熊蹯死，不聽。自立爲王。	楚穆王商臣元年以其太子宅賜崇，爲相。
宋	十一	十二
衛	九晉伐我，我伐晉。	十
陳	六	七
蔡	二十	二十一
曹	二十七	二十八
鄭	二	三
燕	三十二	三十三
吳		

周	二十八	二十九	三十
魯	三 公如晉。〔二一五〕	四	五
齊	九	十	十一
晉	四 秦伐我，取王官，我不出。	五 伐秦，圍邧、新城。〔二一六〕	六 趙成子、欒貞子、霍伯、臼季皆卒。〔二一七〕
秦	三十六 以孟明等伐晉，晉不敢出。	三十七 晉伐我，圍邧、新城。	三十八
楚	二 晉伐我。	三 滅江。	四 滅六、蓼。
宋	十三	十四	十五
衛	十一	十二 公如晉。	十三
陳	八	九	十
蔡	二十二	二十三	二十四
曹	二十九	三十	三十一
鄭	四	五	六
燕	三十四	三十五	三十六
吳			

周	三十一	三十二
魯	六	七
齊	十二	十三
晉	七 公卒。趙盾爲太子少，欲更立君，恐誅，遂立太子爲靈公。	晉靈公夷皋元年[一一九] 趙盾專政。
秦	三十九 繆公薨。葬殉以人，從死者百七十人，君子譏之，故不言卒。[一一八]	秦康公罃元年[一二〇]
楚	五	六
宋	十六	十七 公孫固殺成公。[一二一]
衛	十四	十五
陳	十一	十二
蔡	二十五	二十六
曹	三十二	三十三
鄭	七	八
燕	三十七	三十八
吳		

			甲辰
周	三十三 襄王崩。〔一二二〕	頃王元年	二
魯	八 王使衛來求金以葬，非禮。〔一二三〕	九	十
齊	十四	十五	十六
晉	二 秦伐我，取武城，報令狐之戰。〔一二四〕	三 率諸侯救鄭。	四 伐秦，拔少梁。秦取我北徵。〔一二六〕
秦	二	三	四 晉伐我，取少梁。我伐晉，取北徵。
楚	七	八 伐鄭，以其服晉。	九
宋	宋昭公杵臼元年 襄公之子。〔一二五〕	二	三
衛	十六	十七	十八
陳	十三	十四	十五
蔡	二十七	二十八	二十九
曹	三十四	三十五	曹文公壽元年
鄭	九	十 楚伐我。	十一
燕	三十九	四十	燕桓公元年
吳			

周	三	四	五
魯	十一 敗長翟于鹹，而歸得長翟。	十二	十三
齊	十七	十八	十九
晉	五	六 秦取我羈馬。與秦戰河曲，秦師遁。	七 得隨會。〔二七〕
秦	五	六 伐晉取羈馬。怒，與我大戰河曲。	七 晉詐得隨會。
楚	十	十一	十二
宋	四 敗長翟長丘。	五	六
衛	十九	二十	二十一
陳	十六	十七	十八
蔡	三十	三十一	三十二
曹	二	三	四
鄭	十二	十三	十四
燕	二	三	四
吴			

周	六 頃王崩。公卿争政，故不赴。	匡王元年	二
魯	十四 彗星入北斗，周史曰：「十年，宋、齊、晉君死。」	十五 六月辛丑，日蝕，齊伐我。	十六
齊	二十 昭公卒。弟商人殺太子自立，是爲懿公。	齊懿公商人元年	二 不得民心。
晉	八 趙盾以車八百乘納捷菑，平王室。〔二八〕	九 我入蔡。	十
秦	八	九	十
楚	楚莊王侶元年	二	三 滅庸。
宋	七	八	九 襄夫人使衛伯殺昭公。弟鮑立。
衛	二十二	二十三	二十四
陳	陳靈公平國元年	二	三
蔡	三十三	三十四 晉伐我。莊侯薨。	蔡文侯申元年
曹	五	六 齊入我郛。	七
鄭	十五	十六	十七
燕	五	六	七
吴			

周	三	四
魯	十七 齊伐我。	十八 襄仲殺嫡立庶子，爲宣公。
齊	三 伐魯。	四 公刖邴歜父，而奪閻職妻，二人共殺公，立桓公子惠公。
晉	十一 率諸侯平宋。	十二
秦	十一	十二
楚	四	五
宋	宋文公鮑元年。昭公弟。晉率諸侯伐我。	二
衛	二十五	二十六
陳	四	五
蔡	二	三
曹	八	九
鄭	十八	十九
燕	八	九
吳		

		甲寅
周	五	六 匡王崩。
魯	魯宣公倭元年 魯立宣公，不正，公室卑。	二
齊	齊惠公元年 取魯濟西之田。	二 王子成父敗長翟。
晉	十三 趙盾救陳、宋伐鄭。	十四 趙穿殺靈公，趙盾使穿迎公子黑臀于周，立之。趙氏賜公族。〔一三〇〕
秦	秦共公和元年〔一二九〕	二
楚	六 伐宋、陳，以倍我服晉故。	七
宋	三 楚、鄭伐我，以我倍楚故也。	四 華元以羊羹故陷於鄭。
衛	二十七	二十八
陳	六	七
蔡	四	五
曹	十	十一
鄭	二十 與楚侵陳，遂侵宋。晉使趙盾伐我，以倍晉故。	二十一
燕	十	十一 與宋師戰，獲華元。
吳		

周	魯	齊	晉	秦	楚	宋	衛	陳	蔡	曹	鄭	燕	吳
定王元年	三	三	晉成公黑臀元年。伐鄭。	三	八 伐陸渾至雒，問鼎輕重。	五 贖華元，亡歸。圍曹。〔一三〕	二十九	八	六	十二 宋圍我。	二十二 華元亡歸。	十二	
二	四	四	二	四	九 若敖氏爲亂，滅之。伐鄭。	六	三十	九	七	十三	鄭靈公夷元年。公子歸生以黿故殺靈公。	十三	

周	三	四	五
魯	五	六	七
齊	五	六	七
晉	三 中行桓子荀林父救鄭伐陳。	四 與衛侵陳。	五
秦	五〔三〕	秦桓公元年	二
楚	十	十一	十二
宋	七	八	九
衛	三十一	三十二 與晉侵陳。	三十三
陳	十 楚伐鄭，與我平。晉中行桓子距楚救鄭伐我。	十一 晉、衛侵我。	十二
蔡	八	九	十
曹	十四	十五	十六
鄭	鄭襄公堅元年 靈公庶弟。楚伐我，晉來救。	二	三
燕	十四	十五	十六
吳			

周	六	七
魯	八 七月日蝕。	九
齊	八	九 使桓子伐楚。以諸侯師伐陳救鄭。成公薨。
晉	六 與魯伐秦，獲秦諜，殺之絳市，六日而蘇。	七
秦	三 晉伐我，獲諜。	四
楚	十三 伐陳滅舒蓼。	十四 伐鄭，晉郤缺救鄭敗我。
宋	十	十一
衛	三十四	三十五
陳	十三 楚伐我。	十四
蔡	十一	十二
曹	十七	十八
鄭	四	五 楚伐我，晉來救，敗楚師。
燕	燕宣公元年	二
吳		

			甲子
周	八	九	十
魯	十。四月日蝕。	十一	十二
齊	十。公卒。崔杼有寵，高國逐之，奔衛。	齊頃公無野元年	二
晉	晉景公據元年。與宋伐鄭。	二	三。救鄭，爲楚所敗河上。
秦	五	六	七
楚	十五	十六。率諸侯誅陳夏徵舒，立陳靈公子午。	十七。圍鄭，鄭伯肉袒謝，釋之。
宋	十二	十三	十四。伐陳。
衛	衛穆公遬元年。齊高國來奔。〔二三〕	二	三
陳	十五。夏徵舒以其母辱，殺靈公。	陳成公午元年。靈公太子。	二
蔡	十三	十四	十五
曹	十九	二十	二十一
鄭	六。晉、宋、楚伐我。	七	八。楚莊圍我，卑辭以解。
燕	三	四	五
吳			

周	十一	十二	十三	十四
魯	十三	十四	十五 初稅畝。	十六
齊	三	伐鄭。	五	六
晉	四	五	六 救宋，執解揚，有使節。秦伐我。〔一二四〕	七 隨會滅赤翟。
秦	八	九	十	十一
楚	十八	十九 圍宋，爲殺使者。	二十 圍宋五月。華元告子反以誠，楚罷。〔一二五〕	二十一
宋	十五	十六 殺楚使者，楚圍我。	十七 華元告楚，楚去。	十八
衛	四	五	六	七
陳	三	四	五	六
蔡	十六	十七	十八	十九
曹	二十二	二十三 文公薨。	曹宣公廬元年〔一二六〕	二
鄭	九	十 晉伐我。	十一 佐楚伐宋，執解揚。	十二
燕	六	七	八	九
吳				

周	十五	十六	十七
魯	十七 日蝕。	十八 宣公薨。	魯成公黑肱元年春，齊取我隆。〔一三九〕
齊	七 晉使郤克來齊，婦人笑之，克怒歸去。	八 晉伐敗我。〔一三七〕	九
晉	八 使郤克使齊，婦人笑之，克怒歸。	九 伐齊質子彊，兵罷。〔一三八〕	十
秦	十二	十三	十四
楚	二十二	二十三 莊王薨。	楚共王審元年
宋	十九	二十	二十一
衛	八	九	十
陳	七	八	九
蔡	二十 文侯薨。	蔡景侯固元年	二
曹	三	四	五
鄭	十三	十四	十五
燕	十	十一	十二
吳			

周	十八	十九
魯	二 與晉伐齊，齊歸我汶陽，竊與楚盟。	三 會晉、宋、衛、曹伐鄭。
齊	十 晉郤克敗公於鞍，虜逢丑父。	十一 頃公如晉，欲王晉，晉不敢受。
晉	十一 與魯、曹敗齊。	十二 始置六卿。率諸侯伐鄭。
秦	十五	十六
楚	二 秋，申公巫臣竊徵舒母奔晉，以爲邢大夫。冬，伐衛、魯，救齊。	三
宋	二十二	宋共公瑕元年
衛	十一 穆公薨。與諸侯敗齊，反侵地。楚伐我。	衛定公臧元年
陳	十	十一
蔡	三	四
曹	六	七 伐鄭。
鄭	十六	十七 晉率諸侯伐我。
燕	十三	十四
吳		

	甲戌	
周	二十	二十一 定王崩。
魯	四 公如晉，晉不敬，公欲倍晉合於楚。	五
齊	十二	十三
晉	十三 魯公來，不敬。	十四 梁山崩。伯宗隱其人而用其言。
秦	十七	十八
楚	四 子反救鄭。	五 伐鄭，倍我故也。鄭悼公來訟。〔一四一〕
宋	二	三
衛	二	三
陳	十二	十三
蔡	五	六
曹	八	九
鄭	十八 晉欒書取我汜。〔一四〇〕襄公薨。	鄭悼公費元年。公如楚訟。
燕	十五	燕昭公元年
吳		

周	簡王元年	二	三
魯	六	七	八
齊	十四	十五	十六
晉	十五 使欒書救鄭，遂侵蔡。	十六 以巫臣始通於吳，而謀楚。	十七 復趙武田邑。侵蔡。
秦	十九	二十	二十一
楚	六	七 伐鄭。	八
宋	四	五	六
衛	四	五	六
陳	十四	十五	十六
蔡	七 晉侵我。	八	九 晉伐我。
曹	十	十一	十二
鄭	二 悼公薨。楚伐我，晉使欒書來救。	鄭成公睔元年〔一四二〕悼公弟也。楚伐我。	二
燕	二	三	四
吳	吳壽夢元年	二 巫臣來謀伐楚。	三

周	四	五	六
魯	九	十 公如晉送葬，諱之。	十一
齊	十七 頃公薨。	齊靈公環元年	二
晉	十八 執鄭成公，伐鄭。秦伐我。	十九	晉厲公壽曼元年
秦	二十二 伐晉。	二十三	二十四 與晉侯夾河盟，歸倍盟。
楚	九 救鄭。冬與晉成。	十	十一
宋	七	八	九
衛	七	八	九
陳	十七	十八	十九
蔡	十	十一	十二
曹	十三	十四	十五
鄭	三 與楚盟。公如晉，執公伐我。	四 晉率諸侯伐我。	五
燕	五	六	七
吳	四	五	六

			甲申	
周	七	八	九	十
魯	十二	十三會晉伐秦。	十四	十五始與吳通，會鍾離。
齊	三	四伐秦。	五	六
晉	二	三伐秦至涇，敗之，獲其將成差。	四	五三郤讒伯宗，殺之，伯宗好直諫。
秦	二十五	二十六晉率諸侯伐我。	二十七〔一四三〕	秦景公元年
楚	十二	十三	十四	十五許畏鄭，請徙葉。
宋	十	十一晉率我伐秦。	十二	十三宋華元奔晉，復還。〔一四四〕
衞	十	十一	十二定公薨。	衞獻公衎元年
陳	二十	二十一	二十二	二十三
蔡	十三	十四	十五	十六
曹	十六	十七晉率我伐秦。	曹成公負芻元年	二晉執我公以歸。
鄭	六	七伐秦。	八	九
燕	八	九	十	十一
吳	七	八	九	十與魯會鍾離。

周	十一	十二	十三
魯	十六　宣伯告晉，欲殺季文子，文子得以義脫。	十七	十八　成公薨。
齊	七	八	九
晉	六　敗楚鄢陵。	七	八　欒書、中行偃殺厲公，立襄公孫，爲悼公。〔一四五〕
秦	二	三	四
楚	十六　救鄭，不利。子反醉，軍敗，殺子反歸。	十七	十八　爲魚石伐宋彭城。
宋	宋平公成元年	二	三　楚伐彭城，封魚石。
衛	二	三	四
陳	二十四	二十五	二十六
蔡	十七	十八	十九
曹	三	四	五
鄭	十　倍晉盟楚，晉伐我，楚來救。	十一	十二　與楚伐宋。
燕	十二	十三　昭公薨。	燕武公元年
吳	十一	十二	十三

周	十四 簡王崩。	靈王元年 生有髭。
魯	魯襄公午元年 圍宋彭城。	二 會晉城虎牢。
齊	十 我不救鄭。晉伐我。使太子光質於晉。〔一四六〕	十一
晉	晉悼公元年 圍宋彭城。	二 率諸侯伐鄭，城虎牢。
秦	五	六
楚	十九 侵宋救鄭。	二十
宋	四 楚侵我，取犬丘。晉誅魚石，歸我彭城。〔一四七〕	五
衞	五 圍宋彭城。	六
陳	二十七	二十八
蔡	二十	二十一
曹	六	七
鄭	十三 晉伐敗我兵於洧上，楚來救。	十四 成公薨。晉率諸侯伐我。
燕	二	三
吳	十四	十五

周	二	三	四
魯	三	四 公如晉。	五 季文子卒。
齊	十二 伐吳。〔一四八〕	十三	十四
晉	三 魏絳辱楊干。	四 魏絳說和戎、狄，狄朝晉。〔一四九〕	五
秦	七	八	九
楚	二十一 使子重伐吳，至衡山。使何忌侵陳。	二十二 伐陳。	二十三 伐陳。
宋	六	七	八
衛	七	八	九
陳	二十九 倍楚盟，楚侵我。	三十 楚伐我。成公薨。	陳哀公弱元年
蔡	二十二	二十三	二十四
曹	八	九	十
鄭	鄭釐公惲元年	二	三
燕	四	五	六
吳	十六 楚伐我。	十七	十八

周	五	六	七
魯	六	七	八 公如晉。
齊	十五	十六	十七
晉	六	七	八
秦	十	十一	十二
楚	二十四	二十五 圍陳。	二十六 伐鄭。
宋	九	十	十一
衛	十	十一	十二
陳	二	三 楚圍我，爲公亡歸。〔一五〇〕	四
蔡	二十五	二十六	二十七 鄭侵我。
曹	十一	十二	十三
鄭	四	五 子駟使賊夜殺釐公，詐以病卒赴諸侯。	鄭簡公喜元年 釐公子。〔一五一〕
燕	七	八	九
吳	十九	二十	二十一

周	八	九 王叔奔晉。
魯	九 與晉伐鄭會河上，問公年，十二，可冠，冠於衛。	十 楚、鄭侵我西鄙。
齊	十八 與晉伐鄭。	十九 令太子光、高厚會諸侯鍾離。
晉	九 率齊、魯、宋、衛、曹伐鄭。秦伐我。	十 率諸侯伐鄭。荀罃伐秦。
秦	十三 伐晉，楚爲我援。	十四 晉伐我。
楚	二十七 伐鄭，師于武城，爲秦。	二十八 使子囊救鄭。
宋	十二 晉率我伐鄭。	十三 鄭伐我，衛來救。
衛	十三 晉率我伐鄭，師曹鞭公幸妾。	十四 救宋。
陳	五	六
蔡	二十八	二十九
曹	十四 晉率我伐鄭。	十五
鄭	二 誅子駟。晉率諸侯伐我，我與盟。楚怒伐我。〔一五二〕	三 晉率諸侯伐我，楚來救。子孔作亂，子產攻之。〔一五三〕
燕	十	十一
吳	二十二	二十三

周	十	十一	十二
魯	十一 三桓分爲三軍，各將軍。	十二 公如晉。	十三
齊	二十	二十一	二十二
晉	十一 率諸侯伐鄭，秦敗我櫟。公曰「吾用魏絳九合諸侯」，賜之樂。	十二	十三
秦	十五 我使庶長鮑伐晉救鄭，敗之櫟。	十六	十七
楚	二十九 晉、鄭伐我。[一五四]	三十	三十一 吳伐我，敗之。共王薨。
宋	十四 楚伐我。	十五	十六
衛	十五 救鄭。敗秦師櫟。[一五五]	十六	十七
陳	七	八	九
蔡	三十	三十一	三十二
曹	十六	十七	十八
鄭	四 與楚伐宋，晉率諸侯伐我，秦來救。	五	六
燕	十二	十三	十四
吳	二十四	二十五 壽夢卒。	吳諸樊元年。楚敗我。

			甲辰
周	十三	十四	十五
魯	十四 日蝕。	十五 日蝕，齊伐我。	十六 齊伐我。地震。齊復伐我北鄙。
齊	二十三 衛獻公來奔。	二十四 伐魯。	二十五 伐魯。
晉	十四 率諸侯大夫伐秦，敗棫林。〔一五六〕	十五 悼公薨。	晉平公彪元年 我敗楚于湛坂。〔一六〇〕
秦	十八 晉諸侯大夫伐我，敗棫林。	十九	二十
楚	楚康王昭元年〔一五七〕共王太子出奔吴。〔一五八〕	二	三 晉伐我，敗湛坂。
宋	十七	十八	十九
衛	十八 孫文子攻公，公奔齊，立定公弟狄。	衛殤公狄元年 定公弟。〔一五九〕	二
陳	十	十一	十二
蔡	三十三	三十四	三十五
曹	十九	二十	二十一
鄭	七	八	九
燕	十五	十六	十七
吴	二 季子讓位。楚伐我。	三	四

周	十六	十七	十八
魯	十七 齊伐我北鄙。	十八 與晉伐齊。	十九
齊	二十六 伐魯。	二十七 晉圍臨淄。晏嬰。[一六二]	二十八 廢光，立子牙爲太子。光與崔杼殺牙自立。晉、衛伐我。
晉	二	三 率魯、宋、鄭、衛圍齊，大破之。	四 與衛伐齊。
秦	二十一	二十二	二十三
楚	四	五 伐鄭。	六
宋	二十 伐陳。	二十一 晉率我伐齊。	二十二
衛	三 伐曹。	四	五 晉率我伐齊。
陳	十三 宋伐我。	十四	十五
蔡	三十六	三十七	三十八
曹	二十二 伐衛。[一六一]	二十三 成公薨。	曹武公勝元年
鄭	十	十一 晉率我圍齊。楚伐我。	十二 子產爲卿。
燕	十八	十九 武公薨。	燕文公元年
吳	五	六	七

周	十九	二十	二十一
魯	二十　日蝕。	二十一　公如晉。日再蝕。	二十二　孔子生。
齊	齊莊公元年	二	三　晉欒逞來奔。〔一六三〕晏嬰曰「不如歸之。」
晉	五	六　魯襄公來。殺羊舌虎。	七　欒逞奔齊。
秦	二十四	二十五	二十六
楚	七	八	九
宋	二十三	二十四	二十五
衛	六	七	八
陳	十六	十七	十八
蔡	三十九	四十	四十一
曹	二	三	四
鄭	十三	十四	十五
燕	二	三	四
吳	八	九	十

周	二十二	二十三
魯	二十三	二十四 侵齊。日再蝕。
齊	四 欲遺欒逞入曲沃,伐晉取朝歌。	五 畏晉通楚,晏子謀。〔一六四〕
晉	八	九
秦	二十七	二十八
楚	十	十一 與齊通。率陳、蔡伐鄭救齊。
宋	二十六	二十七
衛	九 齊伐我。	十
陳	十九	二十 楚率我伐鄭。
蔡	四十二	四十三 楚率我伐鄭。
曹	五	六
鄭	十六	十七 子產曰:「范宣子爲政。我請伐陳。」〔一六五〕
燕	五	六
吳	十一	十二

		甲寅
周	二十四	二十五
魯	二十五　齊伐我北鄙，以報孝伯之師。	二十六
齊	六　晉伐我，報朝歌。崔杼以莊公通其妻殺之，立其弟爲景公。	齊景公杵臼元年。如晉請歸衛獻公。
晉	十　伐齊至高唐，報太行之役。〔一六六〕	十一　誅衛殤公，復入獻公。〔一六八〕
秦	二十九　公如晉，盟不結。〔一六七〕	三十
楚	十二　吳伐我，以報舟師之役，射殺吳王。	十三　率陳、蔡伐鄭。
宋	二十八	二十九
衛	十一	十二　齊、晉殺殤公，復內獻公。
陳	二十一　鄭伐我。	二十二　楚率我伐鄭。
蔡	四十四	四十五
曹	七	八
鄭	十八　伐陳入陳。	十九　楚率陳、蔡伐我。
燕	燕懿公元年	二
吳	十三　諸樊伐楚，迫巢門，傷射以薨。	吳餘祭元年〔一六九〕

周	二十六	二十七
魯	二十七 日蝕。	二十八 公如楚。葬康王。
齊	二 慶封欲專，誅崔氏，杼自殺。	三 冬鮑、高、欒氏謀慶封，發兵攻慶封，慶封奔吳。
晉	十二	十三
秦	三十一	三十二
楚	十四	十五 康王薨。
宋	三十	三十一
衛	衛獻公衎後元年	二
陳	二十三	二十四
蔡	四十六	四十七
曹	九	十
鄭	二十	二十一
燕	三	四 懿公薨。
吳	二	三 齊慶封來奔。

周	景王元年	二
魯	二十九 吳季札來觀周樂，盡知樂所爲。	三十
齊	四 吳季札來使，與晏嬰歡。	五
晉	十四 吳季札來，曰：「晉政卒歸韓、魏、趙。」	十五
秦	三十三	三十四
楚	楚熊郟敖元年〔一七〇〕	二
宋	三十二	三十三
衞	三	衞襄公惡元年
陳	二十五	二十六
蔡	四十八	四十九 爲太子取楚女，公通焉，太子殺公自立。
曹	十一	十二
鄭	二十二 吳季札謂子産曰：「政將歸子，子以禮幸脱於戹矣。」	二十三 諸公子争寵相殺，子産、子成止之。〔一七一〕
燕	燕惠公元年 齊高止來奔。	二
吳	四 守門閽殺餘祭。季札使諸侯。〔一七二〕	五

周	三	四	五
魯	三十一 襄公薨。	魯昭公稠元年昭公年十九有童心。	二 公如晉至河，晉謝還之。
齊	六	七	八
晉	十六	十七 秦后子來奔。	十八 齊田無宇來送女。
秦	三十五	三十六 公弟后子奔晉，車千乘。	三十七
楚	三 王季父圍爲令尹。	四 令尹圍殺郟敖，自立爲靈王。	楚靈王圍元年共王子肘玉。
宋	三十四	三十五	三十六
衛	二	三	四
陳	二十七	二十八	二十九
蔡	蔡靈侯班元年	二	三
曹	十三	十四	十五
鄭	二十四	二十五	二十六
燕	三	四	五
吳	六	七	八

周	六	七
魯	三	四 稱病不會楚。
齊	九 晏嬰使晉，見叔向曰：「齊政歸田氏。」叔向曰：「晉公室卑。」	十
晉	十九	二十
秦	三十八	三十九
楚	二	三 夏，合諸侯宋地。盟伐吳、朱方，誅慶封。冬，報我取三城。[一七三]
宋	三十七	三十八
衛	五	六 稱病不會楚。
陳	三十	三十一
蔡	四	五
曹	十六	十七 稱病不會楚。
鄭	二十七 夏如晉。冬如楚。	二十八 子產曰：「三國不會。」[一七四]
燕	六 公欲殺公卿立幸臣，公卿誅幸臣，公恐，出奔齊。	七
吳	九	十 楚誅慶封。

	甲子		
周	八	九	十
魯	五	六	七 季武子卒。日蝕。
齊	十一	十二 公如晉，請伐燕入其君。	十三 入燕君。
晉	二十一 秦后子歸秦。	二十二 齊景公來，請伐燕入其君。	二十三 入燕君。
秦	四十 公卒。后子自晉歸。	秦哀公元年	二
楚	四 率諸侯伐吳。	五 伐吳次乾谿。	六 執芋尹，亡人入章華。
宋	三十九	四十	四十一
衛	七	八	九 夫人姜氏無子。
陳	三十二	三十三	三十四
蔡	六	七	八
曹	十八	十九	二十
鄭	二十九	三十	三十一
燕	八	九 齊伐我。	燕悼公元年 惠公歸，至卒。
吳	十一 楚率諸侯伐我。	十二 楚伐我次乾谿。	十三

周	十一	十二	十三
魯	八 公如楚，楚留之。賀章華臺。	九	十 四月日蝕。〔一七六〕
齊	十四	十五	十六
晉	二十四	二十五	二十六 春有星出婺女。十月公薨。〔一七七〕
秦	三	四	五
楚	七 就章華臺，內亡人實之。滅陳。	八 弟棄疾將兵定陳。	九
宋	四十二	四十三	四十四 平公薨。
衛	衛靈公元年〔一七五〕	二	三
陳	三十五 弟招作亂，哀公自殺。	陳惠公吳元年 哀公孫也。楚來定我。	二
蔡	九	十	十一
曹	二十一	二十二	二十三
鄭	三十二	三十三	三十四
燕	二	三	四
吳	十四	十五	十六

周	十四	十五
魯	十一	十二 朝晉至河，晉謝之，歸。
齊	十七	十八 公如晉。〔一七九〕
晉	晉昭公夷元年	二
秦	六	七
楚	十 醉殺蔡侯，使棄疾圍之。棄疾居之爲蔡侯。〔一七八〕	十一 王伐舒以恐吳，次乾谿。民罷於役，怨王。
宋	宋元公佐元年	二
衛	四	五 公如晉朝嗣君。
陳	三	四
蔡	十二 靈侯如楚，楚殺之，使棄疾居之，爲蔡侯。	蔡侯廬元年 景侯子。〔一八〇〕
曹	二十四	二十五
鄭	三十五	三十六
燕	五	六
吳	十七	吳餘昧元年〔一八一〕

			甲戌
周	十六	十七	十八 后太子卒。〔一八三〕
魯	十三	十四	十五 日蝕。公如晉，晉留之葬，公恥之。
齊	十九	二十	二十一
晉	三	四	五
秦	八	九	十
楚	十二 棄疾作亂，自立，靈王自殺。復陳、蔡。	楚平王居元年 共王子，抱玉。	二 王爲太子取秦女，好，自取之。
宋	三	四	五
衛	六	七	八
陳	五 楚平王復陳，立惠公。	六	七
蔡	二 楚平王復我，立景侯子廬。〔一八二〕	三	四
曹	二十六	二十七	曹平公須元年
鄭	鄭定公寧元年	二	三
燕	七	燕共公元年	二
吳	二	三	四

周	十九	二十	二十一
魯	十六	十七　五月朔，日蝕。彗星見辰。〔一八五〕	十八
齊	二十二	二十三	二十四
晉	六　公卒。六卿彊，公室卑矣。	晉頃公去疾元年	二
秦	十一	十二	十三
楚	三	四　與吳戰。	五
宋	六	七	八　火。
衛	九	十	十一　火。
陳	八	九	十　火。
蔡	五	六	七
曹	二	三	四　平公薨。
鄭	四	五　火，欲禳之，子產曰：「不如脩德。」	六　火。
燕	三	四	五　共公薨。
吳	吳僚元年〔一八四〕	二　與楚戰。	三

周	二十二	二十三	二十四
魯	十九　地震。	二十　齊景公與晏子狩，入魯問禮。	二十一　公如晉，至河，晉謝之，歸。日蝕。
齊	二十五	二十六　獵魯界，因入魯。	二十七
晉	三	四	五
秦	十四	十五	十六
楚	六	七　誅伍奢、尚，太子建奔宋，伍胥奔吳。	八　蔡侯來奔。
宋	九	十　公毋信。詐殺公子。楚太子建來奔，見亂，之鄭。〔一八六〕	十一
衛	十二	十三	十四
陳	十一	十二	十三
蔡	八	九　平侯薨。靈侯孫東國，殺平侯子而自立。〔一八七〕	蔡悼侯東國元年　奔楚。〔一八八〕
曹	曹悼公午元年	二	三
鄭	七	八　楚太子建從宋來奔。	九
燕	燕平公元年	二	三
吳	四	五　伍員來奔。	六

周	二十五〔一八九〕	敬王元年	二
魯	二十二 日蝕。	二十三 地震。	二十四 鸜鵒來巢。〔一九一〕
齊	二十八	二十九	三十
晉	六 周室亂，公平亂，立敬王。	七	八
秦	十七	十八	十九
楚	九	十 吳伐敗我。	十一 吳卑梁人争桑，伐取我鍾離。
宋	十二	十三	十四
衛	十五	十六	十七
陳	十四	十五 吳敗我兵，取胡、沈。	十六
蔡	二	三〔一九〇〕	蔡昭侯申元年。悼侯弟。
曹	四	五	六
鄭	十	十一 楚建作亂，殺之。	十二 公如晉，請内王。
燕	四	五	六
吳	七	八 公子光敗楚。	九

	甲申	
周	三	四
魯	二十五 公欲誅季氏，三桓氏攻公，公出居鄆。〔一九二〕	二十六 齊取我鄆以處公。
齊	三十一	三十二 彗星見。晏子曰：「田氏有德於齊，可畏。」
晉	九	十 知櫟、趙鞅內王於王城。
秦	二十	二十一
楚	十二	十三 欲立子西，子西不肯，秦女子立，爲昭王。
宋	十五	宋景公頭曼元年〔一九三〕
衛	十八	十九
陳	十七	十八
蔡	二	三
曹	七	八
鄭	十三	十四
燕	七	八
吳	十	十一

周	五	六
魯	二十七	二十八 公如晉求入，晉弗聽，處之乾侯。
齊	三十三	三十四
晉	十一	十二 六卿誅公族，分其邑，各使其子爲大夫。
秦	二十二	二十三
楚	楚昭王珍元年 誅無忌以説衆。	二
宋	二	三
衛	二十	二十一
陳	十九	二十
蔡	四	五
曹	九	曹襄公元年〔一九四〕
鄭	十五	十六
燕	九	十
吳	十二 公子光使專諸殺僚，自立。	吳闔閭元年

周	七	八
魯	二十九 公自乾侯如鄆。齊侯曰「主君」，公恥之，復之乾侯。	三十
齊	三十五	三十六
晉	十三	十四 頃公薨。
秦	二十四	二十五
楚	三	四 吳三公子來奔，封以扞吳。
宋	四	五
衞	二十二	二十三
陳	二十一	二十二
蔡	六	七
曹	二	三
鄭	鄭獻公蠆元年	二
燕	十一	十二
吳	二	三 三公子奔楚。

周	九	十晉使諸侯爲我築城。	十一
魯	三十一日蝕。	三十二公卒乾侯。	魯定公宋元年。昭公喪自乾侯至。
齊	三十七	三十八	三十九
晉	晉定公午元年	二率諸侯爲周築城。	三
秦	二十六	二十七	二十八
楚	五吳伐我六、潛。	六	七囊瓦伐吳，敗我豫章。蔡侯來朝。〔一九五〕
宋	六	七	八
衛	二十四	二十五	二十六
陳	二十三	二十四	二十五
蔡	八	九	十朝楚，以裘故留。
曹	四	五平公弟通，殺襄公自立。	曹隱公元年
鄭	三	四	五
燕	十三	十四	十五
吳	四伐楚六、潛。	五	六楚伐我，迎擊，敗之，取楚之居巢。

		甲午	
周	十二	十三	十四 與晉率諸侯侵楚。〔一九六〕
魯	二	三	四
齊	四十	四十一	四十二
晉	四	五	六 周與我率諸侯侵楚。
秦	二十九	三十	三十一 楚包胥請救。
楚	八	九 蔡昭侯留三歲，得裘故歸。	十 吳、蔡伐我入郢，昭王亡。伍子胥鞭平王墓。
宋	九	十	十一
衛	二十七	二十八	二十九 與蔡爭長。
陳	二十六	二十七	二十八
蔡	十一	十二 與子常裘，得歸，如晉，請伐楚。	十三 與衛爭長。楚侵我，吳與我伐楚入郢。
曹	二	三	四
鄭	六	七	八
燕	十六	十七	十八
吳	七	八	九 與蔡伐楚入郢。

周	十五	十六 王子朝之徒作亂，故王奔晉。	十七 劉子迎王，晉入王。
魯	五 陽虎執季桓子，與盟釋之。日蝕。	六	七 齊伐我。
齊	四十三	四十四	四十五 侵衛伐魯。
晉	七	八	九 入周敬王。
秦	三十二	三十三	三十四
楚	十一 秦救至，吳去，昭王復入。	十二 吳伐我番，楚恐，徙鄀。〔一九八〕	十三
宋	十二	十三	十四
衛	三十	三十一	三十二 齊侵我。
陳	陳懷公柳元年	二	三
蔡	十四	十五	十六
曹	曹靖公路元年〔一九七〕	二	三
鄭	九	十 魯侵我。	十一
燕	十九	燕簡公元年	二
吳	十	十一 伐楚取番。	十二

周	十八	十九	二十
魯	八 陽虎欲伐三桓,三桓攻陽虎,虎奔陽關。	九 伐陽虎,虎奔齊。	十 公會齊侯於夾谷。〔二〇一〕孔子相。齊歸我地。
齊	四十六 魯伐我。我伐魯。	四十七 因陽虎,虎奔晉。	四十八
晉	十 伐衛。	十一 陽虎來奔。	十二
秦	三十五	三十六 哀公薨。	秦惠公元年 彗星見。〔二〇二〕
楚	十四 子西爲民泣,民亦泣,蔡昭侯恐。〔一九九〕	十五	十六
宋	十五	十六 陽虎來奔。	十七
衛	三十三 晉、魯侵伐我。〔二〇〇〕	三十四	三十五
陳	四 公如吴,吴留之,因死吴。	陳湣公越元年	二
蔡	十七	十八	十九
曹	四 靖公薨。	曹伯陽元年	二
鄭	十二	十三 獻公薨。	鄭聲公勝元年 鄭益弱。
燕	三	四	五
吴	十三 陳懷公來,留之,死於吴。	十四	十五

周	二十一	二十二
魯	十一	十二　齊來歸女樂，季桓子受之，孔子行。〔二〇四〕
齊	四十九	五十　遺魯女樂。
晉	十三	十四
秦	二　生躁公、懷公、簡公。〔二〇三〕	三
楚	十七	十八
宋	十八	十九
衛	三十六	三十七　伐曹。
陳	三	四
蔡	二十	二十一
曹	三　國人有夢，衆君子立社宮，謀亡曹，曹振鐸請待公孫彊，許之。	四　衛伐我。
鄭	二	三
燕	六	七
吴	十六	十七

	甲辰	
周	二十三	二十四
魯	十三	十四
齊	五十一	五十二
晉	十五 趙鞅伐范、中行。[二〇五]	十六
秦	四	五
楚	十九	二十
宋	二十	二十一
衛	三十八 孔子來，禄之如魯。	三十九 太子蒯聵出奔。
陳	五	六 孔子來。[二〇六]
蔡	二十二	二十三
曹	五	六 公孫彊好射，獻鴈君，使爲司城，夢者子行。
鄭	四	五 子產卒。
燕	八	九
吳	十八	十九 伐越，敗我，傷闔閭指，以死。

周	二十五	二十六	二十七
魯	十五 定公薨。日蝕。	魯哀公將元年	二
齊	五十三	五十四 伐晉。	五十五 輸范、中行氏粟。
晉	十七	十八 趙鞅圍范、中行朝歌。齊伐我。〔二〇七〕	十九 趙鞅圍范、中行，鄭來救，我敗之。
秦	六	七	八
楚	二十一 滅胡。以吳敗我倍之。	二十二 率諸侯圍蔡。	二十三
宋	二十二 鄭伐我。	二十三	二十四
衛	四十	四十一 伐晉。	四十二 靈公薨。蒯聵子輒立。晉納太子蒯聵于戚。
陳	七	八 吳伐我。	九
蔡	二十四	二十五 楚伐我，以吳怨故。	二十六 畏楚，私召吳人，乞遷于州來，州來近吳。
曹	七	八	九
鄭	六 伐宋。	七	八 救范、中行氏，與趙鞅戰於鐵，敗我師。
燕	十	十一	十二
吳	吳王夫差元年	二 伐越。	三

周	二十八	二十九	三十
魯	三 地震。	四	五
齊	五十六	五十七 乞救范氏。	五十八 景公薨。立嬖姬子爲太子。
晉	二十	二十一 趙鞅拔邯鄲、柏人有之。	二十二 趙鞅敗范、中行，中行奔齊。伐衛。〔二〇九〕
秦	九	十 惠公薨。	秦悼公元年
楚	二十四	二十五	二十六
宋	二十五 孔子過宋，桓魋惡之。〔二〇八〕	二十六	二十七
衛	衛出公輒元年	二	三 晉伐我，救范氏故。
陳	十	十一	十二
蔡	二十七	二十八 大夫共誅昭侯。	蔡成侯朔元年
曹	十 宋伐我。	十一	十二
鄭	九	十	十一
燕	燕獻公元年	二	三
吳	四	五	六

周	三十一	三十二
魯	六	七　公會吳王于繒。吳徵百牢，季康子使子貢謝之。
齊	齊晏孺子元年　田乞詐立陽生，殺孺子。	齊悼公陽生元年
晉	二十三	二十四　侵衛。
秦	二	三
楚	二十七　救陳，王死城父。	楚惠王章元年
宋	二十八　伐曹。	二十九　侵鄭圍曹。
衛	四	五　晉侵我。
陳	十三　吳伐我，楚來救。	十四
蔡	二	三
曹	十三　宋伐我。	十四　宋圍我，鄭救我。
鄭	十二	十三
燕	四	五
吳	七　伐陳。	八　魯會我繒。

	甲寅	
周	三十三	三十四
魯	八 吳爲邾伐我，至城下，盟而去。齊取我三邑。	九
齊	二 伐魯取三邑。	三
晉	二十五	二十六
秦	四	五
楚	二 子西召建子勝於吳，爲白公。	三 伐陳，陳與吳故。
宋	三十 曹倍我，我滅之。	三十一 鄭圍我，敗之于雍丘。
衛	六	七
陳	十五	十六 倍楚，與吳成。
蔡	四	五
曹	十五 宋滅曹，虜伯陽。	
鄭	十四	十五 圍宋，敗我師雍丘，伐我。
燕	六	七
吳	九 伐魯。	十

周	三十五	三十六
魯	十 與吳伐齊。	十一 齊伐我。冉有言，故迎孔子，孔子歸。
齊	四 吳、魯伐我。齊鮑子殺悼公，齊人立其子壬，爲簡公。	齊簡公元年 魯與吳敗我。
晉	二十七 使趙鞅伐齊。	二十八
秦	六	七
楚	四 伐陳。	五
宋	三十二 伐鄭。	三十三
衛	八 孔子自陳來。	九 孔子歸魯。
陳	十七	十八
蔡	六	七
曹		
鄭	十六	十七
燕	八	九
吳	十一 與魯伐齊救陳。〔三〇〕誅五員。	十二 與魯敗齊。

周	三十七	三十八	三十九
魯	十二 與吳會橐皋。〔二一一〕用田賦。	十三 與吳會黃池。	十四 西狩獲麟。衛出公來奔。
齊	二	三	四 田常殺簡公，立其弟驁。〔二一三〕爲平公，常相之，專國權。
晉	二十九	三十 與吳會黃池，爭長。	三十一
秦	八	九	十
楚	六 白公勝數請子西伐鄭，以父怨故。	七 伐陳。	八
宋	三十四	三十五 鄭敗我師。	三十六
衛	十 公如晉，與吳會橐皋。〔二一二〕	十一	十二 父蒯聵入，輒出亡。
陳	十九	二十	二十一
蔡	八	九	十
曹			
鄭	十八 宋伐我。	十九 敗宋師。	二十
燕	十	十一	十二
吳	十三 與魯會橐皋。	十四 與晉會黃池。	十五

周	四十	四十一
魯	十五 子服景伯使齊，子貢爲介，齊歸我侵地。	十六 孔子卒。
齊	齊平公驁元年景公子也。齊自是稱田氏。〔二一四〕	二
晉	三十二	三十三
秦	十一	十二
楚	九	十 白公勝殺令尹子西攻惠王。葉公攻白公，白公自殺。惠王復國。
宋	三十七 熒惑守心，子韋曰「善」。	三十八
衛	衛莊公蒯聵元年	二
陳	二十二	二十三 楚滅陳，殺湣公。〔二一五〕
蔡	十一	十二
曹		
鄭	二十一	二十二
燕	十三	十四
吳	十六	十七

		甲子
周	四十二	四十三 敬王崩。[二一六]
魯	十七	十八 二十七卒。
齊	三	四 二十五卒。
晉	三十四	三十五 三十七卒。
秦	十三	十四 卒。子厲公立。[二一七]
楚	十一	十二 五十七卒。
宋	三十九	四十 六十四卒。
衛	三 莊公辱戎州人，戎州人與趙簡子攻莊公，出奔。	衛君起元年 石傅逐起。[二一八] 出輒復入。
陳		
蔡	十三	十四 十九卒。
曹		
鄭	二十三	二十四 二十八卒。
燕	十五	十六 二十八卒。
吳	十八 越敗我。	十九 二十三卒。[二一九]

〔一〕【集解】徐廣曰：「自共和元年歲在庚申，訖敬王四十三年，凡三百六十五年。共和在春秋前一百一十九年。」【索隱】宣王少，周召二公共和王室，故曰共和。宣王，厲王之子也。徐氏云：「元年至敬王四十三年，凡三百六十五年。共和在春秋前一百一十九年也。」

〔二〕【考證】「厲王子居召公宫」至「是爲宣王」三十一字，各本誤入二年。

〔三〕【索隱】系本作「慎公摯」，鄒誕本作「慎公鼻」。真公，伯禽之玄孫。

〔四〕【考證】真公，「慎公」之誤。「一云十四年」五字，後人附注誤入正文。

〔五〕【索隱】太公五代孫，獻公子也。宋衷曰：「武公十年，宣王大臣共行政，號曰共和。十四年，宣王即位。」

〔六〕【索隱】唐叔五代孫，厲侯之子也。宋衷曰：「唐叔已下五代無年紀。」

〔七〕【索隱】非子曾孫，公伯之子。宣王命爲大夫，誅西戎也。

〔八〕【索隱】楚，羋姓，鬻熊之後，因氏熊。熊勇，熊延之子，熊繹十一代孫。【考證】索隱「十一」當作「七」。

〔九〕【索隱】微仲六代孫，厲公之子也。

〔一〇〕【索隱】唐叔七代孫，頃侯之子。頃侯賂周，始命爲侯。【考證】釐公名舉。

〔一一〕【索隱】胡公五代孫。

〔一二〕【索隱】蔡仲五代孫也。

〔一三〕【索隱】名喜，振鐸六代孫也。

〔一四〕【索隱】召公奭九世孫也。立三十八年。【考證】史所書燕君之謚，曰惠、曰桓者各三，曰釐、曰宣、曰昭、曰孝、曰文者各二。其誤無疑，莫由詳定。

〔一五〕【索隱】覸音閑，又音下板反。

〔一六〕【索隱】二相還政，宣王稱元年也。【考證】「宣王」上疑脱「厲王没于彘」五字。

〔一七〕【考證】各本「宣王」下有「厲王子」三字，旁注混入，今刪。

〔一八〕【索隱】徐廣云，一無「莊」字。案：燕失年紀及名，此言「莊」者，衍字也。

〔一九〕【考證】世家「鮮」作「蘇」。

〔二〇〕【索隱】其，名也。案：秦之先公並不記名，恐其非名。

〔二一〕【索隱】晉穆公生。案：系家名費生，或作「潰生」。系本名弗生，則生是穆公名。【考證】「穆公」上脱「晉」字。

〔二二〕【索隱】蔡釐侯所。案：系家釐侯名所事。【考證】據索隱則表無「事」字。

〔二三〕【考證】是年爲伯御元年，非孝公元年也。

〔二四〕【索隱】宣王母弟。宣王二十二年，封之鄭，立三十六年，與幽王俱死犬戎之難也。

〔二五〕【索隱】系家「説」作「脱」。

〔二六〕【考證】當移「宋惠公薨」四字于此。

〔二七〕【考證】三十一宋惠公薨，當作「宋哀公元年」。

〔二八〕【考證】「立」字衍文。

〔二九〕【考證】表以伯御元年爲孝公元年，故孝公多十一年。

〔三〇〕【索隱】一作「兕」。【考證】曹本伯爵，惠公以下不知何以忽稱「公」，世家至穆公始稱「公」。

〔三一〕【索隱】賷，劉氏音神欲反。系家及系本並作「購」。

〔三二〕【索隱】熊鄂子熊儀也，號若敖也。

〔三三〕【索隱】滑，一作「掘」，並音胡忽反。

〔三四〕【索隱】魯惠公弗生，系家作「弗湟」，系本作「弗皇」。

〔三五〕【索隱】楚甯敖。案：系家，若敖子熊坎立，是爲霄敖。此作「甯敖」，恐是「霄」字訛變爲「甯」也。劉伯莊但隨字而音，更不分析。【考證】據索隱，則史記原本年表作「甯敖」。

〔三六〕【索隱】鄒氏云「蚡」一作「粉」，音僨。冒音亡報反，又音默也。

〔三七〕【考證】佗，文公子五父，非厲公也。厲公名躍，桓公子，非文公子也。厲公蔡出，是桓公取蔡女爲厲公母，非佗母蔡女也。

〔三八〕【考證】世家「楷論」作「措父」。或有兩名，或其一字也。春秋經作「考父」。

〔三九〕【考證】是年武公卒，則桓母未必定生于公卒之年。世家附書武公五年。

〔四〇〕【考證】季弟，當作「季父」。成師者文侯季弟，昭侯之季父也。

〔四一〕【考證】據例，當書武王熊達元年。

〔四二〕【索隱】昭侯，文侯仇之子。系家云，晉大臣潘父殺昭侯，迎曲沃桓叔，晉人攻之，立昭侯子平，是爲孝侯也。【考證】左傳桓二年云，惠之三十年，晉潘父弑昭侯納桓叔，晉人立孝侯也。即晉昭侯之七年，而此以爲孝公元年。

〔四三〕【考證】此歲即孝侯元年。

〔四四〕【考證】子代立，當作「子鱓立」。世家此事在孝侯八年，而此在九年者，蓋表以昭侯七年爲孝侯元年，故所書之事皆後一年。

〔四五〕【索隱】有本「郤」作「都」者，誤也。鄂，邑；郤，其名。孝侯子也。

〔四六〕【索隱】魯隱公息。系家名息，系本名息姑也。【集解】徐廣曰：「春秋隱元年，歲在己未。」

〔四七〕【考證】春秋日食三十六，表不書者十三，未詳何故。

〔四八〕【考證】哀侯之立，鄂侯未卒，此誤。

〔四九〕【考證】易許田在桓元年，是歲鄭祇來歸祊耳。此與鄭表言易許田，並誤。
〔五〇〕【考證】寧，當作「憲」。
〔五一〕【索隱】一作「兀」，五忽反。徐廣云，一作「軌」。
〔五二〕【考證】三傳春秋「加」作「假」。
〔五三〕【考證】古者踰年改元，莊公馮之元，當在魯桓公元年。
〔五四〕【考證】「小子」下脱「侯」字。哀侯在位九年，當魯桓侯三年，此以哀侯之九年爲小子侯元年，誤。
〔五五〕【考證】著哀之始。
〔五六〕【索隱】他音徒何反。陳大夫五父，後立爲厲公。
〔五七〕【考證】伐，當作「拒」。
〔五八〕【索隱】音旻。
〔五九〕【考證】厲公名躍，不名佗。
〔六〇〕【考證】此不及忽辭齊婚，事殊未了。
〔六一〕【考證】出公，當作「出子」，秦别有出公。
〔六二〕【考證】是歲乃厲公卒之年，史誤以陳佗爲厲公，故謂此年佗被殺。其實蔡人殺陳佗，春秋書于桓六年，當陳厲公元年。淫蔡，從公、穀二傳，與左氏駁。
〔六三〕【考證】「彭」下脱「戲氏」。
〔六四〕【考證】「朔奔齊」六字當移後一年。表誤以惠公四年爲黔牟元年，故朔止三年。
〔六五〕【考證】世家燕惠公至桓侯稱「侯」，莊公以下稱「公」。年表自惠侯至宣侯稱「侯」，桓公稱「公」，所載各異。
〔六六〕【考證】此書生子積，後書生叔帶，著亂本也。

〔六七〕【考證】取之，疑當作「立之」。

〔六八〕【考證】有兄弟，當作「有弟克」。三字疑當在四年「周公欲殺王」上。

〔六九〕【考證】據桓十八年左傳，則事在莊王三年，此與本紀皆誤書于四年。

〔七〇〕【考證】子嬰，左傳作「子儀」。

〔七一〕【考證】宋莊在位十八年，因表以宋殤十年爲宋莊元年，故曰「十九」也。世家於殤公之年不誤，而書莊公之年亦作「十九」，與表並誤。

〔七二〕【考證】「去」上缺「紀侯」二字。

〔七三〕【考證】「八」字當書于前年。

〔七四〕【考證】史、漢「弑」字多作「殺」。

〔七五〕【考證】此九字當移在前一年，而「十四」亦「十三」之譌。世家固云「與前通年凡十三年也」，此年當補「十四」二字。

〔七六〕【考證】左傳不言所使之人。

〔七七〕【考證】「元年」上失書名。亡而復入，當依衛靈公、出公之例稱「後元年」。

〔七八〕【考證】攷左傳，魯莊十九年楚文王卒，即文王十五年，不止十三年。

〔七九〕【集解】徐廣曰：「一作『動』。」【索隱】楚杜敖。囏音艱。系家作「莊敖」，劉音壯，此作「杜敖」。劉氏云，亦作「堵」。堵、杜聲相近，與系家乖，不詳其由也。

〔八〇〕【考證】左傳莊十九年「五大夫奉子穨以伐王，不克，出奔溫」。燕衛復伐周，遂立子穨。明年，王處于鄭之櫟，則奔溫乃子穨也，非王也。即王之處櫟在三年，非二年也。此與本紀及衛、鄭世家言奔溫同謬。

〔八一〕【考證】伐王，此南燕也。仲父是南燕伯也。南燕，姞姓，與召公後姬姓之北燕別，史公混而一之。

〔八二〕【考證】太子與叔帶皆惠后所生，非異母。
〔八三〕【正義】齊桓公十四年，陳宣公二十一年，周惠王之五年。
〔八四〕【考證】左傳，堵敖以魯莊二十年立，二十二年見弒，不得有五年。
〔八五〕【考證】慶父弒子般，此「死」下缺「慶父弒」三字。
〔八六〕【考證】「開」下缺「方」字。
〔八七〕【考證】「伐」當作「滅」。「取」當作「耿」。
〔八八〕【考證】考左傳，「陳」當作「郲」。
〔八九〕【考證】戴公，黔牟弟之子。「弟」下當補「子申」二字。
〔九〇〕【考證】救戎伐，當作「救邢伐狄」。
〔九一〕【集解】徐廣曰：「皇甫謐云，二十四年惠王崩。」
〔九二〕【考證】「諸侯立王」四字當移在前一年「襄王立畏太叔」句下。
〔九三〕【考證】「及卓子」三字疑當在「立奚齊」下。
〔九四〕【考證】依左傳，叔帶奔齊在襄王四年。
〔九五〕【考證】左傳云「齊侯使仲孫湫聘周，且言王子帶。事畢不言，歸復命曰『王怒未息』」。
〔九六〕【考證】「不豹」上脱「晉饑請粟」四字。
〔九七〕【考證】「晉」當作「我」。
〔九八〕【考證】滅六英，當作「滅黄」。元屬二十四年事，錯書于二十六年。
〔九九〕【考證】「不書」下脱「朔與日」三字。
〔一〇〇〕【考證】事在十五年，左傳及秦紀可證。此誤後一年。

〔一〇一〕【索隱】好，上聲。罷，音皮。

〔一〇二〕【索隱】晉惠公夷吾之子也。圉，音禦。質，音致，又如字也。

〔一〇三〕【索隱】穀梁傳戰於泓水之上。系家云，十三年，宋師大敗，公傷股。

〔一〇四〕【考證】案左傳，重耳先過衛，後適齊。晉語先適齊，後過衛。此表從晉語。

〔一〇五〕【考證】重耳過曹，不在曹共十六年，世家加「初」字。

〔一〇六〕【索隱】汜，似、凡兩音。

〔一〇七〕【考證】「趙衰」以下二十五字當屬文公二年。

〔一〇八〕【考證】是年晉但蒐軍命將，部署未發，至明年春始出兵耳。

〔一〇九〕【考證】案左傳，是年王命晉爲侯伯，賜以大輅戎路弓矢秬鬯虎賁，非賜土地也。賜土地，文公納王時事。

〔一一〇〕【考證】「公子瑕」當作「叔武」。「歸晉」當作「歸衛」。

〔一一一〕【考證】春秋僖二十八年，書陳侯如會，後會也。則陳無伐楚之事。

〔一一二〕【考證】蔡從楚者，惕于楚敗而從晉，故春秋書蔡侯盟于踐土，安得言會晉伐楚？

〔一一三〕【考證】「衛」下疑脱「田」字。晉分衛田與宋，在成公三年，此誤四年。

〔一一四〕【考證】「汪」當作「彭衙」，下格同。

〔一一五〕【考證】春秋書公如晉二十一，此其始也。表或書，或不書，何也？

〔一一六〕【索隱】邧，阮音。

〔一一七〕【索隱】趙成子名衰。欒貞子名枝。霍伯，先且居也，封之霍。臼季，胥臣也。四大夫皆此年卒。

〔一一八〕【考證】秦紀作「百七十七人」。

〔一一九〕【索隱】晉靈公蝪，音亦。系家及左傳名夷皋，此蓋誤也。

〔二〇〕【索隱】音乙耕反。

〔二一〕【考證】據文七年左傳，宋成公卒，昭公欲去羣公穆、襄之族，率國人攻公，殺公孫固、公孫鄭于公宮。然則成公無被弒之事，而公孫固死昭公難。

〔二二〕【考證】王崩宜書也。乃襄王以前皆不書，襄以後始書之，而又止書襄、頃、匡、簡、敬五王，何歟？

〔二三〕【考證】春秋求金在九年，此誤在八年。

〔二四〕【考證】前年當書秦敗晉令狐。

〔二五〕【集解】徐廣云：「一云，成公少子。」【索隱】宋昭公杵臼襄公少子，非也。案徐廣云「一曰成公大子」，與系家同，是也。

〔二六〕【索隱】音澄，蓋今之澄城也。

〔二七〕【考證】前不書隨會奔秦，蓋傳寫失之。

〔二八〕【考證】「菑」下脱「于郲」二字。

〔二九〕【考證】宣四年春秋書秦伯稻卒，則此作「和」誤。

〔三〇〕【考證】趙氏賜公族，世家書晉成元年，是。

〔三一〕【考證】華元之歸，世家爲宋文四年，與左傳合，表後一年。

〔三二〕【考證】共公立四年而卒，無五年也。

〔三三〕【考證】奔衛者崔杼，非高國也。

〔三四〕【考證】「執」上當有「鄭」字。

〔三五〕【考證】「五月」當作「九月」。

〔三六〕【考證】世家「廬」作「彊」。

〔一三七〕【考證】「敗」字衍。此即左傳宣十三年陽穀之役也。晉受齊質子而還，未嘗交兵，安得言敗！

〔一三八〕【考證】「子」上脱「公」字。

〔一三九〕【考證】齊取魯隆，世家在二年，與左傳合。

〔一四〇〕【索隱】取汜，音凡。

〔一四一〕【考證】案春秋，伐鄭在後一年。

〔一四二〕【索隱】晼，古困反。

〔一四三〕【考證】秦桓在位二十八年，非二十七而卒也。

〔一四四〕【考證】「宋」字衍。

〔一四五〕【考證】悼公爲襄公曾孫，此誤。

〔一四六〕【考證】案左傳，齊不會圍宋，故晉伐之，非不救鄭而見伐也。

〔一四七〕【考證】侵宋取犬丘者，鄭也。晉執魚石等，未嘗誅也。

〔一四八〕【考證】春秋是年無齊伐吴事，乃因楚伐吴而錯出也，當衍。

〔一四九〕【考證】「晉」當作「我」。

〔一五〇〕【考證】案襄七年左傳，楚圍陳，晉會于鄬以救之，楚僞執公子黄，陳人使告陳侯于會，哀公逃歸，此表疑有脱文。

〔一五一〕【考證】「喜」當作「嘉」。

〔一五二〕【考證】誅子駟，在簡四年。

〔一五三〕【考證】子孔何嘗作亂？子産何嘗攻子孔？史妄矣。

〔一五四〕【考證】案春秋襄十一年無其事，此必與鄭伐宋之誤。

〔一五五〕【考證】伐鄭者晉也，救鄭敗晉者秦也。衛與晉伐鄭，未嘗與秦敗晉，六字當衍。或云，「救鄭」乃「伐鄭」之誤，衍「敗晉師櫟」四字。

〔一五六〕【索隱】棫，音域。

〔一五七〕【索隱】楚康王略。系家名招。

〔一五八〕【考證】共王之太子，即是康王，安得别有太子。攷春秋傳，是年楚伐吳，爲吳所敗，獲楚公子宜穀，史公必因此而誤以宜穀爲太子，以見獲爲出奔也。

〔一五九〕【考證】狄，世家作「秋」。狄、秋當作「𤇾」。

〔一六〇〕【索隱】地名也。湛音視林反。

〔一六一〕【考證】襄十七年春秋，衛伐曹，則是「衛伐我」之誤。

〔一六二〕【考證】「圍」下當有「我」字。「晏嬰」二字衍。

〔一六三〕【索隱】欒逞，晉大夫欒盈，此音如字也。

〔一六四〕【考證】案左傳，齊懼晉結楚，非晏子謀也。

〔一六五〕【考證】「子産曰」三字衍。

〔一六六〕【考證】晉未嘗至高唐。

〔一六七〕【考證】秦紀以爲二十七年事。

〔一六八〕【考證】殤公之弑，獻公之復，皆甯喜爲之，與齊、晉何涉？「誅」字欠妥。

〔一六九〕【考證】「吳」下當增「子」字。

〔一七〇〕【考證】「熊」字當衍。

〔一七一〕【考證】「守門閽殺餘祭」六字，元文必書于十七年，後人移入四年。

〔一七二〕【考證】據世家，「相殺」下脱「欲殺」二字，「子成」當作「子皮」。

〔一七三〕【考證】「冬」下脱「吴」字。

〔一七四〕【考證】左傳子産對楚王曰「不來者魯、衛、曹、邾四國」。史公因邾無表，改「四」爲「三」。

〔一七五〕【考證】靈公名元，此因「元年」連文，失書也。

〔一七六〕【考證】昭十年不日食，此舛缺。

〔一七七〕【考證】據昭十年春秋，「十月」當作「七月」。

〔一七八〕【考證】「爲」下「蔡侯」當作「蔡公」。下格同。

〔一七九〕【考證】有脱文，鄭簡文以三月卒，朝晉者定公。

〔一八〇〕【考證】蔡侯廬謚平。

〔一八一〕【索隱】音秫。【考證】「吴」下缺「子」字。

〔一八二〕【集解】徐廣曰：「一本『景侯子虛』。」【考證】「景侯子」當作「景侯曾孫」。

〔一八三〕【考證】「后」下似失「崩」字。

〔一八四〕【考證】「吴」下缺「子」字。

〔一八五〕【考證】「五月」乃「六月」之誤。「彗」亦宜作「孛」。又「彗」上缺「冬」字。

〔一八六〕【考證】世家「公子」上有「諸」字。

〔一八七〕【考證】東國之立，在後二年。

〔一八八〕【考證】是年，蔡侯朱之元年，非平國之弟悼侯東國之元年也。春秋書冬蔡侯朱出奔楚，奔楚亦是朱，非東國也。

〔一八九〕【考證】是年四月王崩，立王子猛，十一月猛卒，是爲悼王，雖未即位，而周人奉之，春秋載之，何得没而不書？

〔一九〇〕【考證】悼止二年，無三年。年表、世家並妄以蔡侯朱之一年并于悼侯耳。

〔一九一〕【考證】世家在二十五年，與春秋合。

〔一九二〕【索隱】音運。【考證】春秋二十五年十二月，齊侯取鄆，二十六年三月，公居于鄆，而表書居鄆于二十五年，齊未取，公安得居之？疑「居鄆」二字，「奔齊」之誤也。

〔一九三〕【索隱】音萬。

〔一九四〕【集解】徐廣曰：「一作『聲』。」【考證】世家及人表作「聲」。

〔一九五〕【索隱】囊瓦，楚大夫子常也。子囊之孫。

〔一九六〕【考證】著衰之終。

〔一九七〕【考證】世家、春秋「路」作「露」。

〔一九八〕【索隱】都鄀，音若。

〔一九九〕【考證】蔡世家書于前一年。

〔二〇〇〕【考證】「伐」字衍。

〔二〇一〕【索隱】司馬彪郡國志，在祝其縣西南。

〔二〇二〕【考證】彗星見，本紀、左傳無徵。

〔二〇三〕【索隱】躁，音竈，秦惠之子。【考證】據秦紀，躁公、懷公者惠公之曾孫，厲公者惠公之玄孫也。

〔二〇四〕【考證】魯世家同。孔子世家爲在定公十四年，衛世家爲在十三年。

〔二〇五〕【考證】定十三年左傳，鞅爲范、中行所伐奔晉陽也，未嘗有與伐范、中行之事也。疑當作「范、中行伐趙鞅」。

〔二〇六〕【考證】孔子世家是時孔子尚在衛，適陳在七年。

〔二〇七〕【考證】「齊」下缺「衛」字。

〔二〇八〕【考證】微服過宋，即宋景二十二年事。

〔二〇九〕【考證】「中行」上缺「范」字。

〔二一〇〕【索隱】抹陳，上音救。

〔二一一〕【索隱】橐，音託。皋，音高。縣名，在壽春也。

〔二一二〕【考證】是時衛不服晉，安有如晉之事？又哀十二年左傳，與吴會橐皋者魯也，與吴會鄖者衛也。

〔二一三〕【索隱】五高反，平公也。

〔二一四〕【考證】吕氏雖微，豈有君從臣姓之理？「稱」字疑當作「歸」。「景公子」當作「景公孫」。

〔二一五〕【考證】滅陳在後一年。

〔二一六〕【集解】徐廣曰：「歲在甲子。」

〔二一七〕【考證】「厲公」當作「厲共公」。

〔二一八〕【索隱】石傅逐君起。傅，音圃，亦作「専」，音敷。

〔二一九〕【索隱】二十三年滅。

【考證】張文虎曰：索隱「二十三年滅」，此各本删存索隱文也。單行本索隱於「石傅逐君起」條下出「敬王四十三年卒」七字，注云：「皇甫謐云，四十四年當魯哀公十八年，二十七年卒。齊平公四年，二十五年卒。晉定公三十五年，三十七年卒。秦悼公十四年，子厲公立。楚惠王章十二年，五十七年卒。宋景公四十年，十四年卒。衛君起元年。陳湣公楚滅之前年。蔡朔十四年，十九年卒。曹伯陽立，十五年曹亡，在敬王四十三年。鄭聲公二十四年，四十八年卒。燕獻公十六年，二十八年卒。吴王夫差十九年，二十三年滅。」案：所引蓋帝王世紀文，中多舛誤，傳寫失之。據此疑史表本不著卒年，故小司馬詳引之，以終其事。後人移書各公紀年下，合刻者反以索隱文複而删之。又以吴表卒與滅不同，故獨存五字，而史文與小司馬書皆失其真面矣。各本皆同，不敢增改，録附於此。

【索隱述贊】太史表次，抑有條理。起自共和，（綏）〔終〕於孔子。十二諸侯，各編年紀。興亡繼及，盛衰臧否。惡不揜過，善必揚美。絶筆獲麟，義取同恥。

史記會注考證卷十五

史記十五

六國年表第三

【索隱】六國，魏、韓、趙、楚、燕、齊，并秦凡七國，號曰「七雄」。【考證】史公自序云：「春秋之後，陪臣秉政，彊國相王，以至于秦，卒并諸夏，滅封地，擅其號。作六國年表第三。」愚按：「年」字諸本無，今依史公自序及索隱本增。表名「六國」，實紀七雄，亦猶十二諸侯表實載十三國也。方苞曰：六國并於秦，史記爲秦所焚，所表六國事迹獨據秦紀，故通篇以秦爲經緯。陳仁錫曰：魏表附晉、衛，韓表附鄭，楚表附魯、蔡，齊表附宋，何也？以晉、衛、鄭、魯、蔡、宋諸國爲魏、韓、楚、齊所滅，故附記焉，亦以終十二諸侯事也。錢大昕曰：十二諸侯年表始于共和，共和以前則三代世表紀之。終于周敬王四十三年，其時陳、曹先亡耳，史公以六國表繼之。三家分晉，魏得晉之故都，故魏人自稱晉國，而韓、趙則否，史公以晉附魏，蓋以此。愚按：吳、越之事附楚表，亦以爲其所滅也。

太史公讀秦記，〔一〕至犬戎敗幽王，周東徙洛邑，秦襄公始封爲諸侯，作西畤，用事上帝，僭端見矣。〔二〕禮曰：「天子祭天地，諸侯祭其域内名山大川。」〔三〕今秦雜戎、翟之俗，先暴戾後仁義，位在藩臣，而臚於郊祀，〔四〕君子懼焉。〔五〕及文公踰隴攘夷狄，尊陳寶，營岐、雍之閒，〔六〕而穆公脩政，東竟至河，則與齊桓、晉文中國侯伯侔矣。是後陪臣執政，大夫世祿，六卿擅晉權，征伐會盟，威重於諸侯。及田常殺簡公，而相齊國，諸侯晏然弗討，海内争於戰功矣。三國終之卒分晉，田和亦滅齊而有之，六國之盛自此始。務在彊兵并敵，謀詐用，而從衡短長之説起。〔七〕矯稱蠭出，誓盟不信，雖置質剖符，猶不能約束也。〔八〕秦始小國僻遠，諸夏賓之，比於戎翟，至獻公之後，常雄諸侯。論秦之德義不如魯、衛之暴戾者，〔九〕量秦之兵不如三晉之彊也。然卒并天下，非必險固便形埶利也，蓋若天所助焉。〔一〇〕

〔二〕【索隱】即秦國之史記也，故下云「秦燒詩書，諸侯史記尤甚。獨有秦記，又不載日月」是也。

〔二〕【考證】事見秦本紀、封禪書。愚按：是與天子南郊祭天者異，蓋依土俗祭祀耳。此時秦襄始封，豈可有翦周之事。自漢武事封禪，儒生方士附會爲説，史公亦爲其所誤也。

〔三〕【考證】禮記曲禮「天子祭天地，祭四方，祭山川」；「諸侯方祀，祭山川」。春秋繁露王道篇「春秋立義，天子祭天地，諸侯祭社稷，諸山川不在封内不祭」。

〔四〕【索隱】案：臚字訓陳也，出爾雅文。以言秦是諸侯，而陳天子郊祀，實僭也，猶季氏旅於泰山然。【正義】〔臚作〕臚，音旅，祭名。又旅，陳也。

〔五〕【考證】岡白駒曰：懼其俗尚無所顧忌，僭端已見，不至伐周不已也。

〔六〕【考證】事見秦本紀、封禪書。

〔七〕【考證】主父偃傳「學長短縱横之術」。漢書張湯傳注，應劭云「短長術興於六國時，長短其語，隱謬用相激怒也」，張晏云「蘇秦、張儀之謀，趨彼爲短，歸此爲長，戰國策名短長術也」。

〔八〕【考證】荀子大略篇「誥誓不及五帝，盟詛不及三王，交質子不及五伯」，注此言後世德義不足，雖要約轉深，猶不能固也。穀梁傳亦有此語。

〔九〕【考證】賓，讀爲「擯」，周本紀「不顯亦不賓」，楚世家「賓之南海」，皆讀爲「擯」。論秦之德義不如魯、衛之暴戾者，句法詞氣正與魯仲連傳「三秦之大臣，不如鄒魯之僕妾」、論語「夷狄之有君，不如諸夏之亡」同，言魯、衛暴戾之人，尚且勝秦之有德義者也。

〔一〇〕【考證】魏世家贊云「説者皆曰，魏以不用信陵君，故國削弱至於亡，余以爲不然。天方令秦平海内」，與此同意。

或曰「東方物所始生，西方物之成孰」。〔一〕夫作事者必於東南，收功實者常於西北。故禹興於西羌，〔二〕湯起於亳，〔三〕周之王也以豐、鎬伐殷，秦之帝用雍州興，漢之興自蜀漢。〔四〕

〔一〕【考證】尚書堯典「分命羲仲宅嵎夷」，「平秩東作」，「分命和仲宅西」，「平秩西成」，彼就農政而言，此就國勢而言。

〔二〕【集解】皇甫謐曰：「孟子稱禹生石紐，西夷人也。傳曰『禹生自西羌』是也。」【正義】禹生於茂州汶川縣，本冄駹國，皆西羌。【考證】今孟子無禹生自西羌之文。

〔三〕【集解】徐廣曰：「京兆杜縣有亳亭。」【考證】錢大昕曰：殷本紀「湯始居亳」，皇甫謐云「梁國穀熟爲南亳」，湯所都也。立政有三亳，説者以爲湯始居南亳，在宋州穀熟縣西南，後徙西亳，即河南偃師縣，而景亳湯所盟地，則宋州北五十里大蒙城也。三亳非一地，要非京兆之亳亭明矣。此篇稱「作事者必于東南，收功實者常於西北」，乃述禹興西羌，周始豐鎬，而及於湯之起亳，則史公固以關中之亳爲湯之亳矣。

〔四〕【考證】方植之曰：辭雖論秦，意乃指漢。而「漢之興自蜀漢」句，徑將漢事揭出爲賓。

秦既得意，燒天下詩書，諸侯史記尤甚，爲其有所刺譏也。詩書所以復見者，多藏人家，而史記獨藏周室，以故滅。惜哉，惜哉！〔一〕獨有秦記，又不載日月，其文略不具。然戰國之權變，亦有可頗采者，何必上古。〔二〕秦取天下多暴，然世異變，成功大。〔三〕傳曰「法後王」，何也？〔四〕以其近己，而俗變相類，議卑而易行也。〔五〕學者牽於所聞，見秦在帝位日淺，不察其終始，因舉而笑之，不敢道，〔六〕此與以耳食無異。悲夫！〔七〕

〔一〕【考證】梁玉繩曰：史公言秦盡滅史記，固也。然攷漢書律曆志引六國春秋，藝文志載世本十五篇、青史子五十七篇，又天官書云「余觀史記攷行事」，自序傳云「紬史記石室金匱之書」，其餘曆諜尚多，史公嘗讀而著之，則諸侯之史當時猶有存者，安得以爲盡滅不見耶！

〔二〕【考證】秦本紀多左傳、國語、國策所不記載，史公蓋取之秦記也。

〔三〕【索隱】以言人君制法，當隨時代之異而變易其政，則其成功大。【考證】方苞曰：言秦取天下雖多暴，然世變既與古異，而秦混一海宇，革古制法，成功甚大。

〔四〕【考證】荀子非相篇「欲觀聖王之跡，則於其粲然者，後王是也。彼後王者天下之君也，舍後王而道上古，譬之，是猶舍己之君而事人之君也」。

〔五〕【正義】易，以豉反。後王，近代之王。法與己連接，世俗之變及相類也，故議卑淺而易識行耳。【考證】己，音紀。俗，風俗。變，變故。岡白駒曰：議卑易行，免迂濶之弊。

〔六〕【索隱】舉，猶皆也。【考證】岡白駒曰：所聞，先王仁義之說。舉而笑之，舉秦以暴取天下事以笑也。舉如字，索隱非。

〔七〕【索隱】案：言俗學淺識，舉而笑秦，此猶耳食不能知味也。

余於是因秦記，踵春秋之後，起周元王，〔一〕表六國時事，訖二世，凡二百七十年，著諸所聞興壞之端。〔二〕後有君子以覽觀焉。〔三〕

〔一〕【索隱】案此表起周元王元年，春秋迄元王八年。

〔二〕【考證】崔適曰：周元王元年乙丑至秦二世三年甲午，計二百七十年。

〔三〕【考證】錢大昕曰：表始于周元王元年，即晉定公三十六年也。魏獻子舒以魯定公元年卒，韓宣子起之卒，當更在其前，安得此時尚存乎？三家分晉，唯趙氏最强，世次分明，故於表首著簡子四十二年，而魏、韓闕之，蓋魏自文侯，韓自武子以後，年數乃可表也。後人益「獻子」、「宣子」字於「魏」、「韓」下，失史公之旨矣。梁玉繩說同。張文虎曰：單本索隱此表唯出「趙簡子」，無「魏獻」、「韓宣」，蓋所見本尚未增入。

周元王元年〔一〕	秦厲共公元年〔二〕	魏獻子 衛出公輒後元年〔三〕	韓宣子	趙簡子〔四〕 四十二〔五〕	楚惠王章十三年〔六〕 吳伐我。〔七〕	燕獻公十七年〔八〕	齊平公鶩五年〔九〕
二	二 蜀人來賂。	晉定公卒。〔一〇〕		四十三	十四 越圍吳，吳怨。〔一一〕	十八	六

三	四	五	六	七
三	四	五 楚人來賂。	六 義渠來賂。緜諸乞援。〔一五〕	七 彗星見。〔一七〕
晉出公錯元年〔一二〕				衛莊公飲，大夫不解履，公怒，即攻公，公奔宋。〔一八〕
四十四	四十五	四十六	四十七	四十八
十五	十六 越滅吳。	十七 蔡景侯卒。〔一四〕	十八 蔡聲侯元年〔一六〕	十九 王子英奔。
十九	二十	二十一	二十二	二十三
七 越人始來。〔一三〕	八	九 晉知伯瑤來伐我。	十	十一

八	定王元年[一九]	二	三	四	五
八	九	十 庶長將兵拔魏城。[二〇] 彗星見。	十一	十二	十三
					知伯伐鄭，駟桓子如齊求救。[二一]
四十九	五十	五十一	五十二	五十三	五十四 知伯謂簡子，欲廢太子襄子，襄子怨知伯。
二十	二十一	二十二 魯哀公卒。[二二]	二十三 魯悼公元年。三桓勝，魯如小侯。[二三]	二十四	二十五
二十四	二十五	二十六	二十七	二十八	燕孝公元年
十二	十三	十四	十五	十六	十七 救鄭，晉師去。中行文子謂田常：「乃今知所以亡。」[二四]

六	十四　晉人楚人來賂。		鄭聲公卒。[二五]	五十五	二十六	二	十八
七	十五		鄭哀公元年	五十六	二十七	三	十九
八	十六　塹阿旁。伐大荔。補龐戲城。[二六]			五十七	二十八	四	二十
九	十七			五十八	二十九	五	二十一
十	十八			五十九	三十	六	二十二
十一	十九			六十	三十一	七	二十三
十二	二十　公將師與緜諸戰。			襄子[二七]元年　未除服,登夏屋,誘代王,以金斗殺代王。封伯魯子周爲代成君。[二八]	三十二　蔡聲侯卒。[二九]	八	二十四

十三	十四	十五	十六	十七
二十一	二十二	二十三	二十四	二十五 晉大夫智開，率其邑來奔。
晉哀公忌元年〔三〇〕	衛悼公黔元年〔三一〕		魏桓子敗智伯于晉陽。〔三四〕	
			韓康子敗智伯于晉陽。〔三五〕	
二	三	四 與智伯分范、中行地。〔三三〕	五 襄子敗智伯晉陽，與魏、韓三分其地。	六
三十三 蔡元侯元年	三十四	三十五	三十六	三十七
九	十	十一	十二	十三
二十五	齊宣公就匝元年〔三二〕	二	三	四

十八	十九	二十	二十一	二十二	二十三
二十六　左庶長城南鄭。	二十七	二十八　越人來迎女。	二十九　晉大夫智寬，率其邑人來奔。〔三九〕	三十	三十一
	衛敬公元年〔三七〕				
七	八	九	十	十一	十二
三十八	三十九　蔡侯齊元年	四十	四十一	四十二　楚滅蔡。	四十三
十四	十五	燕成公元年	二	三	四
五　宋景公卒。〔三六〕	六　宋昭公元年。〔三八〕	七	八	九	十

二十四	二十五	二十六	二十七	二十八	考王元年〔四〇〕	二	三
三十二	三十三 伐義渠，虜其王。	三十四 日蝕晝晦。星見。	秦躁公元年	二 南鄭反。	三	四	五
十三	十四	十五	十六	十七	十八	十九	二十
四十四 滅杞。杞，夏之後。	四十五	四十六	四十七	四十八	四十九	五十	五十一
五	六	七	八	九	十	十一	十二
十一	十二	十三	十四	十五	十六	十七	十八

四	五	六	七	八	九	十	十一	十二
六	七	八 六月雨雪。日、月蝕。	九	十	十一	十二	十三 義渠伐秦，侵至渭陽。〔四三〕	十四
晉幽公柳元年 服韓、魏。〔四一〕						衛昭公元年〔四二〕		
二十一	二十二	二十三	二十四	二十五	二十六	二十七	二十八	二十九
五十二	五十三	五十四	五十五	五十六	五十七	楚簡王仲元年 滅莒。	二	三 魯悼公卒。〔四四〕
十三	十四	十五	十六	燕湣公元年	二	三	四	五
十九	二十	二十一	二十二	二十三	二十四	二十五	二十六	二十七

十三	十四	十五	威烈王元年〔四七〕	二	三
秦懷公元年。生靈公。〔四五〕	二	三	四 庶長鼂殺懷公。太子蚤死，大臣立太子之子，爲靈公。	秦靈公元年。生獻公。	二
			衛悼公亹元年〔四八〕	魏文侯斯元年〔四九〕	二
				韓武子元年〔五〇〕	二 鄭幽公元年。韓殺之。〔五二〕
三十	三十一	三十二	三十三 襄子卒。	趙桓子元年〔五一〕	趙獻侯元年〔五三〕
四 魯元公元年。〔四六〕	五	六	七	八	九
六	七	八	九	十	十一
二十八	二十九	三十	三十一	三十二	三十三

四	五	六	七	八	九
三 作上下時。	四	五	六	七 與魏戰少梁。	八 城塹河瀕。初以君主妻河。〔五五〕
三	四	五 魏誅晉幽公，立其弟止。〔五四〕	六 晉烈公止元年 魏城少梁。	七	八 復城少梁。
三 鄭立幽公子爲繻公，元年。	四	五	六	七	八
二	三	四	五	六	七
十	十一	十二	十三	十四	十五
十二	十三	十四	十五	十六	十七
三十四	三十五	三十六	三十七	三十八	三十九

十	十一	十二	十三	十四	十五
九	十 補龐城，籍姑。靈公卒，立其季父悼子，是爲簡公。〔五六〕	秦簡公元年	二 與晉戰，敗鄭下。	三	四
九	十	十一 衛慎公元年〔五七〕	十二	十三 公子擊圍繁龐，出其民。	十四
九	十	十一	十二	十三	十四
八	九	十 中山武公初立。〔五八〕	十一	十二	十三 城平邑。
十六	十七	十八	十九	二十	二十一
十八	十九	二十	二十一	二十二	二十三
四十	四十一	四十二	四十三 伐晉，毀黄城，圍陽狐。	四十四 伐魯、莒及安陽。〔五九〕	四十五 伐魯取都。〔六〇〕

十六	十七	十八	十九	二十	二十一
五　日蝕。	六　初令吏帶劍。	七　塹洛城重泉。初租禾。〔六一〕	八	九	十
十五	十六　伐秦，築臨晉、元里。	十七　擊宋中山，伐秦至鄭，還築洛陰、郃陽。〔六二〕	十八　文侯受經子夏。過段干木之閭常式。	十九	二十　卜相，李克、翟璜爭。
十五	十六	韓景侯虔元年　伐鄭，取雍丘。鄭城京。	二　鄭敗韓于負黍。〔六三〕	三	四
十四	十五	趙烈侯籍元年　魏使太子伐中山。	二	三	四
二十二	二十三	二十四　簡王卒。	楚聲王當元年　魯穆公元年〔六四〕	二	三
二十四	二十五	二十六	二十七	二十八	二十九
四十六	四十七	四十八　取魯郕。	四十九　與鄭會于西城。伐衛，取毌丘。〔六五〕	五十	五十一　田會以廩丘反。

二十二	二十三 九鼎震。	二十四	安王元年〔六八〕	二	三 王子定奔晉。
十一	十二	十三	十四 伐魏至陽狐。	十五〔七〇〕	秦惠公元年〔七四〕
二十一	二十二 初爲侯。	二十三	二十四 秦伐我至陽狐。	二十五 太子罃生。〔七一〕	二十六 虢山崩，雍河。
五	六 初爲侯。	七	八	九 鄭圍陽翟。〔七二〕	韓烈侯元年〔七五〕
五	六 初爲侯。	七 烈侯好音，欲賜歌者田，徐越侍以仁義，乃止。〔六七〕	八	九	趙武公元年〔七六〕
四	五 魏、韓、趙始列爲諸侯。	六 盜殺聲王。	楚悼王類元年〔六九〕	二 三晉來伐我，至桑丘。〔七三〕	三 歸榆關于鄭。
三十	三十一	燕釐公元年	二	三	四
齊康公貸元年	二 宋悼公元年〔六六〕	三	四	五	六

四	五	六	七	八
二	三 日蝕。	四	五 伐繇諸。	六
二十七	二十八	二十九	三十	三十一
二 鄭殺其相駟子陽。	三 鄭人殺君。〔七七〕三月，盜殺韓相俠累。〔七八〕	四 鄭相子陽之徒，殺其君繻公。	五 鄭康公元年	六 救魯。鄭負黍反。
二	三	四	五	六
四 敗鄭師，圍鄭。鄭人殺子陽。	五	六	七	八
五	六	七	八	九
七	八	九	十 宋休公元年〔七九〕	十一 伐魯取最。

九	十	十一	十二	十三
七	八	九 伐韓宜陽，取六邑。	十 與晉戰武城。縣陝。	十一 太子生。〔八〇〕
三十二 伐鄭，城酸棗。	三十三 晉孝公頎元年	三十四	三十五 齊伐取襄陵。	三十六 秦侵陰晉。
七	八	九 秦伐宜陽，取六邑。	十	十一
七	八	九	十	十一
九 伐韓取負黍。	十	十一	十二	十三
十	十一	十二	十三	十四
十二	十三	十四	十五 魯敗我平陸。	十六 與晉、衛會濁澤。

十四	十二	三十七	十二	十二	十四	十五	十七
十五	十三 蜀取我南鄭。(八一)	三十八	十三	十三	十五	十六	十八
十六	秦出公元年(八二)	魏武侯元年 襲邯鄲，敗焉。(八三)	韓文侯元年	趙敬侯元年 武公子朝作亂奔魏。	十六	十七	十九 田常曾孫田和，始列爲諸侯，遷康公海上食一城。(八四)
十七	二 庶長改，迎靈公太子，立爲獻公。誅出公。	二 城安邑、王垣。	二 伐鄭取陽城。伐宋到彭城，執宋君。	二	十七	十八	二十 伐魯破之。田和卒。
十八	秦獻公元年(八五)	三	三	三	十八	十九	二十一 田和子桓公午立。

十九	二十	二十一	二十二	二十三
二 城櫟陽。	三 日蝕，晝晦。	四 孝公生。	五	六 初縣蒲、藍田、善明氏。
四	五	六	七 伐齊至桑丘。	八
四	五	六	七 伐齊至桑丘。鄭敗晉。〔八七〕	八
四 魏敗我兔臺。〔八六〕	五	六	七 伐齊至桑丘。	八 襲衛不克。
十九	二十	二十一	楚肅王臧元年	二
二十	二十一	二十二	二十三	二十四
二十二	二十三	二十四	二十五 伐燕取桑丘。	二十六 康公卒，田氏遂并齊而有之。太公望之後絕祀。

二十四	二十五	二十六	烈王元年〔八九〕	二
七	八	九	十 日蝕。	十一 縣櫟陽。
九 翟敗我澮。伐齊至靈丘。	十 晉靜公俱酒元年	十一 魏、韓、趙滅晉，絶無後。	十二	十三
九 伐齊至靈丘。	十	韓哀侯元年 分晉國。	二 滅鄭。康公二十年，滅無後。〔九〇〕	三
九 伐齊至靈丘。	十	十一 分晉國。	十二	趙成侯元年
三	四 蜀伐我茲方。	五 魯共公元年	六	七
二十五	二十六	二十七	二十八	二十九
齊威王因齊元年 自田常至威王，威王始以齊彊天下。〔八八〕	二	三 三晉滅其君。	四	五

三	四	五	六〔九四〕	七
十二	十三	十四	十五	十六民大疫。日蝕。
十四	十五衛聲公元年〔九二〕敗趙北藺。	十六伐楚取魯陽。	惠王元年〔九五〕	二敗韓馬陵。
四	五	六韓嚴殺其君。	莊侯元年〔九六〕	二魏敗我馬陵。
二	三伐衛取都鄙七十三。魏敗我藺。	四	五伐齊于甄。魏敗我懷。	六敗魏涿澤，圍惠王。
八	九	十魏取我魯陽。	十一	楚宣王良夫元年
三十敗齊林營。	燕桓公元年	二	三	四
六魯伐入陽關。晉伐到鱄陵。〔九一〕	七宋辟公元年〔九三〕	八	九趙伐我甄。	十宋剔成元年〔九七〕

顯王元年〔九八〕	二	三	四	五 賀秦。	六
十七 櫟陽雨金，四月至八月。〔九九〕	十八	十九 敗韓、魏洛陰。	二十	二十一 章蟜〔一〇一〕與晉戰石門。〔一〇二〕斬首六萬，天子賀。〔一〇三〕	二十二
三 齊伐我觀。	四	五 與韓會宅陽。城武都。〔一〇〇〕	六 伐宋取儀臺。	七	八
三	四	五	六	七	八
七 侵齊至長城。	八	九	十	十一	十二
二	三	四	五	六	七
五	六	七	八	九	十
十一 伐魏取觀。趙侵我長城。	十二	十三	十四	十五	十六

七	八	九 致胙于秦。〔一〇六〕	十	十一
二十三 與魏戰少梁，虜其太子。〔一〇四〕	秦孝公元年。彗星見西方。	二 天子致胙。	三	四
九 與秦戰少梁，虜我太子。	十 取趙皮牢。衛成侯元年〔一〇五〕	十一	十二 星晝墜，有聲。	十三
九 魏敗我于澮。大雨三月。	十	十一	十二	韓昭侯元年 秦敗我西山。
十三 魏敗我于澮。	十四	十五	十六	十七
八	九	十	十一	十二
十一	燕文公元年	二	三	四
十七	十八	十九	二十	二十一 鄒忌以鼓琴見威王。

十二	十三	十四	十五	十六
五	六	七 與魏王會杜平。〔二一一〕	八 與魏戰元里，斬首七千，取少梁。	九
十四 與趙會鄗。	十五 魯、衛、宋、鄭侯來。〔二〇九〕	十六 與秦孝公會杜平。侵宋黃池，宋復取之。	十七 與秦戰元里，秦取我少梁。	十八 邯鄲降。齊敗我桂陵。
二 宋取我黃池。魏取我朱。	三	四	五	六 伐東周，取陵觀、廩丘。〔二一二〕
十八 趙孟如齊。〔二〇七〕	十九 與燕會河。與齊、宋會平陸。〔二一〇〕	二十	二十一 魏圍我邯鄲。	二十二 魏拔邯鄲。
十三 君尹黑迎女秦。〔二〇八〕	十四	十五	十六	十七
五	六	七	八	九
二十二 封鄒忌爲成侯。	二十三 與趙會平陸。	二十四 與魏會田於郊。	二十五	二十六 敗魏桂陵。

十七	十八	十九	二十	二十一
十 衛公孫鞅爲大良造，伐安邑，降之。〔一三〕	十一 城商塞。衛鞅圍固陽，降之。	十二 初取小邑爲三十一縣，令。爲田開阡陌。〔一五〕	十三 初爲縣，有秩史。	十四 初爲賦。
十九 諸侯圍我襄陵。築長城，塞固陽。	二十 歸趙邯鄲。	二十一 與秦遇彤。〔一六〕	二十二	二十三
七	八 申不害相。	九	十 韓姬弒其君悼公。〔一七〕	十一 昭侯如秦。
二十三	二十四 魏歸邯鄲，與魏盟漳水上。	二十五	趙肅侯元年〔一八〕	二
十八 魯康公元年〔一四〕	十九	二十	二十一	二十二
十	十一	十二	十三	十四
二十七	二十八	二十九	三十	三十一

二十二	二十三	二十四	二十五 諸侯會。	二十六 致伯秦。
十五	十六	十七	十八	十九 城武城。從東方牡丘來歸。天子致伯。
二十四	二十五	二十六	二十七 丹封名會。丹，魏大臣。〔一一九〕	二十八
十二	十三	十四	十五	十六
三 公子范襲邯鄲，不勝，死。	四	五	六	七
二十三	二十四	二十五	二十六	二十七 魯景公偃元年〔一二〇〕
十五	十六	十七	十八	十九
三十二	三十三 殺其大夫牟辛。	三十四	三十五 田忌襲齊，不勝。	三十六

二十七	二十諸侯畢賀。會諸侯于澤。朝天子。〔一二二〕	二十九中山君爲相。	十七	八	二十八	二十	齊宣王辟彊元年
二十八	二十一馬生人。	三十齊虜我太子申，殺將軍龐涓。	十八	九	二十九	二十一	二敗魏馬陵。田忌、田嬰、田盼將，孫子爲師。〔一二三〕
二十九	二十二封大良造商鞅。	三十一秦商君伐我，虜我公子卬。	十九	十	三十	二十二	三與趙會伐魏。〔一二三〕
三十	二十三與晉戰岸門。〔一二四〕	三十二公子赫爲太子。	二十	十一	楚威王熊商元年	二十三	四

三十一	三十二	三十三 賀秦。	三十四
二十四 秦大荔圍合陽。孝公薨。商君反，死彤地。〔二五〕	秦惠文王元年 楚、韓、趙、蜀人來。	二 天子賀。行錢。宋太丘社亡。〔二七〕	三 王冠。拔韓宜陽。〔二八〕
三十三 衛鞅亡歸我，我恐弗內。〔二六〕	三十四	三十五 孟子來，王問利國，對曰：「君不可言利。」	三十六
二十一	二十二 申不害卒。	二十三	二十四 秦拔我宜陽。
十二	十三	十四	十五
二	三	四	五
二十四	二十五	二十六	二十七
五	六	七 與魏會平阿南。	八 與魏會于甄。

	三十五	三十六	三十七	三十八
	四 天子致文武胙，魏夫人來。	五 陰晉人犀首爲大良造。	六 魏以陰晉爲和，命曰寧秦。〔一三〇〕	七 義渠内亂，庶長操將兵定之。
	魏襄王元年 與諸侯會徐州，以相王。〔一二九〕	二 秦敗我彫陰。	三 伐趙。衛平侯元年〔一三一〕	四
	二十五 旱。作高門，屈宜臼曰：「昭侯不出此門。」	二十六 高門成，昭侯卒不出此門。	韓宣惠王元年	二
	十六	十七	十八 齊、魏伐我，我決河水浸之。	十九
	六	七 圍齊于徐州。	八	九
	二十八 蘇秦説燕。	二十九	燕易王元年	二
	九 與魏會徐州，諸侯相王。	十 楚圍我徐州。	十一 與魏伐趙。	十二

三十九	四十	四十一	四十二
八 魏入少梁、河西地于秦。〔二二〕	九 度河，取汾陰、皮氏。圍焦降之。與魏會應。	十 張儀相。公子桑圍蒲陽，降之。魏納上郡。	十一 義渠君爲臣。歸魏焦、曲沃。
五 與秦河西地少梁。秦圍我焦、曲沃。〔二三〕	六 與秦會應。秦取汾陰、皮氏。	七 入上郡于秦。	八 秦歸我焦、曲沃。
三	四	五	六
二十	二十一	二十二 槐元年	二十三
十	十一 魏敗我陘山。	楚懷王	二
三	四	五	六
十三	十四	十五 宋君偃元年。〔二四〕	十六

四十三	十二 初臘。會龍門。	九	七	二十四	三	七	十七
四十四	十三 四月戊午，君爲王。	十	八 魏敗我韓舉。	趙武靈王元年 魏敗我趙護。	四	八	十八
四十五	相張儀，將兵取陝。初更元年。	十一 衛嗣君元年。	九	二 城鄗。〔一三五〕	五	九	十九〔一三六〕
四十六	二 相張儀與齊、楚會齧桑。〔一三七〕	十二	十 君爲王。	三	六 敗魏襄陵。	十 君爲王。	齊湣王元年
四十七	三 張儀免相，相魏。	十三 秦取曲沃。平周女化爲丈夫。	十一	四 與韓會區鼠。	七	十一	二

四十八	慎靚王元年〔一三八〕	二	三	四
四	五 王北遊戎地，至河上。	六	七 五國共擊秦，不勝而還。〔一三九〕	八 與韓、趙戰，斬首八萬。張儀復相。
十四	十五	十六	魏哀王元年〔一四〇〕擊秦不勝。	二 齊敗我觀澤。
十二	十三	十四 秦來擊我，取鄢。	十五 擊秦不勝。	十六 秦敗我脩魚，得韓將軍申差。〔一四二〕
五 取韓女爲夫人。	六	七	八 擊秦不勝。	九 與韓、魏擊秦。〔一四三〕齊敗我觀澤。
八	九	十 城廣陵。	十一 擊秦不勝。	十二
十二	燕王噲元年	二	三 擊秦不勝。	四
三 封田嬰於薛。	四 迎婦于秦。	五	六 宋自立爲王。〔一四一〕	七 敗魏、趙觀澤。

五	六	周赧王元年〔一四五〕	二
九 擊蜀滅之。取趙中都、西陽、安邑。〔一四四〕	十	十一 侵義渠，得二十五城。〔一四六〕	十二 樗里子擊藺，陽虜趙將。公子繇通封蜀。〔一五〇〕
三	四	五 秦拔我曲沃，歸其人。走犀首、岸門。〔一四七〕	六 秦來立公子政爲太子。與秦王會臨晉。
十七	十八	十九	二十
十 秦取我中都、西陽、安邑。	十一 秦敗我將軍英。	十二〔一四八〕	十三 秦拔我藺，虜將趙莊。〔一五一〕
十三	十四	十五 魯平公元年〔一四九〕	十六 張儀來相。
五 君讓其臣子之國，顧爲臣。	六	七 君噲及太子相子之，皆死。	八〔一五二〕
八	九	十	十一

三	十三 庶長章擊楚，斬首八萬。	七 擊齊，虜聲子於濮。與秦擊燕。	二十一 秦助我攻楚，圍景座。[一五三]	十四	十七 秦敗我將屈匄。[一五四]	九 燕人共立公子平。	十二
四	十四 蜀相殺蜀侯。	八 圍衛。	韓襄王元年	十五	十八	燕昭王元年	十三
五	秦武王元年 誅蜀相壯。張儀、魏章皆死于魏。[一五五]	九 與秦會臨晉。	二	十六 吳廣入女，生子何，立爲惠王后。	十九	二	十四
六	二 初置丞相，樗里子、甘茂爲丞相。	十 張儀死。	三	十七	二十	三	十五

七	八	九	十	十一
三	四 拔宜陽城，斬首六萬。涉河城武遂。	秦昭王元年〔一五七〕	二 彗星見。桑君爲亂，誅。〔一五八〕	三
十一 與秦會應。〔一五六〕	十二 太子往朝秦。	十三 秦擊皮氏，未拔而解。	十四 秦武王后來歸。	十五
四 與秦會臨晉。秦擊我宜陽。	五 秦拔我宜陽，斬首六萬。	六 秦復與我武遂。	七	八
十八	十九 初胡服。	二十	二十一	二十二
二十一	二十二	二十三	二十四 秦來迎婦。	二十五 與秦王會黄棘，秦復歸我上庸。
四	五	六	七	八
十六	十七	十八	十九	二十

十二	十三	十四	十五
四 彗星見。	五 魏王來朝。	六 蜀反，司馬錯往誅蜀守煇，定蜀。〔二六〇〕日蝕晝晦。伐楚。	七 樗里疾卒。擊楚，斬首三萬。魏丹爲相。〔二六二〕
十六 秦拔我蒲坂、晉陽、封陵。	十七 與秦會臨晉，復我蒲坂。〔二五九〕	十八 與秦擊楚。	十九
九 秦取武遂。	十 太子嬰與秦王會臨晉，因至咸陽而歸。	十一 秦取我穰。與秦擊楚。	十二
二十三	二十四	二十五 趙攻中山。惠后卒。〔二六一〕	二十六
二十六 太子質秦。	二十七	二十八 秦、韓、魏、齊，敗我將軍唐昧於重丘。	二十九 秦取我襄城，殺景缺。
九	十	十一	十二
二十一	二十二	二十三 與秦擊楚，使公子將，大有功。	二十四 秦使涇陽君來爲質。

十六	十七	十八	十九
八 楚王來，因留之。	九	十 楚懷王亡之趙，趙弗内。	十一 彗星見。復與魏封陵。
二十 與齊王會于韓。	二十一 與齊、韓共擊秦于函谷。河、渭絶一日。	二十二	二十三
十三 齊、魏王來。立咎爲太子。	十四 與齊、魏共擊秦。	十五	十六 與齊、魏擊秦。秦與我武遂和。[一六三]
二十七	趙惠文王元年 以公子勝爲相，封平原君。	二 楚懷王亡來，弗内。	三
三十 王入秦。秦取我八城。	楚頃襄王元年 秦取我十六城。	二	三 懷王卒于秦，來歸葬。
十三	十四	十五	十六
二十五 涇陽君復歸秦。薛文入相秦。	二十六 與魏、韓共擊秦。孟嘗君歸相齊。	二十七	二十八

二十	二十一	二十二	二十三	二十四
十二 樓緩免。穰侯魏冄爲丞相。	十三 任鄙爲漢中守。	十四 白起擊伊闕，斬首二十四萬。	十五 魏冄免相。	十六
魏昭王元年 秦尉錯來擊我襄。	二 與秦戰，解不利。〔一六七〕	三 佐韓擊秦，秦敗我兵伊闕。	四	五
韓釐王咎元年	二	三 秦敗我伊闕，二十四萬，虜將喜。〔一六八〕	四	五 秦拔我宛城。〔一六九〕
四 圍殺主父。與齊、燕共伐中山。〔一六四〕	五	六	七	八
四 魯文侯元年。〔一六五〕	五	六	七 迎婦秦。	八
十七	十八	十九	二十	二十一
二十九 佐趙滅中山。〔一六六〕	三十 田甲劫王，相薛文走。	三十一	三十二	三十三

二十五	二十六	二十七	二十八	二十九
十七 魏入河東四百里。	十八 客卿錯擊魏，至軹，取城大小六十一。	十九 十月爲帝，十二月復爲王。任鄙卒。	二十	二十一 魏納安邑及河內。〔二七一〕
六 芒卯以詐見重。	七 秦擊我。取城大小六十一。	八	九 秦拔我新垣、曲陽之城。	十 宋王死我溫。
六 與秦武遂地方二百里。	七	八	九	十 秦敗我兵夏山。
九	十	十一 秦拔我桂陽。〔二七〇〕	十二	十三
九	十	十一	十二	十三
二十二	二十三	二十四	二十五	二十六
三十四	三十五	三十六 爲東帝，二月復爲王。	三十七	三十八 齊滅宋。

三十	三十一	三十二	三十三
二十二 蒙武擊齊。〔一七二〕	二十三 尉斯離與韓、魏、燕、趙共擊齊，破之。	二十四 與楚會穰。	二十五
十一	十二 與秦擊齊濟西。與秦王會西周。	十三 秦拔我安城，兵至大梁而還。	十四 大水。衛懷君元年。〔一七四〕
十一	十二 與秦擊齊濟西。與秦王會西周。	十三	十四 與秦會兩周間。
十四 與秦會中陽。	十五 取齊昔陽。〔一七三〕	十六	十七 秦拔我兩城。
十四 與秦會宛。	十五 取齊淮北。	十六 與秦王會穰。	十七
二十七	二十八 與秦、三晉擊齊，燕獨入至臨菑，取其寶器。	二十九	三十
三十九 秦拔我列城九。	四十 五國共擊湣王，王走莒。	齊襄王法章元年	二

三十四	三十五	三十六	三十七	三十八
二十六 魏冄復爲丞相。	二十七 擊趙，斬首三萬。地動壞城。	二十八	二十九 白起擊楚，拔郢，更東至竟陵，以爲南郡。	三十 白起封爲武安君。〔一七五〕
十五	十六	十七	十八	十九
十五	十六	十七	十八	十九
十八 秦拔我石城。	十九 秦敗我軍，斬首三萬。	二十 與秦會黽池，藺相如從。	二十一	二十二
十八	十九 秦擊我，與秦漢北及上庸地。	二十 秦拔鄢、西陵。	二十一 秦拔我郢，燒夷陵，王亡走陳。	二十二 秦拔我巫、黔中。
三十一	三十二	三十三	燕惠王元年	二
三	四	五 殺燕騎劫。	六	七

三十九	三十一	魏安釐王元年 秦拔我兩城。封弟公子無忌爲信陵君。	二十	二十三	二十三 秦所拔我江旁反秦。	三	八
四十	三十二	二 秦拔我兩城，軍大梁下，韓來救，與秦溫以和。	二十一 暴鳶救魏，爲秦所敗，走開封。	二十四	二十四	四	九
四十一	三十三	三 秦拔我四城，斬首四萬。	二十二	二十五	二十五	五	十
四十二	三十四 白起擊魏華陽軍，芒卯走，得三晉將，斬首十五萬。	四 與秦南陽以和。	二十三	二十六	二十六	六	十一

四十三	四十四	四十五	四十六	四十七
三十五	三十六	三十七	三十八	三十九
五　擊燕。	六	七	八	九　秦拔我懷城。
韓桓惠王元年	二	三　秦擊我閼與城，不拔。	四	五
二十七	二十八　藺相如攻齊，至平邑。	二十九　秦拔我閼與。趙奢將擊秦，大敗之，賜號曰馬服。〔一七七〕	三十	三十一
二十七　擊燕。魯頃公元年〔一七六〕	二十八	二十九	三十	三十一
七	燕武成王元年	二	三	四
十二	十三	十四　秦、楚擊我剛壽。〔一七八〕	十五	十六

四十八	四十九	五十	五十一	五十二
四十 太子質於魏者死，歸葬芷陽。	四十一	四十二 宣太后薨。安國君爲太子。	四十三	四十四 秦攻韓取南陽。〔一八一〕
十	十一 秦拔我廩丘。〔一七九〕	十二	十三	十四
六	七	八	九 秦拔我陘。城汾旁。	十 秦擊我太行。
三十二	三十三	趙孝成王元年 秦拔我三城。平原君相。	二	三
三十二	三十三	三十四	三十五	三十六
五	六	七 齊田單拔中陽。〔一八〇〕	八	九
十七	十八	十九	齊王建元年	二

五十三	五十四	五十五	五十六	五十七	五十八
四十五 秦攻韓，取十城。	四十六 王之南鄭。	四十七 白起破趙長平，殺卒四十五萬。	四十八	四十九	五十 王齕、鄭安平圍邯鄲，及齕還軍，拔新中。〔一八三〕
十五	十六	十七	十八	十九	二十 公子無忌救邯鄲，秦兵解去。
十一	十二	十三	十四	十五	十六
四	五 使廉頗拒秦於長平。〔一八二〕	六 使趙括代廉頗將。白起破括四十五萬。	七	八	九 秦圍我邯鄲，楚、魏救我。
楚考烈王元年 秦取我州。黄歇爲相。	二	三	四	五	六 春申君救趙。
十	十一	十二	十三	十四	燕孝王元年
三	四	五	六	七	八

五十九〔一八四〕赧王卒。					
五十一	五十二〔一八六〕取西周王。〔一八七〕王稽棄市。	五十三	五十四	五十五	五十六
二十一 韓、魏、楚救趙新中，秦兵罷。〔一八五〕	二十二	二十三	二十四	二十五 衛元君元年。〔一九〇〕	二十六
十七 秦擊我陽城，救趙新中。	十八	十九	二十	二十一	二十二
十	十一	十二	十三	十四	十五 平原君卒。
七 救趙新中。	八 取魯，魯君封於莒。〔一八八〕	九	十 徙於鉅陽。〔一八九〕	十一	十二 柱國景伯死。
二	三	燕王喜元年	二	三	四 伐趙，趙破我軍，殺栗腹。〔一九一〕
九	十	十一	十二	十三	十四

秦孝文王元年〔一九一〕	秦莊襄王楚元年〔一九二〕蒙驁取成皋、滎陽。初置三川郡。呂不韋相。取東周。	二 蒙驁擊趙榆次、新城、狼孟，得三十七城。日蝕。	三 王齮擊上黨。〔一九五〕初置太原郡。魏公子無忌率五國，卻我軍河外，蒙驁解去。
二十七	二十八	二十九	三十 無忌率五國兵，敗秦軍河外。
二十三	二十四 秦拔我成皋、滎陽。	二十五	二十六 秦拔我上黨。
十六	十七	十八	十九
十三	十四 楚滅魯，頃公遷卞，爲家人，絕祀。〔一九四〕	十五 春申君徙封於吳。	十六
五	六	七	八
十五	十六	十七	十八

始皇帝元年〔一九六〕擊取晉陽，作鄭國渠。〔一九七〕	三十一	二十七	二十　秦拔我晉陽。〔一九八〕	十七	九	十九
二	三十二	二十八	二十一	十八	十	二十
三　蒙驁擊韓，取十二城。王齮死。	三十三	二十九　秦拔我十二城。	趙悼襄王偃元年	十九	十一	二十一
四　七月，蝗蔽天下。〔一九九〕百姓納粟千石，拜爵一級。	三十四　信陵君死。	三十	二　太子從質歸秦。	二十	十二　趙拔我武遂、方城。	二十二
五　蒙驁取燕酸棗二十城。初置東郡。〔二〇〇〕	魏景湣王元年　秦拔我二十城。	三十一　趙相、魏相會柯盟。〔二〇一〕	三	二十一	十三　劇辛死於趙。	二十三
六　五國共擊秦。〔二〇二〕	二　秦拔我朝歌。衛從濮陽徙野王。	三十二	四	二十二　王東徙壽春，命曰郢。	十四	二十四

七 彗星見北方西方。夏太后薨。蒙驁死。	八 嫪毐封長信侯。	九 彗星見竟天。嫪毐爲亂，遷其舍人于蜀。彗星復見。	十 相國呂不韋免。齊、趙來置酒。太后入咸陽。大索。	十一 呂不韋之河南。王翦擊鄴、閼與，取九城。
三 秦拔我汲。	四	五 秦拔我垣、蒲陽、衍。	六	七
三十三	三十四	韓王安元年	二	三
五	六	七	八 入秦置酒。	九 秦拔我閼與、鄴，取九城。
二十三	二十四	二十五 李園殺春申君。	楚幽王悼元年	二
十五	十六	十七	十八	十九
二十五	二十六	二十七	二十八 入秦置酒。	二十九

十二 發四郡兵助魏擊楚。呂不韋卒。復嫪毐舍人遷蜀者。	十三 桓齮擊平陽，殺趙扈輒，斬首十萬，因東擊趙。王之河南。彗星見。	十四 桓齮定平陽、武城、宜安。韓使非來，我殺非。韓王請爲臣。〔二〇五〕	十五 興軍至鄴。軍至太原。取狼孟。〔二〇七〕	十六 置麗邑。發卒受韓南陽。
八 秦助我擊楚。	九	十	十一	十二 獻城秦。
四	五	六	七	八 秦來受地。
趙王遷元年〔二〇三〕	二 秦拔我平陽，敗扈輒。〔二〇四〕斬首十萬。	三 秦拔我宜安。〔二〇六〕	四 秦拔我狼孟、鄱吾〔二〇八〕，軍鄴。	五 地大動。
三 秦、魏擊我。	四	五	六	七
二十	二十一	二十二	二十三 太子丹質於秦，亡來歸。	二十四
三十	三十一	三十二	三十三	三十四

十七 內史勝擊得韓王安，盡取其地，置潁川郡。〔二〇九〕華陽太后薨。	十八	十九 王翦拔趙，虜王遷之邯鄲。帝太后薨。〔二一一〕	二十 燕太子使荊軻刺王，覺之。王翦將擊燕。
十三	十四 衛君角元年〔二一〇〕	十五	魏王假元年
九 秦虜王安，秦滅韓。			
六	七	八 秦王翦虜王，遷邯鄲。公子嘉自立爲代王。	代王嘉元年
八	九	十 幽王卒，弟郝立，爲哀王。三月，負芻殺哀王。	楚王負芻元年 負芻，哀王庶兄。
二十五	二十六	二十七	二十八 太子丹使荊軻刺秦王，秦伐我。
三十五	三十六	三十七	三十八

二十一 王賁擊楚。	二十二 王賁擊魏，得其王假，盡取其地。	二十三 王翦、蒙武擊破楚軍，殺其將項燕。	二十四 王翦、蒙武破楚，虜其王負芻。	二十五 王賁擊燕，虜王喜。又擊得代王嘉。五月天下大酺。
二	三 秦虜王假。			
二	三	四	五	六 秦將王賁虜王嘉，秦滅趙。
二 秦大破我，取十城。	三	四 秦破我將項燕。	五 秦虜王負芻。秦滅楚。	
二十九 秦拔我薊，得太子丹。王徙遼東。〔二三〕	三十	三十一	三十二	三十三 秦虜王喜，拔遼東，秦滅燕。
三十九	四十	四十一	四十二	四十三

二十六 王賁擊齊，虜王建。初并天下，立爲皇帝。						四十四 秦虜王建。秦滅齊。
二十七 更命河爲「德水」。爲金人十二。命民曰「黔首」。同天下書。分爲三十六郡。〔二二三〕						
二十八 爲阿房宮。之衡山。治馳道。帝之琅邪，道南郡入。爲太極廟。賜户三十爵一級。〔二二四〕						
二十九 郡縣大索十日。帝之琅邪，道上黨入。						
三十						
三十一 更命臘曰「嘉平」。賜黔首里六石米二羊，以嘉平大索二十日。						
三十二 帝之碣石，道上郡入。						
三十三 遣諸逋亡及賈人贅壻，略取陸梁，爲桂林、南海、象郡，以適戍。西北取戎爲四十四縣。〔二二五〕築長城河上，蒙恬將三十萬。〔二二六〕						
三十四 適治獄不直者，築長城及南方越地，覆獄故失。〔二二七〕						
三十五 爲直道，道九原通甘泉。						
三十六 徙民於北河、榆中，耐徙三處。〔二二八〕拜爵一級。石晝下東郡，有文言「地分」。〔二二九〕						

三十七	十月,帝之會稽、琅邪,還至沙丘崩。子胡亥立,爲二世皇帝。殺蒙恬。道九原入。復行錢。〔二〇〕
二世元年〔二一〕	十月戊寅,大赦罪人。十一月,爲兔園。十二月,就阿房宮。〔二二〕其九月,郡縣皆反。楚兵至戲,章邯擊卻之。〔二三〕出衛君角爲庶人。〔二四〕
二	將軍章邯、長史司馬欣、都尉董翳追楚兵至河。誅丞相斯、去疾,將軍馮劫。
三	趙高反,二世自殺,高立二世兄子嬰。子嬰立,刺殺高,夷三族。諸侯入秦,嬰降,爲項羽所殺。尋誅羽,天下屬漢。

〔一〕【集解】徐廣曰:「乙丑。」皇甫謐曰:「元年癸酉,二十八年庚子崩。」【索隱】元王名仁,系本名赤,敬王子。八年崩,子定王介立也。【考證】通鑑元王元年丙寅,則乙丑則敬王四十四年,與徐廣又異。梁玉繩曰:此乃周敬王四十四年,非元王元年也。敬王之年,本紀既誤爲四十二,而十二諸侯年表復誤爲四十三年,遂以敬王末年爲元王之元,其所列七國之事俱各差一年矣。汪越曰:冠周于上,周雖衰未亡也。至赧王五十九年卒而絶,不即予秦者,秦未并天下也。蓋闕不書王者三十三年。

〔二〕【索隱】悼公子。三十四年卒,子躁公立。

〔三〕【索隱】二十一年,季父黚逐出公而自立,曰悼公也。

〔四〕【索隱】案:系家,簡子名鞅,文子武之孫,景叔成之子也。

〔五〕【索隱】案:簡子以頃公九年在位,頃公十四年卒,而定公立,定公明年三十七年卒,是四十二爲簡子在位之年。又至出公十七年卒,在位六十年也。

〔六〕【集解】徐廣曰：「亦魯哀公十九年。」【索隱】五十七年卒。
〔七〕【考證】楚世家是年亦有是文，左傳無。或云，當作「越伐我」。
〔八〕【索隱】二十八年卒。
〔九〕【索隱】二十五年卒。已上當並元王元年。
〔一〇〕【索隱】系本定公名午。
〔一一〕【考證】「怨」當作「恐」。
〔一二〕【索隱】系本名鑿。【考證】晉世家作「鑿」。
〔一三〕【考證】齊平公七年，爲魯哀廿一年，左傳書越人始來，謂遣使至魯也，豈亦兼聘于齊乎？
〔一四〕【索隱】案：「景」字誤，合作「成侯」。徐廣不辨，即言「或作『成』」。案：景侯即成侯之高祖父也。
〔一五〕【集解】音義曰：「援，一作『爰』。」【考證】緜諸，疑「緜諸」之譌。蓋戎國，後此二十年與緜諸戰。
〔一六〕【索隱】名產，成侯之子。
〔一七〕【考證】秦紀無之。
〔一八〕【考證】「莊公」乃「出公」之誤。「履」乃「襪」之誤。
〔一九〕【集解】徐廣曰：「癸酉，左傳盡此。」皇甫謐曰：「貞定王元年癸亥，十年壬申崩。」【索隱】名介，二十八年崩。【考證】元年爲敬王末年，故元王八年，其實止七年也。
〔二〇〕【集解】音義「拔，一作『捕』」。【考證】魏城，秦地，不可言「拔」，當作「補」，若後年「補龐戲城」、「補龐」。
〔二一〕【索隱】系本名蔣。【考證】魯哀卒於楚惠二十一年，此後一年，疑表中凡前後一年皆傳寫誤。此類甚多，不能悉正。
〔二二〕【索隱】魯悼公，系本名寧。【考證】魯悼之元，當書楚惠二十二年。

〔二三〕【考證】桓子，蓋駟宏之謚。左傳不見。

〔二四〕【考證】事在十三年。

〔二五〕【索隱】聲公名勝，獻公子也。三十七年卒，子哀公易立。八年殺弟丑，立爲共公。

〔二六〕【考證】淩本「阿」作「河」，與秦紀合。

〔二七〕【索隱】名無恤。三卿叛智伯晉陽，分其地，始有三晉也。

〔二八〕【考證】襄子元年，當在越圍吳之歲。趙世家云「越圍吳，襄子降喪食」，減代，亦此年事。而表書襄子元年于晉出公十七年之後者，因妄稱簡子六十年卒，增多十八年，故襄子立年減退，其實立于晉定公三十七年也。

〔二九〕【索隱】子元侯立。

〔三〇〕【正義】表云，晉出公錯十八年，晉哀公忌二年，晉懿公驕立十七年而卒。世本云，昭公生桓子雝，雝生忌，忌生懿公驕。世家云，晉出公十七年，晉哀公驕十八年，而無懿公。案：出公道死，智伯乃立昭公曾孫驕爲晉君，是爲哀公。哀公大父雍，晉昭公少子，號戴子，生忌。忌善智伯，欲并晉，未敢，乃立忌子驕爲君。據三處不同，未知孰是。【考證】晉世家索隱引年表，與此正義略同。據此則表有晉懿公，其元蓋在此後三年，當周定王十五。單本索隱於六國表「齊宣公就匝」下出「晉懿公驕」四字，注云「哀公忌之子，生幽公柳也」，其次正相當。而今表失去懿公一代，各本皆然。

〔三一〕【考證】左傳哀廿六年，悼公立，當表周元王七年。此書于定王十四年，誤矣。說詳于志疑。

〔三二〕【集解】本作「積」。【索隱】積，平公子，立五十一年，子康公貸立。

〔三三〕【考證】「智伯」下脫「韓魏」字。韓、魏表亦當有此八字。

〔三四〕【索隱】桓子名駒。

〔三五〕【索隱】康子名虎。

〔三六〕【集解】徐廣曰：「案左傳，景公死至此九十九年。」【索隱】案：系家，景公，元公子，名頭曼，已見十二諸侯表。徐廣云「案左傳，景公卒至此九十九年」，謬矣。景公立六十四年卒，公子特殺太子自立，號昭公，與前昭公杵臼又歷五君，相去略九十年，故誤也。昭公立四十七年，悼公購立。【考證】案十二諸侯表，敬王四十三年，宋景公四十，六十四年卒。世家同。則景公卒當在齊宣三年，此表後二年疑亦傳寫誤。

〔三七〕【索隱】悼公黔之子也。【考證】敬公之元，依悼公在位五年數之，當在周定王五年。

〔三八〕【考證】宋昭之元，當在齊平三十年。

〔三九〕【考證】智伯敗滅六年，而寬始奔秦，疑前二十五年智開事重出。

〔四〇〕【集解】徐廣曰：「辛丑。」

〔四一〕【考證】「魏」下疑脱「趙」。

〔四二〕【考證】昭公之元，當在周定王二十四年。

〔四三〕【考證】「秦」當作「我」。

〔四四〕【考證】魯悼在位三十七年，漢志依世家，是也。其卒當楚簡之元年，此書于三年。

〔四五〕【考證】梁玉繩曰：靈乃懷之孫。張文虎曰：表於是年書「生靈公」，而於靈公下書「生獻公」，首尾僅五年，錯誤甚矣。

〔四六〕【考證】魯元公之元，當在楚簡二年。

〔四七〕【集解】徐廣曰：「丙辰。」【索隱】名午，考王子。

〔四八〕【考證】衛悼元年，當在考王二年。

〔四九〕【索隱】生武侯擊也。【考證】魏斯于二十二年爲侯，不應追紀元。下格韓、趙亦然。

〔五〇〕【索隱】武子啓章，生景侯虔。

〔五一〕【索隱】桓子嘉，襄子弟也。元年卒，明年國人共立襄子子獻侯完也。

〔五二〕【考證】案：鄭世家，幽之前爲共公丑，嗣哀而立于周定王十五年，在位三十一年，卒于威烈王二年。表失書共公，直以幽繼哀。

〔五三〕【考證】獻公是追尊，不可紀元。

〔五四〕【考證】世家云盜殺幽公，魏文侯以兵誅晉亂，表有脱誤。世家又以烈公止爲幽公子。

〔五五〕【索隱】謂初以此年取他女爲君主。君主猶公主也。妻河，謂嫁之河伯，故魏俗猶爲河伯取婦，蓋其遺風。殊異其事，故云「初」。

〔五六〕【索隱】案：龐及籍姑，皆城邑之名。補者脩也，謂脩龐而城籍姑也。

〔五七〕【考證】愼公元，當在考王十三年。

〔五八〕【集解】徐廣曰：「周定王之孫，西周桓公之子。」

〔五九〕【考證】安陽，非魯地。世家「莒」作「葛」，「安陽」作「安陵」。

〔六〇〕【集解】徐廣曰：「世家云取一城。」

〔六一〕【考證】秦紀在簡公六年。

〔六二〕【集解】徐廣曰：「一云擊宋、中山，置合陽。世家云，攻秦至鄭而還，築雒陰、合陽。」【考證】據魏、趙世家，「宋」當作「守」。

〔六三〕【考證】「韓」當作「我」。

〔六四〕【考證】魯穆之元，當在楚簡王二十三年。

〔六五〕【索隱】音館。

〔六六〕【考證】宋悼之元，當在齊宣三十五年。
〔六七〕【考證】世家以節儉侍者徐越，以仁義侍者牛畜，此撮要互異，而又失。
〔六八〕【集解】徐廣曰：「庚辰。」
〔六九〕【考證】世家「類」作「熊疑」。
〔七〇〕【考證】本紀作「十六年簡公卒」。
〔七一〕【考證】辔，太子擊子，今本缺下「子」字。
〔七二〕【考證】「圍」下缺「我」字。
〔七三〕【考證】世家「桑丘」作「乘丘」。
〔七四〕【索隱】簡公子，史無名。
〔七五〕【索隱】名取。系本作「武侯」也。
〔七六〕【考證】前「烈侯」，後「敬侯」，不應武獨稱「公」。
〔七七〕【考證】「鄭人殺君」是羨文。即後年弒繻公事，誤重于前一年。
〔七八〕【集解】徐廣曰：「一作『法其』。」
〔七九〕【考證】宋休之元，當在齊宣公四十三年。
〔八〇〕【考證】秦紀在十二年。
〔八一〕【考證】秦紀作「伐蜀取南鄭」。
〔八二〕【索隱】惠公子。
〔八三〕【索隱】武侯名擊。
〔八四〕【索隱】和，田常曾孫，二年亦號太公。

〔八五〕【索隱】名師隰，靈公太子。

〔八六〕【索隱】兔，土故反。字亦作「菟」。

〔八七〕【考證】世家「敗」作「反」。

〔八八〕【考證】或云衍「威王」二字，或云當補「六世」二字。威王之名，世家及魯仲連傳並作「因齊」，國策作「嬰齊」，或依莊子則陽篇爲「牟」，或依司馬穰苴傳爲「因」。

〔八九〕【集解】徐廣曰：「丙午。」

〔九〇〕【考證】康公二十一年滅，表缺「一」字。

〔九一〕【索隱】劉氏鱄音屬沇反，又音專。【考證】世家「鱄陵」作「博陽」。

〔九二〕【考證】衛聲之元，爲魏武元年。當書于安王十六年。

〔九三〕【索隱】辟，音壁。辟公名辟兵，生剔成。案：宋後微弱，君薨未必有謚，辟兵其名也，猶剔成然也。【考證】辟公之元，當書于齊康之十五年，此在威王七年，誤。

〔九四〕【集解】徐廣曰：「齊威王朝周。」

〔九五〕【考證】「惠王」上失書「魏」字。

〔九六〕【索隱】系家作「懿侯」，系本無。

〔九七〕【考證】剔成之元，當書于齊康十八年。

〔九八〕【集解】徐廣曰：「癸丑。」

〔九九〕【考證】本紀在十八年。

〔一〇〇〕【考證】世家「武都」作「武堵」。

〔一〇一〕【集解】徐廣曰：「一云『車騎』。」

〔一〇二〕【集解】徐廣曰：「一作『阿』。」

〔一〇三〕【考證】晉，言魏也。

〔一〇四〕【考證】本紀「太子」作「公孫痤」。

〔一〇五〕【考證】衛成之元，在武侯十二年，非惠王之十年。

〔一〇六〕【集解】徐廣曰：「紀年東周惠公傑薨。」

〔一〇七〕【考證】趙孟别是一人，非成侯。

〔一〇八〕【考證】「君尹」疑「右尹」。

〔一〇九〕【集解】徐廣曰：「紀年一曰『魯共侯來朝。邯鄲成侯會燕成侯平安邑』。」

〔一一〇〕【考證】世家「河」作「阿」。

〔一一一〕【考證】魏未稱「王」。

〔一一二〕【考證】世家作「陵觀邢丘」，俱非東周之地。或云「皆邑聚名」。

〔一一三〕【考證】「安邑」字誤，即後年降固陽事也。「降之」二字衍。

〔一一四〕【考證】魯康之元，在十六年。

〔一一五〕【考證】「取」當作「聚」。依本紀，「三十一」當作「四十一」，「縣」下脱「每縣」二字。

〔一一六〕【索隱】彤，地名，賜商君，死彤地，劉氏云「阡陌道」，非也。

〔一一七〕【索隱】姬，一作「玘」，同，音怡，韓之大夫姓名。案：韓無悼公，所未詳也。

〔一一八〕【索隱】名語。

〔一一九〕【考證】魏相白圭名丹，或是人。「名會」或「于澮」之訛。

〔一二〇〕【考證】景公之元，當書楚宣二十五年。

〔二二一〕【集解】徐廣曰：「紀年作『逢澤』。」【考證】秦紀亦有「逢」字。

〔二二二〕【集解】徐廣曰：「楚世家云，田朌者齊之將，而齊世家不說田朌者，或是時三人皆出征乎？」

〔二二三〕【考證】世家集解引表「會」下有「博望」二字。

〔二二四〕【考證】秦紀云，孝公二十四年，與晉戰雁門。

〔二二五〕【考證】「彤地」，「彭池」之訛。彭池即黽池。

〔二二六〕【考證】「恐」當作「怒」。

〔二二七〕【考證】表附宋于齊，此是宋事，何以書于秦乎？

〔二二八〕【考證】拔，疑「攻」之訛，下格同。

〔二二九〕【考證】當依紀年，「襄王元年」作「惠王後元年」。

〔二三〇〕【集解】徐廣曰：「今之華陰。」

〔二三一〕【考證】衛平之元，當書于魏惠王二十五年。

〔二三二〕【考證】秦紀、魏世家並不言少梁，前二十五年孝公已取少梁矣，此當衍「少梁」字。

〔二三三〕【考證】依世家，「秦圍我焦曲沃」六字當在「與秦河西地」上。

〔二三四〕【考證】宋偃之元，當書威王三十三年。

〔二三五〕【考證】世家在三年。

〔二三六〕【考證】齊宣、湣二王之年，史記與孟子不合。說具于世家。

〔二三七〕【考證】魏亦在會。

〔二三八〕【集解】徐廣曰：「辛丑。」

〔二三九〕【考證】擊秦者六國，非五國也。

〔一四〇〕【考證】「哀」當作「襄」。

〔一四一〕【考證】宜有「擊秦不勝」四字。宋世家謂宋偃十一年僭稱王，而偃之十一年當齊宣七年。

〔一四二〕【考證】「得」下「韓」字衍。

〔一四三〕【考證】「與韓魏伐秦」五字，上年事重出。

〔一四四〕【考證】中都西陽，「西都中陽」之誤。「安邑」二字衍，下格同。

〔一四五〕【集解】徐廣曰：「丁未。」【索隱】赧，音尼簡反。宋衷曰：「赧，謚也。」皇甫謐云，名誕也。

〔一四六〕【考證】秦紀在十年。

〔一四七〕【考證】「曲沃」當作「焦」。

〔一四八〕【集解】徐廣曰：「紀年云立燕公子職。」

〔一四九〕【考證】魯平之元，在楚懷之十三年。

〔一五〇〕【索隱】繇，音由。秦之公子。【考證】封蜀，秦紀在惠文後十一年。

〔一五一〕【考證】趙莊，一作「莊豹」。

〔一五二〕【考證】八、九兩年蓋燕王職之元年、二年。

〔一五三〕【考證】秦助我，「我助秦」之誤。

〔一五四〕【索隱】匄，音蓋。楚大夫。

〔一五五〕【考證】死于，當作「出之」。

〔一五六〕【集解】徐廣曰：「在潁川父城。」

〔一五七〕【考證】秦本紀及秦記並作「昭襄」。

〔一五八〕【考證】秦本紀「庶長壯，與大臣諸侯公子爲逆，皆誅」。桑、壯，音相近。穰侯傳誅季君之亂，亦指桑君。

〔二五九〕【考證】「復」下缺「歸」字。

〔二六〇〕【考證】蜀守以被讒賜死，非反也。「煇」當作「惲」。

〔二六一〕【考證】「趙」字不當有。

〔二六二〕【考證】楚世家「三萬」作「二萬」。魏冄之相在昭王十二年，此或薛文爲相之誤，當在昭王八年，錯書于此。

〔二六三〕【考證】「與齊魏擊秦」五字衍文，已書于十四年，此重出。與武遂，在襄王十四年。

〔二六四〕【考證】殺主父在惠文三年。中山之役，燕不與。

〔二六五〕【集解】徐廣曰：「一作『滑』。」【考證】「侯」當作「公」。

〔二六六〕【考證】中山之役，齊不與。

〔二六七〕【考證】據世家，「解」當作「我」。

〔二六八〕【考證】缺「斬首」二字。

〔二六九〕【考證】宛，楚邑，秦取於楚，秦紀及穰侯傳甚明，此與韓世家並誤。又事在前一年。

〔二七〇〕【集解】徐廣曰：「一作『梗』。」【考證】世家作「梗」。

〔二七一〕【考證】魏未嘗并納河内。

〔二七二〕【考證】「蒙武」當作「蒙驁」。

〔二七三〕【考證】凌本作「昔陽」，與趙世家合。各本作「淮北」。

〔二七四〕【考證】衛懷之元，當在魏哀之二十三年。

〔二七五〕【考證】武安之封，在秦昭二十九年。

〔二七六〕【考證】魯頃之元，當在頃襄二十六年。

〔二七七〕【考證】「拔」當作「圍」。「我」當作「韓」。

〔一七八〕【考證】「楚」字衍。秦紀、田完世家、穰侯、范雎傳無「楚」。

〔一七九〕【集解】徐廣曰：「或作『邢丘』。」【考證】世家作「郪丘」。

〔一八〇〕【考證】中陽非燕地，當依趙世家徐廣所引一本作「中人」。

〔一八一〕【集解】徐廣曰：「一作『郡』。」【考證】「秦」字衍，下年同。本紀「南陽」作「南郡」。

〔一八二〕【考證】距秦，當并書于孝成六年。

〔一八三〕【考證】秦圍邯鄲，自昭王四十八年，至五十年始解。秦與趙表並以爲是年圍之，非也。

〔一八四〕【集解】徐廣曰：「乙巳。」

〔一八五〕【考證】韓未嘗救，魏不應挨入。當書曰「趙、楚救我寧新中軍，秦兵罷」。

〔一八六〕【集解】徐廣曰：「丙午。」

〔一八七〕【考證】「王」字衍，取西周，昭王五十一年。

〔一八八〕【考證】當作「封魯君於莒」。

〔一八九〕【考證】是時楚都于陳，無徙鉅陽之事。

〔一九〇〕【考證】衛元君元年，當書于安釐王十二年。又世家元君立二十五年卒，是也，此誤作二十三年。

〔一九一〕【索隱】人姓字，燕相也。

〔一九二〕【集解】徐廣曰：「辛亥。文王后曰華陽后，生莊襄王，子楚母曰夏太后。」

〔一九三〕【集解】徐廣曰：「壬子。」

〔一九四〕【考證】滅魯在前一年辛亥。

〔一九五〕【集解】徐廣曰：「齮，一作『齕』。」

〔一九六〕【集解】徐廣曰：「乙卯。」【考證】「始皇」上失書「秦」字。

〔一九七〕【考證】「擊」下失「趙」字。
〔一九八〕【考證】秦取晉陽，始置太原郡。而置郡在莊襄王三年，則取晉陽亦莊襄王時事。
〔一九九〕【考證】本紀云「蝗蟲從東方來，蔽天，天下疫」，此當有脱字。
〔二〇〇〕【考證】據始皇紀，「取」下脱「魏」字，「燕」下脱「虚」字。
〔二〇一〕【考證】魯已滅一年，「魯」字衍。柯蓋魏地。
〔二〇二〕【考證】「秦」當作「我」。
〔二〇三〕【集解】徐廣曰：「幽愍元年。」
〔二〇四〕【索隱】扈輒，趙將，漢別有扈輒也。
〔二〇五〕【考證】「宜安」二字衍。
〔二〇六〕【考證】「拔」當作「攻」。
〔二〇七〕【考證】文有脱誤，而狼孟已於前十六年爲秦所取。
〔二〇八〕【索隱】鄱，音婆，又音盤，縣名，在常山。
〔二〇九〕【考證】紀兩稱「内史騰」。
〔二一〇〕【考證】角之元，當書于景湣三年。
〔二一一〕【考證】「遷」下「之」字衍。「帝太后」當作「王太后」。
〔二一二〕【考證】「徙王」當作「王徙」。
〔二一三〕【考證】本紀二十六年事，表二十七年；二十七年事，表二十八年。紀表有一年之差。
〔二一四〕【考證】「太」字衍文，「三十」兩字亦衍文，本紀無之。
〔二一五〕【集解】徐廣曰：「一云四十四縣，是也。又云二十四縣。」

〔二六〕【考證】「蒙恬」句當在「築長城」上。

〔二七〕【考證】「覆獄故失」四字當在「不直者」下。「及」字當作「取」。

〔二八〕【集解】徐廣曰：「一作『家』。」【考證】「三處」當作「三萬」。

〔二九〕【考證】「下」當作「隕」。

〔三〇〕【考證】行錢之初自惠文以來，中間不聞廢錢，何云復行？

〔三一〕【考證】「二世」下失書「皇帝胡亥」。

〔三二〕【考證】本紀云「復作阿房宮」，始于四月，非十二月。

〔三三〕【考證】楚兵至戲，爲章邯所敗，乃二世二年冬十月事，始皇、高祖紀可據。此與月表書于元年九月，誤。

〔三四〕【考證】「出」當作「廢」。

【索隱述贊】春秋之後，王室益卑。楚彊南服，秦霸西垂。三卿分晉，八代興嬀。遞主盟會，互爲雄雌。二周前滅，六國後隳。壯哉嬴氏，吞并若斯。

史記會注考證卷十六

史記十六

秦楚之際月表第四

【索隱】張晏曰：「時天下未定，參錯變易，不可以年記，故列其月。」今案：秦楚之際，擾攘僭篡，運數又促，故以月紀事名表也。【考證】史公自序云：「秦既暴虐，楚人發難，項氏遂亂，漢乃扶義，征伐八年之間，天下三嬗，事繁變衆，故詳著秦楚之際月表第四。」陳仁錫曰：史表或以世，或以年，或以月。世者何？三代遠矣，遠則略，略故世也。月者何？秦楚之際近焉，近則詳，詳故月也。若十二諸侯、六國，遠不及三代，近不及秦楚，故紀其年而已。

太史公讀秦、楚之際曰：初作難，發於陳涉；虐戾滅秦，自項氏；撥亂誅暴，平定海內，卒踐帝祚，成於漢家。〔一〕五年之間，號令三嬗。〔二〕自生民以來，未始有受命若斯之亟也。〔三〕

〔一〕【考證】讀，猶觀也，與高祖功臣年表「讀高祖侯功臣」、惠景間侯者年表「太史公讀列封」同一字法。

〔二〕【集解】音善。【索隱】古「禪」字，音市戰反。三嬗，謂陳涉、項氏、漢高祖也。【考證】梁玉繩曰：自陳涉稱王至高祖五年即帝位，凡八年。故序傳云「征伐八年之間，天下三嬗」，此言「五年」，非也。

〔三〕【索隱】亟，音己力反。亟，訓急也。

昔虞、夏之興，積善累功數十年，德洽百姓，攝行政事，考之于天，然後在位。〔一〕湯、武之王，乃由契、后稷脩仁行義十餘世，不期而會孟津八百諸侯，猶以爲未可，其後乃放弑。〔二〕秦起襄公，章於文、繆，獻、孝之後，稍以蠶食六國，百有餘載，至始皇，乃能并冠帶之倫。以德若彼，〔三〕用力如此，〔四〕蓋一統若斯之難也。〔五〕

〔一〕【集解】韋昭曰：「謂舜受禪，在璇璣玉衡以齊七政。」【考證】凌稚隆曰：考，驗也。考之于天，即孟子所謂人歸天與者，韋註非是。

〔二〕【索隱】後乃放殺。殺，音弑，謂湯放桀，武王討紂也。【考證】索隱本「弑」作「殺」，漢書異姓王表序亦作「殺」。

〔三〕【索隱】即契、后稷及秦襄公、文公、穆公也。

〔四〕【索隱】謂湯、武及始皇。【考證】楊慎曰：以德繳虞、夏、湯、武，以力繳秦襄、始皇。

〔五〕【考證】凌稚隆曰：自「昔虞、夏」至「若斯之難也」，言虞、夏、湯、武、秦五代之興甚難。愚按：詞氣頗與伯夷傳似。

秦既稱帝，患兵革不休，以有諸侯也。於是無尺土之封，墮壞名城，銷鋒鏑，〔一〕鉏豪桀，維萬世之安。〔二〕然王跡之興，起於閭巷，合從討伐，軼於三代，鄉秦之禁，適足以資賢者爲驅除難耳。〔三〕故憤發其所爲天下雄，〔四〕安在無土不王。〔五〕此乃傳之所謂大聖乎？〔六〕豈非天哉！豈非天哉！非大聖，孰能當此受命而帝者乎？〔七〕

〔一〕【集解】徐廣曰：「一作『鍉』。」【索隱】鏑，音的。注「鍉」字亦音的。案：秦銷鋒鏑作金人十二，以弱天下之兵也。

〔二〕【索隱】維，訓度，謂計度令萬代安也。【考證】中井積德曰：維，猶繫也。

〔三〕【索隱】鄉秦之禁，適足資賢者。鄉，音向，許亮反。謂秦前時之禁兵，及不封樹諸侯，適足以資後之賢者，即高帝也。言驅除患難耳。

〔四〕【索隱】指漢高祖。

〔五〕【集解】白虎通曰：「聖人無土不王，使舜不遭堯，當如夫子老於闕里也。」【考證】無土不王，蓋古語。

〔六〕【索隱】言高祖起布衣，卒傳之天位，實所謂大聖。

〔七〕【考證】梁玉繩曰：此表易姓徙封，皆書于一格之内，如楚表中陳涉、襄彊、景駒、懷王、項羽、韓信凡五，趙表（者）〔中〕武臣、趙歇、張耳凡三，齊表中田儋、韓信凡二，燕表中韓廣、臧荼、盧綰凡三，韓表中韓成、鄭昌、韓信凡三。而魏與梁共一表，河南、長沙共一表。復有亡而更立者，若九江王英布爲淮南王，常山王張耳爲趙王，亦共在一表，何以楚、項別爲二表哉？錢大昕曰：別項于楚者，義帝雖項氏所立，羽不爲義帝用也，且項梁與沛公起兵，皆在陳涉未敗之前，其後權奉義帝，不得竟係于此。又曰：表列漢于趙、齊之下，趙、齊强也。趙先于齊者，據起兵之先後也。又曰：自二世元年七月以後，諸侯以起兵之月爲始，以次數之，項梁十三月，籍十七月，趙歇二十六月，田市十九月，沛公二十九月，韓廣三十月，皆計月不計年也。義帝元年以後，諸侯以始封之月爲一月，數至十二月，即稱二年一月。如韓王信之三年一月，即楚四年十月；英布之二年一月，即漢之五年七月。而漢王獨稱正月者，別于諸侯也。趙歇、田市、韓廣、魏豹皆稱王已久，則仍前之月數之，而不計其年。歇終四十八月，市終二十四月，廣終三十七月，豹終三十八月，成終二十七月，前後義例已爲不倫也。臨江王共敖與十八王同時封，不稱二年一月，仍稱十三月，敖終于三年一月，敖子驩終于十六月，又何說也？

秦	楚	項	趙	齊	漢	燕	魏	韓
二世元年〔一〕								
七月	楚隱王陳涉起兵入秦。〔二〕							
八月	二 葛嬰爲涉徇九江，立襄彊爲楚王。		武臣始至邯鄲，自立爲趙王，始。〔三〕					
九月 楚兵至戲。〔四〕	三 周文兵至戲敗。而陳嬰聞涉王，即殺彊。〔五〕	項梁號武信君。〔六〕	二	齊王田儋始。儋，狄人。諸田宗彊。從弟榮，榮弟橫。〔七〕	沛公初起。〔八〕	韓廣爲趙略地至薊，自立爲燕王，始。〔九〕	魏王咎始。咎在陳，不得歸國。〔一〇〕	
二年 十月	四 誅葛嬰。	二	三	二 儋之起，殺狄令自王。〔一一〕	二 擊胡陵、方與，破秦監軍。	二	二	

秦	十一月	十二月	端月〔一四〕
楚	五 周文死。	六 陳涉死。	楚王景駒始，秦嘉立之。〔一五〕
項	三	四	五 涉將召平，矯拜項梁爲楚柱國，急西擊秦。
趙	四 李良殺武臣，張耳、陳餘走。	〔一三〕	趙王歇始，張耳、陳餘立之。〔一六〕
齊	三	四	五 讓景駒以擅自王不請我。〔一七〕
漢	三 殺泗水守。〔一二〕拔薛西。周市東略地豐、沛閒。	四 雍齒叛沛公，以豐降魏。沛公還攻豐，不能下。	五 沛公聞景駒王在留，往從，與擊秦軍碭西。〔一八〕
燕	三	四	五
魏	三 齊、趙共立周市，市不肯，曰「必立魏咎」云。	四 咎自陳歸立。	五 章邯已破涉，圍咎臨濟。
韓			

秦	二月	三月	四月
楚	二 嘉爲上將軍。	三	四
項	六 梁渡江，陳嬰、黥布皆屬。	七	八 梁擊殺景駒、秦嘉，遂入薛，兵十餘萬衆。
趙	二	三	四
齊	六 景駒使公孫慶讓齊，誅慶。〔一九〕	七	八
漢	六 攻下碭，收得兵六千，與故凡九千人。	七 攻拔下邑，遂擊豐，豐不拔。聞項梁兵衆，往請擊豐。	八 沛公如薛見項梁，梁益沛公卒五千，擊豐拔之。雍齒奔魏。〔二〇〕
燕	六	七	八
魏	六	七	八 臨濟急，周市如齊、楚請救。
韓			

秦	楚	項	趙	齊	漢	燕	魏	韓
五月		九	五	九	九	九	九	
六月〔二一〕	楚懷王始，都盱台，故懷王孫，梁立之。〔二二〕	十 梁求楚懷王孫，得之民閒，立爲楚王。	六	十 儋救臨濟，章邯殺田儋。榮走東阿。	十 沛公如薛，共立楚懷王。	十	十 咎自殺，臨濟降秦。	韓王成始。〔二三〕
七月	二 陳嬰爲柱國。	十一 天大雨，三月不見星。	七	齊立田假爲王，秦急圍東阿。	十一 沛公與項羽北救東阿，破秦軍濮陽，東屠城陽。	十一	咎弟豹走東阿。〔二四〕	二
八月	三	十二 救東阿，破秦軍，乘勝至定陶，項梁有驕色。	八	楚救榮，得解，歸逐田假，立儋子市爲齊王，始。	十二 沛公與項羽西略地，斬三川守李由於雍丘。	十二		三

秦	楚	項	趙	齊	漢	燕	魏	韓
九月	四 徙都彭城。	十三 章邯破殺項梁於定陶，項羽恐，還軍彭城。	九	二 田假走楚，楚趣齊救趙。田榮以假故不肯，謂「楚殺假乃出兵」。項羽怒田榮。	十三 沛公聞項梁死，還軍從懷王，軍於碭。	十三	魏豹自立爲魏王，都平陽，始。	四
後九月[二五]	五 拜宋義爲上將軍。	懷王封項羽於魯，爲次將，屬宋義，北救趙。	十 秦軍圍歇鉅鹿，陳餘出救兵。[二六]	三	十四 懷王封沛公爲武安侯，將碭郡兵西，約先至咸陽王之。	十四	二	五
三年 十月	六	二	十一 章邯破邯鄲，徙其民於河內。	四 齊將田都叛榮，往助項羽救趙。	十五 攻破東郡尉及王離軍於成武南。	十五 使將臧荼救趙。	三	六

秦	楚	項	趙	齊	漢	燕	魏	韓
十一月	七 拜籍上將軍。	三 羽矯殺宋義，將其兵渡河救鉅鹿。	十二	五	十六	十六	四	七
十二月	八	四 大破秦軍鉅鹿下，諸侯將皆屬項羽。	十三 楚救至，秦圍解。	六 故齊王建孫田安下濟北，從項羽救趙。	十七 救趙至栗，得皇訢、武蒲軍。與秦軍戰破之。[二七]	十七	五 豹救趙。	八
端月	九	五 虜秦將王離。[二八]	十四 張耳怒，陳餘棄將印去。	七[二九]	十八	十八	六	九

秦	楚	項	趙	齊	漢	燕	魏	韓
二月	十	六 攻破章邯，章邯軍卻。	十五	八	十九 得彭越軍昌邑，襲陳留。用酈食其策，軍得積粟。	十九	七	十
三月	十一	七	十六	九	二十 攻開封，破秦將楊熊，熊走滎陽，秦斬熊以徇。	二十	八	十一
四月	十二	八 楚急攻章邯，章邯恐，使長史欣歸秦請兵，趙高讓之。	十七	十	二十一 攻潁陽，略韓地，北絕河津。	二十一	九	十二

秦	五月	六月	七月
楚	二年 一月〔三〇〕	二	三
項	九 趙高欲誅欣，欣恐，亡走告章邯，謀叛秦。	十 章邯與楚約降，未定，項羽許而擊之。	十一 項羽與章邯期殷虛，章邯等已降與盟，以邯爲雍王。
趙	十八	十九〔三一〕	二十
齊	十一	十二	十三
漢	二十二	二十三 攻南陽守齮，破之陽城郭東。〔三二〕	二十四 降下南陽，封其守齮。
燕	二十二	二十三	二十四
魏	十	十一	十二
韓	十三	十四	十五 申陽下河南，降楚。

秦	八月 趙高殺二世。	九月 子嬰爲王。	十月[二五]
楚	四	五	六
項	十二 以秦降都尉翳、長史欣爲上將，將秦降軍。	十三	十四 項羽將諸侯兵四十餘萬，行略地，西至於河南。
趙	二十一 趙王歇留國。陳餘亡居南皮。[二三]	二十二	二十三 張耳從楚，西入秦。
齊	十四	十五	十六
漢	二十五 攻武關破之。	二十六 攻下嶢及藍田。以留侯策，不戰皆降。[二四]	二十七 漢元年，秦王子嬰降。沛公入破咸陽，平秦，還軍霸上，待諸侯約。
燕	二十五	二十六	二十七
魏	十三	十四	十五 從項羽略地，遂入關。
韓	十六	十七	十八

秦	十一月	十二月
楚	七	八 分楚爲四。〔三六〕
項	十五 羽詐阬殺秦降卒二十萬人於新安。	十六 至關中，誅秦王子嬰，屠燒咸陽。分天下立諸侯。
趙	二十四	二十五 分趙爲代國。〔三七〕
齊	十七	十八 項羽怨榮，殺之。分齊爲三國。〔三八〕
漢	二十八 沛公出令三章，秦民大悅。	二十九 與項羽有郤，見之戲下講解。羽倍約，分關中爲四國。〔三九〕
燕	二十八	二十九 臧荼從入，分燕爲二國。〔四〇〕
魏	十六	十七 分魏爲殷國。
韓	十九	二十 分韓爲河南國。〔四一〕

國		
秦	九　義帝元年諸侯尊懷王爲義帝。〔四一〕	二　徙都江南郴。〔四五〕
楚	十七　項籍自立爲西楚霸王。	西楚王伯項籍始，爲天下主命，立十八王。〔四六〕
	分爲衡山。	王吳芮始，故番君。〔四七〕
項	分爲臨江。	王共敖始，故楚柱國。
	分爲九江。	王英布始，故楚將。
趙	二十六　更名爲常山。	王張耳始，故楚將。〔四八〕
	分爲代。	二十七〔四九〕　王趙歇始，故趙王。
齊	十九　更名爲臨菑。	王田都始，故齊將。
	分爲濟北。	王田安始，故齊將。
	分爲膠東。	二十　王田市始，故齊王。
漢	正月〔四三〕　分關中爲漢。〔四四〕	二月〔五〇〕　漢王始，故沛公。
	分關中爲雍。	王章邯始，故秦將。
	分關中爲塞。	王司馬欣始，故秦將。〔五一〕
	分關中爲翟。	王董翳始，故秦將。〔五二〕
燕	三十　燕。	王臧荼始，故燕將。
	分爲遼東。	三十一　王韓廣始，故燕王。
魏	十八　更爲西魏。	十九　王魏豹始，故魏王。
	分爲殷。	王司馬卬始，故趙將。
韓	二十一　韓。	二十二　王韓成始，故韓將。〔五三〕
	分爲河南。	王申陽始，故楚將。〔五四〕

秦	三	四	五
楚	二　都彭城。〔五五〕	三　諸侯罷戲下兵，皆之國。	四
	二　都郴。	三	四
項	二　都江陵。	三	四
	二　都六。	三	四
趙	二　都襄國。	三	四
	二十八　都代。	二十九	三十
齊	二　都臨菑。	三	四　田榮擊都，都降楚。
	二　都博陽。	三	四
	二十一　都即墨。	二十二	二十三
漢	三月　都南鄭。	四月	五月
	二　都廢丘。	三	四
	二　都櫟陽。	三	四
	二　都高奴。	三	四
燕	二　都薊。	三	四
	三十二　都無終。	三十三	三十四
魏	二十　都平陽。〔五六〕	二十一	二十二
	二　都朝歌。	三	四
韓	二十三　都陽翟。〔五七〕	二十四	二十五
	二　都洛陽。	三	四

秦	六	七	八
楚	五	六	七
	五	六	七
項	五	六	七
	五	六	七
趙	五	六	七
	三十一	三十二	三十三
齊	齊王田榮始，故齊相。〔五八〕	二	三
	五	六 田榮擊殺安。	屬齊〔五九〕
	二十四 田榮擊殺市。	屬齊	
漢	六月	七月	八月
	五	六	七 邯守廢丘，漢圍之。
	五	六	七 欣降漢，國除。
	五	六	七 翳降漢，國除。
燕	五	六	七
	三十五	三十六	三十七 臧荼擊廣無終，滅之。
魏	二十三	二十四	二十五
	五	六	七
韓	二十六	二十七 項羽誅成。	韓王鄭昌始，項羽立之。
	五	六	七

秦	九	十 項羽滅義帝。	
楚	八	九	十
	八	九	十
項	八	九	十
	八	九	十
趙	八	九 耳降漢。	
	三十 四	三十 五 歇復王趙。	三十 六〔六三〕
齊	四	五	六
漢	九月	十月 王至陝。〔六〇〕	十一月
	八	九	十 漢拔我隴西。
	屬漢，爲渭南、河上郡。		
	屬漢，爲上郡。		
燕	八	九	十
	屬燕。		
魏	二十 六	二十 七	二十 八
	八	九	十
韓	二	三〔六一〕	韓王信始，漢立之。
	八	九〔六二〕	屬漢，爲河南郡。

秦		
楚	十一	十二
	十一	十二
項	十一	十二
	十一	十二
趙	歇以陳餘爲代王，號成安君。〔六四〕	二
	三十七	三十八
齊	七	八　項籍擊榮，走平原，平原民殺之。
漢	十二月	正月
	十一	十二　漢拔我北城。〔六五〕
燕	十一	十二
魏	二十九	三十
	十一	十二
韓	二	三

秦		
楚	二年一月	二
	二年一月	二
項	十三	十四
	二年一月	二
趙	三	四
	三十九	四十
齊	項籍立故齊王田假爲齊王。	二 田榮弟橫反城陽，擊假，假走楚，楚殺假。
漢	二月	三月 王擊殷。
	二年一月	二
燕	二年一月	二
魏	三十一	三十二 降漢。爲廢王。〔六六〕
	十三	十四 降漢，卬廢。
韓	四	五

秦			
楚	三項羽以兵三萬破漢兵五十六萬。	四	五
	三	四	五
項	十五	十六	十七
	三	四	五
趙	五	六	七
	四十一	四十二	四十三
齊	齊王田廣始。廣,榮子,横立之。	二	三
漢	四月王伐楚至彭城,懷定。〔六七〕	五月王走滎陽。	六月王入關,立太子。復如滎陽。
	三	四	五漢殺邯廢丘。
燕	三	四	五
魏	三十三從漢伐楚。	三十四豹歸叛漢。	三十五
	爲河内郡,屬漢。〔六八〕		
韓	六從漢伐楚。	七	八

秦			
楚	六	七	八
	六	七	八
項	十八	十九	二十
	六	七	八
趙	八	九	十
	四十四	四十五	四十六
齊	四	五	六
漢	七月	八月	九月
	屬漢，爲隴西、北地、中地郡。		
燕	六	七	八
魏	三十六	三十七	三十八 漢將信虜豹。
韓	九	十	十一

秦			
楚	九	十	十一
	九	十	十一
項	二十一	二十二	二十三
	九	十	十一
趙	十一	十二 漢將韓信斬陳餘。	屬漢，爲太原郡。
	四十七	四十八 漢滅歇。	屬漢爲郡。
齊	七	八	九
漢	後九月。〔六九〕	三年十月	十一月
燕	九	十	十一
魏	屬漢，爲河東、上黨郡。		
韓	十二	二年一月	二

秦				
楚	十二	三年一月	二	三
	十二	三年一月	二	三
項	二十四	二十五	二十六	二十七
	十二 布身降漢，地屬項籍。			
趙				
齊	十	十一	十二	十三
漢	十二月	正月	二月	三月
燕	十二	三年一月	二	三
魏				
韓	三	四	五	六

秦				
楚	四	五	六	七
	四	五	六	七
項	二十八	二十九	三十	三十一 王敖薨。
趙				
齊	十四	十五	十六	十七
漢	四月 楚圍滎陽。	五月	六月	王出滎陽。〔七〇〕
燕	四	五	六	七
魏				
韓	七	八	九	

秦				
楚	八	九	十	十一 漢將韓信破殺龍且。
	八	九	十	十一
項	臨江王驩始，敖子。〔七二〕	二	三	四
趙				趙王張耳始，漢立之。
齊	十八	十九	二十	二十一 漢將韓信擊殺廣。
漢	八月 周苛、樅公殺魏豹。	九月	四年 十月	十一月
燕	八	九	十	十一
魏				
韓	十一	十二	三年 一月	二

秦				
楚	十二	四年一月	二	三 漢御史周苛入楚。
	十二	四年一月	二	三
項	五	六	七	八
趙	二	三	四	五
齊	屬漢爲郡。		齊王韓信始，漢立之。	二
漢	十二月	正月	二月 立信王齊。	三月 周苛入楚。
燕	十二	四年一月	二	三
魏				
韓	三	四	五	六

秦					
楚	四	五	六	七	八
	四	五	六	七	八
項	九	十	十一	十二	十三
				淮南王英布始,漢立。	二
趙	六	七	八	九	十
齊	三	四	五	六	七
漢	四月王出滎陽。豹死。〔七二〕	五月	六月	七月立布爲淮南王。	八月
燕	四	五	六	七	八
魏					
韓	七	八	九	十	十一

秦				
楚	九	十	十一	十二　誅籍。〔七三〕
	九	十	十一	十二
項	十四	十五	十六	十七　漢虜驩。
	三	四	五	六
趙	十一	十二	二年一月	二
齊	八	九	十	十一
漢	九月太公、呂后歸自楚。	五年十月	十一月	十二月
燕	九	十	十一	十二
魏				
韓	十二	四年一月	二	三

秦		
楚	齊王韓信徙楚王。	二
	十三徙王長沙。	屬淮南國。
項	屬漢，爲南郡。	
	七淮南國。	八
趙	三趙國。	四
齊	十二徙王楚，屬漢南四郡。〔七四〕	
漢	正月〔七五〕殺項籍，天下平，諸侯臣屬漢。〔七六〕	二月甲午，王更號，即皇帝位於定陶。
燕	五年一月燕國。	二
魏	復置梁國。	梁王彭越始。〔七八〕
韓	四韓王信徙王代，都馬邑。〔七七〕	五徙王代，都馬邑。
	分臨江爲長沙國。	衡山王吳芮爲長沙王。〔七九〕

秦						
楚	三	四	五	六	七	八
項						
	九	十	十一	十二	二年一月	二
趙	五	六	七	八	九耳薨，謚景王。	趙王張敖立，耳子。[八一]
齊						
漢	三月	四月	五月	六月帝入關。	七月	八月帝自將誅燕。[八二]
燕	三	四	五	六	七	八
魏	二	三	四	五	六	七
韓	六	七	八	九	十	十一
	二	三	四	五	六薨，謚文王。[八〇]	長沙成王臣始，芮子。

秦		
楚	九王得故項羽將鍾離眛，斬之以聞。	十
項		
	三	四
趙	二	三
齊		
漢	九月	後九月。〔八四〕
燕	九反，漢虜荼。〔八三〕	燕王盧綰始，漢太尉。
魏	八	九
韓	十二	五年一月
	二	三

〔二〕【集解】徐廣曰：「壬辰。」【正義】七月，陳涉起陳。八月，武臣起趙。九月，項梁起吳，田儋起齊，沛公初起，韓廣起燕。十二月，魏咎起魏，陳王立之。二年六月，韓成起韓，項梁立之也。

〔三〕【索隱】二月，葛嬰立襄彊，涉之二月也。至戲，葛嬰殺彊。五月，周文死。六月，陳涉死。然涉起凡六月，當二世元年十二月也。

〔三〕【索隱】凡四月，爲李良所殺，當二世元年八月也。

〔四〕【考證】此周文至戲之兵也。當二年冬十月。

〔五〕【考證】「而」字疑當在「敗」上。「陳嬰」當作「葛嬰」。

〔六〕【索隱】二世元年九月立，至二年九月，章邯殺梁於定陶。

〔七〕【索隱】二世二年六月，章邯殺儋。儋立十月死。齊立田假。二世二年八月，田榮立儋子市爲王。項羽又立市爲膠東王，封田都爲臨淄王，安爲濟北王。田榮殺田市、田安，自立爲王。羽擊榮，平原人殺之。田橫立榮子廣爲王也。【考證】「榮」字各本脱，今補。

〔八〕【索隱】凡十四月，懷王封沛公爲武安侯，將碭郡兵。

〔九〕【索隱】二世三年十月，破臧荼救趙，封荼爲燕王，徙廣封遼東王，後臧荼殺韓廣。

〔一〇〕【集解】徐廣曰：「魏咎、曹咎，字皆作『咎』，音臼。」【索隱】四月，咎自陳歸立，二年六月，咎自殺。九月，弟豹自立，都平陽。後豹歸漢，尋叛，韓信虜豹。

〔一一〕【考證】在二世元年九月。

〔一二〕【集解】徐廣曰：「泗水屬東海。」

〔一三〕【考證】各本有五字「武臣既見殺」，當衍，今删。

〔一四〕【索隱】二世二年正月也。秦諱正，故云端月也。【考證】琅耶頌曰「端平法度」，曰「端直敦忠」，盧生曰「不敢端言其過」，皆避諱。史公亦仍其稱。

〔一五〕【索隱】八月，項梁殺之。

〔一六〕【索隱】項羽立爲代王，後漢滅歇立張耳也。

〔一七〕【考證】攷陳涉世家，此與後月景駒使公孫慶讓齊，誅慶本一時事，不得分爲兩月。

〔一八〕【集解】徐廣曰：「一作『蕭』。」【考證】高祖紀「與戰蕭西」。

〔一九〕【考證】「誅」上脫「齊」字。

〔二〇〕【考證】雍齒奔魏，各本誤入九月，今移。

〔二一〕【索隱】二世二年六月也。

〔二二〕【索隱】故懷王之孫，名心也。項梁之起，諸侯尊爲義帝，項羽徙而殺之。

〔二三〕【索隱】韓王成立，項羽更王之，不使就封，數月殺之，立鄭昌爲韓王，降漢。漢封韓信爲王。

〔二四〕【考證】考豹傳，「東阿」當作「楚」。

〔二五〕【集解】徐廣曰：「應閏建酉。」

〔二六〕【考證】「出」上脫「不」字。

〔二七〕【考證】沛公是時攻秦略地至栗，「救趙」二字誤。

〔二八〕【考證】當移前一月。

〔二九〕【考證】各本衍「項羽田榮分齊爲二國」九字，今刪。

〔三〇〕【考證】此表諸侯皆計月而不分年，而楚懷王獨以年紀，以別於諸侯也。

〔三一〕【考證】各本衍「張耳從楚西入秦」七字，今刪。

〔三二〕【集解】徐廣曰：「陽城，在南陽。」

〔三三〕【考證】特欲見二人俱不從楚入關，故書。

〔三四〕【考證】「下」、「嶢」二字倒。

〔三五〕【集解】徐廣曰：「歲在乙未。」【考證】集解各本誤入九月，移正。【索隱】高祖至霸上，稱元年。徐廣云歲在乙未。

〔三六〕【索隱】西楚、衡山、臨江、九江也。【考證】各本誤入九月，移正。

〔三七〕【考證】索隱本作「分趙爲二」。

〔三八〕【索隱】臨淄、濟北、膠東。

〔三九〕【索隱】漢、雍、塞、翟。

〔四〇〕【索隱】燕、遼東也。【考證】當作「臧荼從楚入關」，書于燕二十七月。

〔四一〕【考證】索隱本作「分韓爲三」，疑索隱本爲是，但「三」乃「二」之誤。

〔四二〕【索隱】項羽徙之於郴，至十月，項籍使九江王布殺義帝，漢王爲舉哀也。【考證】表以義帝接秦，升第一格。各本誤占二格，今并。此下分國，各本淆混，與前月表不相當，今並改正。又既書元年，不得復續前計月表，當後人妄增。

〔四三〕【索隱】高祖及十二諸侯受封之月，漢書異姓王表云一月，故應劭云：「諸侯王始受封之月，十三王同時稱一月。以非元正故云一月。高祖十月至霸上改元，至此月，漢四月。」

〔四四〕【考證】案前表已書「分關中爲四」，則此亦當如楚、趙、齊、魏、燕、韓例書「分爲漢」、「分爲雍」、「分爲塞」、「分爲翟」可矣，「關中」字疑衍。

〔四五〕【考證】羽徙義帝在四月。

〔四六〕【考證】「王伯」當作「霸王」。

〔四七〕【考證】十八王皆以始王之月爲一月，其先已立國如趙歇、齊市、燕廣、魏豹、韓成，承前月爲數，不書一月，蓋以歷月多少別其享國之久近。

〔四八〕【索隱】故趙相。

〔四九〕【索隱】趙歇前爲趙王已二十六月，今從王代之二月，故云二十七月。其膠東王市之前爲齊王十九月，韓廣、魏豹、韓成五人並先爲王，已經多月，故因舊月而數也。【考證】索隱，各本誤系於後表「二十九」下，今移正。

〔五〇〕【索隱】應劭云：「諸王始都國之月，十三王同時稱二月。」【考證】索隱，各本系後表「西楚」下，誤。又衍「漢表云二月」五字，「十三王」亦改「十八王」，今並依單本移正。

〔五一〕【索隱】故秦長史。

〔五二〕【索隱】故秦都尉。

〔五三〕【索隱】故韓王。

〔五四〕【考證】申陽故趙將也。

〔五五〕【索隱】應劭云：「諸王始都國之月，十三王同時稱二月。」

〔五六〕【索隱】豹從漢又叛，韓信虜之。漢四年周苛殺豹也。

〔五七〕【索隱】姚氏云：「韓成是項梁所立，不與十七國封。此云十八王並項羽所命，不細區別。」又高紀云，項羽與成至彭城，廢爲侯，又殺之。是不令就國，當以陽翟爲都，而不之國。

〔五八〕【考證】各本「齊王」上衍五字，今刪。

〔五九〕【考證】各本「屬齊」上衍七字，今刪。

〔六〇〕【集解】徐廣曰：「弘農陜縣。」【考證】「十月」上脱「二年」兩字。

〔六一〕【考證】當有「漢擊昌破之」五字。

〔六二〕【考證】當有「申陽降漢」四字。

〔六三〕【考證】各本衍「代王歇還王趙」六字，今刪。

〔六四〕【考證】餘爲代王，與歇復王趙同在十月。且餘繼歇王代，當互易，「號」乃「故」字之誤。

〔六五〕【考證】案高紀，隴西、北地已于漢元年八月先拔之，表于雍之十月書漢拔北城，俱誤。「城」當作「地」。

〔六六〕【考證】「爲廢王」三字衍。

〔六七〕【考證】或云，「懷定」二字當作「大破走懷」。

〔六八〕【考證】「屬漢」二字當在「河内」上。

〔六九〕【集解】徐廣曰：「應閏建巳。」【考證】此以上史表，皆後漢表一月，以漢元年正月以下遞差一月故也。乃漢表又失此後九月，故自三年十月以後，史、漢適同。

〔七〇〕【集解】徐廣曰：「項羽、高紀，七月出滎陽。」【考證】此漢三年七月也，各本表首脱「七月」字，遂牽連六月下。

〔七一〕【索隱】共敖之子，漢虜之，亦在四年十二月。

〔七二〕【集解】徐廣曰：「項羽紀曰，王出成皋。」【考證】高紀集解徐廣引表亦作「四年四月魏豹死」。志疑云：事在三年五月，且表已書之。此六字誤衍。

〔七三〕【索隱】漢誅項籍，在四年十二月。

〔七四〕【考證】四郡，齊、東萊、平原、千乘。「南」當作「爲」。

〔七五〕【索隱】漢王更號皇帝，即位於定陶也。

〔七六〕【考證】「殺項籍」三字當出于十二月。

〔七七〕【考證】本傳，五年春，剖符爲韓王，王潁川。此誤。

〔七八〕【考證】各本「梁王」上衍「一月」二字，今删。

〔七九〕【索隱】吴芮始改封也。

〔八〇〕【考證】「蕘」上缺「芮」。

〔八一〕【考證】「立」當作「始」。

〔八二〕【考證】「誅」當作「擊」。據本傳，臧荼以七月反。

〔八三〕【索隱】虜臧荼，漢書作四年九月，誤也。【考證】荼反在七月，此誤書于虜荼之月。

〔八四〕【集解】徐廣曰：「應閏建寅。」

【索隱述贊】秦失其鹿，羣雄競逐。狐鳴楚祠，龍興沛谷。武臣自王，魏豹必復。田儋據齊，英布居六。項王主命，義帝見戮。以月繫年，道悠運速。洶洶天下，瞻烏誰屋？真人霸上，卒享天禄。

史記會注考證卷十七

史記十七

漢興以來諸侯王年表第五

【索隱】應劭云：「雖名爲王，其實如古之諸侯。」【考證】史公自序云：「漢興已來，至于太初百年，諸侯廢立分削，譜記不明，有司靡踵，彊弱之原云以世。作漢興以來諸侯王年表第五。」趙恒曰：表漢以來諸侯王也，兼同姓與異姓，而歸重同姓也。蓋高祖末年，非劉氏不王，異姓唯有長沙耳。功臣侯則自有表也。張文虎曰：案史表經後人補續竄亂尤多。如應稱「今皇帝」，而云「孝武」，應稱「今王」，而輒書其謚，表止於太初，而濫及天漢以後。又表本大幅旁行邪上，改爲楮葉，傳寫易誤，不皆史公原文。

太史公曰：殷以前尚矣。周封五等：公、侯、伯、子、男。然封伯禽、康叔於魯、衛，地各四百里，親親之義，褒有德也；〔一〕太公於齊，兼五侯地，尊勤勞也。〔二〕武王、成、康所封數百，而同姓五十五。〔三〕地，上不過百里，下三十里，以輔衛王室。〔四〕管、蔡、康叔、曹、鄭，或過或損。〔五〕厲、幽之後，王室缺，侯伯彊國興焉，天子微弗能正。非德不純，形勢弱也。〔六〕

〔一〕【考證】左傳襄公二十五年載鄭子産言云「昔者天子之地一圻，列國一同」，注「一圻方千里，一同方百里」，孟子萬章篇云「天子之制地方千里，公侯皆方百里，伯七十里，子男五十里」，告子篇云「周公之封於魯爲方百里」，周禮大司徒云「諸公之地封疆方五百里，其食者半；諸侯之地方四百里，諸伯之地方三百里，其食者參之一；諸子之地方二百里，諸男之地方百里，其食者四之一」，與此皆異。或云周禮言公五百里，侯四百里者，兼山林川澤言之，左傳言「一同」者以田畝言之，孟子言「百里」者，以穀禄言之，其名雖異，其實則一，與史公言衛魯之封四百里亦無大徑庭。參存。

〔二〕【考證】孟子告子篇「太公之封於齊，爲方百里」，與此異。姚鼐曰：太史公此語必有所本。侯百里，兼五侯者，方二百五十里耳，小於魯衛也。此語非本左傳，班固時已不得太史公書所原出，誤謂本左傳「五侯九伯，汝實征之」之説，遂改云「太公於齊，亦(兼)五侯九伯之地」。不知征之者言所統有此侯伯，得以方伯之命征其軍賦耳，非兼有其地也。

〔三〕【索隱】案：漢書封國八百，同姓五十餘。顧氏據左傳魏子謂成鱄云「武王克商，光有天下，兄弟之國十有五人，姬姓之國四十人」，是也。【考證】索隱所引漢書諸侯王表，昭公二十八年左傳。愚按：左傳僖公二十四年引富辰言云「昔周公封建親戚以蕃屏周，管、蔡、郕、霍、魯、衛、毛、聃、郜、雍、曹、滕、畢、原、酆、郇，文之昭也」。據此兄弟之國十五人當爲十六人，或當時未及盡封乎？荀子儒效、君道篇云，周「兼制天下，立七十一國，同姓獨居五十三人」，韓詩外傳四云「立國七十二，姬姓五十二」，與此異。

〔四〕【考證】徐孚遠曰：上言四百里，此言不過百里，蓋傳聞不一，參互言之也。岡白駒曰：魯、衛與齊皆有故而大，其他上不過百里。愚按：後説是。

〔五〕【考證】岡白駒曰：總計之封地不大。又曰：「康叔」二字疑有誤。

〔六〕【索隱】純，善也，亦云純一。言周王非德不純一，形勢弱也。

漢興，序二等。〔一〕高祖末年，非劉氏而王者，若無功上所不置而侯者，天下共誅之。〔二〕高祖子弟同姓，爲王者九國。〔三〕唯獨長沙異姓，而功臣侯者百有餘人。自鴈門、太原以東至遼陽，爲燕、代國；〔四〕常山以南，大行左轉，度河、濟，阿、甄以東薄海，爲齊、趙國。〔五〕自陳以西，南至九疑，東帶江、淮、穀、泗，薄會稽，爲梁、楚、淮南、長沙國。〔六〕皆外接於胡、越。而內地北距山以東，盡諸侯地。〔七〕大者或五六郡，連城數十，置百官，宮觀僭於天子。漢獨有三河、東郡、潁川、南陽，自江陵以西至蜀，北自雲中至隴西，與內史凡十五郡。〔八〕而公主列侯頗食邑其中。何者？天下初定，骨肉同姓少，故廣彊庶孽，以鎮撫四海，用承衛天子也。〔九〕

〔一〕【集解】韋昭曰：「漢封功臣，大者王，小者侯也。」

〔二〕【集解】徐廣曰：「一云『非有功上所置』。」【考證】呂后本紀，王陵曰「高帝刑白馬盟曰『非劉氏而王，天下共擊之』」。

〔三〕【集解】徐廣曰：「齊、楚、荊、淮南、燕、趙、梁、代、淮陽。」【索隱】徐氏九國，不數吳，蓋以荊絶，乃封吳故也。仍以淮陽爲九。今案：下文所列有十國者，以長沙異姓，故言九國也。

〔四〕【集解】韋昭曰：「遼東遼陽縣。」

〔五〕【考證】王應麟通鑑地理通釋注「阿，今鄆州東阿縣。正義云，甄即濮州鄄城縣北。音絹。」

〔六〕【集解】徐廣曰：「穀水在沛。」【考證】通鑑地理通釋注「陳，地理志淮陽縣陳縣。括地志九疑山在永州唐興縣東南一百里，地理志在營道縣南。晉灼曰，水經云泗川在魯卞縣。臣瓚曰，穀在彭城泗之下流爲穀水」。

〔七〕【考證】方苞曰：北，當作「比」。愚按：漢書諸侯王表云「自雁門以東，盡遼陽，爲燕、代。常山以南，大行左轉，度河、濟，漸于海爲齊、趙。穀、泗以往，奄有龜、蒙，爲梁、楚。東帶江、湖，薄會稽爲荆、吴。北界淮瀕，略廬、衡爲淮南。波漢之陽，亘九疑爲長沙。諸侯比境，周匝三垂，外接胡、越」。岡白駒曰：距，至也。

〔八〕【正義】内史，京兆也。【考證】錢大昕曰：十五郡，謂河東、河南、河内、東郡、潁川、南陽、南郡、漢中、巴郡、蜀郡、隴西、北地、上郡、雲中并内史也。五原郡，元朔二年始置，故不數。

〔九〕【考證】陳仁錫曰：以天下大勢言之，如高五年楚王信、淮南王布、燕王綰、趙王耳、梁王越、長沙王芮、韓王信，則天下之勢，異姓强而同姓未封也。如高六年楚王交、齊王肥、代王喜、淮南、燕、趙、梁、長沙，則天下之勢，異姓同姓强弱略相當也。如高十二年吴王濞、淮南王長、燕王建、趙王如意、梁王恢、淮陽王友、代王恒、齊、楚、長沙，則天下之勢，同姓强，異姓絶無而僅有。

漢定百年之閒，親屬益疏。諸侯或驕奢，忕邪臣計謀爲淫亂，〔一〕大者叛逆，小者不軌于法，以危其命，殞身亡國。天子觀於上古，然後加惠，使諸侯得推恩分子弟國邑，〔二〕故齊分爲七，〔三〕趙分爲六，〔四〕梁分爲五，〔五〕淮南分三，〔六〕及天子支庶子爲王，王子支庶爲侯，百有餘焉。吴、楚時，前後諸侯，或以適削地，〔七〕是以燕、代無北邊郡，吴、淮南、長沙無南邊郡，〔八〕齊、趙、梁、楚支郡名山陂海，咸納於漢。諸侯稍微，大國不過十餘城，小侯不過數十里，上足以奉貢職，下足以供養祭祀，以蕃輔京師。而漢郡八九十，形錯諸侯閒，犬牙相臨，〔九〕秉其阸塞地利，彊本幹弱枝葉之勢也。尊卑明，而萬事各得其所矣。〔一〇〕

〔一〕【索隱】忕，音誓。忕訓習。言習於邪臣之謀計，故爾雅云「忕，猶狃」也。狃亦訓習。【考證】忕，蔡本、中統作「忕」，他本及索隱本作「怵」，今從毛本。

〔二〕【索隱】案：武帝用主父偃言，而下推恩之令也。【考證】漢書武帝紀云「元朔二年春正月，詔曰，梁王、城陽王親慈同生，願以邑分弟，其許之，諸侯王請與子弟邑者，朕將親覽使有列位焉。於是藩國始分，而子弟畢侯矣」。事又見主父偃傳。

〔三〕【集解】徐廣曰：「城陽、濟北、濟南、菑川、膠西、膠東，是分爲七。」

〔四〕【集解】徐廣曰：「河間、廣川、中山、常山、清河。」【考證】顔師古曰：趙、平干、真定、中山、廣川、河南也。全祖望曰：景帝時尚未有真定、平干，二王乃武帝所封，徐廣是。愚按：上文言武帝推恩事，則顔説不可易。

〔五〕【集解】徐廣曰：「濟陰、濟川、濟東、山陽也。」

〔六〕【集解】徐廣曰：「廬江、衡山。」【考證】「分」下脱「爲」字。汪越曰：文帝六年，用賈誼策已有衆建之事，所云分齊、趙、梁、淮南皆在文、景時。此天子亦統言，不必專指武帝也。

〔七〕【索隱】適，音宅。或作「過」。

〔八〕【集解】如淳曰：「長沙之南更置郡，燕、代以北更置緣邊郡，其所有饒利兵馬器械，三國皆失之也。」【正義】景帝時，漢境北至燕、代，燕、代之北未列爲郡。吴、長沙之國，南至嶺南，嶺南、越未平，亦無南邊郡。

〔九〕【索隱】錯，音七各反。錯謂交錯。相銜如犬牙，故云犬牙相制，言犬牙參差也。

〔一〇〕【考證】汪越曰：衆建諸侯而少其力，此賈誼之策以之干文帝者。至景帝用鼂錯謀削七國，山東諸侯皆反，武帝用主父偃之説，使推恩子弟，分其國邑，乃不削奪而自析矣。然班固有言「抑損諸侯，減黜其官」，「惟得衣食租税，而不與政事」，「至哀、平之際，皆繼體苗裔，親屬疏遠」，「不爲士民所尊」，「王莽知漢中外殫微，本末俱弱，無所忌憚，生其奸心」，「專作威福」。「詐謀既成，遂據南面之尊，分遣五威之使，馳傳天下，班行符命。」

漢諸侯王，厥角稽首，奉上尊紱，惟恐在後，或迺稱美頌德，以求容媚，豈不哀哉！」夫秦滅古法，內無骨肉根本之輔，外無尺土藩翼之衛。漢矯枉過正，藩國大者夸州兼郡，宮室百官同制京師，始嘗患宗室之過强，至于其後，又患在宗室之過弱。讀此表者，必通王子侯年表考之，而漢一代封建之制利害乃盡矣。

臣遷謹記高祖以來至太初諸侯，〔一〕譜其下益損之時，令後世得覽。形勢雖彊，要之以仁義爲本。〔二〕

〔一〕【考證】事係漢室，故曰「臣遷」，不曰「太史公」。

〔二〕【考證】陳仁錫曰：漢諸侯表敘以「形勢」二字爲主，至末云「形勢雖强，要之以仁義爲本」二句，乃一篇歸宿，而垂戒之意深矣。

【考證】汪越曰：冠漢帝紀年于上，尊天子也。下紀諸侯之事，書始封國名，都某地，某年封某，後或反誅，或有罪自殺，國除，或徙王，或廢爲侯，或無後國除，皆書。繼世者，書王某元年，遂以次紀年。必表來朝者，明不失臣節也。梁玉繩曰：諸王之國，自當以分封先後爲次。乃表不序先後，隨意編列，而後之增封諸國亦遂錯雜不明。錢大昕曰：此表凡二十六格，高祖始封同姓九國，并齊、趙、梁、淮南，析置十七國，益以長沙，當二十七格。今檢表，齊之下爲六格，趙之下爲五格，梁之下止三格，以濟陰附于淮陽之後，梁與淮陽地本相接也。楚之下爲二格，魯、泗水本楚地，衡山、淮南所分，亦楚故地也。廬江亦淮南所分，乃列于趙之下，與清河爲一格，似失其倫矣。張文虎曰：史文傳寫錯亂，自昔已然，而諸表尤甚。當時原次，今不可考，不得輒訾史公，略之可也。

高祖元年	二	三
楚〔一〕	都彭城。〔一一〕	
齊〔二〕	都臨菑。	
荊〔三〕	都吳。	
淮南〔四〕	都壽春。〔一二〕	
燕〔五〕	都薊。	
趙〔六〕	都邯鄲。	
梁〔七〕	都淮陽。〔一三〕	
淮陽〔八〕	都陳。	
代〔九〕	十一月初王韓信元年。都馬邑。〔一四〕	二
長沙〔一〇〕		

四	五
	齊王信徙爲楚王，元年反，廢。〔一八〕
初王信元年。故相國。〔一五〕	二徙楚。
十月乙丑初王武王英布元年。〔一六〕	二
	九月壬子初王盧綰元年。〔一九〕
初王張耳元年。薨。〔一七〕	王敖元年。敖，耳子。
	初王彭越元年。〔二〇〕
三	四降匈奴，國除爲郡。〔二一〕
	二月乙未初王文王吳芮元年。薨。

六	七
正月丙午，初王交元年。交，高祖弟也。〔二〕	二
正月甲子，初王悼惠王肥元年。肥，高祖子。〔三〕	二
正月丙午，初王劉賈元年。	二
三	四
二	三
二	三
二	三
成王臣元年。	二

八	九	十
三	四來朝。	五來朝。
三	四來朝。	五來朝。
三	四	五來朝。
五	六來朝。	七來朝，反，誅。[二五]
四	五	六來朝。
四廢。	初王隱王如意元年。如意，高祖子。[二四]	二
四	五來朝。	六來朝，反，誅。
		復置代，都中都。[二六]
三	四	五來朝。

十一	十二
六	七
六	七
六爲英布所殺。國除爲郡。	更爲吳國。十月辛
十二月庚午厲王長元年。長，高祖子。〔二七〕	二
七〔二八〕	三月甲午初王靈
三	四。死。〔三一〕
二月丙午初王恢元年。恢，高祖子。〔二九〕	二
三月丙寅初王友元年。友，高祖子。徙趙。〔三〇〕	二
正月丙子初王元年。	二
六	七

	孝惠元年
	八
	八
丑初王濞元年。濞，高祖兄仲子，故沛侯。	二
二	三
王建元年。建，高祖子。[三]	二
	淮陽王徙於趙，名
	二
	爲郡。[四]
	三
	八[五]

	二	三	四
	九來朝。	十	十一來朝。
	九來朝。	十	十一來朝。
	三	四	五
	四	五	六來朝。
	三	四	五
友，元年。是爲幽王。	二	三	四來朝。
	四	五	六
	四	五	六
	哀王回元年	二	三

五	六	七	高后元年
十二	十三	十四來。朝	十五
		初置魯。國	四月元王張偃元。年,偃
十二	十三。薨	哀王襄元年	二
六來。朝	七	八來。朝	九
七	八	九來。朝	十
六來。朝	七	八來。朝	九
五	六	七來。朝	八
		初置常山。國	四月辛卯哀王不疑元
七	八	九來。朝	十
		初置呂。國〔三〕	四月辛卯呂王台元。年
		復置淮陽。國	四月辛卯初王懷王強
七	八	九	十
四	五	六	七

	二
	十六
高后外孫,故趙王敖子。〔三七〕	二
	三
	十
	十一
	十
	九
年。薨。〔三八〕	七月癸巳初王義元年。皇子哀王弟義,
	十一
薨。〔三九〕	十一月癸亥王呂嘉元年。嘉,肅王子。〔四一〕
元年。強,惠帝子。	二
	十一
	恭王右元年

	三
	十七
	三
	四來朝。
	十一
	十二
	十一
	十
孝惠子，故襄城侯，立爲帝。[四〇]	二
	十二
	二
	三
	十二
	二來朝。

四	五
十八	十九
四	五
五	六
十二	十三
十三	十四來朝。
十二	十三
十一	十二
五月丙辰初王朝元年。朝，惠帝子。故軹侯。〔四〕	二
十三	十四
三	四
四	五無嗣。
十三	十四
三	四

六	七
二十	二十一
六	七
七	八
初置琅邪國。	王澤元年。故營陵
十四	十五
十五	十六
十四	十五。絕
十三	十四幽死。
三	四
十五	十六王徙趙，自殺。
嘉。廢七月丙辰呂產元年。產，肅王弟，故洨侯。〔四三〕	呂產徙王梁。七月
初王武元年。武，孝惠帝子，故壺關侯。	二
十五	十六
五	六

八	
二十二	
八	
九	
二	〔四四〕侯。
六十	
七十	
東故子,王肅年。元通呂王初丑辛月十	
國誅,侯。陵胡子,兄后呂年。元祿呂王初	
郡。爲除國誅,子,非五	
〔四九〕郡。爲誅,罪有二	〔四五〕年。元產呂王
〔五〇〕二	〔四六〕子。帝惠年。元太王巳丁
除。國誅,武三	
七十	
七	

	孝文前元年[五一]
	二十三
	九廢爲侯。[五二]
	十薨。
	初置城陽國。[五三]
	初置濟北。[五四]
	三徙燕。
	十七
	十八
平侯。九月誅，國除。[四七]	十月庚戌，琅邪王澤徙燕，元年。是爲敬王。
除。[四八]	十月庚戌趙王遂元年。幽王子。
	分爲河閒，都樂成。[五五]
	初置太原國，都晉陽。
	復置梁國。
	十八爲文帝。
	八

二	三
夷王郢元年。〔五六〕	二
文王則元年	二
二月乙卯景王章元年，章，悼惠王子，故朱虛侯。〔五七〕	二
二月乙卯王興居元年。興居，悼惠王子，故東牟侯。〔五八〕	爲郡。〔六一〕
國除爲郡。	
十八	十九來朝。
十九	二十來朝。
二薨。	康王嘉元年
二	三
二月乙卯初王文王辟強元年。辟強，趙幽王子。〔五九〕	二
二月乙卯初王參元年，參，文帝子。	二
二月乙卯初王懷王勝元年，勝，文帝子。〔六〇〕	二
	復置淮陽國。
二月乙卯初王武元年，武，文帝子。	二徙淮陽。
九	靖王著元年

四	五
三	四薨。
三	四
共王喜元年	二
二十	二十一
二十	二十二
二	三
四	五
三	四
三更爲代王。	
三	四
代王武徙淮陽，三年。	四
三太原王，更號爲代王，三年徙居太原，是爲孝王。	四
二	三

六	七	八	九
王戊元年	二	三	四
五	六	七來朝。	八
三	四	五	六來朝。
二十二	二十三	二十四	二十五
二十三王無道，遷蜀，死雍，爲郡。〔一〕			
四	五	六來朝。	七
六	七來朝。	八	九
五	六	七來朝。	八
五	六來朝。	七	八
五	六來朝。	七	八來朝。
五	六來朝。	七	八
四	五	六	七

十	十一	十二
五	六	七
九	十	十一來朝。
七	八徙淮南，爲郡屬齊。[六三]	
二十六	二十七	二十八
		城陽王喜徙淮南，元年。
八	九	十
十	十一	十二來朝。
九	十	十一來朝。
九	十來朝。薨。無後。	十一淮陽王武徙梁年，是爲孝王。[六四]
九	十來朝。徙梁爲郡。	
九	十來朝。	十一
八來朝。	九	十

三十	四十	五十
八來朝。	九	十
		初置衡山。[六五]
十二	十三	十四。薨。無後。
		復置城陽國。
		復置濟北國。
		分爲濟南國。
		分爲菑川,都劇。
		分爲膠西,都宛。[六六]
		分爲膠東,都即墨。
二十九	三十	三十一
二	三	四徙城陽。
十一	十二來朝。	十三來朝。
十三	十四	十五
十二	十三。薨。	哀王福元年。薨。無後。國除爲郡。
		初置廬江國。[六七]
十二	十三	十四來朝。
十二	十三	十四
十一	十二	十三

十六[六八]	後元年
十一	十二
四月丙寅王勃元年。淮南厲王子,故安陽侯。[六九]	二
四月丙寅孝王將閭元年。齊悼惠王子,故陽虛侯。	二
淮南王喜徙城陽,十三年。	十四
四月丙寅初王志元年。齊悼惠王子,故安都侯。	二
四月丙寅初王辟光元年。齊悼惠王子,故扐侯。	二
四月丙寅初王賢元年。齊悼惠王子,故武城侯。[七〇]	二
四月丙寅初王卬元年。齊悼惠王子,故平昌侯。	二
四月丙寅初王雄渠元年。齊悼惠王子,故白石侯。	二
三十二	三十三
四月丙寅王安元年。淮南厲王子,故阜陵侯。	二
十四	十五
十六	十七
四月丙寅王賜元年。淮南厲王子,故陽周侯。[七一]	二
十五	十六
十五	十六
十四	十五

六	五	四	三	二
七十	朝。來六十	五十	四十	三十
七	六	五	四	三
七	六	五	朝。來四	三
九十	朝。來八十	七十	六十	五十
七	六	朝。來五	朝。來四	三
七	朝。來六	五	朝。來四	三
七	六	五	四	三
七	朝。來六	五	四	三
七	六	五	四	三
八十三	七十三	六十三	五十三	四十三
朝。來七	六	五	四	三
十二	九十	朝。來八十	七十	六十
二十二	一十二	朝。來十二	九十	〔七二〕八十
七	六	五	四	三
朝。來一十二	十二	九十	朝。來八十	七十
四	三	二	年元登王恭	〔七三〕薨。七十
朝。來十二	九十	八十	七十	六十

七	孝景前元年
十八	十九
八	九
八	九
二十	二十一
八	九
八	九
八	九
八	九
八	九
三十九	四十
八	九
二十一	二十二
二十三	二十四
	復置河間國。
	初置廣川,都信都。[十四]
八	九
二十二	二十三
	初置臨江,都江都。[十五]
	初置汝南國。
	初置淮陽國。[十六]
五	六
二十一來朝。薨,無後,國除。	復置長沙國。

三	二
誅。反,一十二	朝。來十二
元魯徙王陽淮亥乙月六	國。魯置復楚分
一十	十
一十	十
三十二	二十二
川。菑徙一十	朝。來十
郡。爲誅。反,一十	十
菑徙志王北濟誅。反,一十	十
王于亥乙月六誅。反,一十	十
誅。反,一十	十
誅。反,二十四	一十四
一十	十
四十二	三十二
郡。爲誅。反,六十二	朝。來五十二
朝。來二	子。帝景年。元德王王獻王初寅甲月三
朝。來二	〔七七〕子。帝景年。元元祖彭王寅甲月三
景年。元勝王靖亥乙月六	〔七八〕奴。盧都山,中置初
一十	十
朝。來五十二	朝。來四十二
二	〔七九〕子。帝景年。元于閼王初寅甲月三
二	子。帝景年。元非王初寅甲月三
郡。爲魯,徙	子。帝景年。元餘王初寅甲月三
八	七
二	〔八〇〕子。帝景年。元發王定寅甲月三

	四四月己巳立太子。[八三]
	文王禮元年。元王子，故平陸侯。
年。是爲恭王。	二來朝。
	十二徙濟北。盧江王賜徙衡山王元年。[八四]
	懿王壽元年
	二十四
	衡山王勃徙濟北十二年。是爲貞王。
川十一年。是爲懿王。	十二
端元年。景帝子。[八二]	二
	四月己巳初王元年。是爲孝武帝。[八五]
	初置江都。六月乙亥汝南王非爲江都
	十二
	二十五
	三
	三
帝子。[八三]	二
	十二徙衡山，國除爲郡。
	二十六
	三薨。無後，國除爲郡。
	三徙江都。[八七]
	九
	三

	五
	二
	三
	二
	二來朝。
	二十五
	十三薨。
	三十
	三
	二
王元年。是爲易王。[八六]	二
	三十來朝。
	二十六薨。
	廣川王彭祖徙趙四年。是爲敬肅王。
	四
	四徙趙，國除爲信都郡。
	三
	二十七
	十
	四

六	七十一月乙丑太子廢〔八八〕
三來朝。薨。	安王道元年
四	五
三	四
三	四
二十六	二十七
武王胡元年	二
十四	十五
四	五
三	四四月丁巳爲太子。
三	四
十四	十五
王定國元年	二
五	六
五	六
四	五來朝。
二十八	二十九來朝。
復置臨江國。	十一月乙丑初王閔王榮元年。景帝太子，廢。〔八九〕
十一	十二
五來朝。	六來朝。

中元年	**二**
二來朝。	三
六來朝。	七
五	六
五	六
二十八	二十九來朝。
三	四
十六來朝。	十七來朝。
六來朝。	七
復置膠東國。	四月乙巳初王康王寄元年。景帝子。
五	六
十六	十七
三	四
七	八來朝。
七	八來朝。
復置廣川國。	四月乙巳初王惠王越元年。景帝子。[九〇]
六	七
	初置清河，都濟陽。[九一]
三十	三十一來朝。
	三
十三	十四
七	八

三	四
四	五
八	九
七來朝。	八
七	八
三十	三十一
五	六
十八	十九
八	九
二	三
七	八
十八	十九來朝。
五來朝。	六
九	十
九	十
二	三
八	九來朝。
三月丁巳，哀王乘元年。景帝子。[九二]	二
	復置常山國。
三十二	三十三
四坐侵廟壖垣為宮，自殺，國除，為南郡。[九三]	
十五來朝。	十六
九	十來朝。

五	六
六來朝。	七
十	十一
九	十
九	十
三十二	三十三。薨。
七	八
二十	二十一
十	十一
四來朝。	五
九	十
二十	二十一
七	八
十一	十二
十一	十二
四	五
十	十一
三	四
三月丁巳初王憲王舜元年。孝景子。〔九四〕	二
三十四	三十五來朝。薨。
分爲濟川國。	五月丙戌初王明元
分爲濟東國。	五月丙戌初王彭離
分爲山陽國。	五月丙戌初王定元
分爲濟陰國。	五月丙戌初王不識
十七	十八
十一來朝。	十二

	後元年	**二**
	八	九
	十二	十三
	十一	十二
	十一	十二來朝。
	頃王延元年。[九五]	二
	九	十來朝。
	二十二來朝。	二十三
	十二	十三
	六	七
	十一	十二
	二十二	二十三
	九來朝。	十來朝。
	十三來朝。	十四
	十三來朝。	十四
	六	七
	十二	十三
	五	六
	三	四
	恭王買元年。孝王子。	二
年。梁孝王子。	二	三
元年。梁孝王子。	二	三
年。梁孝王子。	二	三
元年。梁孝王子。	二，薨，無後，國除。[九六]	
	十九	二十
	十三	十四

二	〔九七〕年元元建武孝	三
朝。來二十	一十	十
朝。來六十	五十	四十
五十	四十	三十
五十	四十	三十
五	四	三
三十	二十	一十
六十二	五十二	四十二
六十	五十	四十
十	九	朝。來八
五十	四十	三十
朝。來六十二	五十二	四十二
三十	二十	一十
七十	六十	五十
七十	六十	五十
十	九	八
六十	五十	四十
朝。來九	八	七
七	六	五
五	四	三
六	五	四
六	五	四
六	五	四
三十二	二十二	一十二
七十	六十	五十

五	四	三
五十	四十	三十
九十	八十	七十
八十	七十	六十
八十	七十	六十
八	七	六
六十	五十	四十
九十二	八十二	七十二
九十	八十	七十
三十	二十	一十
八十	朝。來七十	六十
九十二	八十二	七十二
六十	五十	四十
十二	九十	八十
十二	九十	八十
〔一〇〇〕年。元王繆	二十	一十
九十	八十	朝。來七十
郡。爲除國後,無薨,二十	一十	十
十	朝。來九	八
年元襄王平	薨。七	六
	〔九九〕郡。爲八	〔九八〕陵。房遷廢傅。中殺明七
九	八	七
郡。爲除國後,無薨,九	八	七
六十二	五十二	朝。來四十二
十二	九十	朝。來八十

三	二	年元光元	六
朝。來九十	朝。來八十	七十	六十
三十二	二十二	一十二	十二
二十二	一十二	十二	九十
〔一○〕卒。二十二	一十二	十二	九十
二十	一十	朝。來十	九
十二	九十	八十	七十
三十三	二十三	一十三	十三
三十二	二十二	一十二	朝。來十二
七十	六十	朝。來五十	四十
二十二	一十二	十二	九十
三十三	二十三	一十三	十三
十二	九十	朝。來八十	七十
四十二	三十二	二十二	朝。來一十二
四十二	三十二	二十二	一十二
五	四	三	二
朝。來三十二	朝。來二十二	一十二	十二
四十	三十	二十	一十
五	四	三	二
三十	二十	一十	十
年元義王	九十二	八十二	七十二
朝。來四十二	朝。來三十二	二十二	一十二

四	五	六
二十	二十一	二十二。薨
二十四	二十五	二十六。薨
二十三	二十四	二十五〔一〇〕
厲王次昌元年	二	三
十三	十四。來朝	十五
二十一	二十二	二十三
三十四	三十五。薨	靖王建元年
二十四	二十五	二十六
十八	十九	二十
二十三	二十四	二十五
三十四	三十五	三十六
二十一	二十二	二十三
二十五	二十六	二十七。來朝
二十五	二十六。來朝	恭王不害元年
六	七	八
二十四	二十五	二十六
十五	十六	十七
六	七	八
十四。來朝	十五	十六
二	三	四
二十五	二十六	二十七

元朔元年	**二**
襄王注元年。[一〇三]	二
安王光元年	二
二十六	二十七
四	五，薨，無後，國除爲郡。
十六	十七
二十四來朝。	二十五
二	三
二十七	二十八來朝。
二十一	二十二
二十六	王建元年
三十七	三十八
二十四坐禽獸行自殺。國除爲郡。	
二十八	二十九
二	三
九	十
二十七	二十八
十八	十九
九	十來朝。
十七	十八
五	六
康王庸元年	二

三	四	五
三	四來朝。	五
三	四	五
二十八	二十九	三十
十八	十九	二十
二十六	二十七	二十八
四	五	六
二十九	三十	三十一
二十三	二十四	二十五來朝。
二	三	四
三十九	四十	四十一安有罪，削國二縣。
三十	三十一	三十二
四薨。	剛王堪元年。[一〇四]	二
十一	十二	十三
二十九來朝。	三十	三十一
二十	二十一	二十二來朝。
十一	十二	十三
十九	二十來朝。	二十一
七	八	九
三	四	五

二	年元狩元	六
八	七	六
朝。來八	七	六
	除。國殺,自反,二十三	一十三
三十二	二十二	朝。來一十二
一十三	十三	九十二
九	八	七
四十三	三十三	二十三
八十二	七十二	六十二
郡。陵廣爲除國殺。自反,七	六	五
七都。爲陳故以國,安六置	殺。自反,三十四	二十四
五十三	朝。來四十三	三十三
五	四	三
六十	五十	朝。來四十
四十三	三十三	二十三
五十二	四十二	三十二
六十	五十	四十
四十二	三十二	二十二
朝。來二十	一十	
朝。來八	七	六

三	
九	
九	
二十四	
三十二來朝。	
十	
三十五	
哀王賢元年	
二	月丙子。〔一〇五〕初王恭王慶元年。膠東王子。〔一〇六〕
三十六	
六	
十七	
三十五來朝。	
二十六	
十七	
二十五	
十三	
九	

四	五	六
十來朝。	十一	十二
十	十一	十二
	復置齊國。	四月乙巳初王懷王閎元年。武帝子。[一〇七]
二十五	二十六來朝。薨。	敬王義元年
三十三	三十四	三十五
十一	十二來朝。	十三
三十六	三十七	三十八
二	三	四
	更爲廣陵國。	四月乙巳初王胥元年。武帝子。
三	四	五
	復置燕國。	四月乙巳初王剌王旦元年。武帝子。[一〇八]
三十七	三十八	三十九
七	八	九來朝。
十八	十九	二十
三十六	三十七	三十八
二十七	二十八	二十九來朝。
十八	十九	二十
二十六來朝。	二十七	二十八
十四	十五	十六
十	十一	十二

元鼎元年	二
十三	十四。薨
十三	十四來朝。
二	三
二	三
三十六	三十七
十四	十五
三十九	四十
五	六
二	三
六	七
二	三
四十	四十一
十	十一
二十一來朝。	二十二
三十九	四十
三十	三十一
二十一	二十二
二十九剽攻殺人,遷上庸,國爲大河郡。[一〇九]	
十七	十八來朝。
十三	十四

三	四
節王純元年	二
十五	十六
初置泗水,都郯。〔一〇〕	思王商元年。〔一一〕商,常山憲王子。
四	五
四	五
三十八	三十九
十六	十七
四十一	四十二
七	八
四	五
八	九
四	五
四十二	四十三
二十薨。	頃王授元年
二十三	二十四
四十一來朝。	四十二薨。
復置清河國。	二十代王義徙清河年。是為剛王。
三十二薨。子為王。〔一二〕	更為真定國。頃王平元年。常山憲王子。
二十三	二十四
十九徙清河。為太原郡。〔一三〕	
十五來朝。	十六

五	六	元封元年
三	四	五
十七	十八	十九
二	三	四
六	七	八，薨，無後，國除爲郡。
六	七	八來朝。
四十	四十一來朝。	四十二
十八	十九	二十
四十三	四十四	四十五
九	十	十一
六	七	八
十	十一來朝。	十二
六	七	八
四十四	四十五	四十六
二	三	四
二十五來朝。	二十六	二十七
哀王昌元年。即年薨。	康王昆多元年。[二四]	二
二十一	二十二	二十三
二	三	四來朝。
二十五	二十六	二十七
十七	十八	十九

二	三	四
六	七	八
二十	二十一來朝。	二十二
五	六	七
九薨。	慧王武元年	二
四十三	四十四	四十五
頃王遺元年。[二五]	二	三
四十六	四十七，薨，無後，國除。[二六]	
十二	十三	十四
九	十	十一
十三	十四	十五
九	十	十一
四十七	四十八	四十九
五	六	七
二十八	二十九	三十
三	四	五
二十四	二十五來朝。	二十六
五	六	七
二十八	二十九	三十
二十	二十一	二十二

年元初太	六	五
一十	十	九
五十二	四十二	山。泰朝三十二
蕘。十	九	八
五	四	三
八十四	七十四	山。泰朝六十四
六	五	四
三	二	年元平通王戴
四十	三十	二十
朝。來八十	七十	六十
四十	三十	二十
二十五	一十五	十五
十	九	八
三十三	二十三	一十三
八	七	六
九十二	八十二	七十二
十	朝。來九	八
三十三	二十三	一十三
五十二	四十二	三十二

二	三	四
十二	十三	十四
二十六	二十七	二十八
哀王安世元年。即戴王賀元年。安世子。[一七]	二	三
六	七。薨。[一八]	荒王賀元年。[一九]
四十九	五十	五十一
七	八	九
四	五	六
十五	十六	十七
十九	二十	二十一
十五	十六	十七
五十三	五十四	五十五
十一	十二	十三
三十四	三十五	三十六
九來朝。	十	十一
三十	三十一	三十二
十一	十二	十三
三十四	三十五	三十六來朝。
二十六	二十七	二十八來朝。

〔一〕【索隱】高祖五年封韓信。六年王弟交也。

〔二〕【索隱】四年封韓信，六年封子肥。

〔三〕【索隱】六年封劉賈。十一年賈爲英布所殺。其年立吴國，封兄子濞也。

〔四〕【索隱】四年封英布。十一年反，誅。立子長。

〔五〕【索隱】五年封盧綰，十一年亡入匈奴。十二年立子建也。

〔六〕【索隱】四年封張耳。其年薨。明年子敖立。八年廢爲宣平侯。九年立子如意也。

〔七〕【索隱】五年封彭越。十一年反，誅。十二年立子恢。

〔八〕【索隱】十一年封子友。後二年爲郡。高后元年復爲國，封惠帝子彊。

〔九〕【索隱】二年封韓王信。五年降匈奴。十一年立子恒也。【考證】韓王信未嘗更封代王，此表失列韓國共在一格，故妄以韓爲代耳。

〔一〇〕【索隱】五年吴芮薨。六年子成王臣立。【考證】表中失書都臨湘。

〔一一〕【考證】韓信都下邳，至劉交始都彭城。

〔一二〕【考證】英布都六，後王淮南者都壽春。

〔一三〕【考證】「淮」當作「睢」。梁王彭越都定陶，至孝文子梁孝王武始徙都睢陽。

〔一四〕【集解】徐廣曰：本紀及表，高祖起五年，始徙信。故韓王孫。【考證】信初都陽翟，後徙馬邑。

〔一五〕【考證】「初王」上當有「二月」二字。「初王」下失「韓」字。

〔一六〕【考證】十月，「七月」之誤。「武王」二字衍。

〔一七〕【考證】「初王」上缺「十一月」。「初王」下缺「景王」。

〔一八〕【考證】漢高紀廢信在六年十二月。

〔一九〕【考證】封綰在後九月。

〔二〇〕【考證】「初王」上缺「正月」。

〔二一〕【考證】信降匈奴在六年九月。

〔二二〕【考證】「初王」下缺「元王」。「也」字衍。

〔二三〕【考證】漢書紀、表作「正月壬子」。

〔二四〕【考證】「初王」上缺「正月」。

〔二五〕【考證】布、越之反在高祖十一年。

〔二六〕【考證】復，各本作「後」，誤。

〔二七〕【考證】布以七月反，厲王即七月封。

〔二八〕【集解】徐廣曰：「一云十月，亡入於匈奴。」【考證】據史、漢紀、傳，綰亡匈奴在高祖十二年四月。

〔二九〕【考證】「王」下缺「共王」。

〔三〇〕【考證】「徙趙」二字衍。

〔三一〕【考證】「三月」當作「二月」。

〔三二〕【考證】如意薨在孝惠元年。

〔三三〕【考證】當作「淮陽王友徙趙」。

〔三四〕【考證】缺「國除」二字。

〔三五〕【考證】表中脱「薨」字。但此後諸王之薨或書或不書。

〔三六〕【考證】吕國由齊之濟南郡分，當書于第八横行濟南國之前。

〔三七〕【考證】元王，當作「初王」。

〔三八〕【考證】「哀王」上缺「初王」二字。「元年」下缺「不疑惠帝子」五字。不疑又以二年薨。

〔三九〕【考證】當云「初王肅王呂台元年」。

〔四〇〕【考證】「皇子」二字衍。「哀王弟」三字，宜置「孝惠子」下，「立爲帝」上缺「後」字。

〔四一〕【考證】呂台以十一月薨，嘉即以十一月嗣，猶常山王不疑以七月薨，其弟義即以七月封也。當年改元。

〔四二〕【索隱】軹，音章是反。軹縣在河内。後文帝以封舅薄昭。

〔四三〕【索隱】洨，音交。洨水所出，縣名，在沛。又音□也。【考證】「呂産」上缺書「初王」。紀在十月，漢表作「十一月」，皆無日，惠景表作「七月壬辰」，未知孰是。

〔四四〕【索隱】營陵縣名，屬北海。【考證】「王」上缺「二月初」三字。

〔四五〕【考證】當書「更名呂國」四字。

〔四六〕【索隱】呂太，故昌平侯。縣名，屬上谷也。【考證】「王」上缺「初」字，「子」下缺「故平昌侯」四字。又當書「更名濟川國」五字。七月，紀作「二月」。

〔四七〕【索隱】東平縣屬梁國。

〔四八〕【索隱】胡陵，縣名，屬山陽也。【考證】呂禄爲趙王，在呂后七年。「胡陵侯」上缺「故」字。下缺「九月」二字。

〔四九〕【考證】缺「國除」二字。

〔五〇〕【考證】失書「非子誅國除爲郡」。

〔五一〕【考證】「前」字後人妄增。

〔五二〕【考證】偃無九年，已於前年九月廢矣。

〔五三〕【考證】各本「國」誤作「郡」。

〔五四〕【考證】「北」下缺「國」字。

〔五五〕【考證】「河閒」下缺「國」字。

〔五六〕【考證】「郢」下缺「客」字。夷王名郢客。

〔五七〕【索隱】朱虛，縣名，屬琅邪。【考證】「景王」上缺「初王」二字。

〔五八〕【索隱】縣名，屬東萊。【考證】「王興居」上缺「初」字。

〔五九〕【索隱】辟，音璧。

〔六〇〕【考證】史文紀及漢紀、表，懷王名揖。

〔六一〕【考證】當補「反誅國除」四字。

〔六二〕【考證】「王」下缺「長」字，「雍」下缺「國除」二字。

〔六三〕【考證】「爲郡」上缺「國除」二字。

〔六四〕【考證】梁王勝紀年止於十，上年已書薨，此十一年即武自淮陽來徙，承上年不改，故云「徙梁年」。毛本「年」上有「元」字，非是。

〔六五〕【考證】「山」下缺「國」字。下格「膠西」、「膠東」倣之。

〔六六〕【集解】徐廣曰：「樂安有宛縣。」【考證】「宛」當作「高宛」，集解同。

〔六七〕【考證】廬江亦淮南所分，與清河一格，似失其倫。

〔六八〕【考證】索隱本孝文十六年下出「淮南三齊七趙分爲六」，各注已見篇首。集解又多舛誤，蓋傳寫錯亂，今不增。

〔六九〕【考證】「王勃」上缺「初」字。

〔七〇〕【考證】「武城」當作「南成」。

〔七一〕【考證】「王」上缺「初」字。

〔七二〕【考證】世家孝王十七年、十八年比年來朝，此缺書。

〔七三〕【考證】文三王傳，參五年一朝，凡三朝薨。表止書二。

〔七四〕【考證】「廣川」下缺「國」字。

〔七五〕【考證】當作「初置臨江國，都江陵」。

〔七六〕【考證】「初」當作「復」。

〔七七〕【考證】「彭祖」上缺「初」字。

〔七八〕【考證】「中山」下缺「國」字。

〔七九〕【索隱】閼音遏。【考證】「閼于」上缺「哀王」。

〔八〇〕【考證】「定王」上缺「初王」二字。

〔八一〕【索隱】謚法，能優其德曰于。【考證】「于王」上缺「初王」二字。

〔八二〕【考證】「靖」上缺「初王」。

〔八三〕【考證】己巳，漢景紀作「乙巳」。立太子書將相表大事記，不當獨闌入此表，疑後人增。

〔八四〕【考證】「衡山」下「王」字衍。

〔八五〕【考證】「孝武」二字後人妄改，當書曰「初王某元年，是爲今皇帝」。

〔八六〕【索隱】謚法好更故舊爲易也。【考證】「江都」下缺「國」字。據景紀，是三年事。

〔八七〕【考證】漢表二年徙，此亦誤後一年。又缺「國除爲郡」四字。

〔八八〕【考證】此亦後人所增。

〔八九〕【考證】漢書諸侯表「乙丑」作「己酉」。

〔九〇〕【考證】缺「初王」二字。

〔九一〕【考證】「清河」下缺「國」字。「濟陽」當作「清陽」。

〔九二〕【考證】缺「初王」二字。

〔九三〕【索隱】壖音儒緣反。壖垣，廟境外之墟。壖，邊也。【考證】榮無四年，景紀二年三月，召臨江王，來，即死中尉府中。當衍「四」字，而移「坐侵」十四字於前格。

〔九四〕【考證】「三月」當作「四月」，漢紀書夏。

〔九五〕【索隱】頃音傾。城陽王子。

〔九六〕【考證】缺「爲郡」二字。

〔九七〕【考證】「孝武」當作「今上」。

〔九八〕【集解】徐廣曰：「一作『太傅』。」【考證】明，濟川王名。

〔九九〕【考證】「八」字衍，「爲」上缺「國除」二字。

〔一〇〇〕【集解】徐廣曰：「齊立四十五年，以征和元年乙丑有罪病死，謚曰繆。」【索隱】廣川惠王子。謚法名與實乖曰繆。

〔一〇一〕【考證】諸王皆書「薨」，此獨書「卒」，何也？

〔一〇二〕【考證】據傳，此歲來朝。

〔一〇三〕【考證】世家「注」作「經」。

〔一〇四〕【考證】五宗世家及漢表「堪」作「基」。

〔一〇五〕【集解】徐廣曰：「一云壬子。」

〔一〇六〕【考證】六安即衡山故地，不應在淮南格。於淮南書「國除爲九江郡」，於衡山書「初置六安國都陳」，七月丙子初王慶元年，膠東康王子，此表舊文舛漏，與後人增改兼有之。

〔一〇七〕【考證】「武帝」當作「今上」，下倣之。

〔一〇八〕【索隱】謚法暴慢無親曰剌。

〔一〇九〕【考證】「國」下缺「除」字。各本「大」誤「太」。

〔一一〇〕【集解】徐廣曰：「泗水屬東海。」【考證】「水」下缺「國」字。郯爲東海郡治，何以爲王都？疑當作「淩」。

〔一一一〕【考證】子勃爲王，以罪廢。缺「勃以罪廢」四字。

〔一一二〕【考證】「清河」下缺「國」字。

〔一一三〕【集解】徐廣曰：「一云勤王商元年。」

〔一一四〕【索隱】按：蕭該云，謚法好樂怠政曰康。漢書作「穅」。昆侈名。

〔一一五〕【索隱】濟南王辟光之孫也。【考證】案：齊悼惠王世家，遺乃菑川懿王志之孫。辟光以反誅，不聞紹封，此注誤。

〔一一六〕【考證】缺「爲郡」二字。

〔一一七〕【索隱】廣川惠王子也。【考證】賀是安世弟，五宗世家及十三王傳甚明。思王以太初元年薨，二年安世嗣，一年薨，無後。以賀紹封在太初三年，此并書於二年，誤。索隱亦有誤。

〔一一八〕【考證】「薨」字衍。慧王在位十一年。

〔一一九〕【考證】「荒王賀元年」五字衍，乃「惠王八年」也。荒王名順，亦不名賀。

【集解】徐廣曰：孝武太始二年，廣陵、中山、真定王來朝。孝宣本始元年，趙來朝。二年，廣川來朝。四年，清河來朝。孝宣地節元年，梁來朝。二年，河間來朝。三年，濟北分平原、太山二郡。

【索隱述贊】漢有天下，爰覽興亡。始誓河岳，言峻寵章。淮陰就楚，彭越封梁。荆燕懿戚，齊趙棣棠。犬牙相制，麟趾有光。降及文景，代有英王。魯恭、梁孝，濟北、城陽。仁賢足紀，忠烈斯彰。

史記會注考證卷十八

史記十八

高祖功臣侯者年表第六

【正義】高祖初定天下，表明有功之臣而侯之，若蕭、曹等。【考證】史公自序云：「維高祖元功，輔臣股肱，剖符而爵，澤流苗裔，忘其昭穆，或殺身隕國。作高祖功臣侯者年表第六。」

太史公曰：古者人臣功有五品，以德立宗廟定社稷曰勳，以言曰勞，用力曰功，明其等曰伐，積日曰閱。封爵之誓曰：「使河如帶，泰山若厲。〔一〕國以永寧，爰及苗裔。」〔二〕始未嘗不欲固其根本，而枝葉稍陵夷衰微也。〔三〕

〔一〕【集解】應劭曰：「封爵之誓，國家欲使功臣傳祚無窮。帶，衣帶也。厲，砥石也。河當何時如衣帶，山當何時如厲石，言如帶厲，國乃絶耳。」

〔二〕【考證】漢書高惠高后文功臣表所載誓詞，「河」上有「黄」字，「寧」作「存」。帶、厲、裔，韻。中井積德曰：「使」上添「至」字看。梁玉繩曰：困學紀聞十二引楚漢春秋云，高祖封侯，賜丹書鐵券曰：「使黄河如帶，太山如礪。漢有宗廟，爾無絶世。」下二語迥異，陸賈在高帝時親見，必得其真，史、漢所載，蓋呂后更之。愚按：御覽兩引楚漢春秋，與困學紀聞合。

〔三〕【考證】陵夷，廢壞也。

余讀高祖侯功臣，察其首封所以失之者，曰：異哉所聞！〔一〕書曰「協和萬國」，〔二〕遷于夏、商，或數千歲。蓋周封八百，幽、厲之後，見於春秋。尚書有唐、虞之侯伯，歷三代千有餘載，自全以蕃衛天子，〔三〕豈非篤於仁義奉上法哉？〔四〕漢興，功臣受封者百有餘人。〔五〕天下初定，故大城名都散亡，户口可得而數者十二三，〔六〕是以大侯不過萬家，小者五六百户。〔七〕後數世，民咸歸鄉里，户益息，蕭、曹、絳、灌之屬或至四萬，小侯自倍，〔八〕富厚如之。子孫驕溢，忘其先，淫嬖。〔九〕至太初，百年之閒，見侯五，〔一〇〕餘皆坐法隕命亡國，秏矣。〔一一〕罔亦少密焉。〔一二〕然皆身無兢兢於當世之禁云。〔一三〕

〔一〕【考證】方苞曰：異於古河山帶礪爰及苗裔之意也。吴汝綸曰：此言異於春秋、尚書千載之封也。上文所云「欲固根本，而枝葉陵夷衰微」者，皆言漢事。根本，謂封國之功臣爲後世祖者。枝葉，指其子孫也。愚按吴説是。

〔二〕【考證】書堯典，「邦」作「國」，避高祖諱。

〔三〕【考證】柯維騏曰：虞舜之子商均，禹封之于虞。少康時有虞思，至殷封遂，周封滿，並於陳其後也。皐陶之後爲英、六，二國至周尚存。伯夷之後爲申呂，至周復封爲齊。柏翳與禹平水土，舜賜姓，曰嬴秦。此所謂「唐、虞之侯伯」也，歷三代，或絶或續，其世足徵矣。

〔四〕【考證】與「子孫驕溢，忘其先，淫辟」，「身無兢兢於當世之禁」者異。

〔五〕【索隱】案：下文，高祖功臣百三十七人，兼外戚及王子，凡一百四十三人。【考證】梁玉繩曰：高帝功臣有表不盡載者，功臣之封始乎六年十二月，故呂公之封臨泗侯，利幾之封潁川侯，盧綰之封長安侯，表均不載。蓋呂公以四年先卒，利幾以五年九月反誅，盧綰以五年後九月爲王也。若在六年以後者，項羽紀玄武侯與射陽、桃、平泉三侯皆封，而表無之。劉敬傳敬爲建信侯，而表無之。黥布傳高帝十一年封故楚令尹薛公千户，陳豨傳封趙將四人各千户，朱建傳梁父侯導黥布反，而表俱無之。詎非封而失書歟？

〔六〕【索隱】言十分纔二三在耳。

〔七〕【考證】梁玉繩曰：表載曹參封一萬六千户，劉澤封一萬二千户，蕭何封一萬五千户，則「不過萬家」之説未可信。愚按：表曰「萬五千」、曰「萬六千」，依籍言之。此曰「不過萬家」，以實言之。

〔八〕【索隱】倍其初封時户數也。【考證】蕭何、曹參、灌嬰皆稱其姓，而絳侯周勃獨以封土者，蓋當時有此稱，以與周昌、周竈諸人別也。

〔九〕【考證】與「篤於仁義」者異。

〔一〇〕【正義】謂平陽侯曹宗、曲周侯酈終根、陽阿侯齊仁、戴侯祕蒙、穀陵侯馮偃也。【考證】梁玉繩曰：「五」當作「六」。太初見侯，正義所引之外，有江鄒侯靳石。錢大昕曰：史公作表終于太初，平陽、曲周、陽阿、戴四侯之免皆在太初以後，故尚在見侯之數也。江鄒侯靳石以改封不與五人之數，然曲周侯(侯)[酈]終根其時已改封繆，陽阿侯仁其時亦改封埤山矣。是太初之世不止見侯五也。陽阿據漢表，乃其石之後，齊其謚，非姓也。正義稱「齊仁」，似誤。張文虎曰：正義「齊仁」，王、柯本作「卞仁」。愚按：慶長本亦作「卞」。

〔一一〕【考證】與「自全以蕃衛天子」者異。

〔一二〕【考證】服虔曰：法罔差益密也。吴汝綸曰：禁罔之密，所以廢辱。俞樾曰：觀年表所載，有以謀反國除者，斯固法所宜然也。他如武昌侯德，坐傷人二旬死，棄市國除，猶曰重民命也。又如蓼侯臧，坐爲太常南陵橋壞國除；廣阿侯越，坐爲太常酒酸國除，猶曰嚴祀事也。即如曲城侯皐柔，坐民不用赤仄錢爲賦國除；樂成侯義，坐言五利侯不道國除，猶曰撓時禁也。乃至芒侯申生，坐尚南宫公主不敬國除矣；祈侯它，坐從射擅罷國除矣；絳陽侯禄、寧侯指，坐出界國除矣；武原侯不害，坐葬過律國除矣；高苑侯信，坐出入屬車間國除矣；安丘侯指，坐入上林謀盜鹿國除矣。噫，父祖累百戰之功而得國，子孫負一朝之過而失侯，遂使降將無反顧之心，功臣有自危之意，亦豈長有天下之道哉？中井積德曰：是時四方征伐，有功者不得不封，而天下無復地可封焉，故不得不減舊封，是勢之所必至，雖孝武之殘忍寡恩，亦少有可恕者，要之處之之道失宜耳。

〔一三〕【考證】與「奉上法」者異。

居今之世，志古之道，所以自鏡也，〔一〕未必盡同。帝王者，各殊禮而異務，要以成功爲統紀，豈可緄乎？〔二〕觀所以得尊寵，及所以廢辱，亦當世得失之林也，〔三〕何必舊聞？〔四〕於是謹其終始，表見其文，頗有所不盡本末；著其明，疑者闕之。後有君子，欲推而列之，得以覽焉。〔五〕

〔一〕【索隱】言居今之代，志識古之道，得以自鏡當代之存亡也。【考證】十三字屬下讀。

〔二〕【考證】「未必」上添「然而」二字看。岡白駒曰：未必今盡同於古。緄，縫也。豈可强縫合之乎？徐孚遠曰：此數語，蓋不敢斥漢家少恩，故爲隱語也。

〔三〕【索隱】言觀今人臣所以得尊寵者必由忠厚，被廢辱者亦由驕淫，是言見在興廢，亦當代得失之林也。

〔四〕【考證】承上文「異哉所聞」。岡白駒曰：觀其得侯與失侯，皆有所以致之，何必專求之古。

〔五〕【考證】汪越曰：表侯功，大約從起豐沛，從至霸上定秦，從至漢中，從滅項羽，功之大者也。餘功如從大將擊齊、魏，擊韓、燕、代，定諸侯；如護太公、呂后，奉孝惠、魯元公主；如解鴻門；如爲漢守；如從擊黥布、彭越、陳豨、盧綰、韓王信，皆表而出之，明不與恩澤侯同也。凡有罪失侯者，大約如酎金，如爲太常犧牲不如令，如爲太常酒酸，罪之輕者也。餘罪如爲太守知民不用赤仄錢爲賦，如不償人責，如尚南宮公主不敬，如出入屬車間，如坐出界，如買塞外禁物，如入上林謀盜鹿，如爲太常與樂舞人闌入函谷關，如賣宅縣官故貴，皆在可議之列也。餘重罪，則謀大逆大不敬，過律，姦淫，略人，傷人，總之所謂不奉上法者也。或但云有罪，疑獄也，不明所坐，或史闕之。梁玉繩曰：官僚有一定之班，王侯無異守之職，故但因其功之隆卑，以分先後，侯第所由設也。漢表序云「漢王即皇帝位，論功封侯者百四十三人，又作十八侯位次。高后二年，復詔丞相陳平，盡差列侯之功録第下竟。」余竊疑當時何以諸王無位次，而諸侯有位次？就以侯位論，功臣百數十人，何以高祖祇作十八人位次，不及其餘？均所難曉。而十八侯位，惟蕭、曹可信，語見世家中。其十六位傳聞殊別，莫識準裁。是知高祖之作亦爲呂后改易，罔仍舊章。如良、平俱大功臣，不在十八侯内。張敖未有大功，儼居第三。豈非呂后升降之乎？而呂后差録之位次，表中舛漏頗多。攷高祖所封，元年至十二年共百四十三人，孝惠所封，元年至五年，共三人，呂后所封，元年至二年五月，共十三人，統計百五十九人，應有百五十九位次。而周呂、合陽二侯追尊爲王，沛侯進封爲王，羹頡侯以罪削爵，射陽、陽夏、淮陰、芒、江邑五侯並以罪國除，當呂后録第時，自不及其列，則位次實數應有百五十矣，乃表中侯之無位者，曰胡陵，曰費，曰任，曰棘丘，曰襄平，曰離，曰便，曰平都，曰軑，曰扶柳，曰郊，曰南宮，曰梧，曰平定，曰博成，曰沛，曰襄成，曰軹，曰壺關，曰沅陵，曰上邳，曰朱虛，凡廿二。位之無侯者，曰廿一，曰三十一，曰三十八，曰五十四，曰五十六，曰六十八，曰七十六，曰八十七，曰九十三，曰九十七，曰百十三，曰百二十，曰百二十八，曰百二十九，曰百三十三，曰百三十六，曰百三十八，曰百三十九，曰百四十，曰百四十一，曰百四十二，曰百四十三，曰百四十四，曰百四十五，曰百四十六，曰百四十七，曰百四十八，曰百四十九，曰百五十，凡廿九。侯位之複者，東武、高苑皆曰四十一，東茅、菌皆曰四十八，肥如、高梁皆曰六十六，新陽、棘陽皆曰八十一，武原、磿、高陵皆曰九十二，平州、邔皆曰百十一，凡七。今取漢表校之，費三十一，平定五十四，梧七十六，新陽八十七，武原九十三，邔百十三，軑百二十，上邳百二十八，朱虛百二十九，便百三十三，沅陵百三十六，此十一位，灼然著明，可補史缺。至以襄平爲六十六，平都爲百十一，不足取證，蓋六十六已有肥如、高梁，并襄平，則重三矣；百十一已有平州，並平都則重二矣，不綦誤哉。再以本表侯功校之，功動相比，名次相肩，高苑比斥丘，斥丘四十，則高苑無疑在四十一，而東武之四十一必是二十一之譌。襄平比平定，平定五十四，則襄平無疑在五十六。高梁比平侯，平侯三十二，則高梁無疑在三十八。武原比高陵，高陵九十二，武原九十三，則磿侯之位無疑在九十七。東茅功盛于菌，位宜在前，則菌之四十八無疑是六十八之譌。此五位亦確可補缺。其餘失考者，數其侯，則胡陵也，任也，棘丘也，離也，平都也，扶柳也，郊也，南宮也，博成也，沛也，襄成也，軹也，壺關也。數其位，則百三十八以下爲虛位，與任侯等十三人適合，無籍可稽，未敢妄配。而獨怪史、漢兩表所載，奚無越乎百三十七陸梁侯之外者邪？愚按：張錫瑜有史表功比説，論功比侯第尤詳，與梁説相發明，讀者就其書究之可也。

國名〔一〕	侯功〔二〕	高祖十二〔三〕	孝惠七	高后八	孝文二十三	孝景十六	建元至元封六年三十六太初元年盡後元二年十八〔四〕	侯第〔五〕
平陽〔六〕	以中涓〔七〕從起沛，至霸上，侯。以將軍入漢，以左丞相出征齊、魏，以右丞相爲平陽侯，萬六百户。	七 六年十二月甲申，懿侯曹參元年。〔八〕	五 其二年爲相國。 二 六年，十月靖侯窋元年。	八	十九 後四年，簡侯奇元年。 四	三 四年，夷侯時元年。〔九〕 十三	十 元光五年，恭侯襄元年。 十六 元鼎三年，今侯宗元年。〔一〇〕	二〔一一〕
信武〔一二〕	以中涓從起宛、朐，入漢，以騎都尉定三秦，擊項羽，別定江陵，侯，五千三百户。以車騎將軍攻黥布、陳豨。	七 六年十二月甲申，肅侯靳歙元年。〔一三〕	七	五 六年，夷侯亭元年。〔一四〕 三	十八 後三年，侯亭坐事國人過律，奪侯，國除。			一十

國名	侯功	高祖	孝惠	高后	孝文	孝景	建元至元封六年	侯第
清陽〔二五〕	以中涓從起豐，至霸上，爲騎郎將，入漢，以將軍擊項羽，功侯，三千一百户。〔二六〕	七 六年十二月甲申，定侯王吸元年。〔二七〕	七	八	七 元年，哀侯彊元年。〔二八〕 十六 八年，孝侯伉元年。〔二九〕	四 十二 五年，哀侯不害元年。	七 元光二年，侯不害薨，無後，國除。	十四
汝陰〔三〇〕	以令史從降沛，爲太僕，常奉車，爲滕公，竟定天下，入漢中，全孝惠、魯元，侯，六千九百户。常爲太僕。	七 六年十二月甲申，文侯夏侯嬰元年。	七	八	八 七 九年，夷侯竈元年。 八 十六年，恭侯賜元年。	十六	七 元光二年，侯頗元年。 十九 元鼎二年，侯頗尚公主，與父御婢姦罪，自殺，國除。	八

國名	侯功	高祖	孝惠	高后	孝文	孝景	建元至元封六年	侯第
陽陵[二一]	以舍人從起橫陽，至霸上，爲魏將，入漢，定三秦，屬淮陰，定齊，爲齊丞相，侯，二千六百户。[二二]	七 六年十二月甲申，景侯傅寬元年。	五 六年，隨頃侯靖元年。[二三] 二	八	十四 十五年，恭侯則元年。[二四] 九	三 前四年，侯偃元年。 十三	十八 元狩元年，偃坐與淮南王謀反，國除。	十
廣嚴[二五]	以中涓從起沛，至霸上，爲連敖，入漢，以騎將定燕、趙，得將軍，侯，二千二百户。	七 六年十二月甲申，壯侯召歐元年。[二六]	七	八	十九 二年，戴侯勝元年。 十三 十一年，恭侯嘉元年。至後七年，嘉薨，無後，國除。			二十八

國名	廣平[二七]
侯功	以舍人從起豐，至霸上爲郎中，入漢，以將軍擊項羽、鍾離眛，功侯，四千五百户。[二八]
高祖	七 六年十二月甲申，敬侯薛歐元年。
孝惠	七
高后	八 元年，靖侯山元年。
孝文	十八 五 後三年，侯澤元年。
孝景	八 中二年，有罪，絶。 平棘五 中五年，復封節侯澤元年。
建元至元封六年	十五 其十年，爲丞相。[二九] 三 元朔四年，侯穰元年。 元狩元年，穰受淮南王財物，稱臣，在赦前，詔問謾罪，國除。
侯第	

國名	侯功	高祖	孝惠	高后	孝文	孝景	建元至元封六年	侯第
博陽〔三〇〕	以舍人從起碭，以刺客將入漢，以都尉擊項羽滎陽，絶甬道，擊殺追卒功，侯。〔三一〕	七 六年十二月甲申，壯侯陳濞元年。〔三二〕	七	八	十八 五 後三年，侯始元年。	四 前五年，侯始有罪，國除。 塞二 中五年，復封始。〔三二〕後元年，始有罪，國除。		十九
曲逆〔三三〕	以故楚都尉，漢王二年初從修武，爲都尉，遷爲護軍中尉，出六奇計，定天下，侯，五千户。	七 六年十二月甲申，獻侯陳平元年。	七 其五年，爲左丞相。〔三三〕	八 其元年，徙爲右丞相。後專爲丞相，相孝文二年。	二 二 三年，恭侯買元年。〔三四〕 十九 五年，簡侯悝元年。	四 十二 五年，侯何元年。	十 元光五年，侯何坐略人妻，棄市，國除。	四十七

國名	堂邑〔三五〕
侯功	以自定東陽，爲將屬項梁，爲楚柱國。四歲，項羽死，屬漢，定豫章、浙江，都浙，自立爲王壯息，侯，千八百户。復相楚元王十二年。〔三六〕
高祖	七 六年十二月甲申，安侯陳嬰元年。
孝惠	七
高后	四 四 五年，恭侯祿元年。
孝文	二 二十一 三年，夷侯午元年。
孝景	十六
建元至元封六年	十一 元光六年，季須元年。 十三 元鼎元年，侯須坐母長公主卒，未除服，姦，兄弟爭財，當死，自殺，國除。
侯第	八十六

國名	周呂〔三七〕	建成〔四一〕
侯功	以呂后兄初起以客從，入漢爲侯。還定三秦，將兵先入碭。漢王之解彭城，往從之，復發兵佐高祖定天下，功侯。	以呂后兄初起以客從，擊三秦。漢王入漢，而釋之還豐沛，奉衛呂宣王、太上皇。
高祖	三 六年正月丙戌，令武侯呂澤元年。〔三八〕 四 九年，子台封酈侯，元年。〔三九〕	七 六年正月丙戌，康侯釋之元年。
孝惠	七 有罪。〔四〇〕	二 五 三年，侯則元年。有罪。〔四二〕
高后		胡陵七 元年五月丙寅，封則弟大 八年，祿爲趙王，國除。追尊康侯爲昭王。
孝文		
孝景		
建元至元封六年		
侯第		

	留〔四六〕
天下已平，封釋之爲建成侯。〔四二〕	以廐將從起下邳，以韓申徒下韓國，言上張旗志，秦王恐，降，解上與項羽之郤，爲漢王請漢中地，常計謀平天下，侯，萬户。〔四七〕
	七 六年正月丙午，文成侯張良元年。〔四八〕
	七
中大夫呂禄，元年。〔四四〕 禄以趙王謀爲不善，大臣誅禄，遂滅呂。〔四五〕	二 六 三年，不疑元年。
	四 五年，侯不疑坐與門大夫謀殺故楚内史，當死，贖爲城旦，國除。
	六十二

國名	侯功	高祖	孝惠	高后	孝文	孝景	建元至元封六年	侯第
射陽〔四九〕	兵初起，與諸侯共擊秦，爲楚左令尹，漢王與項羽有郤於鴻門，項伯纏解難，以破羽，纏嘗有功，封射陽侯。	七 六年正月丙午，侯項纏元年。賜姓劉氏。〔五〇〕	二 三年，侯纏卒。嗣子睢有罪，國除。					
酇〔五一〕	以客初起從入漢，爲丞相，備守蜀及關中，給軍食，佐上定諸侯，爲法令，立宗廟，侯，八千户。〔五二〕	七 六年正月丙午，文終侯蕭何元年。元年爲丞相，九年爲相國。〔五三〕	二 五 三年，哀侯祿元年。	一 七 二年，懿侯同元年。同，祿弟。〔五四〕	筑陽十九 元年，同有罪，封何小子延元年。〔五五〕 一 後四年，煬侯遺元 三 後五年，侯則元年。	一 有罪。〔五六〕 武陽七 前二年，封煬侯弟幽侯嘉元年。 八 中二年，侯勝元年。	十三 元朔二年，侯勝 酇三 元狩三年，封何孫 十 元狩六年，侯壽成	一

年。

坐不敬絕。

恭侯慶元年。[五七]

元年。元封四年，壽成爲太常，犧牲不如令，國除。

國名	侯功	高祖	孝惠	高后	孝文	孝景	建元至元封六年	侯第
曲周〔五八〕	以將軍從起岐，攻長社以南，別定漢中及蜀，定三秦，擊項羽，侯，四千八百户。〔五九〕	七 六年正月丙午，景侯酈商元年。〔六〇〕	七	八	二十三 元年，侯寄元年。	九 有罪。 繆 七 中三年，封商他子，靖侯堅元年。	九 元光四年，康侯遂元年。〔六一〕 五 元朔三年，侯宗元年。〔六二〕 十二 元鼎二年，侯終根元年。 二十八 後元二年，侯終根坐咒詛，誅，國除。〔六三〕	六

國名	侯功	高祖	孝惠	高后	孝文	孝景	建元至元封六年	侯第
絳〔六四〕	以中涓從起沛，至霸上，爲侯。定三秦，食邑爲將軍。入漢，定隴西，擊項羽，守嶢關，定泗水、東海。八千一百户。〔六五〕	七 六年正月丙午，武侯周勃元年。	七	八 其四年爲太尉。〔六六〕	十一 元年爲右丞相，三年免，復爲丞相。〔六七〕 六 十二年侯勝之元年。〔六八〕 條 六 後二年，封勃子亞夫元年。	十三 其三年，爲太尉，七年爲丞相。有罪，國除。〔六九〕 平曲 三 後元年，封勃子恭侯堅元年。	十六 元朔五年，侯建德元年。 十二 元鼎五年，侯建德坐酎金，國除。	四
舞陽〔七〇〕	以舍人起沛，從至霸上，爲侯。入漢，定三秦，爲將軍，擊項籍，再益封。從破燕，執韓信，侯，五千户。	七 六年正月丙午，武侯樊噲元年。其七年爲將軍相國三月。	六 一 七年，侯伉元年。呂須子。	八 坐呂氏誅，族。〔七一〕	二十三 元年，封樊噲子荒侯市人元年。	六 七年，侯它廣元年。 六 中五年，侯它廣非市人子，國除。〔七二〕		五

國名	侯功	高祖	孝惠	高后	孝文	孝景	建元至元封六年	侯第
潁陰[七三]	以中涓從起碭,至霸上,爲昌文君。入漢,定三秦,食邑。以車騎將軍屬淮陰,定齊、淮南及下邑,殺項籍,侯五千户。	七 六年正月丙午,懿侯灌嬰元年。	七	八	四 其一爲太尉;三爲丞相。 十九 五年,平侯何元年。	九 七 中三年,侯彊元年。	六 有罪,絶。 九 元光二年,封嬰孫賢爲臨汝侯。侯賢元年。元朔五年,侯賢行賕罪,國除。[七四]	九
汾陰[七五]	初起,以職志擊破秦,入漢,出關,以內史堅守敖倉,以御史大夫定諸侯,比清陽侯,二千八百户。[七六]	七 六年正月丙午,悼侯周昌元年。	三 建平四 四年,哀侯開方元年。[七七]	八	四 前五年,侯意元年。 十三 有罪,絶。	安陽八 中二年,封昌孫左車。	建元元年,有罪,國除。	十六

國名	侯功	高祖	孝惠	高后	孝文	孝景	建元至元封六年	侯第
梁鄒[七八]	兵初起，以謁者從擊破秦，入漢，以將軍擊定諸侯，功比博陽侯，二千八百户。[七九]	七 六年正月丙午，孝侯武儒元年。[八〇]	四 三 五年，侯最元年。	八	二十三	十六	六 元光元年，頃侯嬰齊元年。 三 元光四年，侯山柎元年。[八一] 二十 元鼎五年，侯山柎坐酎金，國除。	二十
成[八二]	兵初起，以舍人從擊秦，爲都尉；入漢，定三秦。出關，以將軍定諸侯，	七 六年正月丙午，敬侯董渫元年。[八三]	七 元年，康侯赤元年。[八四]	八	二十三	六 有罪，絶。 節氏五 中五年，復封康侯赤元年。[八五]	三 建元四年， 五 元光三年， 十二 元狩三年，侯朝爲濟	〔二十五〕

蓼〔八七〕	
以執盾前元年從起碭，以左司馬入漢，爲將軍，三以都尉擊項羽，屬韓信，功侯。〔八八〕	功比厭次侯，二千八百户。
七 六年正月丙午，侯孔藂元年。〔八九〕	
七	
八	
八 十五 九年侯臧元年。	
十六	
十四 元朔三年，侯臧坐爲太常，南陵橋壞，衣冠車不得度，國除。〔九〇〕	恭侯霸軍元年。〔八六〕 侯朝元年。南太守，與成陽王女通，不敬，國除。
三十	

國名	侯功	高祖	孝惠	高后	孝文	孝景	建元至元封六年	侯第
費(九一)	以舍人前元年從起碭，以左司馬入漢，用都尉屬韓信擊項羽，有功，爲將軍，定會稽、浙江、湖陽，侯。(九二)	七 六年正月丙午，圉侯陳賀元年。(九三)	七	八	二十三 元年，共侯常元年。	一 二年，侯偃元年。中二年，有罪，絕。 八 中六年，封賀子侯㝡，元年。 巢四 後三年，㝡薨，無後，國除。		
陽夏(九五)	以特將將卒五百人，前元年從起宛、朐，至霸上，爲侯，以游擊將軍別定代，已破臧荼，封豨爲	五 六年正月丙午，侯陳豨元 十年八月，豨以趙相國將兵守代。漢使						

	陽夏侯。[九六]	年。召豨，豨反，以其兵與王黃等略代，自立爲燕。漢殺豨靈丘。[九七]						
隆慮[九八]	以卒從起碭，以連敖[九九]入漢，以長鈹都尉[一〇〇]擊項羽，有功，侯。	七 六年正月丁未，哀侯周竈元年。[一〇一]	七	八	十七 後二年，侯通元年。 六	七 中元年，侯通有罪，國除。		三十四
陽都[一〇二]	以趙將從起鄴，至霸上，爲樓煩將，入漢，定三秦，別降	七 六年正月戊申，敬侯丁復元年。[一〇四]	七	五 六年，趮侯甯元年。 三	九 十年，侯安成元年。 十四	一 二年，侯安成有罪，國除。		十七

	新陽[一〇五]
翟王，屬悼武王，殺龍且彭城，爲大司馬；破羽軍葉，拜爲將軍，忠臣，侯，七千八百户。[一〇三]	以漢五年，用左令尹初從，功比堂邑侯，千户。
	七 六年正月壬子，胡侯呂靖元年。[一〇六]
	三 四 四年，頃侯世元年。[一〇七]
	八
	六 二 十 五 七年，懷侯義元年。九年，惠侯它元年。
	四 五 七 五年，恭侯善元年。中三年，侯譚元年。[一〇八]
	二十八 元鼎五年，侯譚坐酎金國除。
	八十一 [一〇九]

國名	侯功	高祖	孝惠	高后	孝文	孝景	建元至元封六年	侯第
東武[二一〇]	以戶衛,[二一一]起薛,屬悼武王,破秦軍杠里,楊熊軍曲遇,入漢,爲越將軍,[二一二]定三秦,以都尉堅守敖倉,爲將軍,破籍軍,功侯,二千戶。[二一三]	七 六年正月戊午,貞侯郭蒙元年。	七	五 六年,侯它元年。 三	二十三	五 六年,侯它弃市,國除。		四十一[二一四]
汁邡[二一五]	以趙將前三年從定諸侯,侯二千五百戶,功比平定侯。齒故沛豪,有力,與上有郤,故晚從。[二一六]	七 六年三月戊子,肅侯雍齒元年。	二 三年,荒侯巨元年。[二一七] 五	八	二十三	二 三年,侯野元年。 十 中六年,終侯桓元年。 四	二十八 元鼎五年,終侯桓坐酎金,國除。	五十八

國名	侯功	高祖	孝惠	高后	孝文	孝景	建元至元封六年	侯第
棘蒲[二一九]	以將軍前元年率將二千五百人起薛，別救東阿，至霸上，二歲十月入漢，擊齊歷下軍田既，功侯。	七 六年三月丙申，剛侯陳武元年。	七	八	十六 後元年侯武薨。嗣子奇反，不得置後，國除。			十三
都昌[二二〇]	以舍人前元年從起沛，以騎隊卒先降翟王，虜章邯，功侯。	七 六年三月庚子，莊侯朱軫元年。	七	八 元年，剛侯率元年。	七 十六 八年，夷侯詘元年。	二 元年，恭侯偃元年。 五 三年，侯辟彊元年。 中元年，辟彊薨，無後，國除。		二十三

國名	侯功	高祖	孝惠	高后	孝文	孝景	建元至元封六年	侯第
武彊〔一二一〕	以舍人從至霸上，以騎將入漢。還擊項羽，屬丞相甯，功侯，用將軍擊黥布，侯。〔一二二〕	七 六年三月庚子，莊侯莊不識元年。	七	六 七年，簡侯嬰元年。 二	十七 後二年，侯青翟元年。 六	十六	二十五 元鼎二年，侯青翟坐爲丞相與長史朱買臣等逮御史大夫湯不直，國除。	三十三
貰〔一二三〕	以越户將從破秦，入漢，定三秦，以都尉擊項羽，千六百户，功比臺侯。	二 六年三月庚子，齊侯呂元年。〔一二四〕 八年，恭侯方山元年。 五	七	八	二 元年，煬侯赤元年。 十二年，康侯遺元年。 十二	十六	十六 元朔五年，侯倩元年。〔一二五〕 元鼎元年，侯倩坐殺人弃市，國除。 八	三十六

國名	侯功	高祖	孝惠	高后	孝文	孝景	建元至元封六年	侯第
海陽〔一二六〕	以越隊將從破秦，入漢，定三秦，以都尉擊項羽，侯，千八百户。〔一二七〕	七 六年三月庚子，齊信侯搖毋餘元年。〔一二八〕	二 五 三年，哀侯招攘元年。〔一二九〕	四 四 五年，康侯建元年。	二十三	三 十 四年，哀侯省元年。 中六年，侯省薨，無後，國除。		三十七
南安〔一三〇〕	以河南將軍，漢王三年降晉陽，以亞將破臧荼，侯，九百户。〔一三一〕	七 六年三月庚子，莊侯宣虎元年。	七	八	八 十一 四 九年，共侯戎元年。 後四年，侯千秋元年。	七 中元年，千秋坐傷人免。		六十三
肥如〔一三二〕	以魏太僕三年初從，以車騎都尉破龍且及彭城，侯，千户。〔一三三〕	七 六年三月庚子，敬侯蔡寅元年。	七	八	二 十四 七 三年，莊侯成元年。 後元年，侯奴元年。	元年，侯奴薨，無後，國除。		六十六

國名	侯功	高祖	孝惠	高后	孝文	孝景	建元至元封六年	侯第
曲成〔一三四〕	以曲成戶將卒，三十七人，初從起碭，至霸上，爲執珪，爲二隊將，屬悼武王，入漢，定三秦，以都尉破項羽軍陳下，功侯，四千戶，爲將軍擊燕、代，拔之。	七 六年三月庚子，圉侯蟲逢元年。〔一三五〕	七	八	八 元年，侯捷元年。有罪，絕。 五 後三年，復封恭侯捷元年。	十三 有罪，絕。〔一三六〕 垣 五 中五年，復封恭侯捷元年。	一 建元二年，侯皋柔元年。 二十五 元鼎三年，侯皋柔坐爲汝南太守，知民不用赤側錢爲賦，〔一三七〕國除。〔一三八〕	十八
河陽〔一三九〕	以卒前元年起碭，從以二隊將入漢，擊項羽，身得郎將處，功侯。以丞相定齊地。〔一四〇〕	七 六年三月庚子，莊侯陳涓元年。	七	八	三 元年，侯信元年。 四年，侯信坐不償人責過六月，奪侯，國除。			二十九

國名	侯功	高祖	孝惠	高后	孝文	孝景	建元至元封六年	侯第
淮陰[一四一]	兵初起，以卒從項梁，梁死，屬項羽爲郎中，亡從入漢，爲連敖典客，蕭何言爲大將軍，别定魏、齊，爲王，徙楚，坐擅發兵，廢爲淮陰侯。[一四二]	五 六年四月，侯韓信元年。[一四三] 十一年，信謀反關中，呂后誅信，夷三族，國除。						
芒[一四四]	以門尉前元年初起碭，至霸上，爲武定君，入漢，還定三秦，以都尉	三 六年侯昭元年。[一四六]九年，侯昭有罪，國除。				張 十一 孝景三年，昭以故芒 三 後元年三月，侯申元	十七 元朔六年，侯申坐尚南宮公主，不敬，國除。[一四九]	

	故市〔一五〇〕
擊項羽，侯。〔一四五〕	以執盾起初，入漢爲河上守，遷爲假相，擊項羽，侯，千户，功比平定侯。
	三　六年四月癸未，侯閻澤赤元年。 四　九年，夷侯毋害元年。
	七
	八
	十九 四　後四年，戴侯續元年。
侯將兵從太尉亞夫，擊吳楚有功，復侯。〔一四七〕 年。〔一四八〕	四 十二　孝景五年，侯穀嗣。
	二十八　元鼎五年，侯穀坐酎金國除。
	五十五

國名	侯功	高祖	孝惠	高后	孝文	孝景	建元至元封六年	侯第
柳丘〔一五一〕	以連敖從起薛，以二隊將，入漢定三秦，以都尉破項籍軍，爲將軍，侯，千户。〔一五二〕	七 六年六月丁亥，齊侯戎賜元年。	七	四 五年，定侯安國元年。 四	二十三	三 四年，敬侯嘉成元年。 十 後元年，侯角嗣，有罪，國除。		三十九
魏其〔一五三〕	以舍人從沛，以郎中入漢，爲周信侯，定三秦，遷爲郎中騎將，破籍東城，侯，千户。〔一五四〕	七 六年六月丁亥，莊侯周定元年。〔一五五〕	七	四 五年，侯間元年。〔一五六〕 四	二十三	二 前三年，侯間反，國除。		四十四

國名	祁〔一五七〕
侯功	以執盾漢王三年初起從晉陽，以連敖擊項籍，漢王敗走，賀方將軍擊楚追騎，以故不得進。漢王顧謂賀：「祁子留彭城，軍執圭東擊羽，急絶其近，壁。」侯千四百户。〔一五八〕
高祖	七　六年六月丁亥，穀侯繒賀元年。〔一五九〕
孝惠	七
高后	八
孝文	十一　十二　十二年，頃侯湖元年。〔一六〇〕
孝景	五　十一　六年侯它元年。
建元至元封六年	八　元光二年，侯它坐從射擅罷不敬，國除。〔一六一〕
侯第	五十一

國名	侯功	高祖	孝惠	高后	孝文	孝景	建元至元封六年	侯第
平〔二六二〕	兵初起，以舍人從擊秦，以郎中入漢，以將軍定諸侯，守洛陽，功侯，比費侯賀，千三百户。	六 六年六月丁亥，悼侯沛嘉元年。〔二六三〕 一 十二年，靖侯奴元年。	七	八	十五 八 十六年，侯執元年。	十一 中五年，侯執有罪，國除。		三十二
魯〔二六四〕	以舍人從起沛，至咸陽爲郎中，入漢，以將軍從定諸侯，侯，四千八百户，功比舞陽侯。死事，母代侯。〔二六五〕	七 六年中，母侯疵元年。〔二六六〕	七	四 五年，母侯疵薨，無後，國除。				七

國名	侯功	高祖	孝惠	高后	孝文	孝景	建元至元封六年	侯第
故城〔一六七〕	兵初起，以謁者從入漢，以將軍擊諸侯，以右丞相備守淮陽，功比厭次侯，二千户。〔一六八〕	七 六年中，莊侯尹恢元年。	一 三年，侯開方元年。 五	二 三年，侯開方奪侯，爲關内侯。				二十六〔一六九〕
任〔一七〇〕	以騎都尉漢五年從起東垣，擊燕、代，屬雍齒，有功，侯，爲車騎將軍。	七 六年，侯張越元年。〔一七一〕	七	二 三年，侯越坐匿死罪，免爲庶人，國除。				
棘丘〔一七二〕	以執盾隊史前元年從起碭，破秦，以治粟内史入漢，以上郡守擊定西魏地，功侯。	七 六年，侯襄元年。〔一七三〕	七	四〔一七四〕 四年，侯襄奪侯，爲士伍，國除。				

國名	侯功	高祖	孝惠	高后	孝文	孝景	建元至元封六年	侯第
阿陵〔一七五〕	以連敖前元年從單父，以塞疏入漢。〔一七六〕	七 六年七月庚寅，頃侯郭亭元年。	七	八	二 二十一 三年，惠侯歐元年。	一 八 前二年，侯勝客元年。有罪，絕。 南 四 中六年，靖侯延居元年。〔一七七〕	二 元光六年，侯則元年。 十七 元鼎五年，侯則坐酎金國除。	二十七
昌武〔一七八〕	初起以舍人從，以郎中入漢定三秦，以郎中將擊諸侯，侯，九百八十户，比魏其侯。	七 六年七月庚寅，靖信侯單甯元年。〔一七九〕	五 二 六年，夷侯如意元年。〔一八〇〕	八	二十三	十 六 中四年，康侯賈成元年。	十 元光五年，侯得元年。 四 元朔二年，侯得坐傷人二旬內死，弃市，國除。〔一八一〕	四十五

國名	侯功	高祖	孝惠	高后	孝文	孝景	建元至元封六年	侯第
高苑[一八二]	初起以舍人從，入漢定三秦，以中尉破籍，侯，千六百户，比斥丘侯。[一八三]	七 六年七月戊戌，制侯丙倩元年。[一八四]	七 元年，簡侯得元年。	八	十五 十六年，孝侯武元年。[一八五] 八	十六	二 建元元年，侯信元年。 建元三年，侯信坐出入屬車閒，奪侯，國除。	四十一
宣曲[一八六]	以卒從起留，以騎將入漢，定三秦，破籍軍滎陽，爲郎騎破鍾離眛軍固陵，侯，六百七十户。[一八七]	七 六年七月戊戌，齊侯丁義元年。	七	八	十 十一年，侯通元年。 十三	四 有罪，絕。 發婁 中五年，復封侯通元年。中六年，侯通有罪，國除。[一八八]		四十三

國名	侯功	高祖	孝惠	高后	孝文	孝景	建元至元封六年	侯第
絳陽〔一八九〕	以越將從起留，入漢，定三秦，擊臧荼，侯，七百四十户。從攻馬邑及布。	七 六年七月戊戌，齊侯華無害元年。	七	八	三 四年，恭侯勃齊元年。〔一九〇〕 十六 四 後四年，侯祿元年。	三 前四年，侯祿坐出界，有罪，國除。		四十六
東茅〔一九一〕	以舍人從碭，至霸上，以二隊入漢，定三秦，以都尉擊項羽，破臧荼，侯，捕韓信，爲將軍，益邑千户。〔一九二〕	七 六年八月丙辰，敬侯劉釗元年。	七	八	二 三年，侯吉元年。 十三 十六年，侯吉奪爵，國除。			四十八

國名	斥丘[一九三]	臺[一九六]
侯功	以舍人從起豐，以左司馬入漢，以亞將攻籍，剋敵，爲東郡都尉，擊破籍武城，爲漢中尉，擊布，爲斥丘侯，千户。[一九四]	以舍人從起碭，用隊率入漢，以都尉擊籍，籍死，轉擊臨江，屬將軍賈，功侯。以將軍擊燕。
高祖	七 六年八月丙辰，懿侯唐厲元年。	七 六年八月甲子，定侯戴野元年。
孝惠	七	七
高后	八	八
孝文	八 十三 九年，恭侯鼂元年。 二 後六年，侯賢元年。[一九五]	三 二十 四年，侯才元年。
孝景	十六	二 三年，侯才反，國除。
建元至元封六年	二十五 元鼎二年，侯尊元年。 三 元鼎五年，侯尊坐酎金國除。	
侯第	四十	三十五

國名	侯功	高祖	孝惠	高后	孝文	孝景	建元至元封六年	侯第
安國〔一九七〕	以客從起豐，以廄將別定東郡、南陽，從至霸上。入漢，守豐。上東，因從戰不利，奉孝惠、魯元出淮水中，及堅守豐，于雍侯，五千户。〔一九八〕	七 六年八月甲子，武侯王陵元年。定侯安國。〔一九九〕	七 其六年爲右丞相。	七 一 八年，哀侯忌元年。	二十三 元年，終侯游元年。〔二〇〇〕	十六	二十 建元元年三月，安侯辟方元年。 八 元狩三年，侯定元年。元鼎五年，侯定坐酎金國除。	十二
樂成〔二〇一〕	以中涓騎從碭中，爲騎將，入漢，定三秦，侯。以都尉擊籍，屬灌嬰，殺龍且，更爲樂成侯，千户。〔二〇二〕	七 六年八月甲子，節侯丁禮元年。	七	八	四 十八 五年，夷侯馬從元年。 一 後七年，武侯客元年。〔二〇三〕	十六	二十五 元鼎二年，侯義元年。〔二〇四〕 三 元鼎五年，侯義坐言五利侯不道，弃市，國除。	四十二

國名	侯功	高祖	孝惠	高后	孝文	孝景	建元至元封六年	侯第
辟陽[二〇五]	以舍人初起，侍呂后、孝惠沛，三歲十月，呂后入楚，食其從一歲，侯。[二〇六]	七 六年八月，甲子，幽侯審食其元年。[二〇七]	七	八	三 四年，侯平元年。 二十	二 三年，平坐反，國除。		五十九
安平[二〇八]	以謁者漢王三年初從，定諸侯有功，秋舉蕭何，功侯，二千户。[二〇九]	七 六年八月甲子，敬侯諤千秋元年。	二 孝惠三年，簡侯嘉元年。[二一〇] 五	七 八年，頃侯應元年。 一	十三 十四年，煬侯寄元年。 十	十五 後三年，侯但元年。 一	十八 元狩元年，坐與淮南王女陵通，遺淮南書，稱臣盡力，弃市，國除。	六十一

國名	蒯成〔二一一〕
侯功	以舍人從起沛，至霸上，侯。〔二一二〕入漢，定三秦，食邑池陽。擊項羽軍滎陽，絶甬道，從出，度平陰，遇淮陰侯軍襄國。楚漢約分鴻溝，以緤爲信，戰不利，不敢離上，侯，三千三百户。〔二一三〕
高祖	七 六年八月甲子，尊侯周緤元年。〔二一四〕 十二年十月乙未，定蒯成。
孝惠	七
高后	八
孝文	五 緤薨，子昌代。有罪絶，國除。
孝景	鄲 一 中元年，封緤子康侯應元年。〔二一五〕 八 中二年，侯中居元年。〔二一六〕
建元至元封六年	二十六 元鼎三年，居坐爲太常有罪，國除。〔二一七〕
侯第	二十一

國名	侯功	高祖	孝惠	高后	孝文	孝景	建元至元封六年	侯第
北平〔二八〕	以客從起陽武，至霸上，爲常山守，得陳餘，爲代相，從趙相，侯。爲計相四歲，淮南相十四歲。千三百户。〔二九〕	七 六年八月丁丑，文侯張蒼元年。	七	八	二十三 其四爲丞相。〔三〇〕五歲，罷。〔三一〕	五 八 六年，康侯奉元年。 三 後元年，侯預元年。〔三二〕	四 建元五年，侯預坐臨諸侯喪後不敬，國除。	六十五
高胡〔三三〕	以卒從起杠里，入漢，以都尉擊籍，以都尉定燕，侯，千户。〔三四〕	七 六年中，侯陳夫乞元年。	七	八	四 五年，殤侯程嗣。薨，無後，國除。			八十二

國名	侯功	高祖	孝惠	高后	孝文	孝景	建元至元封六年	侯第
厭次[二二五]	以慎將前元年從起留，入漢，以都尉守廣武，功侯。[二二六]	七 六年中，侯元頃元年。[二二七]	七	八	五 元年，侯賀元年。 六年，侯賀謀反，國除。			二十四
平皋[二二八]	項它，漢六年以碭郡長初從，賜姓爲劉氏；功比戴侯彭祖，五百八十户。[二二九]	六 七年十月癸亥，煬侯劉它元年。	四 五年，恭侯遠元年。 三	八	二十三	十六 元年，節侯光元年。	二十八 建元元年，侯勝元年。 元鼎五年，侯勝坐酎金，國除。	百二十一

國名	復陽〔三三〇〕	陽河〔三三一〕
侯功	以卒從起薛，以將軍入漢，以右司馬擊項籍，侯，千户。	以中謁者從入漢，以郎中騎從定諸侯，侯，五百户，功比高胡侯。
高祖	六 七年十月甲子，剛侯陳胥元年。	三 七年十月甲子，齊哀侯元年。〔三三二〕 三 十年，侯安國元年。
孝惠	七	七
高后	八	八
孝文	十 十一年，恭侯嘉元年。 十三	二十三
孝景	五 六年，康侯拾元年。 十一	十 中四年，侯午元年。中絶。〔三三三〕 六
建元至元封六年	十二 元朔元年，侯彊元年。 七 元狩二年，坐父拾非嘉子，國除。	二十七 元鼎四年，恭侯章元年。〔三三四〕 埤山三 二十 元封元年，侯仁元年。征和三年十月，仁與
侯第	四十九	八十三

朝陽〔一三五〕		
以舍人從起薛，以連敖入漢，以都尉擊項羽，後攻韓王信，侯，千户。		
六	七年三月丙寅，齊侯華寄元年。〔一三六〕	
七		
八	元年，文侯要元年。	
十三		
十	十四年，侯當元年。	
十六		
十三	元朔二年，侯當坐教人上書枉法罪，國除。	母坐祝詛大逆無道，國除。
六十九		

國名	侯功	高祖	孝惠	高后	孝文	孝景	建元至元封六年	侯第
棘陽[二三七]	以卒從起胡陵，入漢，以郎將迎左丞相軍，以擊諸侯，侯，千户。[二三八]	六 七年七月丙辰，莊侯[二三九]杜得臣元年。[二四〇]	七	八	五 十八 六年，質侯但元年。	十六	九 元光四年，懷侯武元年。 七 元朔五年，侯武薨，無後，國除。	八十一
涅陽[二四一]	以騎士漢王二年從出關，以郎將擊斬項羽，侯，千五百户，比杜衍侯。[二四二]	六 七年中，莊侯[二四三]呂勝元年。	七	八	四 五年，莊侯子成實非子，不當爲侯，國除。			百四

國名	侯功	高祖	孝惠	高后	孝文	孝景	建元至元封六年	侯第
平棘[二四四]	以客從起亢父，斬章邯所署蜀守，用燕相侯，千户。	六 七年中，懿侯執元年。[二四五]	七	七 一 八年，侯辟彊元年。[二四六]	五 六年，侯辟彊有罪，爲鬼薪，國除。			六十四
羹頡	以高祖兄子從軍，擊反韓王信，爲郎中將。信母嘗有罪，高祖微時，太上憐之，故封爲羹頡侯。	六 七年中，侯劉信元年。	七	元年，信有罪，削爵一級，爲關内侯。[二四七]				

國名	侯功	高祖	孝惠	高后	孝文	孝景	建元至元封六年	侯第
深澤〔二四八〕	以趙將漢王三年降，屬淮陰侯，定趙、齊、楚，以擊平城，侯，七百户。	五 八年十月癸丑，齊侯趙將夜元年。〔二四九〕	七	一 奪，絶。三年復封，一年絶。	四 十四年復封，將夜元年。 六 後二年，戴侯頭元年。	三年，侯循元年。罪絶。〔二五〇〕 更五 中五年，封頭子夷侯胡元年。〔二五一〕	十六 元朔五年，夷侯胡薨，無後，國除。	九十八
柏至〔二五二〕	以駢憐從起昌邑，以說衛，入漢，以中尉擊籍，侯，千户。〔二五三〕	六 七年七月戊辰，靖侯許温元年。〔二五四〕	七	一 二年，有罪絶。 六 三年，復封温如故。	十四 元年，簡侯禄元年。 九 十五年，哀侯昌元年。〔二五五〕	十六	七 元光二年，共侯如安元年。〔二五六〕 十三 元狩三年，侯福元年。 五 元鼎二年，侯福有罪，國除。	五十八

國名	中水[二五七]
侯功	以郎中騎將漢王元年從起好畤，以司馬擊龍且，後共斬項羽，侯，千五百户。
高祖	六 七年正月己酉，莊侯[二五八]呂馬童元年。
孝惠	七
高后	八
孝文	九 三 十年，夷侯假元年。[二五九] 十一 十三年，共侯青肩元年。[二六〇]
孝景	十六
建元至元封六年	五 建元六年，侯靖德元年。 一 元光元年，侯宜成元年。[二六一] 二十三 元鼎五年，宜成坐酎金國除。
侯第	百一

國名	侯功	高祖	孝惠	高后	孝文	孝景	建元至元封六年	侯第
杜衍〔二六二〕	以郎中騎漢王三年從起下邳，屬淮陰，從灌嬰共斬項羽，侯，千七百户。〔二六三〕	六 七年正月己酉，莊侯王翳元年。〔二六四〕	七	五 三 六年，共侯福元年。	四 七 五年，侯市臣元年。〔二六五〕 十二 十二年，侯翕元年。〔二六六〕	十二 有罪，絕。 三 後元年，復封翳子彊侯郢人元年。〔二六七〕	九 元光四年，侯定國元年。 十二 元狩四年，侯定國有罪，國除。〔二六八〕	百二
赤泉〔二六九〕	以郎中騎漢王二年從起杜，屬淮陰，後從灌嬰共斬項羽，侯，千九百户。〔二七〇〕	六 七年正月己酉，莊侯楊喜元年。	七	元年，奪，絕。 七 二年，復封。	十一 十二 十二年，定侯殷元年。〔二七一〕	三 四年，侯無害元年。 六 有罪，絕。 臨汝 五 中五年，復封侯無害元年。	七 元光二年，侯無害有罪，國除。	百三

國名	栒[二七二]	武原[二七四]
侯功	以燕將軍漢王四年從，破曹咎軍，爲燕相，告燕王荼反，侯，以燕相國定盧奴，千九百户。	漢七年，以梁將軍初從擊韓信、陳豨、黥布，功侯，二千八百户，功比高陵侯。[二七五]
高祖	五 八年十月丙辰，頃侯温疥元年。	五 八年，十二月丁未，靖侯衛胠元年。[二七六]
孝惠	七	三 四年，共侯寄元年。 四
高后	八	八
孝文	五 六年，文侯仁元年。 十七 後七年，侯河元年。[二七三] 一	二十三
孝景	十 中四年，侯河有罪，國除。	三 四年，侯不害元年。 十三 後二年，侯不害坐葬過律，國除。[二七七]
建元至元封六年		
侯第	九十一	九十三

國名	侯功	高祖	孝惠	高后	孝文	孝景	建元至元封六年	侯第
歷(二七八)	以趙衛將軍，漢王三年從起盧奴，擊項羽敖倉下，爲將軍，攻臧荼有功，侯，千户。	五 八年七月癸酉，簡侯程黑元年。	七	二 三年，孝侯釐元年。 六	十六 後元年，侯竈元年。 七	七 中元年，竈有罪，國除。		九十二(二七九)
槀(二八〇)	高帝七年，爲將軍，從擊代陳豨，有功，侯，六百户。	五 八年十二月丁未，祗侯陳錯元年。(二八一)	二 三年，懷侯嬰元年。 五	八	六 十四 七年，共侯應元年。 三 後五年，侯安元年。(二八二)	十六	十二 不得，千秋父。(二八三) 七 元狩二年，侯千秋元年。 九 元鼎五年，侯千秋坐酎金，國除。	百二十四

國名	侯功	高祖	孝惠	高后	孝文	孝景	建元至元封六年	侯第
宋子〔二八四〕	以漢三年，以趙羽林將初從，擊定諸侯，功比曆侯，五百四十户。	四 八年十二月丁卯，惠侯許瘛元年。〔二八五〕 一 十二年，共侯不疑元年。〔二八六〕	七	八	九 十年，侯九元年。 十四	八 中二年，侯九坐買塞外禁物罪，國除。		九十九
猗氏〔二八七〕	以舍人從起豐，入漢，以都尉擊項羽，侯，二千四百户。〔二八八〕	五 八年三月丙戌，敬侯陳遬元年。〔二八九〕	六 一 七年，靖侯交元年。	八	二十三	二 三年，頃侯差元年。薨，無後，國除。		五十

國名	侯功	高祖	孝惠	高后	孝文	孝景	建元至元封六年	侯第
清〔二九〇〕	以弩將初起，從入漢，以都尉擊項羽、代，侯，比彭侯，千户。〔二九一〕	五 八年三月丙戌，簡侯空中元年。〔二九二〕	七 元年，頃侯聖元年。	八	七 十六 八年，康侯鮒元年。	十六	二十 元狩三年，恭侯石元年。 七 元鼎四年，侯生元年。 一 元鼎五年，侯生坐酎金，國除。	七十一
彊〔二九三〕	以客吏初起，從入漢，以都尉擊項羽、代，侯，比彭侯，千户。	三 八年三月丙戌，簡侯留勝元年。 二 十一年，戴侯章元年。	七	八	十二 十三年，侯服元年。 二 十五年，侯服有罪，國除。			七十二

國名	侯功	高祖	孝惠	高后	孝文	孝景	建元至元封六年	侯第
彭(二九四)	以卒從起薛，以弩將入漢，以都尉擊項羽、代，侯，千户。	五　八年三月丙戌，簡侯秦同元年。	七	八	二　三年，戴侯執元年。二十一	二　三年，侯武元年。十一　後元年，侯武有罪國除。		七十
吳房(二九五)	以郎中騎將，漢王元年，從下邽，擊陽夏，以都尉斬項羽，有功，侯，七百户。(二九六)	五　八年三月辛巳，莊侯楊武元年。(二九七)	七	八	十二　十三年，侯去疾元年。十一	十四　後元年，去疾有罪，國除。		九十四
甯(二九八)	以舍人從起碭，入漢，以都尉擊臧荼，功侯，千户。	五　八年四月辛卯，莊侯魏選元年。(二九九)	七	八	十五　十六年，恭侯連元年。八	三　元年，侯指元年。四年，侯指坐出國界，有罪，國除。		七十八

國名	侯功	高祖	孝惠	高后	孝文	孝景	建元至元封六年	侯第
昌〔三〇〇〕	以齊將漢王四年從淮陰侯起無鹽，定齊，擊籍及韓王信於代，侯，千戶。	五 八年六月戊申，圉侯盧卿元年。〔三〇一〕	七	八	十四 九 十五年，侯通元年。	二 三年，侯通反，國除。		百九
共〔三〇二〕	以齊將漢王四年從淮陰侯起臨淄，擊籍及韓王信於平城，有功，侯，千二百戶。	五 八年六月壬子，莊侯盧罷師元年。	七	八	六 七年，惠侯黨元年。 八 十五年，懷侯商元年。 五 後四年，侯商薨，無後，國除。〔三〇三〕			百十四

國名	侯功	高祖	孝惠	高后	孝文	孝景	建元至元封六年	侯第
閼氏〔三〇四〕	以代太尉漢王三年降，爲鴈門守，以特將平代反寇，侯，千户。〔三〇五〕	四 八年六月壬子，節侯馮解敢元年。〔三〇六〕 一 十二年，恭侯它元年。薨，無後，絶。	七	八	十四 二年，封恭侯遺腹子，文侯遺元年。 八 十六年，恭侯勝之元年。	五 前六年，侯平元年。 十一	二十八 元鼎五年，侯平坐酎金，國除。	百
安丘〔三〇七〕	以卒從起方與，屬魏豹二歲，五月以執鈹入漢，以司馬擊籍，以將軍定代，侯，三千户。〔三〇八〕	五 八年七月癸酉，懿侯張説元年。〔三〇九〕	七	八	十二 十一 十三年，恭侯奴元年。	二 一 三年，敬侯執元年。 十三 四年，康侯訢元年。〔三一〇〕	十八 元狩元年，侯指元年。〔三一一〕 九 元鼎四年，侯指坐入上林謀盜鹿，國除。	六十七

國名	侯功	高祖	孝惠	高后	孝文	孝景	建元至元封六年	侯第
合陽〔三一二〕	高祖兄，兵初起，侍太公守豐，天下已平，以六年正月立仲爲代王。高祖八年，匈奴攻代，王弃國亡，廢爲合陽侯。〔三一三〕	五 八年九月丙子，侯劉仲元年。〔三一四〕	二 仲子濞爲吳王。以子吳王，故尊仲謚爲代頃侯。					
襄平〔三一五〕	兵初起，紀成以將軍從擊破秦，入漢，定三秦，功比平定侯，戰好時，死事，子通襲成功，侯。	五 八年九月丙午，侯紀通元年。	七	八	二十三	九 七 中三年，康侯相夫元年。	十二 元朔元年，侯夷吾元年。 十九 元封元年，夷吾薨，無後，國除。	六十六〔三一六〕

國名	侯功	高祖	孝惠	高后	孝文	孝景	建元至元封六年	侯第
龍[三一七]	以卒從漢王，元年起霸上，以謁者擊籍，斬曹咎，侯，千户。	五 八年後九月己未，敬侯陳署元年。	七	六 二 七年，侯堅元年。	十六 後元年，侯堅奪侯，國除。			八十四
繁[三一八]	以趙騎將從漢，三年從擊諸侯，侯，比吳房侯，千五百户。	四 九年十一月壬寅，莊侯彊瞻元年。[三一九]	四 三 五年，康侯昫獨元年。[三二〇]	八	二十三	三 六 四年，侯寄元年。 七 中三年，侯安國元年。	十八 元狩元年，安國爲人所殺，國除。	九十五
陸梁[三二一]	詔以爲列侯，自置吏，受令長沙王。	三 九年三月丙辰，侯須毋元年。[三二二] 一 十二年，共侯桑元年。	七	八	十八 五 後三年，康侯慶忌元年。	十六 元年，侯冄元年。	二十八 元鼎五年，侯冄坐酎金，國除。	百三十七

國名	侯功	高祖	孝惠	高后	孝文	孝景	建元至元封六年	侯第
高京〔三三〕	周苛起兵，以內史從擊破秦，爲御史大夫，入漢，圍取諸侯，堅守滎陽，功比辟陽。苛以御史大夫死事。子成爲後，襲侯。	四 九年四月丙寅，侯周成元年。〔三四〕	七	八	二十 後五年，坐謀反，繫死，國除，絕。	繩 中元年，封成孫應，元年。 侯平嗣，不得元。	元狩四年，平坐爲太常不繕治園陵不敬，國除。	六十
離〔三五〕	失此侯始所起及所絕。〔三六〕	九年四月戊寅，鄧弱元年。						

國名	侯功	高祖	孝惠	高后	孝文	孝景	建元至元封六年	侯第
義陵[三二七]	以長沙柱國侯，千五百户。	四 九年九月丙子，侯吳程元年。[三二八]	三 四 四年，侯種元年。	六 七年，侯種薨，無後，國除。皆失謚。[三二九]				百三十四
宣平[三三〇]	兵初起，張耳誅秦，爲相，合諸侯兵鉅鹿，破秦，定趙，爲常山王。陳餘反，襲耳，弃國，與大臣歸漢。漢定趙，爲王。卒，子敖嗣。其臣貫高不善，廢爲侯。	四 九年四月，武侯張敖元年。	七	六 薨，子偃爲魯王，國除。[三三一] 信平	十五 元年，以故魯王爲南宮侯。 八 十六年，哀侯歐元年。	九 七 中三年，侯生元年。	七 罪，絶。 睢陽 十八 元光三年，封偃孫侯廣元年。[三三二] 十三 元鼎三年，侯昌元年。太初三年，侯昌爲太常，乏祠，國除。[三三三]	三[三三四]

國名	侯功	高祖	孝惠	高后	孝文	孝景	建元至元封六年	侯第
東陽〔三三五〕	高祖六年爲中大夫，以河閒守擊陳豨力戰，功侯，千三百户。	二 十一年十二月癸巳，武侯張相如元年。	七	八	十五 五 十六年，共侯殷元年。 三 後五年，戴侯安國元年。	三 十三 四年，哀侯彊元年。	建元元年，侯彊薨，無後，國除。	百十八
開封〔三三六〕	以右司馬漢王五年初從，以中尉擊燕，定代，侯，比共侯，二千户。	一 十一年十二月丙辰，閔侯陶舍元年。 一 十二年，夷侯青元年。	七	八	二十三	九 景帝時爲丞相。 七 中三年，節侯偃元年。	十 元光五年，侯睢元年。 十八 元鼎五年，侯睢坐酎金，國除。	百十五

國名	沛[三三七]	慎陽[三三八]
侯功	高祖兄合陽侯劉仲子，侯。	爲淮陰舍人，告淮陰侯信反，侯，二千户。[三三九]
高祖	一 十一年十二月癸巳，侯劉濞元年。 十二年十月辛丑，侯濞爲吴王，國除。	二 十一年十二月甲寅，侯欒説元年。[三四〇]
孝惠		七
高后		八
孝文		二十三
孝景		十二 四 中六年，靖侯願之元年。[三四一]
建元至元封六年		二十二 建元元年，侯買之元年。 元狩五年，侯買之坐鑄白金弃市，國除。
侯第		百三十一

國名	侯功	高祖	孝惠	高后	孝文	孝景	建元至元封六年	侯第
禾成〔三四二〕	以卒漢二年初從，以郎中擊代，斬陳豨，侯，千九百户。〔三四三〕	二 十一年正月己未，孝侯公孫耳元年。〔三四四〕	七	八	四 五年，懷侯漸元年。 九 十四年，侯漸薨，無後，國除。			百十七
堂陽〔三四五〕	以中涓從起沛，以郎入漢，以將軍擊籍，爲惠侯。坐守滎陽降楚免，後復來，以郎擊籍，爲上黨守，擊豨，侯，八百户。	二 十一年正月己未，哀侯孫赤元年。	七	八 元年，侯德元年。	二十三	十二 中六年，侯德有罪，國除。		七十七

國名	侯功	高祖	孝惠	高后	孝文	孝景	建元至元封六年	侯第
祝阿〔二四六〕	以客從起齧桑，以上隊將入漢，以將軍定魏太原，破井陘，屬淮陰侯，以甀度軍，侯，擊籍及攻豨，侯，八百戶。〔二四七〕	二 十一年正月己未，孝侯高邑元年。〔二四八〕	七	八	四 五年，侯成元年。 十四 後三年，侯成坐事國人過律，國除。			七十四
長脩〔二四九〕	以漢二年用御史初從，出關，以內史擊諸侯，功比須昌侯，以廷尉死事。千九百戶。〔二五〇〕	二 十一年正月丙辰，平侯杜恬元年。〔二五一〕	二 三年，懷侯中元年。 五	八	四 五年，侯喜元年。〔二五二〕 十九	八 罪絕。 陽平五 中五年，復封；侯相夫元年。	三十三 元封四年，侯相夫坐爲太常，與樂令無可當鄭舞人，擅繇不如令，闌出函谷關，國除。〔二五三〕	百八

國名	侯功	高祖	孝惠	高后	孝文	孝景	建元至元封六年	侯第
江邑〔三五四〕	以漢五年，爲御史，用奇計，從御史大夫周昌爲趙相，而伐陳豨，功侯，六百户。〔三五五〕	二 十一年正月辛未，侯趙堯元年。	七	元年，侯堯有罪，國除。				
營陵〔三五六〕	以三年爲郎中，擊項羽，以將軍擊陳豨，得王黃，爲侯。與高祖疏屬劉氏，世爲衛尉。萬二千户。〔三五七〕	二 十一年，侯劉澤元年。	七	五 六年，侯澤爲琅邪王，國除。				八十八

國名	侯功	高祖	孝惠	高后	孝文	孝景	建元至元封六年	侯第
土軍〔二五八〕	高祖六年，爲中地守，以廷尉擊陳豨，侯，千二百户。就國，後爲燕相。〔二五九〕	二 十一年二月丁亥，武侯宣義元年。〔二六〇〕	五 二 六年，孝侯莫如元年。	八	二十三	二 十四 三年，康侯平元年。	五 建元六年，侯生元年。 八 元朔二年，生坐與人妻姦罪，國除。	百二十二
廣阿〔二六一〕	以客從起沛，爲御史守豐，二歲擊籍，爲上黨守，陳豨反，堅守，侯，千八百户。後遷御史大夫。	二 十一年二月丁亥，懿侯任敖元年。	七	八	二 一 三年，夷侯竟元年。 二十 四年，敬侯但元年。	十六	四 建元五年，侯越元年。〔二六二〕 二十一 元鼎二年，侯越坐爲太常廟酒酸不敬，國除。	八十九

國名	侯功	高祖	孝惠	高后	孝文	孝景	建元至元封六年	侯第
須昌〔三六三〕	以謁者漢王元年初起漢中,雍軍塞陳,謁上,〔三六四〕上計欲還,衍言從他道,道通,後爲河間守,陳豨反,誅都尉相如,功侯,千四百户。	二 十一年二月己酉,貞侯趙衍元年。〔三六五〕	七	八	十五 四 十六年,戴侯福元年。 四 後四年,侯不害元年。	四 五年,侯不害有罪,國除。		百七
臨轅〔三六六〕	初起從爲郎,以都尉守蘄城,以中尉侯,五百户。〔三六七〕	二 十一年二月乙酉,堅侯戚鰓元年。	四 三 五年,夷侯觸龍元年。	八	二十三	三 十三 四年,共侯忠元年。〔三六八〕	三 建元四年,侯賢元年。 二十五 元鼎五年,侯賢坐酎金國除。	百十六

國名	侯功	高祖	孝惠	高后	孝文	孝景	建元至元封六年	侯第
汲〔三六九〕	高祖六年爲太僕，擊代豨，有功，侯，千二百户。爲趙太傅。〔三七〇〕	二 十一年二月己巳，終侯公上不害元年。〔三七一〕	一 二年，夷侯武元年。 六	八	十三 十四年，康侯通元年。 十	十六	一 九 建元二年，侯廣德元年。 元光五年，廣德坐妻精大逆罪，頗連廣德，弃市，國除。	百二十三
寧陵〔三七二〕	以舍人從陳留，以郎入漢，破曹咎成皋，爲上解隨馬，都尉擊陳豨，功侯，千户。〔三七三〕	二 十一年二月辛亥，夷侯呂臣元年。	七	八	十 十一年，戴侯射元年。〔三七四〕 十三	三 四年，惠侯始元年。 一 五年，侯始薨，無後，國除。〔三七五〕		七十三

國名	侯功	高祖	孝惠	高后	孝文	孝景	建元至元封六年	侯第
汾陽〔三七六〕	以郎中騎千人前二年從起陽夏，擊項羽，以中尉破鍾離眛，功侯。〔三七七〕	二 十一年二月辛亥，侯靳彊元年。〔三七八〕	七	二 三年，共侯解元年。六	二十三	四 五年，康侯胡元年，絕。十二	江鄒十九 元鼎五年，侯石元年。〔三七九〕 太始四年五月丁卯，侯石坐爲太常行太僕事，治嗇夫可年益縱年，國除。〔三八〇〕	
戴〔三八一〕	以卒從起沛，以卒開沛城門，爲太公僕；以中令擊豨，侯，千二百户。〔三八二〕	二 十一年三月癸酉，敬侯彭祖元年。〔三八三〕	七	二 三年，共侯悼元年。〔三八四〕六	七 八年，夷侯安國元年。〔三八五〕十六	十六	十六 元朔五年，侯安期元年。 十二 元鼎五年，侯 二十五 後元元年五月甲戌，坐祝	百二十六

衍〔三八七〕

以漢二年爲燕令，以都尉下楚九城，堅守燕，侯，九百户。

二

十一年七月乙巳，簡侯翟盱元年。〔三八八〕

七

三

二

四年，祗侯山元年。

三

六年，節侯嘉元年。

二十三

十六

二

建元三年，侯不疑元年。

十

元朔元年，不疑坐挾詔書論罪，國除。

百三十

蒙

詛無元年。

道，國除。〔三八六〕

國名	侯功	高祖	孝惠	高后	孝文	孝景	建元至元封六年	侯第
平州[三八九]	漢王四年，以燕相從擊籍，還擊荼，以故二千石將爲列侯，千户。	二 十一年八月甲辰，共侯昭涉掉尾元年。[三九〇]	七	八	一 三　二年，戴侯福元年。[三九一] 四　五年，懷侯它人元年。 十五　九年，孝侯馬童元年。	十四 二　後二年，侯昧元年。	三十三 元狩五年，侯昧坐行馳道中更呵馳去罪，國除。	百十一
中牟[三九二]	以卒從起沛，入漢以郎中擊布功侯，二千三百户。始高祖微時有急，給高祖一馬，故得侯。[三九三]	一 十二年十月乙未，共侯單父聖元年。[三九四]	七	八	七 五　八年，敬侯繒元年。 十一　十三年，戴侯終根元年。	十六	十　元光五年，侯舜元年。 十八　元鼎五年，侯舜坐酎金國除。	百二十五

國名	卭〔三九五〕	博陽〔三九九〕
侯功	以故羣盜長臨江將，已而爲漢擊臨江王及諸侯，破布功侯，千户。〔三九六〕	以卒從起豐，以隊卒入漢，擊籍成皋有功，爲將軍，布反，定吳郡，侯，千四百户。
高祖	一 十二年十月戊戌，莊侯黄極中元年。	一 十二年十一月辛丑，節侯周聚元年。
孝惠	七	七
高后	八	八
孝文	十一 十二年，慶侯榮盛元年。〔三九七〕 九 後五年，共侯明元年。 三	八 九年，侯遫元年。 十五
孝景	十六	十一 中五年，侯遫奪爵一級，國除。〔四〇〇〕
建元至元封六年	十六 元朔五年，侯遂元年。 八 元鼎元年，遂坐賣宅縣官故貴，國除。〔三九八〕	
侯第	百十三	五十三

國名	侯功	高祖	孝惠	高后	孝文	孝景	建元至元封六年	侯第
陽義〔四〇一〕	以荆令尹漢王五年初從，擊鍾離眛及陳公利幾破之，從爲漢大夫，從至陳取韓信，還爲中尉，從擊布，功侯，二千户。〔四〇二〕	一 十二年十月壬寅，定侯靈常元年。	七	六 二 七年，共侯賀元年。	六 七年，哀侯勝元年。 六 十二年，侯勝薨，無後，國除。			百十九
下相〔四〇三〕	以客從起沛，用兵從擊破齊田解軍，以楚丞相堅守彭城，擊布軍，功侯，二千户。	一 十二年十月乙酉，莊侯泠耳元年。〔四〇四〕	七	八	二 二十一 三年，侯慎元年。〔四〇五〕	二 三年三月，侯慎反，國除。		八十五

國名	侯功	高祖	孝惠	高后	孝文	孝景	建元至元封六年	侯第
德[四〇六]	以代頃王子侯。頃王，吳王濞父也，廣，濞之弟也。[四〇七]	一 十二年十一月庚辰，哀侯劉廣元年。	七	二 六 三年，頃侯通元年。	二十三	五 十一 六年，侯齕元年。[四〇八]	二十七 元鼎四年，侯何元年。 一 元鼎五年，侯何坐酎金國除。	百二十七
高陵[四〇九]	以騎司馬漢王元年從起廢丘，以都尉破田橫、龍且，追籍至東城，以將軍擊布，九百户。[四一〇]	一 十二年十一月丁亥，圉侯王周元年。[四一一]	七	二 六 三年，惠侯并弓元年。[四一二]	十二 十一 十三年，侯行元年。	二 三年，反，國除。[四一三]		九十二

國名	侯功	高祖	孝惠	高后	孝文	孝景	建元至元封六年	侯第
期思〔四一四〕	淮南王布中大夫，有郄，上書告布反，侯，二千户。布盡殺其宗族。	一 十二年十二月癸卯，康侯賁赫元年。〔四一五〕	七	八	十三 十四年，赫薨，無後，國除。			百三十二
穀陵〔四一六〕	以卒從，前二年起柘，擊籍，定代，爲將軍，功侯。	一 十二年正月乙丑，定侯馮谿元年。〔四一七〕	七	八	六 十七 七年，共侯熊元年。	二 二 十二 三年，隱侯卬元年。〔四一八〕 五年，獻侯解元年。〔四一九〕	三 建元四年，侯偃元年。	百五

國名	侯功	高祖	孝惠	高后	孝文	孝景	建元至元封六年	侯第
戚[四二〇]	以都尉漢二年初起櫟陽，攻廢丘破之，因擊項籍，別屬丞韓信破齊軍，攻臧荼，遷爲將軍擊信，侯，合千户。[四二一]	一 十二年十二月癸卯，圉侯季必元年。[四二二]	七	八	三[四二三] 二十 四年，齊侯班元年。[四二四]	十六	一 二十 建元三年，侯信成元年。 元狩五年，侯信成坐爲太常，縱丞相侵神道壖，不敬，國除。	九十
壯[四二五]	以楚將漢王三年降，起臨濟，以郎中擊籍、陳豨，功侯，六百户。[四二六]	一 十二年正月乙丑，敬侯許倩元年。[四二七]	七	八	二十三	一 十五 二年，共侯恢元年。	一 九 十五 建元二年，殤侯則元年。[四二八] 元光五年，侯廣宗元年。 元鼎元年，侯廣宗坐酎金，國除。[四二九]	百十二

國名	侯功	高祖	孝惠	高后	孝文	孝景	建元至元封六年	侯第
成陽〔四二〇〕	以魏郎漢王二年從起陽武，擊籍，屬魏豹，豹反，屬相國彭越，以太原尉定代侯，六百户。	一 十二年正月乙酉，定侯意元年。〔四二一〕	七	八	十 十三 十一年，侯信元年。	十六	建元元年，侯信罪鬼薪，國除。〔四二二〕	百一十
桃〔四二三〕	以客從漢王二年從起定陶，以大謁者擊布，侯，千户。爲淮陰守。項氏親也，賜姓。〔四二四〕	一 十二年二月丁巳，安侯劉襄元年。〔四二五〕	七	一 奪，絶。 七 二年復封襄。	九 十四 十年，哀侯舍元年。〔四二六〕	十六 景帝時爲丞相。	十三 建元元年，厲侯申元年。〔四二七〕 十五 元朔二年，侯自爲元年。元鼎五年，侯自爲坐酎金，國除。	百三十五

國名	高梁〔四三八〕	紀信〔四四〇〕
侯功	食其，兵起，以客從擊破秦，以列侯入漢，還定諸侯，常使約和諸侯列卒兵聚，侯，功比平侯嘉；以死事，子疥襲食其功侯，九百户。	以中涓從起豐，以騎將入漢，以將軍擊籍，後攻盧綰，侯，七百户。
高祖	一 十二年三月丙寅，共侯酈疥元年。	一 十二年六月壬辰，匡侯陳倉元年。〔四四一〕
孝惠	七	七
高后	八	二 六 三年，夷侯開元年。
孝文	二十三	十七 六 後二年六月，侯陽元年。〔四四二〕
孝景	十六	二 三年，陽反，國除。
建元至元封六年	八 元光三年，侯勃元年。 十 元狩元年，坐詐詔衡山王取金，當死，病死，國除。〔四三九〕	
侯第	六十六	八十

國名	侯功	高祖	孝惠	高后	孝文	孝景	建元至元封六年	侯第
甘泉(四四三)	以車司馬漢王元年初從起高陵,屬劉賈,以都尉從軍,侯。(四四四)	一 十二年六月壬辰,侯王竟元年。(四四五)	六　一 七年,戴侯莫摇元年。(四四六)	八	十　十三 十一年,侯嫖元年。(四四七)	九 十年,侯嫖有罪,國除。		百六
煮棗(四四八)	以越連敖從起豐,別以郎將入漢,擊諸侯,以都尉侯,九百户。(四四九)	一 十二年六月壬辰,靖侯赤元年。(四五〇)	七	八	一　二十二 二年,赤子康侯武元年。(四五一)	八　二 中二年,侯昌元年。 中四年,有罪國除。		七十五
張(四五二)	以中涓騎從起豐,以郎將入漢,從擊諸侯,七百户。(四五三)	一 十二年六月壬辰,節侯毛澤元年。(四五四)	七	八	十二　十一 十一年,夷侯慶元年。 十三年,侯舜元年。	十二 中六年,侯舜有罪,國除。		七十九

國名	侯功	高祖	孝惠	高后	孝文	孝景	建元至元封六年	侯第
鄢陵〔四五五〕	以卒從起豐，入漢以都尉擊籍、荼，侯，七百户。〔四五六〕	一　十二年中，莊侯朱濞元年。	七	三　四年，恭侯慶元年。　五	六〔四五七〕　七年，恭侯慶薨，無後，國除。			五十二
菌〔四五八〕	以中涓前元年從起單父，不入關，以擊籍、布、燕王綰，得南陽，侯，二千七百户。〔四五九〕	一　十二年六月，莊侯張平元年。	七	四　五年，侯勝元年。　四	三　四年，侯勝有罪，國除。			四十八〔四六〇〕

〔一〕【正義】此國名匡左行一道，咸是諸侯所封國名也。

〔二〕【考證】史、漢所書諸侯功狀，蓋本于高后二年陳平所録侯籍，删節以入表也，故皆大同小異。然頗有誤處，未必盡仍其舊，當分別觀之。

〔三〕【考證】此表以天子紀年爲主，高、惠、吕后、文、景及武帝，一朝自爲一格。如高祖在位十二年，凡係六年所封，概書「七」字，以此侯自六年至十二年，實七年也。其七年封者用「六」字，八年封者用「五」字，以次而減，此其文例也。十二，高祖在位十二年也。下倣此。

〔四〕【考證】惠景間侯者年表、建元已來侯者年表末一格只云「太初已後不計年數」，此表亦當如此。「太初」以下十一字後人妄續，當削之。

〔五〕【索隱】姚氏曰：「蕭何第一，曹參二，張敖三，周勃四，樊噲五，酈商六，奚涓七，夏侯嬰八，灌嬰九，傅寬十，靳歙十一，王陵十二，陳武十三，王吸十四，薛歐十五，周昌十六，丁復十七，蟲逢十八。史記與漢表同。而楚漢春秋則不同者，陸賈記事在高祖、惠帝時。漢書是後定功臣等列，及陳平受吕后命而定，或已改邑號，故人名亦別。且高祖初定唯十八侯。吕后令陳平終竟以下列侯第録，凡一百四十三人也。」【考證】此表位次有重見者，有闕失者，説既具篇題下。

〔六〕【索隱】案：漢書地理志，平陽縣屬河東。【考證】各本「平陽」居中，而注分兩旁，或曼延於下，殊易混亂。今依王本惠景間侯者表，以封國列右端，而系注於下。諸表並放此。

〔七〕【集解】如淳曰：「謁主通書，謂出納君命。石奮爲謁中涓，受陳平謁，是也。春秋傳曰涓人疇，漢儀注天子有中涓如黄門，皆中官也。」

〔八〕【索隱】懿，謚也。【考證】漢時諸侯王得自稱元年。漢書諸侯王表楚王戊二十一年、孝景三年、楚王延壽三十二年、地節元年之類是也。淮南天文訓「淮南元年冬，太一在丙子」，謂淮南王安始立之年也。不獨王也，即列侯於其國，亦得自稱元年。史記高祖功臣侯年表高祖六年、平陽懿侯曹參元年，孝惠六年、靖侯窋元年，孝文後四年、簡侯奇元年是也。

〔九〕【索隱】夷侯時，音止，又音市。案：曹參系家作「時」，今表或作「畤」。案：漢書衛青傳平西曹壽尚陽信公主，即此人，當是字訛。

〔一〇〕【考證】諸本「元鼎三年」下有「廿四征和二年侯宗坐太子死國除」十四字。史訖太初，故上文稱「今侯宗」，天漢以下史皆不及，今削。

〔一一〕【集解】漢書音義曰：「曹參位第二，而表在首，以前後故。」【索隱】漢書音義曰：「曹參位第二而表在首，蕭何位第一而表在十三者，以封先後故也。又案：封參在六年十二月，封何在六年正月，高祖十月因秦改元，故十二月在正月前也。」漢表具記位次，而亦依封前後録也。

〔一二〕【索隱】案：地理志無信武縣，當是後廢故也。

〔一三〕【索隱】靳，姓也，音紀覲反；歙，音攝，又音吸。

〔一四〕【考證】漢法，諸侯以罪失國者不賜謚，下文稱「侯亭」是也。此「夷」字後人妄加，當删之。

〔一五〕【索隱】漢表「清河」。地理志，清陽縣屬清河郡。【考證】漢表作「清河」，誤。

〔一六〕【考證】漢書作「二千二百户」。

〔一七〕【索隱】楚漢春秋作「清陽侯王隆」。

〔一八〕【索隱】彊，其良反。【考證】彊謚夷，誤作「哀」。

〔一九〕【索隱】伉，苦浪反。

〔二〇〕【索隱】汝陰縣屬汝南。凡縣名皆據地理志不言者，從省文也。

〔二一〕【索隱】陽陵縣屬馮翊。楚漢春秋作「陰陵」。【考證】當作「陰陵」。陰陵，九江縣。

〔二二〕【考證】漢表「魏將」作「騎將」，近是。淮陰，當作「韓信」，下倣此。

〔二三〕【考證】「隨」字衍。漢表「靖」作「清」。

〔二四〕【考證】漢表「則」作「明」。

〔二五〕【索隱】晉書地道記，廣縣在東莞。嚴，謚也。下又云「壯」，班馬二史並誤也。

【考證】「嚴」字衍，齊郡有廣縣。

〔二六〕【索隱】歐，烏后反。【考證】下文亦有壯侯。壯，或作「莊」，故漢表避諱改「嚴」。歐，漢表作「毆」。

〔二七〕【索隱】縣名，屬臨淮。

〔二八〕【考證】漢表「項羽」下有「將」字。

〔二九〕【考證】十年，當作「九年」。

〔三〇〕【索隱】博陽縣在汝南。

〔三一〕【考證】漢表作「殺追士卒」。

〔三二〕【索隱】楚漢春秋名濆。【考證】漢表作「濞」。

〔三二〕【索隱】塞在桃林也。

〔三三〕【索隱】縣名，屬中山，章帝改曰蒲陰也。

〔三三〕【考證】平爲左丞相，在惠帝六年。

〔三四〕【考證】上「二」者，孝文時獻侯在國二年也。下「二」者，孝文時恭侯在位二年也。

〔三五〕【索隱】縣名，屬臨淮也。

〔三六〕【索隱】案：漢表作「定浙江都浙自立爲王壯息，侯。立孫融，以公主子，改封隆慮」。音林廬也。【考證】壯息，人姓名。壯即莊，其時僭爲王，據豫章、浙江之地，而都于漸，陳嬰擊定之也。漸即浙江。

〔三七〕【索隱】應劭云：「周呂國也。」案：「周」及「呂」皆國名。濟陰有呂都縣。

〔三八〕【索隱】令武，謚也。一云「令，邑；武，謚也」。又改封令。令，縣名，在滎陽，出晉地道記。

〔三九〕【索隱】酈，音歷。一作「鄜」，音敷，皆縣名。【考證】酈，當作「鄜」。

〔四〇〕【考證】呂台以高后元年封王，不以孝惠七年有罪免也。「七有罪」三字衍文。而于下高后格中當補「元年侯台爲呂王國除」九字。

〔四一〕【索隱】縣名，屬沛郡。

〔四二〕【索隱】呂宣王，呂公謚也。【考證】敘呂公于太公前，必陳平謟呂氏之詞，史仍而不改也。

〔四三〕【考證】「罪」下缺「絶」。

〔四四〕【考證】五月，漢表作「九月」。

〔四五〕【考證】禄爲趙王，在呂后七年。

〔四六〕【索隱】韋昭云：「留，今在彭城。」

〔四七〕【考證】「旗志」者，旗幟也。

〔四八〕【索隱】漢表「文平」。案：良傳謚文成也。

〔四九〕【索隱】縣名，屬臨淮。射，一作「貰」。

〔五〇〕【索隱】項伯也。

〔五一〕【索隱】酇，音贊，縣名，在沛。劉氏云「以何子禄嗣無後國除，呂后封何夫人於南陽酇」，恐非也。

〔五二〕【考證】據世家，初封八千户，兩次增封，共七千户，並初封爲萬五千户。

〔五三〕【考證】公卿表，高祖十一年，始名丞相爲相國，與世家合，此誤。

〔五四〕【考證】「弟」當作「母」。同，蕭何夫人之名，即禄之母。同以妻嗣夫，有乖禮制，故文帝即於元年罷之。其卒謚懿，則不得有罪。

〔五五〕【索隱】筑，音逐，縣名。

【考證】「延」上缺書「定侯」二字。

〔五六〕【考證】「罪」下有「絶」字，下文倣此。

〔五七〕【考證】恭侯，何曾孫。

〔五八〕【索隱】縣名，屬廣平。堅紹封。

〔五九〕【考證】本傳作「五千一百户」。

〔六〇〕【考證】史、漢皆云商以高帝六年封，然考列傳，商之封曲周，在擊陳豨、英布之後，則六年商尚爲涿侯也，當書國名曰「涿」，而以「曲周」爲改封，横書于高祖格中。

〔六一〕【考證】侯名遂成，缺「成」字。

〔六二〕【考證】侯謚懷，名世宗，此缺「懷世」二字。

〔六三〕【考證】二十八「後二年五月侯終根坐呪詛誅國除」十六字，後人妄增。

〔六四〕【索隱】縣名，屬河東。子亞夫爲條侯。

〔六五〕【考證】世家作「八千一百八十户」。

〔六六〕【考證】周勃爲太尉，在惠帝六年。

〔六七〕【考證】三年免，當作「免二年」。

〔六八〕【考證】勝之在位六年，以罪免，故文帝封亞夫于條。

〔六九〕【考證】「其」字衍。「七」下缺「年」字。

〔七〇〕【索隱】縣名，屬潁川。

〔七一〕【考證】「族」字衍。若族誅，則市人不得續矣。

〔七二〕【考證】本傳、漢表爲中六年事。

〔七三〕【索隱】縣名，屬潁川。

〔七四〕【考證】漢表臨汝侯賢，坐子傷人首匿，免。與此異。

〔七五〕【索隱】縣名，屬河東。

〔七六〕【索隱】如淳云：「職志，官名，主幡旗。」

〔七七〕【考證】周昌始封汾陰。其子開方，改封建平。孫左車，又改封安陽也。

〔七八〕【索隱】縣名，屬濟南。

〔七九〕【考證】漢表三千八百户。

〔八〇〕【索隱】漢表「儒」作「虎」。

〔八一〕【索隱】柎，音夫也。

〔八二〕【索隱】縣名，屬涿郡。

〔八三〕【索隱】渫音息列反。子赤封節氏侯。

〔八四〕【考證】漢紀、表「赤」作「赫」。

〔八五〕【索隱】節氏，縣名。

〔八六〕【考證】漢表「霸軍」作「罷軍」。

〔八七〕【索隱】縣名，屬六安。

〔八八〕【索隱】即漢五年，圍羽垓下，淮陰侯將四十萬自當之，孔將軍居左，費將軍居右，是也。費將軍，即下費侯陳賀也。【考證】前元年、二年、三年者，高帝自稱沛公之年也，入關王漢以後，始稱漢元年。漢初王侯受封，皆自稱元年，亦用此例。

〔八九〕【索隱】姚氏案孔子家語云：「子武生子魚及子文，文生冣，字子產。」説文以「冣」爲「積聚」字，此作「藂」不同。

〔九〇〕【索隱】案孔藂云：「臧歷位九卿，爲御史大夫，辭曰：『臣經學乞爲太常典禮。臣家業與安國綱紀古訓。』武帝難違其意，遂拜太常典禮，賜如三公。臧子琳位至諸侯，琳子璜失侯爵。」此云臧國除，當是後更封其子也。【考證】索隱「家業」二字當在「經學」上。下「臣」字當在「安國」上。

〔九一〕【索隱】費，音祕，一音扶未反。縣名，屬東海。

〔九二〕【考證】湖陽，漢表作「胡陵」。

〔九三〕【集解】徐廣曰：「圉，或作『幽』。」

〔九四〕【考證】費侯闕位次，漢表作三十一，以本紀證之，費將軍與孔將軍分居左右，功應相類。蓼侯第三十，則費侯第三十一矣。

〔九五〕【索隱】縣名，屬淮陰。

〔九六〕【索隱】豨，音虛紀反。

〔九七〕【考證】「燕」當作「王」。

〔九八〕【索隱】縣名，屬河内。音林閭。隆，避殤帝諱改也。

〔九九〕【索隱】徐廣以連敖爲典客官也。

〔一〇〇〕【索隱】案：以長鈹爲官名。説文云「鈹者劍也」。鈹，音敷皮反。漢表作「鉟」，音丕也。

〔一〇一〕【索隱】哀，漢表作「克」也。

〔一〇二〕【索隱】漢志闕，晉書地道記屬琅邪。【考證】陽都，前漢屬城陽。

〔一〇三〕【考證】「鄴」當作「薛」。忠臣非官號，表惟見此一人。「忠」與「中」通，謂中朝親近之臣也。

〔一〇四〕【索隱】復，音伏。

〔一〇五〕【索隱】漢表作「陽信」。縣名，屬汝南。

〔一〇六〕【考證】靖，索隱本作「清」，漢表作「青」。

〔一〇七〕【考證】世，漢表作「臣」。

〔一〇八〕【考證】譚，漢表作「談」。

〔一〇九〕【索隱】漢表作「八十七」，此疑誤。

〔一一〇〕【索隱】縣名，屬琅邪郡。

〔一一一〕【集解】徐廣曰：「一云『從』。」

〔一一二〕【集解】徐廣曰：「越，一作『城』。」【考證】一本是。漢表作「城將帥」，師古曰「將築城之兵也」。

〔一一三〕【考證】慶長本「二千」作「三千」，與漢表合。

〔一一四〕【考證】東武侯第當二十一，若在四十一，則與高苑同位。

〔一一五〕【集解】如淳曰：「汁，音什。邡，音方。」

【索隱】什邡，縣名，屬廣漢。音十方。汁又如字。

〔一一六〕【考證】趙將，疑「魏將」之誤，或疑平定侯齊受孝惠元年始封，雍齒以高祖六年封，不應轉準其例。按此表位次吕后時陳平所定，不必以前後爲疑。

〔一一七〕【考證】漢表「巨」作「鉅鹿」。

〔一一八〕【考證】桓坐酎金失侯，不應有謚。

〔一一九〕【索隱】漢志闕。

〔二〇〕【索隱】漢志闕。【考證】都昌縣屬北海。
〔二一〕【索隱】漢志闕。【考證】武彊在河南陽武縣。
〔二二〕【考證】是時無丞相名寧者，疑誤。「布」下「侯」字衍。
〔二三〕【索隱】縣名，屬鉅鹿。貰，音世，一音時夜反。
〔二四〕【集解】徐廣曰：「吕，一作『台』。」
【索隱】齊侯吕博國。謚法：執心克莊曰齊。【考證】吕，漢表作「合傅胡害」，與徐廣一本、索隱亦異。
〔二五〕【索隱】青練反，又七浄反也。
〔二六〕【索隱】海陽亦南越縣。地理志闕。【考證】漢志遼西郡有海陽縣。
〔二七〕【考證】漢表「八」作「七」。
〔二八〕【索隱】案：毋餘，東越之族也。
〔二九〕【索隱】漢表作「昭襄」也。
〔三〇〕【索隱】縣名，屬犍爲。建安亦有此縣。
〔三一〕【索隱】亞將，漢表作「連將」也。【考證】今本漢表作「重將」。
〔三二〕【索隱】縣名，屬遼西。應劭云：「肥子奔燕，燕封於此肥國也。如，往也。因以爲縣也」。
〔三三〕【考證】漢表「都尉」作「將軍」。
〔三四〕【索隱】曲成縣，漢志闕，表在涿郡。【考證】漢志曲成屬東萊。
〔三五〕【索隱】曲城園侯蟲達。蟲音如字。楚漢春秋云「夜侯蟲達」，蓋改封也。夜縣屬東萊。又謚法：威德彊武曰圉。子恭侯捷封垣，故位次曰「夜侯垣」亦誤。【考證】「蟲」當依漢表作「蟲」。古有蟲姓，無蟲姓。
〔三六〕【考證】孝景止十六年，去垣五年餘十一年，此十三字有誤。

〔一三七〕【索隱】不用赤側爲賦。案：時用赤側錢，而汝南不以爲賦也。
〔一三八〕【考證】皋柔，漢表作「皇柔」。
〔一三九〕【索隱】縣名，屬河内。
〔一四〇〕【考證】「從」字當在「起」上。
〔一四一〕【索隱】縣名，屬臨淮。
〔一四二〕【索隱】典客，漢表作「粟客」，蓋字誤。傳作「治粟都尉」，或先爲連敖典客也。【考證】「典」當作「粟」，索隱引漢表可證。今本漢表誤作「票客」。
〔一四三〕【考證】淮陰之封，高紀在六年十二月甲申。
〔一四四〕【索隱】縣名，屬沛。
〔一四五〕【考證】漢表「武定」作「定武」。
〔一四六〕【集解】徐廣曰：「昭，一作『起』。漢書年表云芒侯耏跖。」【索隱】耏跖音而隻二音；耏又音人才反。字林以多須髮曰耏。耏，姓也，左傳宋有耏班。
〔一四七〕【考證】「孝景」二字疑衍。
〔一四八〕【考證】「三月」二字疑衍。
〔一四九〕【索隱】南宫公主，景帝女。初南宫侯張坐尚之，有罪，後張侯耏申尚之也。
〔一五〇〕【索隱】縣名，屬河南。
〔一五一〕【索隱】縣名，屬渤海。
〔一五二〕【考證】漢表作「八千户」，誤。
〔一五三〕【索隱】縣名，屬琅邪。

〔一五四〕【考證】「沛」上缺「起」字。
〔一五五〕【考證】漢表作「周止」。
〔一五六〕【考證】漢表「閒」作「簡」。
〔一五七〕【索隱】縣名，屬太原。
〔一五八〕【集解】徐廣曰：「戰彭城爲尉敗斬將。」又云：「漢王顧歎，賀祁戰彭城斬將。」【考證】「祁」字衍。「軍」當作「以」。
〔一五九〕【索隱】謚法：行見中外曰穀。
〔一六〇〕【考證】漢表「湖」作「胡」。
〔一六一〕【集解】徐廣曰：「射，一作『酎』。」
〔一六二〕【索隱】縣名，屬河南。
〔一六三〕【考證】漢表「沛嘉」作「工師喜」。
〔一六四〕【索隱】縣名，屬魯國。
〔一六五〕【集解】徐廣曰：「漢書云：魯侯涓，涓死無子，封母疵。」【索隱】涓無子，封中母侯疵也。
〔一六六〕【考證】「母侯」之稱奇，不知何以無謚？
〔一六七〕【索隱】漢表作「城父」，屬沛郡。
〔一六八〕【考證】「功」上缺「功」字。
〔一六九〕【考證】各本皆缺，凌本有，疑依漢表補。
〔一七〇〕【索隱】縣名，屬廣平。
〔一七一〕【索隱】任侯張成，漢表作「張越」。

〔一七二〕【索隱】漢志棘丘地闕。

〔一七三〕【索隱】襄，名也。史失姓及謚。

〔一七四〕【考證】依漢表襄以吕后元年免，則此四字衍。依史表，四年奪侯，則「四」當作「三」。

〔一七五〕【索隱】縣名，屬涿郡。

〔一七六〕【集解】徐廣曰：「一云『塞路』，一云『以衆入漢中』。」【索隱】起單父，塞路入漢，一云「塞疏」，一云「以衆疏入漢」。案：「塞路」字誤爲「疏」。小顏云「主遮塞要路也」。【考證】「從」下脱「起」字。塞疏，塞路疏通也。

〔一七七〕【考證】「靖侯」上失書「復封」二字。

〔一七八〕【索隱】漢志昌武闕。【考證】昌武屬膠東。

〔一七九〕【索隱】單甯，音善侫。

【考證】單寧，漢表作「單究」。

〔一八〇〕【考證】漢表「夷」作「惠」。

〔一八一〕【考證】「二年」當作「三年」。

〔一八二〕【索隱】高宛縣名，屬千乘。

〔一八三〕【考證】漢表「以舍人從」作「以客從」。

〔一八四〕【索隱】蒨，音七浄反。

〔一八五〕【考證】漢表「孝侯」作「平侯」。

〔一八六〕【索隱】漢志闕。

〔一八七〕【考證】漢表「郎騎」作「郎騎將」。

〔一八八〕【考證】「除」當作「絶」。

〔一八九〕【索隱】漢志闕，漢表作「終陵」也。
〔一九〇〕【考證】漢表無「齊」字。
〔一九一〕【索隱】漢志闕。一作「柔」也。
〔一九二〕【考證】「從」下脱「起」字。
〔一九三〕【索隱】縣名，屬魏郡。
〔一九四〕【集解】徐廣曰：「一云『城武』。」【索隱】破籍武城，初爲武城侯，後擊布改封斥丘。
〔一九五〕【考證】侯賢失謚。
〔一九六〕【索隱】案臨淄郡有臺鄉縣。【考證】前、後漢志濟南郡有臺縣。水經注云，臺縣故城，戴野所封。
〔一九七〕【索隱】縣名，屬中山。
〔一九八〕【考證】「淮」當作「睢」。「于」當作「封」。
〔一九九〕【考證】「定侯安國」四字當移上格「侯」字下。
〔二〇〇〕【集解】徐廣曰：「游，一作『昭』。」
〔二〇一〕【索隱】漢志闕。【考證】南陽有樂成縣。
〔二〇二〕【考證】從碭中，漢表作「從起碭」。
〔二〇三〕【考證】漢表作「式侯吾客」。
〔二〇四〕【考證】漢表同，郊祀志名登。
〔二〇五〕【索隱】縣名，屬信都。
〔二〇六〕【考證】「三歲」當作「二歲」。呂后入楚在漢二年四月，歸也在四年九月，則此所書「十月」乃「四月」之誤，「二歲」乃「三歲」之誤。

〔二〇七〕【考證】失書「審食其爲丞相」。
〔二〇八〕【索隱】縣名，屬涿郡。
〔二〇九〕【考證】「秋」上脱「千」字。
〔二一〇〕【考證】「孝惠」二字疑衍。
〔二一一〕【索隱】漢志闕，晉書地道記屬北地。案：緤封池陽，後定封蒯成。音苦壞反。小顏音普肯反。
〔二一二〕【考證】漢書無「侯」字，此衍。
〔二一三〕【考證】「信」下脱「武侯」二字。
〔二一四〕【考證】尊侯，本傳作「貞侯」。
〔二一五〕【索隱】緤子紹封鄲。案：漢志周沛郡，如淳引闞駰州志，音多。
〔二一六〕【索隱】中，音仲。
〔二一七〕【考證】「居」上脱「中」字。
〔二一八〕【索隱】縣名，屬中山。
〔二一九〕【考證】「從」當作「徙」。
〔二二〇〕【索隱】爲計相也。
〔二二一〕【考證】「四」下缺「年」字。「五」上缺「十」字。孝文四年張蒼爲丞相，凡十五年而免。
〔二二二〕【考證】史傳、漢表、傳並此侯名類。
〔二二三〕【索隱】漢志闕。
〔二二四〕【考證】漢表「以都尉定燕」作「以將軍定燕」。
〔二二五〕【索隱】漢志闕，晉書地道記屬平原，後乃屬樂陵國也。

〔二二六〕【考證】慎，地名，地理志屬汝南郡。
〔二二七〕【集解】徐廣曰：「漢書作『爰類』。」
〔二二八〕【索隱】縣名，屬河内。
〔二二九〕【考證】漢表「戴侯」作「軑侯」。
〔二三〇〕【索隱】縣名，屬南陽。復，音伏。應劭云：「在桐柏山下復水之陽也。」
【考證】水經注爲封于河内復陽。
〔二三一〕【索隱】縣名，屬上黨。
【考證】漢表同。或云「河」乃「阿」誤。
〔二三二〕【索隱】陽河齊侯卞訢。漢表作「其石」。
【考證】漢表單稱「齊侯」。
〔二三三〕【考證】元鼎四年，改封埤山，或嘗中絶。
〔二三四〕【索隱】埤，音卑。
〔二三五〕【索隱】縣名，屬南陽。
【考證】水經注爲封濟南朝陽縣。
〔二三六〕【考證】漢表「丙寅」作「壬寅」。
〔二三七〕【索隱】棘，音紀力反，縣名，屬南陽。
〔二三八〕【考證】漢表「諸侯」作「項籍」，「千户」作「二千户」。
〔二三九〕【索隱】壯侯。
〔二四〇〕【考證】漢表「丙辰」作「丙申」。

〔二四一〕【索隱】縣名，屬南陽。

〔二四二〕【考證】「比」上缺「功」字。

〔二四三〕【索隱】壯侯。案五侯斬項籍皆謚「壯」。漢表以爲「莊」，皆避諱，改作「嚴」，誤也。

〔二四四〕【索隱】縣名，屬常山。

〔二四五〕【集解】徐廣曰：「漢表作『林摯』。」

〔二四六〕【考證】漢表云懿侯二十四年薨，辟彊以孝文五年嗣，與此異。

〔二四七〕【考證】此高后元年也，信母封陰安侯，見孝文紀。是高后封之，當附羹頡下。

〔二四八〕【索隱】縣名，屬中山。

〔二四九〕【索隱】漢表作「將夕」。

〔二五〇〕【考證】漢表「循」作「脩」。

〔二五一〕【考證】漢表「更」作「臾」。

〔二五二〕【索隱】漢志闕。

〔二五三〕【集解】漢表，師古曰：「二馬曰駢憐，謂駢兩騎爲軍翼也。說讀曰稅。說衛，謂軍行止舍主爲衛也。」【索隱】姚氏憐鄰聲相近，駢鄰猶比鄰也。說衛者，說，稅也，稅衛謂軍行初稅之時主爲衛也。

〔二五四〕【索隱】漢表作「許盎」。【考證】漢表「七月」作「十月」。

〔二五五〕【考證】失書「昌爲丞相」。

〔二五六〕【考證】漢表「如安」作「安如」。

〔二五七〕【索隱】縣名，屬涿郡。應劭云：「易、滱二水之中」。

〔二五八〕【索隱】壯侯。

〔二五九〕【考證】漢表「假」作「瑕」。
〔二六〇〕【考證】漢表「肩」作「眉」。
〔二六一〕【考證】二十三，當作「二十二」。
〔二六二〕【索隱】縣名，屬南陽。
〔二六三〕【考證】「淮陰」下脱「復」字。
〔二六四〕【索隱】漢表作「王翥」也。
〔二六五〕【考證】漢表市臣謚孝。
〔二六六〕【考證】漢表「翕」作「舍」。
〔二六七〕【集解】徐廣曰：「彊，一作『景』。」
〔二六八〕【考證】漢表「十二」作「十三」，「元狩四年」作「元狩五年」。
〔二六九〕【索隱】漢志闕。
〔二七〇〕【考證】柏至、中水、杜衍、赤泉四侯封年月，當次陽阿之後。
〔二七一〕【考證】漢表「殷」作「敷」。
〔二七二〕【索隱】縣名，屬扶風，音荀，故周文王封其子之邑。河東亦有郇城也。
〔二七三〕【考證】漢表「河」作「何」，下格同。
〔二七四〕【索隱】漢志闕。【考證】武原縣屬楚國。
〔二七五〕【考證】武原以八年十二月封侯，磨以八年七月封，漢以十月爲歲首，故七月在十二月之後，故其次先磨。
〔二七六〕【索隱】漢表「胠」作「肸」，音脅，又音怯。【考證】今漢表亦作「胠」。

〔二七七〕【考證】不害以後二年免，在位十一年，此「三」字誤。

〔二七八〕【索隱】磿，漢志闕，表作「歷」。歷縣在信都。劉氏依字讀，言天下地名多，既無定證，且依字，是不決之詞，地之與邑並無「磿」，誤也。

〔二七九〕【考證】磿之侯第當是九十七，若在九十二，則與高陵同位。

〔二八〇〕【索隱】漢志槀縣屬山陽也。【考證】「槀」當作「橐」，即山陽郡橐縣。水經注可證。史、漢表並譌。

〔二八一〕【索隱】漢表作「鍇」，音楷。三倉云：「九江人名鐵曰『鍇』。」

〔二八二〕【考證】安謚節。

〔二八三〕【集解】徐廣曰：「千秋父以元朔元年立。」

〔二八四〕【索隱】漢志宋子縣屬鉅鹿也。

〔二八五〕【集解】瘛，音充志反。

【索隱】音尺制反。郭璞音胡計反。亦作「懕」，字林音巨月反。

〔二八六〕【考證】漢表「不疑」作「留」。

〔二八七〕【索隱】縣名，屬河東。

〔二八八〕【考證】漢表作「千一百户」。

〔二八九〕【索隱】遬，音速。

〔二九〇〕【索隱】縣名，屬東郡。

〔二九一〕【考證】「代」上脱「定」字，下三侯同。

〔二九二〕【集解】徐廣曰：「空，一作『窒』。」【索隱】清簡侯空中同。空一作「窒」。窒中，姓，見風俗通。

〔二九三〕【索隱】漢志彊闕。

〔二九四〕【索隱】漢表屬東海郡。【考證】東海郡無彭縣。

〔二九五〕【索隱】縣名，屬汝南。

〔二九六〕【考證】「從」下脱「起」字。

〔二九七〕【考證】漢表「辛巳」作「辛卯」。

〔二九八〕【索隱】漢表甯陽屬濟南也。【考證】甯即河南之脩武，水經注可證。索隱以濟南之甯陽當之，誤。

〔二九九〕【考證】「選」當作「遫」。

〔三〇〇〕【索隱】縣名，屬琅邪。

〔三〇一〕【索隱】漢表姓「玈」，「玈」即「盧」，古「玈弓」字亦然也。

〔三〇二〕【索隱】縣名，屬河内。

〔三〇三〕【考證】漢表「商」作「高」。

〔三〇四〕【索隱】縣名，屬安定。

【考證】漢志安定有烏氏，無「閼氏」。

〔三〇五〕【索隱】漢表「太尉」作「大與」。大與爵名，音泰也。

〔三〇六〕【考證】漢表作「馮解散」。

〔三〇七〕【索隱】安丘，縣名，屬北海也。

〔三〇八〕【考證】漢表「執鈹」作「執盾」，「三千」作「二千」。

〔三〇九〕【索隱】説，音悦。

〔三一〇〕【考證】漢表「訢」作「新」。

〔三一一〕【考證】漢表「指」作「拾」。

〔三一二〕【索隱】合陽屬馮翊。

〔三一三〕【考證】「八年」當作「七年」。

〔三一四〕【集解】徐廣曰：「一名『嘉』。」【索隱】仲名嘉，高祖弟。【考證】仲之降在高祖七年十二月。集解、索隱「嘉」當作「喜」，元王世家云「名喜字仲」。

〔三一五〕【索隱】縣名，屬臨淮。【考證】水經注云紀通封于遼東之襄平。

〔三一六〕【考證】六十六與秦寅侯同，當「五十六」。

〔三一七〕【索隱】廬江有龍舒縣，蓋其地也。【考證】龍在泰山博縣。

〔三一八〕【索隱】地理志有繁陽。恐別有繁縣，志闕。【考證】漢志蜀郡有繁縣。

〔三一九〕【索隱】漢表作「平嚴侯張瞻」，此作「強瞻」。【考證】今本漢表作「張瞻師」。

〔三二〇〕【集解】一云「侯悼」。

〔三二一〕【索隱】陸量。如淳據始皇紀所謂「陸量地」。案今在江南也。

〔三二二〕【索隱】漢表作「須無」。

〔三二三〕【索隱】徐廣曰：「一作『景』。」【索隱】漢志闕。

〔三二四〕【考證】漢表「丙寅」作「戊寅」。

〔三二五〕【索隱】漢志闕。

〔三二六〕【索隱】案：楚漢春秋亦闕。漢表成帝時光祿大夫滑堪日旁占驗曰「鄧弱以長沙將兵侯」，是所起也。

〔三二七〕【集解】徐廣曰：「一作『義陽』。」【索隱】義陽在汝南。【考證】義陵縣屬武陵。此侯以長沙柱國封，故在楚地也。

〔三二八〕【考證】漢表「程」作「郢」。

〔三二九〕【考證】「皆失謚」三字後人所加。

〔三三〇〕【索隱】楚漢春秋南宫侯張耳，此作宣平侯敖。敖，耳子。陳平録第時，耳已薨故也。

〔三三一〕【集解】徐廣曰：「改封信平。」【考證】「薨」上脱「侯敖」二字。

〔三三二〕【考證】廣，漢功臣表作「廣孫」，公卿表及傳作「廣國」。

〔三三三〕【考證】漢表在位十二年，以太初二年，免。

〔三三四〕【考證】高祖作十八侯位次，決不以敖居第三。顔師古曰：張耳及敖並無大功，蓋以魯元之故，吕后曲升之也。

〔三三五〕【索隱】縣名，屬臨淮。

〔三三六〕【索隱】縣名，屬河南。

〔三三七〕【索隱】縣名，屬沛郡。

〔三三八〕【索隱】慎陽屬汝南。如淳曰：「音震」。（闞）〔裴〕駰云：「合作『滇陽』，永平五年失印更刻，遂誤以『水』爲『心』。續漢書作『滇陽』也。」

〔三三九〕【考證】漢表作「三千户」。

〔三四〇〕【索隱】漢表作「樂説」。

〔三四一〕【考證】漢表無「之」字。

〔三四二〕【索隱】漢志闕。

〔三四三〕【索隱】漢表「二年」作「五年」。

〔三四四〕【索隱】漢表「耳」作「昔」。

〔三四五〕【索隱】縣名，屬鉅鹿。

〔三四六〕【索隱】縣名，屬平原。

〔三四七〕【考證】上隊，一作「十隊」，或云當作「二隊」。漢表「八百户」作「千八百户」。

〔三四八〕【考證】漢表「己未」作「己卯」。

〔三四九〕【索隱】縣名，屬河東。

〔三五〇〕【考證】漢法死事者，其子封侯，如長脩侯杜恬以廷尉死事，即其子當封侯，何得自爲侯四年乎？長脩侯杜恬爲廷尉，政與其子襲侯之年相合，殊不可解。或云「死事」二字衍。

〔三五一〕【集解】一云「杜恪」。【索隱】案位次曰「信平侯」。【考證】漢表「丙辰」作「丙戌」。

〔三五二〕【考證】漢表「喜」作「意」，恐非。

〔三五三〕【考證】漢表謂相夫元封三年免，與百官表合，則此「三十三」當作「三十二」。元封「四年」當作「三年」。「無可」漢表作「中何」，不知孰是，蓋人名。京師在關内，此大樂供朝祭之用，而擅繇使爲鄭、衛之舞，又闌出關外也。

〔三五四〕【索隱】漢志闕。

〔三五五〕【考證】漢表「從」作「徙」，「相」下有「代昌爲御史大夫」，而作「從」，當云「從御史大夫周昌爲趙相而代之，從擊陳豨」。

〔三五六〕【索隱】縣名，屬北海。

〔三五七〕【考證】「三年」上脱「漢」字。百官表劉澤在孝惠、高后時爲衛尉，安得言「世」？漢表作「萬一千户」。

〔三五八〕【索隱】包愷云：「地理志西河有土軍縣。」

〔三五九〕【考證】漢表作「千一百户」。

〔三六〇〕【索隱】案位次曰「信成侯」也。【考證】漢表「武」作「式」。

〔三六一〕【索隱】縣名，屬鉅鹿。

〔三六二〕【考證】漢書侯表、百官表並作「越人」，此脱「人」字。

〔三六三〕【索隱】縣名，屬東郡。

〔三六四〕【考證】漢表「謁」作「渭」，近是。謂雍王章邯之軍陳渭上，塞漢出兵口也。

〔三六五〕【考證】漢表「己酉」作「己丑」。

〔三六六〕【索隱】漢志闕。

〔三六七〕【考證】「以中尉」下有缺文。

〔三六八〕【考證】漢表「忠」作「中」。

〔三六九〕【索隱】漢表作「伋」。伋與汲並縣名，屬河内。【考證】今本漢表作「汲」，百官表亦作「汲」。

〔三七〇〕【考證】漢表作「千三百户」。

〔三七一〕【索隱】公上姓，不害名也。【考證】漢表作「三月乙酉」。

〔三七二〕【索隱】縣名，屬陳留。

〔三七三〕【考證】漢表無「解隨馬」語，蓋呂臣爲高祖解追騎之厄也。「都尉」上脱「以」字。

〔三七四〕【考證】漢表「射」作「謝」。

〔三七五〕【考證】漢表云始在位十七年，是以武帝建元五年薨，與此異。

〔三七六〕【索隱】縣名，屬太原。

〔三七七〕【考證】漢表「前二年」作「前三年」，「陽夏」作「櫟陽」。

〔三七八〕【索隱】壯侯靳强。【考證】漢表作「嚴侯」，蓋避國諱。

〔三七九〕【考證】「侯」上脱「復封」二字。

〔三八〇〕【考證】史訖太初，安得記太始四年事？此妄續，當削。罪狀亦與漢侯表、百官表不同。年數亦異。

〔三八一〕【索隱】戴地名，音再。應劭云：「章帝改曰考城，在故留縣也。」【考證】漢志梁國留縣，注云：「故戴國。」

〔三八二〕【考證】「中令」當作「中厩令」。千二百户，漢表作「千一百户」。

〔三八三〕【索隱】戴敬侯秋彭祖，漢表作「祕」，音轡，又韋昭音符蔑反。今檢史記諸本並作「秋」，今見有姓秋氏。

〔三八四〕【考證】漢表「悼」作「憚」。

〔三八五〕【考證】漢表作「安侯軫」。

〔三八六〕【考證】「二十五」及「後元元年」以下，後人所加，可削。

〔三八七〕【索隱】漢志闕。

〔三八八〕【索隱】況于反。

〔三八九〕【索隱】漢志闕。晉書地道記屬巴郡。

〔三九〇〕【索隱】昭涉姓，掉尾名也。【考證】廣韻注、通志略「昭涉」作「昭沙」。

〔三九一〕【考證】漢表名種。

〔三九二〕【索隱】縣名，屬河南。

〔三九三〕【考證】漢表作「二千二百户」。

〔三九四〕【索隱】漢表作「單父左車」。【考證】今本漢表譌作「單右車」。蓋單父複姓，聖其名，左車其字。

〔三九五〕【集解】漢書音義曰：「音巨已反。」【索隱】邔，縣名，屬南郡。漢書音義音其已反。周成雜字解詁云：「邔，音跽。」

〔三九六〕【考證】漢表「長」下有「爲」字，此脱。

〔三九七〕【考證】漢表作「夷侯榮成」。

〔三九八〕【考證】漢表云坐揜搏公主馬，與此異。

〔三九九〕【索隱】縣名，屬彭城。【考證】陳濞既封博陽，則不應一地兩侯。此當作「傅陽」。傅陽，楚國縣聚。

〔四〇〇〕【考證】漢表云孝景元年奪爵，與此異。

〔四〇一〕【集解】徐廣曰：「一作『羡』。」【索隱】漢表「義」作「羡」也。陽羡縣屬丹陽。【考證】作「陽羡」是也。縣屬會稽。

〔四〇二〕【考證】漢表「大夫」作「中大夫」。

〔四〇三〕【索隱】縣名，屬臨淮。

〔四〇四〕【考證】漢表「乙酉」作「己酉」。

〔四〇五〕【考證】漢表「慎」作「順」。

〔四〇六〕【索隱】漢志闕，表在濟南。

〔四〇七〕【考證】代頃王者劉仲也，惠帝二年追尊。然德侯封時，仲見爲合陽侯。

〔四〇八〕【考證】齕謚康。

〔四〇九〕【索隱】高陵縣，志屬琅邪也。

〔四一〇〕【考證】「布」下脱「侯」字。

〔四一一〕【索隱】漢表作「王虞人」。【考證】漢表「十一月」作「十二月」。

〔四一二〕【考證】漢表「并弓」作「弄弓」。

〔四一三〕**【考證】**「反」上脱「侯行」二字。

〔四一四〕**【索隱】**縣名，屬汝南。

〔四一五〕**【索隱】**賁姓。音肥，又如字。

〔四一六〕**【索隱】**漢志闕。**【考證】**漢表作「穀陽」，穀陽屬沛郡。

〔四一七〕**【索隱】**表作「馮谿」。

〔四一八〕**【考證】**漢表「卬」作「卯」。

〔四一九〕**【考證】**漢表作「懿侯解中」。

〔四二〇〕**【索隱】**漢志闕，晉地道記屬東海。**【考證】**漢志戚屬東海，未嘗闕。漢表戚侯在穀陽侯之前。

〔四二一〕**【考證】**「丞」下脱「相」字。漢表「合千户」作「千五百户」。

〔四二二〕**【索隱】**案：灌嬰傳重泉人李必，此作「季」，誤也。

〔四二三〕**【考證】**失書「元年賁侯長元年」七字。

〔四二四〕**【考證】**漢表作「躁侯瑕」。

〔四二五〕**【集解】**徐廣曰：「一作『莊』。」**【索隱】**徐廣云一作「莊」。漢表作「嚴」。

〔四二六〕**【考證】**漢表「三年」作「二年」。

〔四二七〕**【索隱】**壯敬侯許猜。猜，音偲。

〔四二八〕**【考證】**漢表「殤」作「煬」。

〔四二九〕**【考證】**漢表，元光五年，節侯周嗣，三年薨。元朔二年，侯廣宗嗣，十二年。元鼎五年，坐酎金免。此失節侯一代，又誤書廣宗之年。

〔四三〇〕**【索隱】**縣名，屬汝南。

〔四三一〕【索隱】成陽定侯奚意。

〔四三二〕【考證】漢表「鬼薪」作「要斬」。

〔四三三〕【索隱】縣名，屬信都。

【考證】桃，蓋東郡之桃城。

〔四三四〕【考證】漢表「淮陰」作「淮南」，是。

〔四三五〕【考證】漢表「二月」作「三月」。

〔四三六〕【考證】漢表「哀侯」作「懿侯」。

〔四三七〕【考證】漢表「申」作「由」。

〔四三八〕【索隱】漢志闕。

【考證】水經注以爲左傳高粱之虛。

〔四三九〕【考證】勃在位無年數，而詐取衡山王金者，勃嗣平。表失書侯平一代，又以平事并入勃。

〔四四〇〕【索隱】漢志闕。

〔四四一〕【考證】紀信以下六侯，惟鄢陵無月，餘皆書「六月」。攷高祖四月甲辰崩，則此六侯者，豈孝惠封之歟？抑誤書「六月」也？

〔四四二〕【考證】「六月」二字衍。漢表「陽」作「煬」。

〔四四三〕【集解】徐廣曰：「一作『景』。」【索隱】案：志甘泉闕，疑甘泉是甘水。漢表作「景侯」也。

【考證】甘泉，「景」之譌分爲二字耳。景屬勃海。

〔四四四〕【考證】漢表云五百户。

〔四四五〕【索隱】壯侯王竟。【考證】漢表作「嚴侯王競」。

（四四六）【考證】漢表「莫摇」作「真粘」。

（四四七）【索隱】匹妙反。漢書作「嬹」，許孕反。説文：「嬹，悦也。」

（四四八）【索隱】徐廣云：「在宛句。」

（四四九）【考證】漢表「豐」作「薛」，「郎」作「越」。

（四五〇）【索隱】賁棗端侯棘朱。漢表作「端侯革朱」，革音棘，亦作「束」，誤也。棘，姓，蓋子成之後也。

（四五一）【考證】漢表革朱以孝惠七年薨，嗣子有罪不得代，文帝二年，始以他子紹封，則當衍八字。漢表「武」作「式」。

（四五二）【索隱】縣名，屬廣平。

（四五三）【考證】「七百」上缺「侯」字。

（四五四）【索隱】毛澤亦作「釋之」也。

（四五五）【索隱】縣名，屬潁川。

（四五六）【考證】漢表作「二千七百户」。

（四五七）【考證】「六」當作「七」。

（四五八）【集解】徐廣曰：「一作『鹵』。」【索隱】漢志闕。菌音求隕反。徐作「鹵」，音魯。又作「齒」。

（四五九）【考證】漢表「中涓」作「中尉」。

（四六〇）【考證】「四十八」當作「六十八」，若四十八則與東茅侯同位。

【索隱述贊】聖賢影響，風雲潛契。高祖膺籙，功臣命世。起沛入秦，憑謀仗計。紀勳書爵，河盟山誓。蕭曹輕重，絳灌權勢。咸就封國，或萌罪戾。仁賢者祀，昏虐者替。永監前脩，良慙固蔕。